《可凡倾听》栏目组／编

可凡倾听

锦里春光

上海人民出版社

编委会

目录

春光一：春雷如鼓

用乒乓向世界发声——倪夏莲专访 / 003

选择坚持　成为自己——陈芋汐专访 / 016

骑士精神　永不停歇——华天专访 / 030

春光二：春山如黛

情牵人艺　梦圆舞台——吴刚、岳秀清专访 / 043

我一辈子都属于这儿——冯远征专访 / 058

心里有观众——丁勇岱专访 / 071

生活是最好的老师——金士杰专访 / 085

汲取生活的养分——何政军专访 / 097

又见大山——大山专访 / 113

春光三：春江如练

做最初的自己——朱亚文专访 / 129

伊人如虹——倪虹洁专访 / 142

她比烟花绚烂——姜妍专访 / 157

破阵而出——彭于晏专访 / 169

向新而行——林更新专访 / 184

唯有热爱——于毅专访 / 196

海上花开——秦雯专访 / 209

一直在路上——大鹏专访 / 224

春光四：春风如拂

一路走来，纯属偶然——戴佩妮专访 / 239

清风又徐来——张清芳专访 / 252

这是心的呼唤——韦唯专访 / 263

目录

不躺平的人生——孙悦专访 / 275

为你而唱——胡彦斌专访 / 289

"野生"的老萧——萧敬腾专访 / 302

老克勒的松弛感——杨小勇专访 / 315

春光五：春雨如酥

两代人　一座城——陈钢专访 / 331

做自己的光——王羽佳专访 / 342

艺无止境——张艺专访 / 357

春光六：春色如画

把美与爱还给人间——丁绍光专访 / 373

梦想照进现实——马岩松专访 / 387

电波情缘——张芝专访 / 399

春光七：春潮如诗

悬壶甲子行大道——严世芸专访 / 415

一个字面意义上的读书人——骆玉明专访 / 425

纪念我们的日常生活——陈村专访 / 438

重生之喜——叶檀专访 / 450

．．．．．．．．．．．．．．．．．．．　春雷如鼓

用乒乓向世界发声——倪夏莲专访

倪夏莲，曾在1983年的第37届世乒赛上，代表中国获得女子团体冠军、混双冠军。40余年职业生涯，隔网的对手换了一茬又一茬，不变的只有她对于乒乓球的赤子之心。

2024年夏天，年过花甲的倪夏莲，代表卢森堡第六次踏上奥运赛场。作为巴黎奥运会年龄最大的参赛运动员，

倪夏莲与丈夫托米做客《可凡倾听》

她不仅依然保持着不俗的竞技水准，更凭借赛场内外的松弛感和积极乐观的人生态度，成为备受球迷喜爱的"乒乓奶奶"。

曹：倪夏莲老师，虽然经过那么多年，你的状态还是那么好，而且我觉得，你给大家留下的印象就是，一直是笑着的，你生活当中是不是也是这样？喜欢笑？

倪：是的，很喜欢笑。对的，你说得很对，我很开心的。

曹：这次回到上海，听说你有件非常开心的事情，就是去听了张学友的演唱会，对吗？

倪：对的。

曹：跟我们说说那天去听学友哥的演唱会是什么样的感受？

倪：我不要太"疯"，开心得不知道怎么样才好，已经完全忘记自己的年龄了。

曹：你知道他第一次在演唱会上模仿你的样子的时候，是不是很激动？

倪：很激动，真的很激动，完全没想到。而且那么多人喜欢，这也是很开心的一件事。看到大家喜欢，我更加开心，所以我也很荣幸，他是巨星，又是我的偶像，所以我很激动很激动。

曹：你的形象一直是给大家带来快乐的笑容的，但这次回来，我发现你有几次掉了眼泪。一次是在北京参加比赛，输了一场球，掉了眼泪；去故乡嵊县，当你离开的时候也是热泪盈眶；跟41年没有见的老队友郭跃华见面的时候，同样也非常激动。我相信这三次流泪的原因是不一样的，但是看得出你是一个情感外露的人。我们先说三次不同的哭，都是什么原因？因为你一般输球也不大哭的。

倪：对的。我承认我是非常重感情的一个人，而且就像你说的，很外露。有的人可能重感情，但不一定外露。这次跟孙颖莎打球，正逢国庆，一下飞机，球迷、朋友对我特别热情，而且他们很希望我能够打好。加上现在是自媒体时代，我的自媒体上也有很多留言；我也很努力，但是我知道我的能力是有限的，所以我当时就觉得我有点辜负球迷对我的期望。对我来讲，输赢实在是无所谓，那场球实在是应该输的。所以我是为球迷流下了眼泪，是情不自禁的，我觉得对不起他们，这是一个很重要的原因。我想跟大家说，输赢真的是兵家常事，而且她是世界高手，我应该输的，我也很努力了，这没关系的。

第二件事就是去浙江，我是生在上海、长在上海的，但是我小时候有浙江奶妈带过我，所以我和他们是很有感情的，而且他们请我去很久了，我一直都没有时间，这次终于见到他们了，我还有亲人在那里。他们对我的爱，那种纯朴的爱，那种热情，我实在很感动。确实时间太仓促了，我没有时间去看更多的亲人，觉得我很对不起他们。另外，谢谢他们对我这么好，所以我流下的是幸福的眼泪。

曹：郭跃华呢？

倪：郭跃华，也非常感动，因为1983年的时候，他已经是一个巨星了，他当时是当之无愧的世界第一。他拿了两次世界第一和两次世界第二。当时他是我的偶像，也是我非常非常崇敬的一个运动员。1983年以前，我什么也不是，我是藏在队伍里的，可以说是"秘密武器"、无名小卒，没有世界排名，没有成绩。在我一无所有的情况下，是他主动提出来要跟我打混双，所以你说我是不是特别激动、特别感恩？我们后来拿下了混双的世

1983年东京世乒赛，倪夏莲与郭跃华获得混双冠军

界冠军，他对我的恩情，我是一辈子感激的，所以我当时是流下了感动的眼泪。

曹：这次来到中国，托米你的感受如何，特别是陪着夏莲一起来上海？

托米（倪夏莲丈夫）：感觉很特别，大家都非常喜爱并欣赏夏莲，超出了我的想象。看到这么多人如此喜爱她，我们到哪里都备受欢迎，这对我来说很新鲜，也很不同。

曹：你对上海的印象如何？

托米：我第一次来中国是45年前，我目睹了从那时到现在的变化，中国发展了很多。

曹：还是不一样的。

托米：不仅仅是不一样，是非常不一样。上海成了全球最现代的城市之一。

曹：听说夏莲擅长烹饪，你在家最喜欢的菜是什么？

托米：夏莲做饭非常好吃，她做的菜肴仿佛施了魔法一般，她做什么我都喜欢。我平时不爱吃海鲜，但她做的海鲜我爱吃。

曹：真的吗？

托米：是的，每次我们家庭聚餐，我问大家想吃什么，他们都会说，可以请夏莲下厨吗？夏莲也会备上一桌好菜，大家都很开心。

曹：今天早上来给你做访问，我吃了一副大饼油条，吃了一碗我最喜欢的咸豆浆。我不知道你这次到上海来，带托米吃了什么上海的食物？

倪：你说的东西，说得我口水也要流下来了，这些我很喜欢吃。但是因为大饼油条在欧洲很少，他不是很熟悉，但是他很熟悉生煎馒头、锅贴、小笼包、馄饨，这些他都很喜欢吃。这些东西他吃得很多，吃得很开心。

曹：他平常喜欢吃你烧的哪道上海菜？

倪：我烧的菜，他都要吃，他很好弄。我们吃饭，肉和蔬菜搭起来，我不想给他吃大肉，吃得太多了，不好消化。蔬菜这么吃，他也很喜欢，他很好弄的。

61岁的倪夏莲，已是第六次踏上奥运征程。这个数字，不仅仅是年龄和参赛次数的简单累积，更是对"坚持"二字最生动的注解。在乒乓球这项对体力和反应要求极高的运动中，她用自己的行动证明了年龄从不是梦想的绊脚石。每一次挥拍，都是对自我的超越；每一场胜利，都是对坚持的赞歌。倪夏莲的故事告诉我们，只要心中有梦，脚下就有路，无论年龄多大，都能在热爱的领域中发光发热。

曹：这次巴黎奥运会，你特别受到大家的关注，有没有想过为什么这次巴黎奥运会会

赢得这么多不同年龄层人的欢迎？

倪：首先我非常非常感谢所有球迷和朋友给我的支持、关心和爱护，我也非常感动。说实在的，我自己也没想到会是这样一个局面。我觉得非常荣幸，因为我倪夏莲以前学的乒乓球技术是在国内上海学的，我用乒乓球技术，能够在欧洲，还能打几年，后来变成我是代表中国人的形象在国际上打了。那么这次奥运会，就有这样一个平台，让我展现我们中国人的技术和风貌，所以我觉得非常荣幸。我是这个制度的受益者，所以还是要感谢。

曹：其实在这次巴黎奥运会中，引起大家关注的一件非常重要的事情，就是你受邀去担任孙颖莎和王楚钦这对混双组合的陪练，这在我的印象当中，过去好像没有发生过这样的情况。所以当你接到这样一个邀约的时候，第一时间心里是怎么想的？

倪：我挺开心的，我觉得我终于有机会可以更直接地来报答和感谢中国国家队对我的培养，因为我是从这个队出来的。以前没有这个机会，现在我可以实实在在地帮到他们，如果我能够在他们夺冠的路上帮到他们一丁点儿，就觉得非常开心，也非常踏实。这场球确实非常难打。

曹：对，他们打的时候，我看得心惊肉跳。

倪：对，那个朝鲜女孩确实很棒，你看这次她拿亚洲锦标赛冠军。因为她的打法跟我很像，所以我很高兴能有这个机会，能够帮他们增加一点点信心。我们上海人说"临时抱佛脚"，"临时抱佛脚"在心理上可能是有一点安慰的，有些暗示作用。其实他们已经很棒了，我们中国队很棒，但是赛前的备战确实很重要。所以我觉得非常荣幸能有这个机会，我也觉得这是我应该做的一点点事情。

曹：你去跟他们训练的时候，你跟教练，包括跟王楚钦、孙颖莎，你们都有些什么样的交流？你提供一些什么样的建议给他们？

倪：有的。首先托米很激动，托米跟刘国梁说，那个男孩子，他喜欢打孙颖莎的正手，你要保护好正手，这是很具体的一些东西。当然我跟孙颖莎，女孩子对女孩子比较熟悉，对王楚钦，可能没有莎莎那么熟悉，所以对王楚钦的细节指导可能多一些。特别是半长不短的球，转的、不转的球，就是给他一点点我的指教，让他不要犹豫。因为在关键的时候，你稍微有 0.1 秒的犹豫，球的质量就会下去。这样，你可能就会失这一分。在这些细节上，我们有一些交流。

曹：所以不能干扰他们正常的训练模式，但提供他们一些更多的思维面向。

倪：对的。

曹：还有你跟孙颖莎的那场比赛，其实也蛮好看的。跟莎莎这样的，目前世界上一流的运动员比赛，你过去也是一流的，但是跨越年龄之后，去看年轻一代，心里是怎么想的？

2024年东京奥运会上，倪夏莲对阵孙颖莎

倪：我觉得我非常非常荣幸有这个机会，能够跟莎莎打，她是世界上最好的乒乓球运动员之一。我们中国队那么强大，我非常荣幸有这个机会，去较量一下。而且能够看到莎莎打出这么精彩的球，我为她高兴，我也很欣赏她。

曹：你觉得跟你们这一代乒乓球运动员相比，今天的年轻运动员有些什么样的优势，能够使中国乒乓球在全世界范围中，几乎一直保持绝对的优势和领先？

倪：对的。我觉得这次巴黎奥运会取得的成绩是相当相当好的，五块金牌全包揽。你说没有碰到一点困难是不可能的，但是在这个情况下，他们能够赢下来，又一次证明了我们中国乒乓球队是世界上最强大的队。这个不能说是哪一个人的功劳，而是整个团队，整个团队后面又有政府的支持，我们体制优良，所以这些都是一个大的团体在那里，完整的一个东西。我相信中国乒乓球队是有很好的历史、很好的传统，一代一代传下来，而且有这么优良的教练团队和那么多优秀的运动员。这整个一套都不容易，在非常严谨、严明和严厉的教育体制下，他们刻苦训练得到这些成绩，我觉得要恭喜他们。

曹：你觉得从技术水平，还有整个乒乓球队的管理体系来说，跟你们这代人有什么特别大的差异吗？

倪：我相信中国队有一套严谨的策略，当年在队的时候，我很清楚，不过现在他们到底怎么样，我也不便于去过问。但是，我觉得从他们所有的表现、成绩来看，我相信他们这一套体制也是非常完美、严谨的。现在大球的时代跟我们不一样，什么年代、什么体制、什么技术上的东西，都要更新，在这种大球时代，回合比较多，对体力要求比较高，这个对运动员来说是很辛苦的。这就是每一代人有自己辛苦的地方，但是他们能够走得那么好，得到这个成绩，可喜可贺。

曹：托米你如何评价此次巴黎奥运会上夏莲的表现呢？

托米：我觉得她表现得非常棒，她的首场比赛对战的是土耳其选手，压力很大，作为年纪最大的选手，她必须要赢，而她做到了，那是一场精彩的比赛。第二场比赛她对上了世界排名第一的选手，全球唯一的排名第一，我也很高兴能看到这场对决，而且她表现得很精彩，我们为奥运准备了整整一年。

曹：作为运动员，她最可贵的品质是什么？

托米：考虑到她的年龄，她的速度肯定不是世界上最快的，但我认为她是最聪明的选手。她善于运用知识和策略让对手脱离位置，会频繁调整旋转和球速，可以说，她是世界上最聪明的选手。

曹：刚刚我们也聊到了夏莲与孙颖莎的比赛，这场比赛之后，你与妻子的深情一吻感动了很多人。当时你想传递给妻子什么情感？

托米：我是她的教练，同时也是她的丈夫，对我来说，输赢不是全部，我想要告诉她，没关系，你表现得很好，我欣赏你的表现，输赢不重要，没有关系，我依然一如既往地支持你。

曹：作为教练，你会对她很严厉吗？

托米：有的时候会。

曹：那你如何在两种不同的身份之间转换呢？你既是丈夫，又是教练。

托米：这是最难的部分。

曹：有时候会感到混乱吗？

托米：我们两个人很像，不管是生活还是体育，我们的目标是一致的。我们相处了这么多年，几乎不会争吵，我们总是能找到解决之道。我们会沟通，总是能找到正确的方法，所以我的工作很容易，她是一位很好的学生。

曹：我想，对于一个运动员来说，好胜心是获胜的一个最基本的特质，比赛的胜负固然非常重要，但是我可以感受到你这个年龄，依然能够参加国际大赛，其实享受比赛是不是你性格当中或者思索当中的主轴？

倪：对的。现在是这样的，但并不是一开始就是这样的。其实我小时候输球也会哭，也会很痛苦，但是随着时间的增长、磨炼，那么多比赛打下来，年龄的增长、阅历的提高，对输赢从一开始的痛苦，到慢慢学会去输，就觉得人的能力是有限的，只要我自己尽最大的努力，结果都是可以接受的。我觉得这经过了很多年的磨炼。

曹：你打球的时候，相对于现在，可能整个环境还比较封闭一些，那个时候你怎么去处理一些负面情绪？比如说输球以后的不开心。

倪：我始终记得我是一个运动员，所以把球打好是我一直追求的，或者一直在努力的事，这是我的责任。所以我很多时候，精力是放在怎么样提高我的技术方面，我觉得这是一个运动员应该有的素质和责任。

曹： 包括这次你和郭跃华相见，你们会不会谈谈比赛时候的一些技术面向的问题？

倪： 有的，我请教他。

曹： 他怎么评价你在这次巴黎奥运会的表现？

倪： 这么多年来，他看着我慢慢成长，也觉得挺欣慰的。在大哥的肯定下，我也觉得我自己挺开心的。当然他也看到我的技术，觉得我的爆发力可能比原来有进步。我说我再不进步的话，来不及了。

我觉得我们这次相遇非常非常开心，特别是我，特别感动。当然，在他的邀请下，我们这次能够相见，然后一起打混双，还是一个完美的组合，再一次回忆起我们当时那些幸福的时刻。

1986 年从国家队退役后，倪夏莲旅居海外，并从 20 世纪 90 年代起代表卢森堡参加比赛，曾三次获得欧锦赛女单冠军，并多次率队冲击各大国际赛事的奖牌，成为欧洲首屈一指的"乒乓女皇"。在她的帮助和激励下，卢森堡国家队以创纪录的两女一男阵容，出现在巴黎奥运会的乒乓球赛场上。

曹： 夏莲，我知道在亚特兰大奥运会的那一年，是 1996 年，是吧？

倪： 对。

曹： 那时候其实你就被要求以代表卢森堡队的身份去参加国际大赛，其实当时你还是有点犹豫的？

倪： 对的。当时我出国，其实也没有想过出去再打要打成什么样，或者代表别的国家去参加世界比赛。当时国门打开，很多职业俱乐部需要一些人，当时国内和国外在工资上的差异很大，所以我觉得去赚几年钱就回来，就跟着潮流走了。没想到他们那么重用我，但是我自己没准备好。过了很多年以后，我觉得跟他们也有感情了，所以 1998 年，他们再问我的时候，我就答应了参加悉尼奥运会。

曹： 你第一次以卢森堡国家队的队员身份参加国际大赛，当时是什么样的感觉？

倪： 我就觉得那是一份工作。当时我去的时候是有合同的，是教练兼运动员，我就这么去了。没想到他们要我打，就只能打了，打就打，我也无所谓。我应该认认真真地履行我的合同，或者说应该做好我的工作，就这么简单。

曹： 到了卢森堡，认识了托米，托米其实也是多重身份，是你的教练，也是你的理疗师，还是你的后援团的团长，你们两个人在接触的过程当中，你觉得托米身上哪些特质是很吸引你的？

早年倪夏莲

倪：其实开始的时候，他只是一个非常好的教练，但是他给我的帮助确实很大，他非常仔细，而且非常有责任心，知识面非常广。而且他对我们中国人特别有感情，所以我们特别聊得来，我非常感恩他对我的帮助，没有他确实没有我，可能我早就不打球了。我也不知道我会打到今天，确实是没有他就没有我。

曹：夏莲刚刚提到，如果不是你，她可能会从乒乓球队退役，你如何评价她的潜力和能力？

托米：我第一次见到她是在1983年，41年前，当时我什么也不知道。我看到了这位漂亮的小姑娘，1994年，我成为卢森堡国家队的教练。

倪：我缺乏动力。没什么动力，就是这么跟着走。

托米：对我来说，这却很有意思，我可以把她打造成下一个体坛巨星，我们训练非常努力，每一天我都能看到她的进步，她的潜力巨大，在卢森堡，从世界排名七八十，一百左右，晋升到前四。如果你问的是她今天的潜力，我觉得她依然还可以进步。

曹：夏莲，你觉得跟托米大概相处了多久之后，你们慢慢开始产生感情？

倪：走到今天，我觉得我们两个人确实是有非常扎实的感情基础，互相学习、互相帮助、互相理解、互相提高。回过头来想想，我觉得特别欣慰。

倪：我很开心，过去了这么多年我们依然懂彼此。

托米：心态还很年轻。

曹：听说托米很喜欢中国文化。

托米：是的，中国文化有几千年的历史，中国很美，中国人民也很美，我还有一位美丽的中国妻子，我喜欢这里的一切。

曹：其实中国人和外国人，尤其是西方人，可能由于文化不同，成长的环境、家庭的背景都不太一样。你觉得你和托米之间，有没有这种差异？你们怎么去解决东西方文化的这种差异？

倪：东西方是有差异的，哪怕现在是地球村了，我们长得不一样、吃得不一样，讲话也不一样，每个人都不一样。我觉得不一样很正常，就是因为这种差异性，才美，每个人都有自己的观点。所以我觉得我和托米之间，有很多的交流，很多的取长补短。

曹：跟托米生活这么久，你觉得生活当中，你们之间对哪些事情的看法会不一样、思维方式会不同？

倪：思维方法，从乒乓球来讲就不一样。

曹：是吗？你举个例子。

倪：因为我们是近台快攻，我老是站台站那么近，他们是中台，是大动作。我站得离乒乓球台很近，我总是中国的习惯，靠台，但是现在是大球了，球老上来。以前的球是停在球台上的，往前迎的。所以这个问题，他老是要提醒我。当然还有吃的问题。为了这个，我还去学做西餐。但我觉得很好玩，什么新的东西，我都想去尝试。如果能力允许的话。

曹：当时你们俩决定要走到一起，成立家庭，你家里人怎么看？比如当初你父母怎么看？家里来了个洋女婿。

倪：我爸爸妈妈都非常淳朴，他们非常尊重我，所以我非常感恩。其实，妈妈最后的十几年，是在我们家度过的。妈妈最喜欢的一个人就是托米。

曹：上海人说丈母娘看女婿，越看越欢喜。

倪：对的，越看越欢喜。到最后，有时候她会说："托米是很喜欢我的，我什么事都跟托米说。"但其实要我做翻译。托米每天起来，都会说"妈妈好"，每天。他从来没有跟我妈妈有过任何冲突，所以我也想，我妈妈虽然走了，但他们也过过好的日子。这点我也很欣慰。

曹：你和丈母娘是如何相处的？

托米：我们一起生活了11—12年，一次也没有红过脸。我也尽力帮助她，带她买东西，但她就像很多中国人一样，不想麻烦别人。我尽我所能去帮助她，让她过得舒心。我们的关系很好，哪怕语言不通，也能理解彼此。

曹：你们结婚是哪年？

托米：1994年我成了她的教练，1996年她拿到了欧洲第一，1998年她拿到了欧锦赛冠军，我们合作了很多年。2003年初，我们有了可爱的女儿。

曹：什么契机让你们的感情升华了？

托米：我们共事了这么多年，经历输赢，共同奋斗，我们开始意识到两人的思维模式、心态和生活重心是很相似的，过了这么多年，我感到我们属于彼此，我希

倪夏莲一家

望她也有同样的感受，当我向她求婚时，她答应了。

曹：作为夏莲的丈夫，你最爱她的什么品质？

托米：她是一个很好的人，我说的不是她的乒乓球，而是她的生活态度，她很温暖，很可爱，会照顾每一个人。还有她的举止，她是任何一个男人都渴望的理想妻子，我很幸运可以遇到她，得到她的青睐。

曹：你认为中国太太和西方女性有什么不同之处？

托米：我也不太确定，她并不是唯一优秀的中国女性，在欧洲也有其他的中国人，但我们的性格太契合了。

倪：还有思维方式。

托米：我们太像了，我觉得我们是天作之合。

曹：家人听到你要娶中国妻子时，是什么反应？

托米：他们很自豪，非常自豪，他们爱她更胜过我。他们全然接受，都夸我做得好，说我找到了最棒的妻子，他们都很开心。

曹：倪夏莲，其实我今年在巴黎奥运会期间看了很多不同的比赛，但最让我感动的还是你，以你这样的一个年龄，完全属于超高龄的运动员，但是你依然能够坚持在赛场上。我相信，你在备战的时候，一定会比年轻人付出更多的努力。

倪：对的。我总是说我们不能跟自然斗，我们要知道自己是有局限性的，所以对我来讲，过去的两年里面，备战奥运确实很辛苦。特别是现在改了规则以后，对我的挑战很大，但是我觉得我既然答应了，就得去努力做好，在我的可能范围里面，尽量不要受伤、不能生病，去完成我许下的承诺，结果怎么样是另外一回事。现在看来，回过头来看看，还是皆大欢喜，我们实现了我们的愿望，梦想成真了。所以我觉得我非常幸福。

倪夏莲在录制现场

曹：通常你每天的运动量是多少？

倪：我肯定是比年轻人练得少很多很多，一般技术练两个小时，最多了；身体训练一个小时，加起来三个小时，也很多了，也不是每天都这么练。有比赛的时候多一点，没比赛，有时候都不练的。因为对我来讲，身体的调节、心理的调节，比如我去花园弄弄花草，去买买菜，喜欢买买买。那个可能更重要。

曹： 我看你花园里面种了好多蔬菜。

倪： 对的，我很喜欢，对我的身心健康非常有帮助。我看见它们小小的生命，看着它们成长，我特别开心。对我来说，心理健康或者心情舒畅，有好心态非常重要。我觉得一切都是顺其自然的。

　　看倪夏莲的比赛，你感受不到硝烟味和紧张感。没接住球，她挑挑眉头坦然接受；打出制胜进攻，她则击节叫好欢畅一笑。对倪夏莲来说，输赢是暂时的，但体育的精神是永恒的。这种超越年龄的"松弛感"，也让倪夏莲在网上的人气长盛不衰。并不在意纪录、更不奢望奇迹的倪夏莲，只求在每一场比赛中尽到自己的最大努力。也许，正是这种"不强求"的洒脱，才是倪夏莲最打动网友的地方。

曹： 你现在自媒体的账号差不多有两百多万粉丝，卢森堡一共才六十多万人。

倪： 我偶尔会做直播，虽然不多，但是已经尝试过了。我是一个充满好奇心的人，什么东西都喜欢去尝试，在自己的能力范围里面，尽量去学一点东西。所以我现在非常感恩有自媒体，和大家距离很近，我觉得挺好玩的。

曹： 你看着别人的留言或者评论，有哪些评论觉得印象特别深、特别好玩的？

倪： 好玩的很多，但有一条挺感动我的，就说倪夏莲当时离开中国队，没保住这个位置，但是她保住了一颗中国心。我听了挺感动。

曹： 一个人要追求一种生活当中的松弛感，说说容易，做起来很难，如何能够做到这种松弛感？

倪： 我觉得这也是一个漫长的过程，就像小时候，会把输赢看得很重，确实，竞技体育非常残酷，总有一个要输，当然谁都想赢。所以这一路走来，磕磕碰碰也是一个成长的过程，从一个哭鼻子的女孩，慢慢成长，去接受，然后变得享受，我觉得这是一个漫长的过程。但是我很幸运，我有这个机会，我很欣赏能够打出好水平的对手，我要恭喜她，确实她比我好。我唯一能够做的，就是我回去努力，下一次咱们再打一次试试看吧。所以我觉得我很幸运，有这个可能性。

曹： 因为中国乒乓球的水平在世界范围内占有绝对优势，而且整个亚洲的水平都比较高，所以你觉得以你自己目前的水平，在欧洲你是不是依然还属于很高的水平？

倪： 我很感恩，我以前在国内学的技术，基本功比较好，学得也比较合理。当然，有托米在，我们经常研究技术，技术也要升级的，就像电脑一样，再优秀的电脑，二十年以前再贵的电脑拿到今天还是不行。所以学习是一个永恒的事。我觉得在学习的过程当中，你在比赛当中能够发挥，能够用，这就是很开心的一件事情了。我觉得这跟你不断地成长，是有关系的。基础要好，不断地学习，那么我是沾了这点光。当然，我在欧洲，现在还是前几位，所以欧洲十六强这些，我还有资格去打。

曹： 作为教练，你如何升级倪夏莲的技术？

倪： 我们一直在学习交流。

托米： 我跟你说过，你太美了。

曹： 撒糖。

托米： 我们一直在分析不同的风格和资料，了解现状，乒乓球发生了许多变化，要想紧跟发展大势，我们必须比其他人更动脑子，因为我们不能比拼速度和旋转球，我们要不断做新的尝试，就像人要升级电脑一样，技术也要升级。在这方面，我们做得很好，不然她不可能达到今天的水平，61岁依然可以赢过世界顶尖球手，这几乎是不可能的。

曹： 听说夏莲刚到卢森堡的时候，那里还没有职业乒乓球运动员，她改变了这一切，对吗？她到卢森堡以后，一切都变了？

托米： 是的，她刚到卢森堡时，我们几乎没有任何职业运动员，她来了以后，不光是乒乓球，人们普遍更重视体育了，训练更认真，也会分析比赛，她改变了卢森堡体育的整体心态，现在几乎每项运动都有职业运动员，她在其中扮演了非常重要的角色。

曹： 倪夏莲在巴黎奥运会上有一句话，我特别喜欢，就说乒乓球打到今天，我们中国运动员终于可以在世界的舞台上去说一些自己想说的话。是不是在年轻的时候，没有想到有一天自己可以用球拍，用小小的乒乓球，作为一个与世界交流的工具？

倪： 对的。这也是一个漫长的过程，就像开始的时候，你没有达到这个认识水平。慢慢你就发现，你还可以做更多的事情，你还有很好的平台可以发挥你的作用。现在，这个时候来到了，我非常珍惜我的乒乓球平台，所以我非常高兴，我能够有机会为我们中国人在世界上发声。我非常荣幸。

曹： 我听说卢森堡也是有退休年龄的。

倪： 对的，65岁。

曹： 其实你还有几年时间，所以应该能够打到洛杉矶奥运会，有没有这个想法或者这个机会？

倪： 首先我想跟大家说，我退休不退休跟年龄没有什么关系，因为打球不是我的工作，我另外有别的工作，所以我不是完全的职业运动员。

曹： 你现在还不算职业运动员？

倪： 不是的，外国体制跟中国体制是不一样的。我可以随时退休，当然，65岁是从行政角度上来讲可以退休。不过有这么多人期待着我参加奥运会，我也很激动，事实上，四年对每一个人来说都是很大的挑战，参加奥运会的门槛是很高的，基本上可能要达到世界前六十位。所以，我过去的两年里面，打了那么多比赛，去争取这个名额，很辛苦，对谁都很辛苦，年轻人也辛苦，我这个年龄，我自己也有自知之明，很辛苦。愿望是很好的，但是我们不能跟

倪夏莲、托米与曹可凡

自然斗，不过万一呢？永不言弃，万一呢？只要我自己身体能够保障，技术还可以过关，或者说达到一定的高度，或者说还有动力。当然，卢森堡是一直需要我打的，我还有很多的激情，所有这些点都非常重要。如果少了一条，你就应该是忍痛割爱说再见的时候了。但是这些都具备的话，还是很丰富、很开心的。顺其自然吧。

曹：我们谈到了 2028 年洛杉矶奥运会，作为教练，你如何看待下一届奥运？

托米：这个话题我们聊过很多，现在我们先不想它，我主要关注的是她的动力和健康，是否足以支撑她参赛，要考虑的因素有很多，这些因素都要满足，我想对任何一个人来说，四年后的未来都是难以判断的，特别是倪夏莲已经 61 岁了，这就更难了。哪怕一个 25 岁的人，都很难判断 29 岁时是否依然足够优秀。

曹：其实对于普通的体育爱好者来说，我们特别希望倪夏莲能够出现在洛杉矶奥运会的赛场上。比赛结果不重要，我们希望在洛杉矶的赛场上能看到你。

倪：谢谢！

曹：除了乒乓以外，生活当中最爱做的是什么？或者你们俩一块儿，最喜欢做的是什么事？

倪：当然，我觉得打乒乓很好玩，还有很多的提高空间。我也不知道今后打得怎么样，但是我觉得不管发生什么事情，总会关注乒乓球，乒乓球已经融入我的细胞里。当然，还有我在西方生活的环境，跟中国又那么亲，所以如果作为东西方的桥梁，我能够做点事，也是我非常愿意和开心的。

曹：谢谢夏莲，谢谢托米，来到我们节目做客，讲了很多比赛之外的趣闻和秘闻，也期待倪夏莲和托米能够经常回上海。

选择坚持　成为自己——陈芋汐专访

在巴黎奥运会闭幕的一个月后，陈芋汐回到了她的母校——被誉为"金牌摇篮"的徐汇区光启小学，等待这位新科奥运跳水冠军的是一场别开生面的"跨时空对话"。在这里，陈芋汐看到了 6 岁、11 岁和 16 岁的自己，她眼含泪水、却掷地有声地与大家分享着真实的感悟。

陈芋汐做客《可凡倾听》

曹： 巴黎奥运会之后，你参加了很多活动，非常辛苦。这么多的活动当中，有一个活动是我非常有兴趣的，就是你回到原来的母校光启小学，跟自己的学弟学妹做了一次分享。时隔多年，以奥运会冠军的身份回到学校，跟老师、同学见面，是一种什么感觉？

陈： 其实还是非常亲切的，虽然说确实很久没有回去，虽然说学校装修了，比我那会儿的条件好很多；但是从上到下的氛围，我觉得一直没有变，就是非常和谐，包括师生之间的氛围，各方面都特别好、特别棒，一切都是我最熟悉的感觉。

曹： 当你和 6 岁、11 岁、16 岁、19 岁的自己对话的时候，我看你有点小激动，泪眼婆娑。在那个时候，你自己想到的是一些什么样的画面呢？

陈： 确实，他们写得非常真，而且包括我当时一些心理活动，他们其实也非常点到点上，所以我当时可能有点激动。当时确实脑子里还是过了非常多东西，可能勾起我非常多的回忆，回忆起我在 6 岁—11 岁这个阶段，自己所发生的一些故事，包括我的心理活动。

曹： 你现在跟我们来复原一下，你 6 岁的时候，留给你的记忆最深刻的是什么画面？

陈： 从体操转到跳水，我不会游泳，非常怕水，抗拒下水。一是抗拒下水，二是需要跟父母告别，一个人去参加训练。这两点是让我非常抗拒的。

陈芊汐回到光启小学

曹： 11 岁的陈芊汐又是一个什么样的状态？

陈： 11 岁的时候，要学动作的那个阶段，一样也是每天担惊受怕。因为学动作的时候，没有空中感觉，没有办法预测十米台有多高，对空间感不熟悉，包括对这个动作不熟悉。可能会因为紧张，或者因为没有感觉，动作发生走样，可能会被水拍到。我们正常是直着下去，垂直 90 度于水面，如果跟水面是平行的这么下去，十米台拍下来是会很痛的。

曹： 我们小的时候也学过一点跳水，我们叫"吃大板"，痛得不得了。

陈： 对。十米台下来是真的会拍出内伤的，拍吐血。

曹： 你也拍到过？

陈： 经常拍，真的会被拍到。

曹： 到 16 岁的时候，是不是已经对水有一种亲近感？

陈： 到 16 岁的时候，慢慢发现其实这么多年过来，跳水已经成为我生活中不可分割的一部分了。我对它，不只是说跳水是我的职业，或者说我只是单纯地热爱，更多的是对跳水的一种感情。

曹： 在那次分享当中，你还跟大家讲了你最喜欢的三个人生的关键词，就是梦想、坚持和热爱。虽然你很年轻，我觉得能够提出这三个关键词，就是说明其实你对自己的事业、对人生，有非常独特的看法。你跟大家也分享一下，这三个关键词对你今天的成功起到一个什么样的作用？先说梦想。

陈： 首先是梦想，确实，梦想首先是要敢想，你想都不敢想的话，怎么会有这个目标呢？你需要有一个这样的梦想、这样的目标，一直推动着你往前走，去实现这个目标。

曹： 坚持。

陈： 接下来就是坚持，在这一路上，你去实现这个梦想的道路上，肯定会遇到非常多的阻碍、困难，各方面都会有一些你意料不到的事情发生，但是你怎么在这条路上朝着这个梦想、朝着这个目标，越过重重阻碍，去不断地坚持，直到自己达成这个目标。

曹： 最后说热爱。

陈： 热爱就是，如果你只有梦想、只有坚持，没有热爱的话，你是没有办法这么有毅力的。像我到现在，从事了13年的跳水，如果说我不热爱跳水，我自己不喜欢，我是做不到的。

曹： 你当中肯定会遇到一些困难、挫折，甚至低谷，那时候有没有想过放弃？可能这条路走起来有点费劲，我是不是能转一条路，有没有这种想法？

陈： 会想过要放弃。其实我想放弃的几个时间点，正好基本在6岁、11岁，包括16岁，这三个节点。6岁的时候因为害怕，怕水，我觉得我是不是连游泳都学不会，我没有办法练跳水，这时候会想放弃。但其实反过来也是因为热爱，我觉得自己可以再坚持一把，那就再试试，或者哪一天我就会了呢。

11岁的时候，我因为真的会每天摔到，会开始想我是不是不适合练跳水？我是不是学不会？也会慢慢想，我是不是该换条路走？也会想放弃。但，确实，再一想，我已经坚持到这个地步了，如果现在放弃的话，会不会有点可惜？

16岁的时候，因为奥运会、全运会的失利，我在想，如果说继续坚持下去，因为女子跳台运动员随着年龄越来越大，以后的路会越来越难走，我还能不能回到我430分、440分的水平？如果说回不到那个水平，拿不到第一，那我坚持下去的意义是什么？会去思考这个问题。确实，也是因为我觉得，我不尝试一把，我怎么能否定自己呢？包括我对跳水还是有热爱的，不愿意放弃，所以又坚持了三年。

曹： 我还特别欣赏你在跟同学们分享的时候说的一句话，人生没有一个规定路线，也没有规定动作，人无论做什么都要靠自己去闯，这个"闯"字给我留下非常深刻的印象。

陈： 其实像我们身后会有非常多的保障人员，不断地去帮助你闯过这一关。就像我在生长发育的这一关的时候，其实从吃饭、睡觉，包括训练，各方面都是需要帮助的。因为当时年龄也不大，很小，对这方面不会太清楚，知道我该怎么做，所以会有特别多的辅助人员去帮助我闯过这一关。但是站上赛场的时候，确实是截然相反的。这些辅助人员能帮助你，包括教练能帮助你，更多的是在训练和生活方面，但是真正站上赛场，站上10米跳台的只有你一个人。这一关，确实是要靠自己闯过去，要跨过自己心里的那道坎儿，把动作放开跳，大胆地去跳，去展现自己的动作。

曹： 其实今年巴黎奥运会，有两个比赛我看得最紧张，一个是乒乓球男单，樊振东落后的时候，我的心就吊起来了，还有就是看你和全红婵的比赛。尤其是因为你要跳很多次，可能某一次的分数稍微落后一点，作为旁观者来说，隔着屏幕，我都觉得自己心跳在加快。所以在赛场上，你面对这样的一些情况，面对自己比分可能这一跳比其他的选手稍微落后一点，自己心里会不会紧张？

陈芋汐在母校演讲

陈：紧张，其实说实话，奥运会的整场比赛，从头到尾，这个紧张是一直存在的。但因为在奥运会决赛前一天晚上，我也给自己做了非常多的思想工作，真正当我站上决赛赛场的时候，其实没有那么多想法了。无论我跳第几，无论我的每一跳成绩怎么样，跳一个丢一个，跳完就抛在脑后了，就去想接下来的动作，不会因为成绩起伏制造出更多的紧张。

曹：光启小学很有意思，出了很多跳水健将，像吴敏霞、火亮，等等。听说当年吴敏霞以奥运冠军的身份，也到学校里来跟同学们做分享，那时候你就是坐在底下的学生，你还能不能记起当时你在底下听吴敏霞跟你们分享时候的心情？

陈：就是觉得，哇，好厉害。

曹：时空倒转。

陈：对，那时候我也希望，有一天是不是我也能站在台上，跟我的学弟学妹们去分享我的一些故事。包括我也非常想像霞姐那样拿到奥运冠军，以非常自豪的身份回到母校，来回馈母校这么多年养育我的恩情。

曹：因为你们学校实际上是跳水特长。所以你记不记得，当年在看电视直播的时候，当吴敏霞获得冠军，自己在屏幕下看着她夺冠，看着她拿到奖杯，五星红旗升起，国歌响起的时候，你是一个什么样的想法？

陈：非常激动，虽然那时候的国旗不是因为我升起来的，但确实就觉得在奥运会的赛场上能看到……包括霞姐是上海籍运动员，运动员为国争光的这种感觉，会觉得非常激动。

曹：我听说你那时候很小，但是在家里也模拟未来有一天自己夺冠时候的场景，是不是这样？

陈：对。小时候就喜欢站电视机柜上，在那边唱国歌。

曹：所以，当真的在赛场上听到国歌响起、看到国旗升起的时候，是不是会想起自己从小对这个运动所付出的努力，再辛苦都值得？

陈：我第一次出国比赛，那还是系列赛、小比赛，那是我第一次在国外经历升国旗、奏国歌，从那次直到现在，升国旗、奏国歌，我依然会起鸡皮疙瘩，非常激动。这种激动真的是不受控制的那种，不会回想那么多画面，真的会大脑一片空白。

陈芋汐的父母都任职于体操领域，她的祖父更曾在上海体操界留下浓墨重彩的一笔。这样的家庭环境，让陈芋汐从小就与体操结下不解之缘。然而命运的转折却往往出现在不经意间。一个偶然的机会，让在体操训练场上挥汗如雨的陈芋汐，走进跳水这个崭新的世界，一颗希望之星由此诞生。

曹：我们都知道你是出生在体操世家，爸爸、妈妈、爷爷都从事体操工作，是不是从小自己就有一种预感，也许将来就是要做体育这行的？

陈：小时候真的是喜欢、热爱体育，太喜欢了，喜欢动。

曹：喜欢到什么程度？

陈：喜欢到我妈妈跟我说，给你两个选择，一个就是幼儿园三点钟放学，妈妈来接你回家，一个就是十一点、十二点，爸爸接你去体操队训练，我说我要去训练。

曹：真的？

陈：真的，我要去训练。

曹：体操训练其实也是一件很辛苦的事。

陈：我觉得好玩。

曹：真的吗？你觉得好玩在什么地方？

童年陈芋汐与父母

陈：可能因为我活泼爱动，我现在也不知道好玩在什么地方。

曹：我知道你从小到大读书一直是挺好的，能够下决心练体操，最后从体操到跳水，这条比较艰辛的道路，完全是自己的想法，不仅仅是爸爸妈妈的主意？

陈：我爸妈完全没有这方面的想法。

曹：是吗？

陈：我爸妈其实没有那么想让我再接触体育这个行业，因为他们知道体育这条路会有多么苦，所以他们其实不那么想让我接触，但是拗不住，我非要练，我一定要练。

曹：这个太有意思了。

陈：我喜欢。

曹：所以你觉得除了热爱之外，真的觉得自己有那么点天赋？

陈：小时候不会觉得自己有天赋，就是纯热爱，我喜欢，我觉得好玩。

曹：而且你学动作是很快的？

陈：对，我的翻腾感觉很好。真正开始学动作，开始进行专业训练，其实大概在5岁时候，开始慢慢接触一些专业的训练。跳水的话，到六七岁，也不是说像我现在这种专业，但就不是玩了，像三四岁的时候，肯定是玩，比如说每天开心就好、快乐就好，这么玩。后来在跳水队的时候，大家开始学前空翻的时候，那时候我已经会了。当时是教练都要拉保护带，一个一个托着翻，我是自己在海绵坑里玩会的。我跟她们大姐姐在海绵坑里，翻两个翻两个，自己会了。

曹：那就是天赋型运动员，没办法。

陈：又爱玩，又有胆量去玩。

曹：后来跳水队来体操队，看中了你，让你从体操转到跳水，从自己内心来说，愿意不愿意？

陈：起初是抗拒的，真的是抗拒的。像前面我提到的，我怕水，包括我练体操的时候，是跟我父亲练，我去练跳水，就得一个人去。这两点是我非常抗拒的。但是确实到后来，慢慢接触多了，发现我不喜欢游泳，因为跳水肯定要先学游泳，不然你跳下去，难道被别人捞回来？

曹：你去跳水队之前是不会游泳的？

陈：我不会游泳，十个游泳教练都没把我教会。慢慢发现我不喜欢游泳，教练让我游泳，我很抗拒，但是让我上跳台去跳，我愿意的，我喜欢，我觉得很好玩、很刺激。

曹：跳台这么高，你看到水怵不怵？

陈：小时候不怕，真不怕。

曹：据说跳水队的教练之所以挑选你从体操队去跳水队，是看中你两个特点：第一是协调性，第二是空间感。协调性，我们比较容易理解，怎么去理解空间感？

陈芋汐：空间感就是，比如说像我现在，对于从十米台到水里的空间感觉。我们翻腾，有很多动作是在空中完成的，你要对空中动作有个清晰的判断。包括距离水面还有多少，要有一个大概的理解，降到最小的误差。比如说翻快了，我需要早点开，翻慢了，我需要晚点开，你需要有一个很清晰的空中判断。我对这个还是比较敏感的。

曹： 我第一次知道你原先对水那么怵，这是一个很有意思的悖论。就像有一个很有名的武打女明星，叫作杨紫琼，她一直要做武打的动作，但是她有恐高症，她要克服这种恐高的感觉，完成这种高难度的空中打斗的动作。跳水也是这样，你还记得当时教练怎么能够让你去跟水亲近，不畏惧水的？据说你的启蒙教练，用了很多连哄带骗的方法，他用了一些什么方法？

陈： 我也说过我在6岁的时候特别想放弃，就是因为游泳的事情。我三天两头跟教练说我不练了、我不干了。教练说今天吴敏霞姐来，霞姐过来看训练。我说那行，我来。又练两天，又不干了，教练说今天火哥来，火亮哥，他来看训练。我说行，我来。就这样子，连哄带骗给我骗过来。

曹： 你大概去跳水队练了多久，觉得自己可以在这个领域往前走一步，可以认真地对待这个事业，看成我将来可以做的事？

陈： 其实一直没有太多的概念，直到我拿了2018年的全国冠军之后，我才慢慢觉得自己原来可能真的是有跳水这方面的天赋。在这之前，因为跳五米台的时候动作还可以，包括学入水也没有怎么摔到；但是学十米的时候，我最上来一个，就是我现在打头的动作，107B（向前翻腾三周半屈体），我就摔得特别惨，我连着摔了一周，大概都是平板的状态，就这样摔的状态。我会对自己产生很大怀疑，想可能我该放弃，该去学习了，自己没有这方面的天赋。

曹： 所以慢慢地，怎么让自己的失误率越来越低、成功率越来越高？

陈： 不断反复，重复地去练。

曹： 所以没有捷径，就是反复练？

陈： 对，没有什么捷径，跳水是真的没有什么捷径。最大的捷径可能就是你水上动作放一放，十米台107B放一放，陆上多拉保护带，陆上的训练要加量，这是唯一能走的捷径，不再给你丢到十米台上去摔，给你在安全的情况下，让你多去练空中的感觉。

曹： 通常你们训练是一个怎么样的安排？比如说每天早上几点开始，都要做一些什么样的训练项目？

童年陈芋汐

陈： 跳水分陆上、水上，包括力

量，力量分专项力量和基础力量。基本上现在我们有早操，全天训练就是上下午，半天训练就是下午。

2024 年 7 月 31 日，陈芋汐和搭档全红婵在巴黎奥运会跳水女子双人十米台决赛中，再次上演"水花消失术"，成功夺冠。当比赛结束，陈芋汐情不自禁抱起全红婵庆祝夺冠，两人以同样精彩的表现为"梦之队"再续辉煌，也帮助中国队创造了首次包揽奥运 8 金的历史性成绩。

曹：今年巴黎奥运会上，中国跳水队的成绩还是很亮眼的，特别是你和全红婵的表现，非常出色。在双人赛当中，你和全红婵合作获得了金牌，在单人赛当中，你们两个人又获了金银牌，确保中国队拿到了这枚金牌，你也拿到了一枚非常珍贵的银牌。当时面对这样一枚千辛万苦得来的银牌，心里想得最多的是什么？

陈：其实就觉得起码我这几年的坚持没有白费，因为我全运会之后其实有想过，我是不是该学习了或者怎么样，但我又想，我不坚持，怎么知道我不行呢？所以又坚持了三年。包括这三年里面，大大小小的比赛，像世锦赛、世界杯，其实我也都坚持出结果来了。

曹：在你眼中，全红婵是一个什么样的运动员？

陈：她非常优秀，各方面都是如此，她训练的态度，包括她的能力，她动作的细节、姿态，各方面都很优秀，是个优秀的运动员。

曹：因为所有参加奥运会的选手都非常优秀，你们俩跟其他的选手相比，从你的观察来说，你们俩具有哪些与众不同的特点，所以能够在如此高强度的对垒当中，最后稳稳地拿到自己应该得到的金牌或者银牌？

陈：我觉得中国跳水队其实是个非常团结的集体，也是因为中国跳水队带给我们的这些观念，比如需要团结、需要拼搏，这些观念带给我们非常正确的三观，一直引导着我们往前走，我们真的也是从这些观念中学到很多。包括从前辈们那边接下大旗扛在自己肩上，会有这种责任感。所以我们其实不是一个人在作战，我们身后有团队，包括我们是在为国家出征，这样的信念，一直顶着我们往前走，让我们能一直坚持。

曹：在赛后，我看到有一个采访，采访你和全红婵，我觉得你们俩讲得特别好，全红婵被问到是不是紧张，她说不紧张，因为背后还有陈芋汐。你也说，正是因为跟全红婵在同一个队里练习，一起训练，所以能够让自己的技术水平不断提高。我很羡慕你们之间这种亲密无间的关系，如果用一个词来界定你们之间的友谊，你会用一个什么样的词？

陈：确实是非常好的朋友，在单人赛场上也确实有竞争，但是大家一同为国出征，也是希望无论是谁赢，首先要保证这枚金牌是留在中国的。

曹：对于你们年龄那么小的选手来说，这实际上是一种考验，你们两个人真的是一种很特殊的关系，时而是协同的战友，时而又是竞争的对手。所以这是一种很复杂的关系，但是在你们俩之间的，最后比赛结束，那个拥抱，我觉得一切都是很释然。所以当我看到全红婵和陈若琳拥抱以后，一路小跑，跑到你这儿跟你拥抱，这个拥抱是很令人感动的。你们俩那个拥抱的瞬间，你还记得你在想什么吗？还是说什么也没想？

陈：就是为她开心、为她高兴，我们俩也确实不是互相竞争的敌对关系，因为无论是在单人还是双人，其实要保证的就是要为中国队拿下这枚金牌，即使是在单人比赛中，我们俩存在竞争关系，但是我们俩依然是一个阵营的，我们的目标是相同的。

曹：你们双人赛怎么能够做到如此协同，分秒不差，两个人好似一个人一样？我觉得这是一个不可能完成的任务，不能做到的，你在陆地上要做到两个人完全同步都很难，何况在空中？

陈：一是因为动作规格，像中国跳水运动员，有比较顶尖的水平，其实动作规格大框架是很相似的，能保证两个人在大框架下已经同步。二是去抠一些动作细节，这个框架里面的一些细节内容，你需要慢慢地、不断地磨合，不断地抠。像我们，比如说我在喊节奏，接下来一个就是要去卡准我喊完节奏以后，我们俩同步出发的一个时间，这个时间同步以后，其实后面的动作会非常好同步。

曹：看着你们两人同步从空中翻下来，最后落水，真的是极其美妙的一个瞬间。你们自己在电视机前，如果回看比赛的场景，是不是也觉得很有意思？

陈：对。我其实随着年龄增长，动作没有那么轻松，包括她也在经历生长发育期，动作的技术会有些改变，所以现在其实同步没有刚刚配的时候那么好。如果回翻，那时候我们俩确实配合好齐。

曹：你刚才说到身体发育，对于一个女孩子来说，做跳水运动，其实青春期发育是一个极大的考验，也是一个不能回避的问题。你过去遇到过，现在全红婵也在经历相同的问题。我觉

陈芋汐与全红婵

得她在答这个问题的时候，说的一句话把我逗乐了，她说不知道为什么，现在我觉得下水很快，还没反应过来人已经到水里了。

陈：小时候觉得十米台好高，因为我们最开始"跳冰棍"，你在空中保持直立，什么都不动，就感觉好久，怎么还不到水。现在是，每次还没起跳，我怎么到水里了，没翻完呢。

曹：这大概不是普通人能够感受到的，只有你们在跳台上才有这种感受，所以面对这样的一个考验，你回想一下自己处于青春期发育期的时候，怎么用更加自律的方法，比如说作息、饮食，让自己能够安然度过这样一个困难期？

陈：比较困难的时候，当时确实可能每天都要减体重，比如说我多吃一点，我就要早一个小时进馆。或者我在周末的时候，可能星期天下午要去减肥，要去减体重，因为多吃两口得立马减回来，吃得越多，减得越多。

曹：你开玩笑说恨不得一天称十次体重，每分每秒都要看。

陈：踩一脚，重了点，减肥去；减完回来再吃蛋糕，又重了一点，减肥去。

曹：一个孩子在发育的过程当中，食量会增大，那时候怎么用自己的毅力去控制？

陈：真的就是靠梦想和热爱，你有这个目标在，你知道离这个目标其实不是那么远的时候，会给自己一种动力，你所有的事情都会围绕着这一个目标去开展。

曹：你是不是到现在对饮食控制还是很严格的？

陈：最近不是那么严格，放假了。

曹：放假稍微可以对自己宽松一些？

陈：因为女子跳台运动员其实越到后期，不是像男孩子那样度过发育关，而且男孩子的发育关其实更多是长能力、长肌肉，女孩子本来发育关之后就会比较胖，就会长肉。而且女孩子还有一个问题，特别是女子跳台运动员，大概十二三岁、十三四岁的时候出成绩，真正到十八九岁的时候，即使度过了这个发育关，身体各个机能也开始往下走了。比如说你练得没有原来多，你没有办法像原来一样每天练特别多，你恢复不过来。包括你身体上的一些伤病，随着年龄、时间的增加，因为十米台冲击力很大，会出现一些伤病问题，你又要控制伤病。又要控体重、又要控伤病，还要去加能力，保持技术，你会觉得24小时不够用，这个时间是不够用的。

曹：女子跳水运动员是不是腰部最容易出问题？

陈：对。不止女子跳水运动员，其实很多运动项目，特别是跳水这个项目，腰特别容易出问题，因为腰是核心，承上启下的作用，腰不能动，上半身也动不了，下半身也动不了。比如说你脚断了，你可以动手，你可以练腰腹，你可以练上肢，手断了可以练腿，但是腰不行了，真的就躺着不能动了，只能动动手指头。

曹：我对体育不太了解，但我认识一些京剧的武生演员，他们要一直训练，很多演员跟我说，到了一定的年龄，其实训练的量和年轻的时候是差不多的，即便如此，在舞台上的动作也做不到像年轻的时候那样游刃有余。是不是像你们这样的运动员，也会有这样的问题，就是已经练了很多，练得也很完整，但是比赛的时候可能仍不自如？

陈：会。但其实运动员还有一个特别好的点，就是你随着年龄的增加，大赛经验也不断累积，你会越来越稳定。但是像我刚刚说到的，你可能小时候只需要练专项，专项练好了再练练体能，就可以了，没有别的了。现在你还要顾及自己的伤病，要各方面去考量，会觉得时间不够用，就只能拣一些重点的练。你的训练，其实不一定说能大部分时间达到你的理想目标，其实是达不到的，要不断地去调整，不断根据每天的身体情况去调整。

曹：除了专业的训练以外，我觉得现在运动员还必须面对另外一种挑战，或者说你必须拥有面对那种挑战的能力，就是现在的媒体环境跟过去的媒体环境其实不太一样，尤其是自媒体起来以后，会有一些杂音，这种杂音有的时候往往会影响到运动员的心理或者情绪，所以你通常是怎么应对这样的一些嘁嘁喳喳之声的？

陈：我其实对这些声音没有太大的反应，还好。

曹：那就好。

陈：因为一是他们所说的本来就不是事实，这些事情其实跟我没有任何关系，而且在这个世界上有这么多人，每个人站在不同角度看待不同问题，都有不同的看法，所以不能说我觉得这件事情是对的，就一定是所有人，全中国 14 亿人就觉得它是对的，那不可能，总有人会觉得有更好的解决方案。或者说你的思维、你的理解本来就是错误的，这很正常，不可能统一每个人的思想。

陈芊汐与父母

曹：通常面对这种杂声，你是采取屏蔽的态度还是带着超脱的心态去看那些，就是笑话一堆，因为网上有很多，我就看看。

陈：我基本就是带着超脱心态去看的，我觉得蛮好玩的，每天吃自己的"瓜"。

曹：这句话好，每天吃自己的"瓜"。爸爸妈妈会有担心吗？

陈：他们也会很担心，比如说我处在压力这么大的环境，还要遭受一些可能来自网络上的压力，他们可能会有些担心。但是我觉得没有太大必要。

曹：太好了，这就是上海女孩的这种淡定。

陈：对，与我无关。

曹：那是你们的事，嘴长在你们身上。整个比赛期间，爸爸妈妈跟你会有些交流吗？还是说他们采取不打扰你的态度？

陈：他们不太打扰我，在比赛期间，我不找他们，他们不找我。

曹：真的？

陈：对。其实他们也怕打扰到我。

曹：通常人家会觉得上海女孩子比较娇弱，所以你是破了人们这种对于上海女孩的印象。

陈：我也娇弱。

曹：刻板的印象，你觉得自己娇弱吗？

陈：我弱。

曹：没看出来，我觉得很坚强。

陈：我小时候非常娇气，其实也是跳水带给了我很大的勇气，包括带给我一些改变。

曹：从刚才我们聊天，包括看你的比赛，我觉得你还是一个很坚韧的小朋友。

陈：确实是跳水带给我的这些东西，如果说不练跳水，我不一定会有现在这么开通、开朗。

曹：小时候你印象当中，自己的娇气，表现在哪几个方面？

陈：一是离不开父母，那种娇生惯养、娇滴滴的，受了点伤，一点疼，不行了，我就开始哭。现在确实，一是跳水，另外一点也是非常重要的，就是中国跳水，上海跳水队其实从前辈们那里传承下来，大家需要有韧劲、有坚持。因为竞技体育，不可能说每件事情都那么一帆风顺的，在床上躺两天，起来又会跳，不可能。必须要在有困难的时候去坚持，顶过去。

曹：我特别想问你这个问题，运动员处在一个如此高强度、高压力的情况下，怎么给自己减压？

陈：这次奥运会的时候，我确实在双人包括单人预复赛的时候，已经紧张到想哭的程度。单人决赛前一天晚上，其实我是哭了的，我的解决方法可能更多就是一种发泄，哭其实也是一种情绪的发泄，一个人哭一场，或者说像在赛中可能听听歌，就是我的解压方式。

吴敏霞与陈芋汐、全红婵

曹： 听说你床头一直放着三本运动员的书，一本是李珊珊的《我是我的平衡女王》，高敏的《敏·感：人生没有规定动作》和李娜的《独自上场》。你觉得从这三本书当中，分别得到什么样的启示、智慧或者是力量？

陈： 对我来说，我觉得感触最深的其实就是高敏前辈写的《敏·感：人生没有规定动作》，因为我自己也是跳水运动员，她也是我的前辈，会找到很多相同点。包括像她书名所说的，"人生没有规定动作"，我不是要成为谁，我只是要成为陈芋汐，这条路是靠我自己去闯出来的，我需要走好我自己这条路。

曹： 特别好！整个奥运会期间，很多中国运动员都成为亮眼的明星，人们像追娱乐明星一样追体育明星，我不知道在中国队的这些运动员当中，你最喜欢谁？从运动员的角度，你觉得最欣赏哪个中国运动员？

陈： 其实就是吴敏霞，因为跳水运动员还是会跟跳水运动员亲近，而且霞姐也是上海的运动员。霞姐是看着我长大的，我从小把霞姐当成前辈，去仰望霞姐这个目标。

曹： 你今年才19岁，人生才刚刚开始，有大把的时间可以实现你的梦想，可以实现你的愿望，你对自己的未来有些什么样的憧憬或者想法吗？

陈： 我对未来，其实就是觉得无论是不是跳水，包括我的人生，我都希望自己能成为更好的自己，能够在不同的领域闯出不同的路，闯出一片属于自己的天地。

曹： 全红婵被问到是不是会见好就收，她的回答是否定的，如果你回答同样的问题，你会怎么说？

陈： 见好就收，没见着好咋办？我觉得其实跳水对于我来说，现在就是热爱，我不是说见好就收，我只要有一天热爱跳水，我会一直，无论我是否从事运动员这个职业，我可能从事别的职业，我也可能会围绕着跳水。因为跳水确实已经，这么多年来，成为我自己……

曹： 生活的一部分？

陈： 对，生活的一部分，不可分割的一部分。

曹： 在整个不算太长的这段时间，比如说第一次的冠军，2014年，十年，在这个过程当中，爸爸妈妈会给你一些什么样的鼓励？

陈： 我觉得他们给我最大的鼓励就是，让我去做自己想做的事情，

陈芋汐与曹可凡

去做自己热爱的事情，包括他们觉得开心就好、快乐就好，他们不会带给我任何负担和压力，非常支持我的梦想。

曹： 你是不是可以总结一下，如果要做一个在国际赛场上有竞争能力的运动员，最需要具备哪些特质或者素养？

陈： 像跳水运动员，你需要有一颗稳定的大心脏，我觉得这点非常重要，你需要专注，赛场外发生的任何事情，包括比赛的领先或者落后，你需要非常淡定地去处理这些事情；你需要有敏捷的反应、稳定的心态，包括自信，自信也非常重要。比如说你因为不自信，会展现出非常多、会暴露出非常多的缺点，让裁判看到，你做动作会畏首畏尾、放不开。你自己不觉得，你只觉得紧张，可能稍微有点僵，但是裁判会非常明显地看到你的动作是收着跳的，裁判是火眼金睛。

曹： 今天能够听到你分享很多对自己事业、人生的一些看法，还是很有启发，虽然你很年轻，但是已经有自己非常独特的想法。的确，就像你所说的那样，人生没有规定的路线，也没有规定的动作，路都要靠自己去走，所以也期待我们的上海新的"跳水女王"能够创造更好的成绩。

陈： 我加油、我努力。

曹： 成为另一个霞姐，一定会成功的！

骑士精神　永不停歇——华天专访

华天，一个中国马术圈中响当当的名字。这位中英混血儿是马术领域内公认的天才；同时，华天也是奥运会历史上第一位正式亮相的中国骑士。他以坚实向前的每一步，见证并推动着中国马术运动的发展。

华天做客《可凡倾听》

曹：欢迎来我们这个节目，我知道你很小就去了香港，然后去英国，在那儿长大。能不能用一句简单的中文来做个自我介绍？

华：我是中国奥运马术三项赛骑士 Alex 华天，我在中国长大，11 岁去英国读书。我的马的训练和比赛现在都是在英国和欧洲。

曹：作为中国优秀的马术骑士，你的出现让马术这项运动走进大众视野。对于普通观众来说，马术运动还是比较陌生的。你能简单为大家介绍一下，马术到底是一项怎样的运动吗？它的魅力在哪里？

华：马术是一项由骑士与马伙伴合作完成的团队运动，马与人之间的默契格外重要。其他涉及马匹的运动有很多，比如赛马，但在技术层面上，赛马并不算是马术，因为骑士与马匹的默契并不是赛马运动所强调的。奥运马术运动包括三个项目：场地障碍单项赛、盛装舞步单项赛，以及我所参与的项目，三项赛。三项赛的概念和铁人三项相似，由三个项目组成，一天是盛装舞步，一天是越野赛，还有一天是场地障碍赛。骑士与马伙伴的关系既特别又神奇，我们都知道，马是体格庞大、情感丰富的动物，它们很容易被吓到，很容易受惊，在过去几百万年的进化中，它们习惯了远离人类。而在马术运动中，我们感受到了它们的大度，对我们的信任，允许我们照顾它们，与它们一起竞技，比如跨越高栏跃入水中，在数千名观众面前越过障碍，实属特别和难得，这是一项很特别的运动，也是一种无与伦比的生活方式。

在 2023 年举行的杭州亚运会上，由华天、包英凤、孙华东、梁锐基组成的中国队，在全场欢呼声中斩获马术三项赛团体金牌，华天更是夺得马术三项赛个人赛金牌。骑程万里，行则必至。这是自 1982 年新德里亚运会正式设置马术项目以来，中国队首次获得亚运马术项目金牌。

曹：2023 赛季，你为中国马术夺得了亚运历史上的首金，为国夺金的那一刻，你的心情是怎样的？

华：这对我来说是非常特殊的时刻，值得一提的是，我不仅夺得了个人金牌，我们也赢得了团队金牌，这对于中国马术是一个真正的里程碑，我感到非常欣慰。这是我第二次在中国参赛，第一次当然是在 2008 年北京奥运会，当时的马术比赛在香港举行，去年的杭州亚运会是我第二次在中国参赛，能够在同胞们面前取得这样的成绩，特别是桐庐的场地非常漂亮，比赛组织得也很棒，这为夺金赋予了特别的意义，我非常开心，也很骄傲，能够与我的队友、我的支持者、我的马主，还有我非常特别的马伙伴"海王"分享这个时刻，我非常高兴。

曹：1995 年，6 岁的你跟随父母到了香港，接受系统的马术训练。父母为什么会在这方面着力培养你？

华：实际上，我从 4 岁就开始在北京学习骑马了，我不确定搬到香港是不是为了学习骑马，搬家也是父母出于生活便利性的考虑。我母亲和她的家人一直都非常热爱骑马，我母亲从小就会骑马，马对她的生活产生了很大的影响，不管她去到哪里，不管她在哪里工作，她下了飞机的第一件事就是去找一个好的马房，找一匹马，然后骑马。所以我从小就一直待在马房里，我是我妈妈的小马工，哪怕当时我还太小，没法骑马，我也一直在马房周围，在那里的味道和景象中。我在马周围很自在，后来我们搬去了香港，我又有骑马的机会了，我加入了小马俱乐部，这塑造了我的骑马生涯，但对我来说，这更像是

华天在杭州亚运会马术比赛中夺冠

童年华天

自然而然地迈了一步，而不是策略性的选择。

曹：你是从什么时候真正爱上马术的？

华：小时候，我觉得马是非常神奇的动物，孩子觉得马很神奇，现在回过头去看，我认为马是情感丰富的动物，孩子能够与马建立情感连接，对马产生天然的同理心。小孩子初见马时在这方面比成年人做得更好，马的眼睛是如此清澈，你仿佛能透过眼睛看到它的灵魂，马是非常温柔慷慨的动物，它们同时也很强大，马害怕的时候可能会有些吓人，但对于不具有威胁性的小孩，马非常善于和小孩相处，通过与马共处，孩子可以自然获得自信心、耐心和专注力。你会学到如何使用自己的肢体语言和情绪，与马建立信任的纽带，成为伙伴，哪怕只是站在原地，你甚至不需要骑上马，学习如何在平地上引导马也是骑士非常重要的一项能力。如果小朋友有幸能在马周围长大，那他（她）一定会爱上马，我非常幸运能够有这样的机会。

曹：你认为马术对于运动员有哪些要求和考验？

华：作为专业骑士，你需要具备非常多的品质，你需要非常有耐心，成为马的伙伴可能需要许多年。你还需要非常坚韧，因为你会经历许多情绪的大起大落，马不是汽车，你不能直接点火开走，你必须付出心血，信任你的马，你的付出不一定能有回报，你的投入不一定会有收获，正是因为马术的这个特点，大家经常把马术，或者说比较高端的马术与财富、成功、高贵联系在一起。有时大家认为这是一项精英运动，我并不这么看，我认为，很多成功人士在生活的各个方面有很强的控制力，但当你站在一匹马前，它不知道你在它身上花了多少钱，它不懂的有很多，它不在乎你在工作中是如何呼风唤雨，或者你在生活中做了些什么，重要的只有你投注到这匹马身上的时间和精力，但即使这样，你也未必能获得回报。

曹：你在训练的过程中是否遇到过困难与挫折？

华：可以说，我遇到的挫折比成功要多得多，这也是骑士的生活，马让人保持谦逊。马是情感丰富的动物，我从马上摔下来几百次了，一旦你感觉自己取得了进步，你好像成功了，有点站在世界之巅的感觉了，第二天就发现自己摔在了地上，抬头望天，又来了。

2000 年，华天随父母来到英国，入学伊顿公学。在伊顿公学，他跟随业内闻名遐迩的马术教练训练。在教练的悉心督促下，华天在马术方面进步神速。年仅 14 岁，他就成为最年轻的国际一星级骑手，16 岁时更跃升为最年轻的二星级骑手。

曹：你在 14 岁的时候，成为国际马术联合会注册职业骑士，打破了国际马联"16 岁才可以注册成为职业骑士"的惯例，你当时是什么感受？你应该感到很骄傲。

华：我在 14—15 岁的时候注册成为国际马联的骑士，15 岁时我参加了第一次的国际马联活动，在法国的马丹瓦，我还清楚地记得是和"孙悟空"一起，它是我的第一匹马，我妈妈的马。当时在欧洲，有许多年轻骑士也参加了这个水平的比赛，他们也是差不多的年纪，13—15 岁，所以在欧洲，这并不算稀奇。能够在欧洲和马一起长大，与朋友们一起参加这些比赛，这是一段非常美妙的经历，马术是一项友好开放的运动，但当时参加欧洲国际比赛时，我是唯一的中国面孔，我很高兴看到多年以后——虽然我不愿承认自己老了这么多岁——中国面孔虽然依然少见，但越来越多的年轻中国骑士开始参与欧洲马术比赛，这是我很乐意看到的。但在我成长的过程中，我也确实意识到自己与他人的不同。

曹：高中时你就读的是著名的伊顿公学，你的同学中不乏许多英国王室成员，在这样的环境中，其实你有非常广阔的选择，为什么最后会选择将马术作为自己的职业？

华：伊顿是一个很特别的地方，很特别的一所学校，历史悠久，我认为马术已经融入了我的血液，我的背景就是马术，我热爱马术，它让我与众不同，我也很擅长。伊顿的历史很悠久，学生能在那里获得许多机会。

曹：是的。

华：但我认为伊顿的特殊之处也在于，它真诚地鼓励学生去追求自己的梦想，鼓励学生在自己的领域追求卓越。我很幸运可以在那里求学。

曹：你在伊顿度过了多长时间？

华：一共五年，但在伊顿的最后两年里，我休学了一年。如果没有学校的支持，我是无法参加北京奥运会的，学校允许我休学一年，为北京奥运会准备，之后再回来完成我的 A 级考试。说实话，回顾当时的自己，我只有 16、17 岁，却做出了这样的决定，现在回头看，我觉得当时的自己非常勇敢，同时也很幸运，能够有这样的机会。

曹：2006 年，你成为最年轻的三星级骑士，并且在英国皇家温莎马术赛上，得到了英国女王的亲自颁奖，你当时是什么感受？

华天接受英国女王颁奖

华：我当时感觉很不真实，英国皇家温莎马术赛的场地和伊顿只有一河之隔，我可以步行到比赛现场。当时我骑的还是"孙悟空"，"孙悟空"非常有个性，很擅长场地障碍赛。那是一场团体赛，我代表学校出战，代表的是伊顿，我们赢了，我们赢得了"女王银盘奖"。这是一次很棒的经历，我还代表团队在女王面前完成了附加赛，这太神奇了。之后我们举行了进场仪式，她把奖牌颁给了我们，说实话，我当时有点吓呆了，这是因为"孙悟空"，我们在马房里称它为猴子，它的性格就像猴子。

曹：美猴王。

华：是的，"孙悟空"有一个坏习惯，当它兴奋的时候，它会上下甩头，但幸运的是，女王本人也是一位出色的骑士，她也很喜欢马，赛马是她的兴趣之一，她一直到80多岁还在骑马，所以我猜她看出了"孙悟空"的调皮，她依然给我和队友颁了奖，但她稍稍和我们保持了一点距离。

曹：中国人讲，看到骑马的绅士，会想起"骑士精神"，你知道什么是"骑士精神"吗？你是如何理解"骑士精神"的？

华：这是一个很有趣的问题，因为实际上我对"骑士精神"的理解和一般的理解有所不同，我会把它称为"骑士精神"（horsemanship），这个词更强调骑士与马的关系。我们做的一个项目也叫"骑士精神"，采用的就是这个不同的英语翻译，它代表的是马匹与骑士之间的关系，尊重、责任、共情，与传统的骑士概念有一定的关联，但我认为我们所说的"骑士"具有更加当代的意义。

曹：我们都知道你的父亲是中国人，母亲是英国人，你的爷爷是中国首批飞行员，在抗美援朝中立下特等功，能否请你谈谈，爷爷是怎样的人？

华：我的爷爷华龙毅是一个非常特别的人，在我小时候，他住在广州，所以我们经常能见到他，从香港坐火车到广州很近，经常去看望他和奶奶。他们对我和弟弟有着特别的意义，因为我的爷爷不仅是一个伟大的人，作为他的孙子，我还看到自己的爷爷备受尊敬，具有如此鲜明的个性，他总是能主导谈话，但同时，他是我生命中很重要的一部分，让我触及中国历史的特殊时期。我是一个有着双重传承，一只脚同时

华天与爷爷华龙毅

踏进两种文化当中的小孩，他把我与那个时代牢牢连接起来了。我会听爷爷讲故事，听奶奶讲故事，听爸爸和姑姑们讲那个时代的故事，这对我至今都产生了巨大的影响。

曹：爷爷有没有讲过打仗的故事？

华：记得。

曹：你还记得吗？

华：记得。

曹：他讲了什么故事呢？

华：爷爷是一个非常开放、非常乐观的人，他喜欢讲述自己的故事，他讲了许多自己当兵时候的故事，他作为空军中队的一员，在朝鲜开飞机，我听了很多打仗的故事。但同时，他也讲自己有一次被敌军击落，认识了我奶奶的故事，我的奶奶是一名医生，空军医生。

曹：空军医生？

华：是的，所以在一次飞机被击落之后，爷爷就认识了奶奶，非常特别、非常有趣的故事。实际上，他的故事现在依然很打动我，因为在我小的时候，爷爷会讲述他自己小时候的故事，当时他在山西，他游过黄河，抵达延安，这个故事非常触动我，也是我觉得最有意思的故事。

曹：爷爷对你产生了什么样的影响呢？

华：他对我的影响不容小觑，他对全家都产生了深远的影响，因此直接和间接地也影响了我。作为爷爷和父亲，他为我的父亲和姑姑们感到自豪，同时他也是一个非常开放和友好的人，因为我父亲娶了我的母亲，我的母亲是英国人，我的父母在英国剑桥的大教堂举办了婚礼。在爷爷去英国时，发生了很多有趣的故事，我记得爷爷去参观了帝国战争博物馆，在那里遇到了我的英国外公。爷爷对不同文化持非常开放的态

度，这对我来说非常重要，特别是我从小就生活在两种文化之中。

从小耳濡目染家人爱国热情的华天，是参加奥运会次数最多的中国马术选手。这项赛事对于他而言，仿佛是一种记录人生进程的年轮。2008 年，18 岁的华天首次代表中国出战，成为当时奥运会历史上最年轻的马术三项赛运动员，也是中国首位参加奥运马术三项赛项目的运动员。

曹：在 2008 年北京奥运会上，当时年仅 18 岁的你成为第一位中国奥运马术骑士，身为中国人，踏上奥运马术赛场，对你来说意味着什么？

华：我当然感到非常自豪。但当你 18 岁的时候，你不会意识到自己很年轻，现在回顾当初，我已经 34 岁了，我意识到当时的我有多么年轻、青涩、幼稚，当时我有那么好的机会，但很遗憾，我在跨越越野赛的第八个栏杆时落马了，但这恰恰结下了我接下来与马术的不解之缘，假如我顺利完成了比赛，拿到了一个还不错的成绩，当时我的排名好像是第 30 名，我可能就回去读大学了，我可能会感到梦想已经实现了。但现在回过头去看，我意识到，北京奥运会只是让我浅尝了一口，我没有吃到整个蛋糕，这也让我下定决心继续钻研马术，我还有很多要做的、要证明的。

曹：你在赛场上曾说过，你很喜欢团队的氛围，希望有伙伴和你并肩作战，如今，你有了中国马术队的伙伴，有了伙伴的感觉如何？

华：我的队友都很优秀，现在我们一共有 4 个人参加欧洲最高水平的比赛，过去很多年都不是这样的，之前能参加奥运会水平马术三项赛的只有我自己，现在除了我，还有孙华东、包英凤，还有我的好朋友梁锐基，作为团队出战，感觉很棒。

曹：你们彼此会竞争吗？

华：当然，我们在欧洲比赛时，基本就是在跟彼此竞争，但马术是一项非常友好、开放的运动，因为越野赛的挑战性，马术运动的危险性和风险，马术三项赛有一种同志精神，这是其他运动可能不具备的，我们更多的是与赛场对抗，而不是其他骑士。在我小时候参加欧洲的比赛时，我总是能很轻松地问其他骑士问题，这个组合你怎么骑的？你的步幅是三步还是四步？经常在我完成越野赛之后，也会有其他骑士问我，那个角度你是怎么骑的？你更倾向左里怀还是右里怀？所以马术不同于其他运动，骑士之间没有那么激烈的竞争，马术有更强的同伴精神。

曹：说到伙伴，马术运动的特殊性在于，你有一位动物伙伴，参加这项运动至今，你经历过几匹这样的伙伴？

华：天啊……

曹：你记得吗？

华：我没有数过，我与许多匹马并肩而战过，有一些比较成功，有一些没那么成功，这跟为人处世是一样的，有些人能与你一道奔赴火场，而另外一些人就是和你合不来，马也是一样的。在我的职业生涯中，我有过许多优秀的马，当

华天参加北京奥运会马术比赛

然，我们已经说过了"孙悟空"，我的第一匹马，也是我妈妈的马；在 2008 年北京奥运会上，我也有一匹很棒的马，叫作"花木兰"。

曹：很美的名字。

华：它也是一匹很美的马，它是一匹母马，灰色，非常温柔，内心善良，它陪我参加了人生中第一场伯明顿大赛，对我来说非常特别。还有"堂·热内卢"，它陪伴我参加了里约奥运会和东京奥运会，马很少在职业生涯参加两届奥运会，我在里约奥运会排名第八，这也是我个人最好成绩，现在主要陪伴我的马有"巧克力"，这是我骑过的最有天赋的马；当然还有"海王"，陪伴我在杭州亚运会夺金的伙伴。

曹：很有意思，就像人类伙伴需要学习如何协作一样，骑士也需要学习和马匹协作。

华：没错。

曹：这个过程很难吗？

华：这是骑士穷尽一生才能掌握的艺术，看一看奥运会上的骑士，骑士的运动员生命很长，不仅职业生涯很长，而且骑士的年纪越大，与不同类型的马合作的经历就越丰富，这些经历塑造了成熟的骑士。我们每天都跟马一起，不管是在家训练，还是参加比赛，我们都在学习新知识，更加了解每匹马、所有的马，还有自己，这需要极高的耐心、投入和韧性，同时，你自己必须开放大度，你要去信任马，最后才能换取马对你敞开心扉，去信任你，马是情感丰富的动物，有很强的逃跑本能，赢得马的信任是一件很难的事情。

曹：是不是很难取得马的信任，做到步调一致？

华：当然，因为顶级的马非常敏锐，这样的马愿意参与马术，对马术感到兴奋、有强烈的意愿，但这也意味着这些顶级马就像是成功人士一样，你在工作中肯定见过非常多的成功人士，我想大多数成功人士都有非常强的个性和性格。马也是一样，它们的

华天与父母

个性和性格突出，而且非常敏感，你骑的马越优秀，你作为骑士所需要具备的敏锐度、洞察力和经验就要越丰富，这样才能影响和塑造这匹马，去往你想要的方向。

曹：2009 年，你考入著名的布里斯托大学航空工程系，但你选择了休学。未来的某一天，是否还有可能回去进修？

华：最好别让我爸想起来这件事，在我本应入学的前两天，我和父母进行了非常艰难的对话，我向他们坦诚了我希望继续从事马术，尝试以此为生，成为职业骑士。当时我已经参加过北京奥运会，也已经回校学习了一年，完成了我的 A 级考试。说实话，在我做出这个决定之前，我并不百分百确定自己希望成为职业骑士，来自澳大利亚的克莱顿和露辛达·弗雷德里克斯夫妇是我在英国多年的教练，我亲眼看到了与马为伴、以马房为生的艰辛，马术这项运动本身会带来的情感起伏，还有他们所经历的情感上的艰辛，我对这份职业的辛苦心怀敬意，我当时也不敢肯定自己准备好了，或者确认这是我想要的，但只有在你即将失去某件东西的时候，你才意识到它的珍贵。年轻的我当时有一个非常天真的想法，我可以完成全日制本科学习，参加最高水准的马术比赛，还能抽出时间享受生活，后来我意识到，这是不可能的，我必须有所放弃，于是我成功地说服了父母，如果职业马术这条路走不通，我在三年后就回归校园，不过幸运的是，迄今为止，一切都很顺利，我也不需要做这样的抉择。

2021 年底，华天与上海马术协会正式签约，成为上海马术队的一员。这些年来，他将自己的目光聚焦于公益项目，致力于传播马术文化和骑士精神。华天和好友发起"骑士精神行动"等公益项目，旨在通过让中国青少年近距离接触和体验马术运动，感受到其核心价值观——同理心、尊重与责任。

曹：你现在是上海马术队的一员，对于上海你有怎样的印象？

华：我爱上海，我的二姑生活在上海。

曹：二姑？住在上海？

华：对，住在上海。我2021年加入上海马术队，但我与上海马术队的关系一直很紧密，因为上海马术队的总教练陆

华天参加"骑士精神行动"

炜，陆教练是我们家的好朋友，我从六七岁还住在香港时就认识她了，她教过我游泳，她曾是现代五项运动的冠军，所以我对上海很有感情，我越来越多的朋友、马主和支持者都来自上海。每次回国，上海已经开始有家的感觉了，但这个可不能告诉我爸，因为他是北京人。

曹：在上海，你近几年也参加了不少公益活动，你是否有计划做更多公益？

华：过去几年，我们与上海体育局做了一个非常令人期待的特别公益项目，"华天·人马一心"，这个项目旨在帮助上海的年轻骑士学习马房管理的重要性，照料马匹的重要性，同时，他们还能学习许多其他与马术相关的重要知识，并不只聚焦骑马。因为，说到马术运动，我们说的不仅仅是在马鞍上训练和比赛的时间，作为骑士，我们对于马匹的照料肩负重大责任，对于健康快乐的运动员来说，健康快乐的马才是成功的马，这也是我们的项目希望传达的关键信息。我们在社交媒体上还发布了很有趣的系列内容，"华天来了"，第一年讲的是照顾马匹的知识；去年，也就是2023年，我们介绍了基本的骑马姿势。每一年都会选择一个不同的主题，我们每年还为年轻骑士举办运动节，里面有许多马匹照料相关的不同挑战，非常有趣，我对这样的公益项目非常有热情。当然，我的头等大事还是训练和比赛，我非常热爱这项运动，我关心马术在中国的发展，我相信马术在中国有潜力成功，不仅如此，我也相信马术和马本身能给社会带去特别的影响，特别是在塑造孩子品格方面。

曹：我们知道，你为了在中国推广马术运动，做了非常多的事情，你遇到的最大的困难是什么？

华：我为自己设定的难题是，帮助社会重新找回与马的连接，就像之前我们谈到的骑士精神，怎么去理解它，可能你的理解是传统的骑士精神，而我则强调人马之间的

华天与曹可凡

"骑"士精神，这也是我的目标，我希望改变社会对马的理解和论调，这是一项非常长期的工作，但这是很重要的。在我小的时候，我有幸能骑马，能与马相处，我知道它对我的影响不只是在运动、成功等方面，它也塑造了我的性格、品格，教我如何面对人生挑战。马术在中国不断发展，越来越多人能接触到马术，马术的发展速度也越来越快，我希望更多的年轻人能有机会参与这项神奇的运动。马术的重点不是坐在马上的飒爽英姿，而是人与马之间，孩子与小马之间的关系，你学到的经验教训，落马再重新上马的过程，还有学会在训练结束，自己喝水洗澡之前，你需要先照料你的马，确保马能舒服地回到马房，这是我妈妈教给我的，我从中学到了社会责任感、自信心和耐心，这些价值观值得所有孩子学习。

曹：从你最初回国推广马术到现在，已经过去了15年，你感觉中国民间的马术运动发生了哪些变化？

华：马术在中国发展得很快，但因为社会已经丢失了与马的联系，现在，掌握马术的人数还不够多，理解现代马术运动的人数还是很少、很有限，随着行业的发展，这可能会成为一个严重的瓶颈。希望未来几年，我们能克服这些挑战，我相信马术会在中国有长足的发展。

曹：马术运动是一项比较长期的运动，如果可以的话，你想骑到几岁？这个问题有思考过吗？

华：我无法想象自己停止骑马，这是我诚实的回答，这么说吧，我在里约奥运会上排名第八，当时的第七名是马术圈的一位传奇人物，来自新西兰的马克·托德，他当年已经60岁或者62岁了，他排名第七。东京奥运会上，铜牌得主是一名澳大利亚骑士，安德鲁·霍伊，62岁；2012年伦敦奥运会的盛装舞步比赛里，还有一位72岁的日本骑士，这样的例子还有很多，只要我还健康，只要我身强体壮，还想要继续骑马，我相信我会继续下去的。

春山如黛 ·················

情牵人艺　梦圆舞台——吴刚、岳秀清专访

提起当今演艺界的"叔圈顶流"，吴刚肯定是必不可少的一个名字。从《潜伏》《铁人》到《人民的名义》《庆余年》，一系列题材各异的作品和迥然不同的人物，彰显出吴刚纯熟精湛的演技和千人千面的角色塑造能力。在中年男演员这条赛道上，他的人气和实力都是毋庸置疑的。而吴刚与妻子岳秀清相伴三十多载的美满爱情，也是娱乐圈中的

吴刚、岳秀清做客《可凡倾听》

一段佳话。其实，他俩都是北京人民艺术剧院的演员，较之于影视剧，话剧舞台更是他们的主场。2024年10月，北京人艺携五部大戏来沪驻演，吴刚、岳秀清夫妇也随团来到了上海，走进了《可凡倾听》。

曹：这次北京人艺携五部大戏到上海来驻场演出，长达一个多月，吴刚老师参与了《茶馆》和《哗变》，岳老师也参与了《茶馆》的演出。其实这两部戏，应该说都是北京人艺标志性、代表性的作品，而且北京人艺的戏，通常是带有一点北方文化的味道。但是这两个戏，我观察了一下周围的上海观众，南北文化的差异没有给他们的观赏带来困难。

吴：是吧？其实到这儿来排练的时候，我们曾经提出来过，北方的语速语调可能到上海之后还得稍微调慢一点，要慢点说，让上海的观众有一个接受的过程。在北京，我们说点北京话，说您吃了吗，您吃了，是含着这个音走的。但是在上海，你就得慢点说，有个接受的过程。我们也在慢慢适应。无论是快说还是慢说，我们呈现出来的东西，整个上海的观众真的是很热情。

岳：我们1988年也是五个戏，来上海演出。那时候我们都是小孩，老先生们就跟我

《天下第一楼》剧照

们说，到上海滩来演出，说是不好闯荡的。所以我们这次来有点忐忑，就觉得我们得演好，别在上海栽了，大家都是这意思。我们第一场《茶馆》，因为我第一场演的"小丁宝"。《茶馆》演完以后，感受到观众给你的反馈，我们觉得，成了。我们到后台，我们一些人就击掌，说行，第一场，我们觉得行了，上海观众接受了。

一开始确实忐忑。我们出去以后，有的观众就拉着我们签名，说你们要多来上海，我们很喜欢你们的话剧，你们要多来，我们好多都是你们的戏迷。

曹： 刚才岳老师说，你们 1988 年来上海，那时候你们都还二十来岁，吴老师还记得当时什么情况？

吴： 那时候我演的是学生。群众演员。

曹： 你们俩都来了，是吗？

吴： 对，都来了。

岳： 我演的是《天下第一楼》，我和吕中老师，我们俩是 AB 角，演《天下第一楼》。

吴： 《天下第一楼》，我也是跑龙套。

岳： 他演的是"瑞蚨祥"的老板。那时候他二十多岁，但是演一个六十多岁的。

吴： 我看着沉稳。

曹： 岳老师就看中你沉稳。

岳： 现在来了以后，觉得老先生演完，我们那时候跑龙套的年轻人，这次到上海来就互换了、传承了。

吴： 那个时候光兴奋了，演出，我们没有特别大的负担，负担全搁在老先生身上。因为我们跑龙套，好与坏全是先生们的事，我们就跟着一块儿看热闹。

岳： 咱们就是好玩。

吴： 对，就是好玩。

岳： 我们当时是七八个人住一个房间，好像在剧场的后边，你们男生……

曹： 就住在剧场后头？

岳： 对，六七个人住一个房间。

吴：我们班五个人，再加上我们的舞台监督，一共是六个人。我们住一个房子，就是一个床一个床的，印象特别深，那时候高兴。

曹：台上的那些演员在话剧舞台上已经是一起打磨了几十年的，当中不少都是你们的同班同学。

吴：确实是这样，我们一起考到北京人艺，一起在舞台上摸爬滚

《哗变》剧照

打。尤其是《哗变》这个戏，我们这拨人演，马上快一百场了。

曹：我尤其是看《哗变》，大气不敢喘，词和词、句子和句子之间全部是连着的，没有一点空隙，太密了。所以演出完了，我跟刚哥说，这个戏演完真是，看得我都觉得心惊肉跳。

吴：这个戏很累，真的是很累。因为它让观众感觉到是一个，就像可凡兄说的，它是智慧和逻辑的一种欣赏。

曹：很多观众就说一定要看，下次肯定就看不着这么整齐的阵容了。其实到了你们这个年龄，濮存昕已经差不多七十了，你、冯远征、梁冠华，何冰稍微年轻一点。你看着这些兄弟姐妹们，你是一个什么样的感觉？

吴：按照濮哥说的一句话，说我们是一辈子的朋友。这种默契的程度就跟家里面一样。他一抬手，我就知道他要干吗。这种默契的程度真的是很难得的。

　　吴刚和岳秀清都是出生于20世纪60年代的北京人，两人同样从小热爱文艺，怀揣演员梦想。1985年，他们同时考入北京人艺演员培训班，由此开启了演艺道路。

曹：你们俩还记得不记得，你们刚进剧院的时候是什么样的感觉？

吴：其实能够走进北京人艺，对一个热爱戏剧的青年来说，是一个特别难得的机会。大家都知道，北京人艺是殿堂级的，能够在这里面，能够跟老先生们学习，能够跟他们同台演戏，这是光荣至极。

曹：当时你追得最多的是哪一位老先生？

吴：其实应该还是我们班的班主任，林连昆老师，他是我们的班主任。

岳：《狗儿爷涅槃》。

吴：对。我们每天都见面，刚开始见面，说林老师，还有童弟老师，那都是看着我们，看着我们长大的。以前是敬畏，后来慢慢熟悉了，先生就把烟放那儿，说小子们，随便抽，随便。刚开始不敢，那不是冒犯吗？后来慢慢也习惯了，该抽烟抽烟。真的就是忘年交，在他们身上"偷艺"，你看他们怎么创作的，他们怎么走进排练场的，他们怎么拿着剧本对词的，他们怎么下地开始走位置的。我们就在旁边看，熏，慢慢熏。

曹：岳老师，当时您进了剧院是一个什么感觉？

岳：我那时候没去北京人艺之前，就听说人艺其实不需要特漂亮的演员，说人艺没有漂亮的女演员，也没有很帅气的男演员。所以当时我觉得我的形象可能挺适合北京人艺的，因为我不漂亮。我当时考人艺的时候，好像我就感觉注定了，觉得我一定被录取了，我不知道我哪儿来的这个自信。我在去人艺之前已经开始拍影视，小有一点点名气，可能我心里就有这么一点点自信。所以我当时考试的时候，三试考得特别好，英若诚老师说，你不用再演小品了，你已经很好了，不要了。我自己想，我小品都准备了，我说不行，我一定要展示我的小品。

吴：拦不住。

岳：特别积极。因为已经十二点多了，老师想不考了，我说你们一定要看，老师说行，那好，看看。我演完了以后，所有老师鼓掌，觉得不错。我走出排练厅，心里想我估计能成，能考上了，果真就考上了。

曹：当时你拍电视剧的经验，可能都比刚哥要充分。

岳：他早，他小时候拍过电视剧，《大轮船来了》。

曹：你小时候跟游本昌合作过？

吴：对。

岳：游本昌是他的老师。

曹：那时候的游本昌是一个什么样的状态？

吴：年轻漂亮。他应该是上海戏剧学院毕业的，也是上海人。有时候他会到中央电视台，那时候我们有一个银河少年艺术团，全是小孩，他给我们上课。之后弄了一个小电视剧。

岳：叫《大轮船来了》吧。

吴：上下集，单本剧，他演我爸。

曹：是吗？你们有这段父子情。

吴：对啊。

曹：我听说北京人艺的培养方式跟一般的，比如说电影学院、戏剧学院的培养方式都不一样，你觉得最大的不一样在什么地方？

吴：我们剧院从1958年开始团带班，自己培养演员。

曹：我觉得这个方法特别好。

吴：是按照生旦净末丑，缺哪个，就招哪个。

青年时期

曹：你当时被招进去是哪个行当？

吴：应该是小生吧。

岳：我看看。

曹：依然帅。

吴：应该是小生。

岳：学员班有一个特别的好处，我们当时上课的时候，课间休息，比如吃饭有一个小时或者一个半小时，正好排练厅有的在排练、在对词，我们就钻进排练厅，坐那儿就可以学习了，就可以看了，我们就已经身临其境在那里了。包括当时演很多片段，都是这些老演员们演过的，我们就可以到图书馆去翻他们原来的资料。

吴：那边有很多笔记，演员的笔记。那时候记得特别好，我们的场记绝对是非常专业的，导演说了一句话，演员的创作感受，他在舞台上、在排练场说的是什么，当时全有记录。

曹：那么细？

吴：对，特别细。整理出来，就给我们看。

曹：完全是个宝藏。

吴：对。

曹：岳老师，你还记得进了剧院之后，第一眼看见吴刚老师，给你留下什么印象？

岳：第一印象，因为他年轻时是自来卷，刚一开学，大家互相介绍我叫什么，他站起来说我叫吴刚，我第一眼说这个人怎么烫头，就这一个印象。

吴：我就跟他们说我是烫的，我妈给我烫的。

岳：还有一个，老师宣布说吴刚是我们班的班长，我就有疑问，这个人为什么能当班长，他有什么本事吗？

曹：为什么选你做班长？

吴：不知道，老师估计看我沉稳吧。

岳：估计你长得稳重。

吴：像领导。

曹：你多少年前就长着一张"达康书记"的脸，所以你后来演"达康书记"，还是有这个渊源在里头。

吴：后来又找了一个班长，就是岳秀清，我们两个人就负责班里所有的事。

岳：表演啊。

吴：表演，形体课、文化课，跟同学交代事情，跟老师联系。

岳：传达老师的信息什么的。

曹：你们从什么时候开始觉得两个人对对方都有那么点意思？

岳：我是表演课的课代表，所以我要组织所有学生，要问你今天演什么小品之类的。到他这儿，他老没有，我说，吴刚，你今天什么？他说不知道，过去了，就现编。你第二天又问他，他摸摸脑袋，说不知道啊。他总是不知道，后来我就帮他，比如一个小组，或者说我有一个有意思的戏，就拉着他来演。那时候演的时间就比较多，我们合作。

曹：当时你们院里准许不准许谈恋爱？

岳：也没有规定说不准许，但是对于学员班、我们自己来说，是不能影响学习的。所以学员班的时候只是那种……

吴：关系不错，挺好的。

岳：师哥的关系，他比我大一点。毕业以后，他老跟我合作，就多一点了。

吴：合作得……

岳：很愉快了。

吴：合作到一屋去了。

曹：岳老师记不记得吴刚老师有过什么比较浪漫一点的行为举止？

岳：他浪漫的事太多了。

曹：刚哥，没看出来。

吴：是吧？我这是"偷"的。

曹：我一直认为他是一个特别内敛、严肃的人。

岳：他一开始给人的感觉可能是有点严肃，但是他要是喜欢你，他就变得不严肃了。他有一天跟我说，我请你吃冰淇淋。可能就是从吃冰淇淋开始，我觉得这个人还不错，老请我吃冰淇淋。

吴： 仗义。

曹： 花很少的钱。

吴： 办大事。

曹： 达到了一个很好的效果。

曹： 那时候你们在学院里，剧院的老师或者领导是不是都给你们有一些未来发展之路的安排？

北京人艺合影

吴： 我们剧院，到现在还保留着这么一个非常好的传统，就是艺委会要审查每一个戏。

曹： 真的啊？

吴： 对，都要审查的。

岳： 我们每年要考核。

吴： 当时我们《天下第一楼》排完之后，艺委会要审查，全是一帮先生，权威大佬坐那儿。你想，让我演一个岁数特别大的"瑞蚨祥"的掌柜，紧张，但是我紧张掩盖得还可以。我受到表扬，应该是于是之先生，他说这孩子松弛，演得好，不错。就这两句话。我觉得对我来说是一个特别大的鼓励。

曹： 岳老师记忆当中得到过哪几位前辈的夸奖？

岳： 我觉得我最忐忑的是1992年重新排《茶馆》，还是于是之老先生他们这些人。"小丁宝"最早是宋丹丹演，后来那一版的时候，告别演出的时候就让我演"小丁宝"。那时候我也是刚毕业没有多长时间，虽然人物很小，但是跟老艺术家们在一起，我觉得有点忐忑。但是我的特点就是敢演，我上去敢演。记得联排完了以后，我就下来了，吕中老师鼓励我说，你演得特好，那就是"小丁宝"，你就按照你的演。她给你这一句话，你下次再演的时候，可能就会相对来说放松很多。

曹： 好像那段时间，于是之老师的健康状况已经大不如前，那是于是之老师最后留在舞台上的形象，现在回忆起来，有哪些细节可以跟我们分享？

岳： 我觉得我跟他们合作，是我一生的最大收获。我第一天去排练厅的时候，其实去得挺早，我推开排练厅的门，老先生都在了，每个人拿着一个茶杯搁在桌子上，有自己的地儿。衣服也都穿好了。我进去以后，我觉得那种场面……你感觉你都不敢大声说话，悄悄地坐在那儿，对他们有一种敬畏。他们已经是老演员了，每个人还拿着剧

《茶馆》剧照

本在看、在对词。我印象最深的场面，就是我们演出的时候，于是之老师在下台口要有一个小台灯，他弄一个小杯子，他是不回后台的，他永远把剧本打开搁在那儿，坐一个小桌子。蓝天野老师在上台口有自己的一个小桌子，也拿一个剧本坐在那儿。

曹：还在读剧本？

岳：对。因为他们年龄大了，怕忘词，所以要放一个剧本。尤其是之老师，剧本总是在那儿。我每次三幕要上场的时候，我们要休息一段时间，他几乎不怎么休息，回去喝点水就又坐到小桌上，就开始这样，眼睛闭着默戏。我每次走到那儿的时候，因为我要穿的是高跟鞋，小矮跟的高跟鞋。走到那儿，我就悄悄地，他有时候听到会跟我说，他们对这个戏的那种执着和那种到了好像灵魂、所有都结合在一起的那个时候。我就觉得我来到北京人艺，我要是不好好演戏，我都对不起这个牌子。

吴：其实我们在台上台下，我们在排练场，可以天天见着他们，时间长了之后，你可能会有一点习以为常的感觉。但是他们在舞台上演戏，我们作为晚辈，我们在台下看戏的时候，他们那种光芒，你忽然觉得，我的妈呀，这么高大！有一天我们能站在舞台上，站在舞台的中心，那得需要多大的能量才能站上去。

　　较之于观众数量有限的舞台剧，影视剧的传播力无疑更容易让一个演员走红。上世纪90年代，北京人艺的不少演员纷纷涉足荧屏并因此而名声大噪，包括岳秀清，也因为1998年在热播剧《贫嘴张大民的幸福生活》中的精彩表现，一举在全国范围内赢得了知名度。唯有吴刚始终按兵不动，坚守在话剧舞台这一亩三分地上，默默无闻地耕耘着。那段时期，他与影视的唯一一次亲密接触，就是1991年在央视元旦晚会上与郭达合作的小品《换大米》。这个小品在当年几乎是家喻户晓，但吴刚却在这一次惊艳亮相之后，很快又从观众视线中消失了。

曹：那会儿你跟郭达演了那个小品"卖大米"，其实完全可以一路乘胜追击，知名度可以迅速攀升。

吴：我当时也想去，一出门，人家就说这不是换大米那人吗？我想，好啊，也可以去走穴，也可以挣钱。但是我们剧院有一些规矩，剧院排戏那时候还是比较密的，你出不去。只要是剧院有工作，你哪儿也不能去。

曹：你们这种传统是不是保持到今天？

岳：对。

曹：像你们二位，其实外面片约都很多，是不是每年你们都会很早就定计划，把这段时间留给剧院演出话剧，再多的片酬……

吴：没戏，全都拒绝。因为工作，剧院给你安排的工作，你必须要完成，这是首要的。假设你在外面拍戏，你拍你的，但是剧院有工作，你必须回来，无论你在天涯海角，那一天必须的。

岳：那时候，影视剧和话剧如果冲突了，人家影视剧不会因为你演话剧，就把时间给你腾出来的。但因为现在，我们剧院有一年的规划，比如我们今年就把明年的规划大概定出来了，我们演什么，那就提前可以跟剧组说，我这段时间是要在剧院演话剧的。混到他这程度，现在就可以……

曹：上档次了。

岳：上了一档次。

吴：那时候我在剧院活儿多，台柱子，全是龙套，跑这个、跑那个。

曹：你心里会有那种比较憋屈的感觉吗？哥们儿全在外头拍影视剧。

吴：其实倒也没有，没有办法的事，你想它也没用。我老想出去，但如果我出不去，岳秀清出去就行了。其实你现在回想起来，在舞台上摸爬滚打，对我来说是真的非常有意义。

岳：有好处。话剧成就了他的今天，应该可以这样说。因为他那个时候演了很多不同的角色，包括台词什么的，所以他演《铁人》的时候，那是需要大段的台词一气呵成，而且还要有节奏，还要有感情。你要不是一个话剧演员，那么大段台词是拿不下来的。

曹：我第一次采访刚哥就是因为《铁人》，2009年。其实《铁人》之前，大家已经因为《潜伏》里的陆桥山认识你了。

吴：应该是先拍的《梅兰芳》，就跟孙红雷认识了。那时候在拍戏当中，他说哥们儿这儿有一剧本，我觉得你应该来。我说真的啊，什么戏？他说我看完之后给你看。开始就在片场聊这事。

《潜伏》中的"陆桥山"虽然只是个戏份不多的配角,但却令观众印象深刻,吴刚的表演呈现出了陆桥山这个人物既阴险奸诈又可怜可笑的复杂性,避免了反派人物的脸谱化和刻板化。《潜伏》火爆荧屏的这一年,吴刚已经47岁,是众人口中"大器晚成"的典型。而事实上,正是话剧舞台上多年来的深厚积淀,成就了他在荧屏上的厚积薄发。

曹: 这个角色其实演不好很容易演得很概念。所以刚哥,当时你怎么琢磨这个角色的?

吴: 也很难,因为离得比较远,咱没见过这事,怎么弄呢?我就想我一定要有我自己的风格,这个人物在这里面起到什么样的作用?其实演戏还是演人物关系,上面有站长,这哥们儿老想巴结这站长,站长完了之后,就说您给我提一个副站长,我这边就行了。他永远想把自己,他的成就、他的成绩展现给别人,让人家认可他。我是觉得这个人物应该是这样的走向,那么这个走向,我把它把住之后,对站长我应该怎么说,对其他人我应该怎么做,这样就比较清晰了,内心的走向是清晰的。你要把这个脉号准了之后,成不了老中医也是年轻中医。

曹: 所以"陆桥山"这个角色给大家印象特别深,刚刚你说人物和角色往往……有的时候看似好像距离很远,就像岳老师刚才说你演的《铁人》。其实从你本人的形象看,跟"铁人",很难想象把这两个形象搁在一块儿。

吴刚与岳秀清

吴: 我一直在说尹力导演对艺术的这种执着、这种无私。我跟他拍戏之前就认识,见过两次面,不熟,我不知道他后来突然认定说"王进喜"得让吴刚来演。当时肯定所有人都反对,那时候吴刚在北京人艺就是一小生,怎么能演"王进喜"呢?他就觉得可以,力排众议。那时候我剧本看完之后,激动坏了,我让岳秀清也看,我说这是一个很难得的机会,怎么能够把他诠释出来。我拉着箱子就奔大庆了,在铁人纪念馆待了好几天,那里有他的声音,拿起电话就能听。

曹: 他的原声。

吴：他的话，原声，拿着就听。我老在那儿待着，老听，工作人员说这孩子干吗呢，怎么不走，天天来。

岳：其实那时候也没有定是他，他自己就感觉他就是"王进喜"，他先去体验生活去了。

吴：我就是了。

岳：《铁人》的第一场我是在剧场看的，我看完以后激动。我觉得那个就是"铁人"，那个年代的"铁人"就是那样的。我就特别激动，老公真棒，演戏真牛。

吴：我把腰挺直了，接着说。

曹：要有点仪式感。

岳：不敢再说了。

曹：岳老师看过太多好演员。

岳：他在剧院的时候，会有导演或者我们的老师跟我说，吴刚很会演戏的，他要有机会，一定会发光。就是很随意地那么一说。所以我很相信他，我觉得只要有一个戏，他一定会出来。我其实永远都会跟他这样说。

吴：我也会跟她说，我说你去拍戏去吧，我不急。

岳：他说女演员趁着有青春……

吴：趁年轻，赶快去拍，哥们儿一定能拿下这事。

曹：厚积薄发。所以，刚哥，你其实对自己的实力还是坚信的？

吴：一直坚信，真的是。

曹：拍摄的时候有一场井喷的戏，受伤了，是吧？

吴：对。我们当时拍戏，两个井架。搭起来之后，一比一，是真的，也能转，里边灌上泥浆，灌上水泥。我开始学这个，抱着这个，开始拧，它开始真喷，井喷。

曹：真喷？

吴：真喷，泥浆，冲出来之后特别冷，零下四十多度。我戴着手套，这么一转，停，粘上了，手套粘上了。你得一点一点退出来，手套粘上了。一喷，因为你演戏当中可能就忘记了所有，井喷，泥浆从里边直接窜到眼皮子上，我立刻看不见了。我把眼睛睁开之后，看见一红点，这红点就是机器，机器拍着呢，那时候是胶片。

曹：那时候还想着戏？

吴：对，你得把它拍完了。

曹：对，胶片。

吴：我说停，看不见了。我赶紧喊来人，我这手已经粘上了，这会儿也看不见了。地上全是冰，因为都是水泥，一喷，落地就结冰，我也走不动了。我说我眼睛看不见了。当时我们每次都有一个救护车停在那儿，从拍摄景点到医院要开一个小时。上车，直接就给我拉到医院去了。在车里就开始帮我洗眼睛，别给穿了，还好，看东西能看见吗？看得见。

岳：要不你就残疾了。我觉得挺后怕的，万一要是……那不就这样了吗？好幸运，小伙子。

近年来，吴刚在影视剧领域佳作接连不断，人气持续攀升，《人民的名义》《狂飙》《庆余年》等一系列热播剧中都有他的身影。每一次看似举重若轻、游刃有余的表演背后，都是一位资深演员对每一个角色的深思熟虑和一丝不苟。

曹：因为有幸跟刚哥一起拍过《后浪》，刚哥在排戏的时候已经把剧本丢了，已经全部背下了。所以你拿到一个角色，是怎么去准备的？比如说《人民的名义》里的"达康书记"，其实这个角色跟"王进喜""陆桥山"差不多，都不太好演，好像在他的身上，戏剧冲突不是那么强烈，所以你怎么去准备这个角色？

吴：其实我觉得还是得熟读剧本，当时有两个角色，说吴刚你来挑，我觉得李达康这个角色我稍微还能够上。就开始读剧本，开始聊，进了剧组，这个人物，我觉得还不是特别……这不是《李达康传》，他只是一个旁线。我觉得作为一个演员来说，还是我们北京人艺教会了我怎么演戏、怎么入手，你得把这个人物捋清楚了。按照于是之先生说的，要有一个心像，他演戏，他要知道是心像在里边，在自己心里先画一像，这个人物应该是怎么样的。其实在这之前，马上就开拍了，我对这个外形还是不满意，因为所有男演员不是分头就是背头，要不然寸头。"李达康"，作为一个市委书记，长什么样，我得跟别人不一样。来回来去，头一天晚上我决定了这个造型，一直跟化妆、造型开始碰，琢磨，也问她。

吴刚与岳秀清一家

岳：一开始他的造型，大家都不太认可，因为觉得领导都是背头，很整齐的。

吴：我就想找一个不一样的。

曹：还有就是，吴刚老师，我觉得你演戏会用一些细小的动作，这些动作都很生动，还记得我们拍《后浪》，我和你两个人在办公室，你有一个穿白大褂的动作。因为那里有很长一段台词，其实也很单调，但你设计了一个旋风状，有点戏曲表演的味道，这个人物一下就呼之欲出。

吴：其实，我想作为一个演员来说，因为你拍一个长篇的电视剧，是可以有机会把这个人物立体化的，因为人都是复杂的，不是单面的。你要是单面的话，这个人就不生动。

岳：我们当时说怎么设计这个人物，如果说你要按一般的官员去演，就没有意思了，说话板板正正。但是这个人物，我要雷厉风行，就是做事的人、干事的人，干事的人就得很麻利，所以他从形体上设计。而且包括我们设计那个水杯，因为他老说话，所以经常拿着水杯。

曹：那个水杯印象深刻。

岳：后来成了好多"梗"，好多人说"李达康"的什么同款水杯。

吴：应该跟他们要钱去。

岳：我们抓住了这个动作，其实观察生活很重要，记住了这一个动作。所以有很多生活细小的积累，都放在"李达康"身上了。

吴：我跟可凡兄一块儿演《后浪》，他演我师弟。

岳：我看过你们的戏。

吴：其实有一场戏，我觉得挺好玩，他在病床上。

曹：缠着绷带。

吴：非常可爱，后来我设计，说不说、说不说，我就准备弹脑门。

曹：弹我一下。

吴：其实就是人物关系，我们哥俩太熟了，开玩笑什么的，打打闹闹，都是。在这上面，你就把这个人物关系理清晰了。

曹：那段经历很开心。还有我们说《庆余年》，像《庆余年》这种戏，你那个人物其实也不大好演，因为不良于行，一个演员如果是不良于行的话，会限制很多表演。所以"陈萍萍"对你来说，其实是有一点挑战的。

吴：是。再加上，因为我有若干年没演古装戏了，我看完剧本，刚才按你说的，你的肢体语言给你去掉的话，那么你坐在这儿怎么演？光说吗？光说生动吗？这太难了，限制了很多表现力，肢体的表现力。我琢磨半天，这戏接吗？我觉得对一个演员来说，这是一个极大的挑战，这点活儿你来吧，你看你能不能玩漂亮了，那就全看你自己。所以我也琢磨，接了，就开始琢磨，你得看书，你得知道前世今生都是怎么回事，谁跟谁，设计了很多东西。腿既然断了、折了，动不了了，上半身一定得把它强壮起来，所以我也设计了很多小活儿，跟导演一块儿沟通。我在车上，我练了很多，我自己就可以走，转，我练熟了，这是我的腿，我必须要做好。除了进宫，在家里他是怎么生活的呢？我就给他设计好了，有些台词我可以躺在榻上说，肢体的语言，我开始动上身，腿动不了，动上身可以，就把它丰富好了。

岳：其实坐轮椅对一个演员来说不好演。但是我觉得从我的理解来说，其实也有优势，为什么？大家都站着演，只有我是坐着演，那就跟别人……

曹：差异性。

岳：对，你就有差异性。

吴：《庆余年》，每拍完一场戏，说行了，下一场，所有演员都坐下了，我站起来了。他们说刚哥你怎么，我说不行不行，我这屁股疼。

岳：特硬。

吴：你们哥儿几个都坐着吧。

曹：你曾经说过，一个演员，要让每一个角色都截然不同，其实是一件极其困难的事情。你有什么诀窍吗？

吴：其实还是非常感谢我们入学的时候，老师教的本事。为什么让我们去观察生活？我们每天交小品，观察生活小品。我曾经想不出来，岳秀清说了，想不出来我就瞎编，第二天得交作业。先生坐那儿，说，停，编的吧？我说不可能，我怎么会编的呢，我看的。他就问，你在哪儿看的？老师一眼就能看出来你是编的。生活当中不会，百分之一百不会，先生眼毒，所以就告诉了我自己别瞎编，闭门造车，别，出去，从生活中来。这是先生告诉我的，这点本事。所以有任何事，比如说我们出去旅游，或者看什么东西，你作为一个有心人，眼睛会捕捉，有兴趣无兴趣。其实作为一个演员，我觉得对生活得有点冲动，得有点热爱，如果说这个人对什么都不感兴趣，我估计要是做了演员的话，也不是特别优秀吧。应该热爱。

曹：好奇心。

吴：对，永远是为什么？他为什么会这样？

岳：可能要把十个人有特色的东西，投注到一个人身上。所以生活中，他说的，你要做一个有心人，非常重要。要有生活的积累，他们到了这个年纪更有生活的积累，演了那么多角色。所以他有时候就想突破自己，就是这样。演戏是越演越难，而不是越演越容易，如果你要越演越容易，那你就不会上一个台阶了。比如他要演一个间谍的戏，就看看间谍那个人物，比如纪录片或者什么，他要从这些素材里头找到他想要的那个人物的眼神、气质、穿着。其实他从各个方面来，有这么多的

吴刚、岳秀清与曹可凡

材料，然后他在里面拣，这个适合我，拿过来。他是这样的，他细腻到这个程度。

曹：家属对你的评论。

吴：给我拔这么高。

我一辈子都属于这儿——冯远征专访

时隔12年，北京人艺再次大规模"驻演"上海。10月至11月，《茶馆》《哗变》《日出》《杜甫》《正红旗下》，5部大戏齐聚第23届中国上海国际艺术节。此次集结老中青三代艺术家的强势阵容，用体现北京人艺演剧学派独有的舞台风格，为申城观众奉上京味儿戏剧文化大餐，从不同角度展现中国形象，用心用

冯远征做客《可凡倾听》

情用力讲好中国故事。驻演期间还将配套开展相关艺术教育活动、研讨会等多种形式的戏剧文化交流。

曹：这次北京人民艺术剧院来上海驻场演出，到今天正好是一个月，其实从20世纪60年代开始，北京人民艺术剧院来上海演出都应该说是南北戏剧界的一件盛事。我记得当年黄佐临先生说过一句话特别逗，他说等待北京人艺来上海演出，就像小的时候过年要看烟花就等着天黑。所以，你们这次整体来上海演出，是做一个什么样的考量？

冯：首先我觉得我们有很多年没来了，因为其实从历史上讲，印象最深的就是1988年。那时候我刚毕业，是青年演员，来到上海以后，看到于是之老师他们那一代老艺术家，包括夏淳他们那些老导演，在上海的那次盛况是惊着了。我没有想到我们五个戏从北京来到上海，上海的观众、上海人民那么喜欢、那么热爱，所以当时有点惊着了。那个时候说实话，除了话剧界的艺术家，上影厂的老艺术家，全来了。当时两地艺术家聚会的时候，我们作为年轻人只能在边上站着看，既羡慕又觉得特自豪。后来再来的时候，有陆陆续续一个戏来的时候也有，像2012年，我们是五个戏来，三个

大戏、两个小戏。其实一直有这个心愿，我在做演员的时候一直有这个心愿，什么时候再到上海。我是2022年上任的，到了2023年，我说必须到上海。但是当时已经来不及了，2023年来不及了，那2024年必须来。去年我们还专程来上海，来考察，最后决定今年在这个时间，上海国际艺术节期间来上海。

曹： 那天我在看《茶馆》和《哗变》的时候，有很大的感慨，我周围的观众也都是如此，说也许下一次就看不到这个版本了。就是这个戏大概能看到，但是这个阵容看不到了。所以在安排剧目的时候，您出于一个什么样的想法？

冯： 其实我觉得《茶馆》应该跟1988年的版本有个对话。第一，我们的传承，展现我们北京人艺的传承，这样一个戏叫"镇院之宝"。它又是中国第一个走出国门的话剧，而且在欧洲那会儿巡回演出的时候，被当地称为东方舞台的奇迹。它奠定了中国话剧在国外的基础，还有一个就是让他们认识到中国话剧也是很好的。特别是《茶馆》的第一幕，可以说也是话剧舞台上的一个奇迹，那其实是焦菊隐先生用中国式的方式来解读。第一幕演员上来的亮相，像京剧一样，所以他借鉴了很多中国传统艺术。我们这一代演员比当年1988年于是之老师他们那一代演员来的时候年龄大，比他们当时的年龄大。您那天在台下看到的舞台上的主演们，除了何冰和我，剩下都退休了，都已经办退休手续了。

曹： 所以像吴刚老师、杨立新老师，他们都退了？

冯： 杨立新老师其实已经快70岁了，濮存昕已经71岁了，吴刚跟我同岁，王刚、高冬平、龚丽君，等等，都已经退休了。所以我一直觉得我们应该再来一次上海，让上海观众看到我们这一代的《茶馆》，同时我们也在致敬我们的第一代。

曹： 我那天看《茶馆》和《哗变》，很感动的就是，台上的那些演员，一个是你们大多数当年都是同学，一块儿从学员班成长起来；还有其实当中很多演员都忙着拍影视剧，王雷在山东拍毛卫宁的戏，立新老师和何冰好像在横店拍戏，是吧？

冯： 对。

曹： 这么复杂的两个戏，他们能够抽出宝贵的时间，兼顾影视剧拍摄和舞台表演，所以我觉得这非常难得。当您布置出这样的一个任务，这些老哥们

《茶馆》在上海演出剧照

是一个什么样的反馈？

冯：都义不容辞。我觉得人艺到目前为止，有一个特别良好的传统，这可能也是传承，就是剧院的工作是第一位的。我们去年定下来要来上海以后，就已经在去年把全年的通知发给大家。

曹：你们一年之前就把计划定了？

冯：对。所有的人在年底之前都知道明年要干什么，明年哪个阶段在人艺有戏演，这样双方有一个默契，在演出期间绝不能耽误剧院的演出。我已经提前给了你时间表，其他的时间你可以安排。所以从这点来说，我觉得"人艺人"有一个特别优良的传统，其实很多年轻演员进人艺以后，特别进《茶馆》剧组以后，他们惊讶于我们在发出通知以后……比方说几月几日在一楼排练厅《茶馆》剧组集合，他们来了《茶馆》剧组以后，他们以为来得很早，结果发现所有的老演员都来了。然后到点儿，导演一敲铃，所有人就安静了，就开始排。其实我们剧院的老演员都有这样一个默契，从老一代开始就是这样，到我们这一代也有这样的默契，只要通知我这天来，我这天一定到。这一点，我觉得这是人艺一直以来的传承，所以我们也在努力传承给年轻一代。

曹：这次在上海演出长达一个月，其间有一些什么样的事情让您觉得特别感动？因为同样一个戏，我相信在不同地方，观众的反馈也许不尽相同，北京的观众、上海的观众可能所关注的点略微有一些差别。

冯：很不一样。当时我们来演《茶馆》的时候，因为我们这次《茶馆》的复排导演是杨立新，他就特别担心上海的观众听不懂京味儿的话、语言。后来他就一直嘱咐大家说慢一点，但是大家没想到的是，我们剧场的反馈比北京多，上海观众的热情比北京多。而且感动于上海观众长时间的鼓掌，演完了观众都没有走，不是站起来就起立了，就在底下很热烈地鼓掌。

曹：我觉得观众的期待，我观察，恨不得让你们再演一段。

冯：第一天谢幕，因为我们是按照常规，在人艺的谢幕，是四面谢完了以后再谢一下，然后我们就下去了。结果等我们下来以后，舞台监督说观众还没走，要不要返场？我们说好像来不及了，大家心里没有准备。后来我们在第二天就说，既然上海观众这么热情，我们再长一点谢幕，就进行这样一个调整。所以其实感动于上海观众的热情，感动于上海的很多观众在演出之前，就在我们演员通道那儿候着，让我们签名，这在北京没有过。演出之后，甚至知道我们住在哪个饭店，他们会在饭店门口等着。

曹： 这次五个剧目当中，特别安排了老舍先生的《正红旗下》，实际上《正红旗下》是老舍先生的一个遗作，上海话剧中心很多年前演过，焦晃老师演的老舍先生。您觉得从北京人艺整体的艺术特色来说，老舍对你们意味着什么？

《正红旗下》在上音歌剧院演出

冯： 其实您可能应该知道，北京人艺叫"郭老曹"剧院，剧作家剧院，我们以文本为主，支撑北京人艺的其实就是文本，演员、舞美这些当然也是，但一个剧院要想长久地生存下去，要确立它的艺术地位，必须有好的文本。所以北京人艺在选择文本方面，确实是非常非常严格的，我们到今年的 8 月份，已经接到自然投稿将近 100 个，但是目前没有一个通过的。您就可见我们对文本有多严格。其实从这个方面来说，老舍先生是奠定北京人艺的京味儿戏和现实主义戏剧的基础，当然也离不开曹禺先生的《雷雨》《日出》《北京人》。但是京味儿戏是北京人艺代表的分支，它是最具特色的，也是最独树一帜的。所以如何继承和发展下去是一个必须面对的挑战。如何打造好一个好的剧本，其实对于北京人艺来说，是很希望能够遇到知己的，但是知己难觅。其实在北京人艺 70 周年院庆之后，北京人艺也进入了一个新的时代，我们的院长任鸣去世了，给全院的打击也是蛮大的。我一直在想这事，我想，北京人艺开篇是《龙须沟》，我们是不是能够再从老舍开始呢？而且我觉得用老舍先生的作品开启新时代，我们不是回到过去，而是重新开启一个崭新的未来。所以《正红旗下》，其实从服装设计、布景设计，从解读的理念，我们都是全新的。当大幕开启的时候，北京的观众，我记得首场北京的观众会，大家没想到，大家想象中的老舍先生的戏应该是四合院、应该是胡同，但是我们用了一个全新的理念，用北京屋顶的概念去做舞美设计。

可以说从 70 周年筹备，到蓝天野老师去世，到任鸣去世，到决定排《正红旗下》，到首演，到最后面对观众，我一下子心里面有点脆弱，我比较脆弱。

曹： 千言万语。

冯： 做演员感性，一下就难受了，最后我说谢谢观众。那一瞬间，我眼泪差点喷出来，但是还好，算是忍下来了。

曹：控制住了。

冯：控制，对。

曹：我想一个剧院的传承，第一要靠经典的剧目、文本，还有就是演员，怎么能够把上一代的这些宝贵的财富传承下来。所以我在看《茶馆》、看《哗变》的时候，比如说您演的"松二爷"，黄宗洛先生是吧？

冯：对。

曹：演《哗变》"魁格"的是朱旭先生。尤其是珠玉在前，当您自己接到这两个角色，在台上要重新按照自己的想法、理念去塑造这两个角色，既不能脱离上一代艺术家所塑造的既定形象，但是又不能完全相同，否则就没有新意。所以这个比您凭空去创造一个新的角色，其实要困难得多。

冯：您说得太对了，其实这也是我们面临的传承的问题，第三代接班的问题。我们这一代接班的时候，其实那个时候老艺术家都在，老观众也在，熟悉《茶馆》的观众也在。所以我们当时接的时候是如履薄冰的，我们在第一个月的时候特别艰难，艰难在哪儿？我们排了四个月，找不到方向。林兆华导演就说，希望你们不要学，不要模仿，你们就自己创造。但是我们怎么创造，大家都觉得不对，我们自己就觉得不对。因为于是之老师也好、蓝天野老师也好、郑榕老师也好、黄宗洛老师也好，他们已经把人物塑造到骨髓当中去了，他的一颦一笑、一举一动，你都觉得是对的。但当你接过来的时候，你试图去改变、尝试的时候，确实是难上加难。后来有一天，林兆华就说，得了，别创新了，咱回去吧。回去，意思就是从模仿开始。在慢慢模仿的过程中，我们开始深入到人物的内心。后来，我慢慢开始研究这个人，我开始研究这个人是怎么样的，就想到这个人可能走路不稳，走路不稳的原因是什么呢？是因为他娇生惯养，慢慢的，吃都是有人伺候的，他的这种自理能力非常差。所以在第二幕，他会说："让我脱了这身大褂蛋，糙活拉不下脸。"其实他是走不出自己，很穷了，他也要脸。包括第一幕，其实我后来是看老先生的笔记，研究老舍先生的剧本，当时我就觉得他自己来泡茶馆，其实那时候已经很拮据了，所以他自己带茶叶、小点心。最后走的时候，当他去撑着面子要付钱的时候，"常四爷"把钱付完了以后，他其实内心是窃喜的，但嘴上还要说"不好意思，让你付了"。所以其实可能这些细节，让我慢慢丰富起现在我演的这个"松二爷"的形象。朱旭老师更经典了，那是没有办法，所以最开始，朱旭老师是我们《哗变》的艺术顾问。建组的时候他来了，我说您给我们讲讲当年您怎么演的，他说我不能讲，你们研究剧本，他说我只告诉你们导演是怎么要求我的，《哗变》的台词绝不能停顿，绝不能有大的停顿，一句接一句，就是要一句接一句。

曹：所以你们的台词是密不透风的，观众看了都喘不过气。

冯：累的，他要求节奏。后来我们在排的过程中，他就再也没来。我们说朱旭老师什么时候来，给他打电话，他说我过一段时间去，我们就开始排。当我们终于连好了，说请您来一下。他来看完了以后，我们就期待，他说远征这样，

早年冯远征

当年赫斯顿导演是怎么要求我说这句话的。我们当时就觉得，有些台词，观众是能笑的，是有意思的，我们就会停顿一下，但他说不能停，你不要管观众的笑声，这个戏是你不接紧了，戏的节奏就没有了，因为是法庭戏。他永远在跟我说的，不是他当年怎么演的，他永远是跟我们说导演是怎么要求的。他说因为这个戏太特殊了。所以我在演的时候，我说当时这些大量的台词是怎么背下来的？"魁格"那8分钟，我也背了，但是我总觉得缺点什么。他也不跟我说，他说你好好研究他当时的心态，你就能说出来了。后来我又开始排练、研究，最后终于慢慢明白了一个点，这些看似混乱的台词，这些看似前后不着调的事件，实际上在"魁格"心里，它的逻辑是绝对通顺的。因为所有这些他认为的不好的事件，全是真实发生的，而且全是在他心里积压了很久，终于爆发的时候，他在数落这些人。他在法庭上不是在辩护，他在数落所有的……

曹：憋了很久。

冯：憋了很久。所以我觉得它是通的。

曹：您好像也说过，从演员的角度来说，您通常"脱本"是比较慢的，所以这8分钟"魁格"的独白，您花了多少时间把它拿下来的？

冯：我们排了三个月，我其实这段独白早就拿下来了，但是我一直愿意拿一个本儿，它像拐杖一样，我可以不看它，但我要一直拿在手里。直到有一天导演说，你是不是能把本儿扔掉？我说好吧，扔掉以后，那一瞬间其实有点紧张，其实就像小孩喜欢拿毛娃娃，毛绒玩具，或者拿一个手绢一样，这对我来说可能是一个心理依靠。一直希望它能够在，当有一天不得不扔掉的时候，导演说你已经好长时间没有看这个剧本了，你可以扔掉了。我说好吧，我试试，扔掉了，放到旁边。这个时候，你一旦一下子演下来的时候，没有打磕绊的时候，你就会把这个化到身上。

说起冯远征，最难绕开的角色可能就是电视剧《不要和陌生人说话》中的"安嘉和"。而他在电影《非诚勿扰》中短短的几分钟，却在不经意间成为高光段落。在舞台表演中找到艺术归宿的冯远征，却在影视剧中让更多观众认识了自己。热度背后，是他对于每个角色的反复打磨，以及对于表演艺术的深刻理解。

曹：我现在回想起来，您演了那么多戏，您演的"安家和"的形象，包括《非诚勿扰》里面那个人物形象，虽然戏份不多，但是让人印象深刻。所以从演员的角度讲，怎么能够让自己演的角色，最后被大家记住？

冯：首先得认真、真诚，我觉得表演要真诚。技术的东西可以学到，可以通过实践积累起来，最后慢慢形成。但其实我觉得最主要的是真诚，你怎么对待这件事情。就像我跟年轻人说，我说你要是把这个事当饭碗，我就不跟你说了，哪儿给钱多，你去哪儿。但你要把它当事业，你就要考虑哪个对你的发展有利，可能那个挣钱很少。其实是这样，"安家和"也是一样，当时我看到这个题材的时候，我就跟制片人说，我说我要演，他说你为什么要演？我说中国没有这样的形象，外国电影可能会有，中国没有。当时导演是张建栋，张建栋其实不太希望我演。

曹：为什么呢？

冯：他想找一帅的，他想找大帅哥，包括濮存昕老师都在他的考虑之列。但是很庆幸的是他们都没接，他们觉得这个人很坏，这个人不好。等到最后一刻，他们都放弃了，只有我是一直在坚持的时候，他最后选择了我。但是说实话，这种角色难在你没有参照物。演农民，我可以体验生活，演老中医，咱们可以去孟河医派学号脉。但是"安家和"怎么办？我不能回家把梁丹妮打两顿，再去演那个角色。我觉得我脑子还算快，也加上在德国给我一个启发，就是想象力。所以我打给妇女热线，咨询了很多案例，咨询了很多这样的人，一种心理的东西，慢慢慢慢让我建立起来了。

曹：其实像《非诚勿扰》里面的这种角色，稍稍过头一点就会显得特别恶心，所以那个分寸感是很难掌握的。

冯：首先特别逗，当时突然那个副导演给我打电话，说冯小刚导演要拍戏。因为我之前演了他的《天下无贼》。完了以后，我说演什么？他说演一个特别的人，我说真的假的？他说真的。导演说远征，我找你，就是不能过火表演，我找你，我觉得就得你演。我说好，努力完成。确定表演风格，他就说是生活化的，绝不是夸张的，我一下就明白了。然后我脑子就飞速旋转，我生活中接触过的这些人，我说那你得赶紧让造型师给我造型。当时季节已经过了，没有卖紧身 T 恤的，最后就找了一个大的 T 恤给我改了紧身的。我下身穿的是裙裤，像裙子似的，但是是裤子。然后穿了一双皮拖，那时候流行的，戴了很多首饰。我就跟化妆、造型说，你给我这边戴一个钻石耳钉，淡淡的口红，不能明显，但是一点点就可以。做了个双眼皮，我说你再给我弄两个红指甲，他说看不出来，我说能看出来，我想办法。他说整个做？我说整个做就过了，就两个，小拇指，别的都不能有。然后我就开始琢磨，这种人的神态是什么样的。我可能更觉得眼睛是最重要的，他看葛优的眼神是最重要的，而不是那种简单的兰花指。包括语气、语言，拿捏得不能过，但您说既不能过吧，特娘，娘娘腔，又不能没有，所以这个分寸其实是很难掌控的。我一直在想，这一场戏，从接了这个角色，每天都在琢磨，都在想。实拍的那天，特别有意思，我觉得细节决定一切。实拍的那天，当时给我指甲也染好了，耳钉都弄好了，开始给我化妆，粘双眼皮。试妆都挺好，因为我眼睛一大一小。就这只眼睛粘不好，撕了粘、粘了撕，造型师都不好意思，说远征老师，真不好意思。我说不粘了，就一大一小。他说为什么？我说韩国做的，做坏了，高兴。他说导演要说我的，我说我跟导演说，然后说好，就开始跟葛优老师对戏。导演一喊停，他说，我一身鸡皮疙瘩，我说，我也一身鸡皮疙瘩。

在北京人艺建院 72 年院庆之际，时任院长的任鸣突然意外去世。而那时的冯远征，距离退休只有几个月。已经作好退休准备的他，就这样走马上任。在一个悲喜交集的历史时刻，在"骤然而至"与"义不容辞"之间，扛起了北京人艺的大旗。对冯远征来说，这也许是一种被赋予的荣耀，同时也是沉重的职责。

曹：当您得知您将接下这样的一个重任的时候，是不是会回想起您和北京人艺的很多第一次？我特别想知道，比如说您第一次看北京人艺的戏，大概什么时候？看的什么剧目？

冯：应该是 1982 年左右，看的是《绝对信号》。但是我第一次看北京人艺的戏，其实还不是那个时候，是更早一点，是在电视里看的，《王昭君》。

曹：曹禺先生的。

冯：对，是黑白的，但是我不知道那是北京人艺的戏。我就觉得黑白的，但是也能感觉到服装很华丽，很有异域风情，或者是中国古典的服装设计，就觉得真好。这叫什么？这叫话剧。但是真正坐在剧场里看的是《绝对信号》。我印象特别深的点在哪儿？我是坐在第二排，中间那块第二排的最边上的座位，等于是第一排一个，第二排就是我，这是过道。尚丽娟演的"小蜜蜂"，走下台来，就站在我边上，说那段独白的时候，我是窒息的，不敢喘气。我心跳得很重，咚咚咚一直在跳，为什么？一个演员能站我边上，这种激动，因为我那时候开始学表演了。还有一个，她不会忘词吗？各种想法、各种杂念，一直在看，还有点往后躲。我说以后要能在这个舞台上演戏，这一辈子"死"了都值了，就是这种感觉。然后1985年年初我得知人艺招生的时候，第一次知道人艺又招生了，报了名。第一次走进那个楼的时候，我当时就想我应该能够考到这儿。

曹：当时您走进北京人艺的大门，见到的或者跟您近距离接触聊天的第一位老艺术家是谁？

冯：第一位老艺术家是李滨老师，因为我考试，初试是她和顾威老师两个人考我。我进去以后，她那会儿骨折了，下楼梯摔得两只手都骨折了，她这样坐着，说你叫冯远征？我说对，她说你朗诵一下吧，我就朗诵。朗诵完了以后，她说唱个歌吧，我就唱一个歌。然后她说你准备的什么表演？我说老师，我什么都没准备，她说你学过吗？我说没怎么学过，因为不敢说自己学过。她说别逗了，你都拍电影了，你没学表演？

冯远征在《北京人》中扮演曾文清

你还跳过伞呢，对对对，那你把跳伞给我们表演一段。我说老师，我没法表演，为什么，因为我不能从楼上跳下去。她说你还挺逗，我让你把跳伞前准备的动作给我演一遍，你演好了，我就不让你表演别的了。我说好吧，我就开始表演叠伞，然后穿背带给扣上，准备跳伞，就开始举着准备跳伞。我说老师，表演完了，她说那就这样吧。然后我就出来了，出来以后就等复试通知，等到了。

曹：您第一次演比较重要的角色，是不是就是《北京人》里面的"曾文清"？进入排练厅排练，是不是有一个适应的过程？据说光是掀帘就弄了老半天。

冯：我那时候还没毕业，在学员班。突然有一天老师找我说，你到我办公室来一趟，说夏淳导演要排《北京人》。我以为是不是让我跑龙套去，结果老师说准备调你过去，你不用上课了这段时间，让你过去排。我说好，老师，那演什么？他说你演"曾文清"，我当时就懵了。前面案头做完以后，进了排练厅，就穿上代用服装开始排练。结果那天正好排到"曾文清"出场，我也准备好了，台词也都背好了，什么都弄好了。导演说开始，我说"陈奶妈"，一撩帘儿。结果一撩帘儿，一站，我系扣儿，"陈奶妈"呢？然后导演说停，下去，重来。我也不知道为什么，对了两句词，然后一撩帘儿，停，下去，重来。就这一上午，到中午吃饭，就是我一个人在撩帘儿，我已经出汗了，自己衣服都湿透了。

曹：蒙了。

冯：蒙了，脑袋就大了。到中午，导演说行了，今天先到这儿，下午几点几点开始，中午先赶紧吃饭。我就走到导演桌子前站着，我说导演，我哪儿错了？我怎么办？他说没，挺好的。我就蒙了，挺好的，让我撩一上午也不告诉我，他就看着我。那会儿我年轻，头发也都往前梳，头发也多，他说你明天留个背头行吗？他说"曾文清"不是你这样的发型，你留个背头吧，再说你都是孩子的爸爸了，40多岁。我当时24岁。我说好好好，他说你别穿皮鞋，去王府井买一双布鞋穿上，我说好好好，他又说，另外你到服装那儿借身大褂，拿回家，你不好意思在外面穿，到家里进门就换上，在家里干什么都穿着大褂，我说好好好。我就赶紧跑楼上，先去借大褂，然后又赶紧跑王府井去买了头油，回家穿上大褂，我爸我妈说你干吗，我说体验生活。发现穿上大褂，干什么都不方便。

曹：感觉就不一样，是吗？

冯：先是不方便，因为年轻，吃饭夹菜，一伸，袖子就容易蹭油，你就得撩一下，然后弄一下。我在家里还练毛笔字，买了《芥子园画谱》。

曹：画画？

冯：画兰花。等真的穿了十多天，导演就不说你了，你发现自己已经不是穿皮鞋的感觉了，穿习惯布鞋以后，再走路就不一样了。每天把背头梳得锃光瓦亮，你也不觉得不好看了。从那以后，导演就不再说我这方面的事了。他要求我留指甲，留长一点，我说女的才留指甲，他说那个时候不干活的人都会留一些指甲，好看，为了手修长。我说好好好，又留了指甲。所以那个时期，其实我觉得进入人物的方式有很多种，但是夏淳导演教会了我一个，其实就是体验生活。

曹：那天我看这两出戏，《哗变》和《茶馆》，我就想，五年、十年之后，一定是有新的一批演员来演这两个戏，他们是谁？他们能不能达到你们这一代或者再前一代的艺术家的高度？

冯：我之前做过演员队队长，做过副院长，其实那个时候我觉得只要把演员队管好就可以了，做副院长也是主管演员队，所以那时候主要精力还是放在培养年轻演员身上。因为我年轻的时候，在人艺是特别散淡的一个人，有戏回来演，没戏我就出去拍戏了，那会儿外头活儿多。但是我从来不耽误人艺的工作，从这一点说，我就觉得原来是上有天下有地，天塌了有老的顶着，地陷了有年轻的撑着，我在中间很舒服，舒适区。但是说需要我们顶天了吗？我们是最大的那部分了吗？突然发现是，就开始焦虑，我就想老一代艺术家是怎么教育我们的，就开始给他们立规矩。我做演员队长的第一年，立了13项规章制度，以前都没有的。

曹：那么严格？

冯：对，以前有，都是在心里，口传心授，后来写在纸上，必须一条一条要遵守纪律。所以其实从那个时候，就开始考虑怎么培养演员。但当真正做院长的时候，就觉得人艺应该怎么发展，就开始梳理人艺的历史。你会发现人艺真的是一个具有创新精神的剧院，创立自己的演剧风格，形成自己的表演学派，把中国话剧民族化的第一院，同时有一群表演风格非常独特的演员，一批又一批。还有我觉得，所谓的创新精神，就在于不断地用自己的文化去开拓。而且具有先锋精神，中国的第一个小剧场话剧诞生在北京人艺——《绝对信号》。中国的先锋戏剧《野人》《车站》也是在北京人艺。

曹：其实挺多元化的。

冯：很多元化。所以我觉得无论是曹禺先生，还是到我们当时的于是之老师，感觉是一个很老派的人，但是思想真的很有现代感，为什么？如果没有于是之老师点头，《绝对信号》不会诞生，如果没有他的同意，就没有《野人》、没有《车站》。所以我觉得于是之老师真的很伟大。

但是北京人艺始终没变的是现实主义风格，《茶馆》《雷雨》《日出》这样的戏，始终坚持在做。所以在80年代后期，诞生了《天下第一楼》。纵观北京人艺的时间轴，我觉得创新是不断要去做的，但是坚持守正，那是一定不能放松的。所以我上来以后的第一年，就说必须做我们失去的一个阵地，或者说将要失去的一个阵地，就是小剧场话剧。近几年，我们排了大量的小剧场话剧。激发了全院年轻人的热情。我觉得这两年，小剧场话剧有点像井喷式地诞生，应该给年轻人一个平台，这是我希望能够做到的。像《茶馆》《哗变》，我其实从做副院长的时候，就跟任鸣在探讨，什么时候接班的问题。其实心里也在想，谁能接？不能接的是什么情况？但是我觉得无论是《茶馆》还是《哗变》，我们不会像我们这一代，等待七年以后再去复排。哪怕先复排出一版来，再去想更合适的人选。

冯远征早年的表演之路，就像一场漫长的等待，充满着苦涩与迷茫。人生如戏，戏如人生。他上遍了北京的表演培训班，却屡屡因为形象而被拒绝。作为当年中国唯一学格洛托夫斯基流派的演员，他曾坐了8天8夜的火车远赴德国留学。岁月给了他磨砺，他还给舞台以坦荡和沉稳。或许从那时起，表演与传承，就成为永远萦绕在他心头的主题。

曹：我最近在读您这本《冯远征的表演课》，在您看来，是不是其实每一个普通人都拥有表演的潜质，只要方法得当，就可以把它激发出来？

冯：其实格洛托夫斯基就说任何人都可以成为表演者，而且我在实践中也觉得是这样的。你想，在座的每一个人，其实他们身上都有表演潜质，只是后期，可能后天的时候，由于生活环境、家庭环境和自己的志向、学习环境，慢慢慢慢形成了后来对职业的选择。其实每个人身上，在出生的那一瞬间，具备从事世界上所有职业的可能性，但只是后天培养的问题，和你个人最后养成的兴趣的问题。其实从这个角度来说，每个人的潜质都是一样的，只是后天的开发的差异。我觉得老师不是教授者，老师是开发者，就像我和您，我们身上表演的那种金矿是一样多，只是老师怎么去开发而已。所以我觉得，作为一个教育者来说，跟教育那些理论性的东西不一样，特别是对这种感性的、表演性的职业来说，其实我觉得开发比教授更重要，开发比讲道理更重要。

曹：您在书中用很大的篇幅，讲了您去德国留学的那段时间的经历，现在回想起来，那段经历对自己表演能力的开发，您觉得最大的影响是什么？

冯：改变了我的世界观，改变了我的生存观，改变了我的人生观。其实走出去，你会发现你特别能吃苦。还有一个，你觉得外国人都是衣来伸手、饭来张口，实际上不是，所有的事情都要自己干。我到我的教授家，最大的感受就是，她的地下室有间房子，有一个房间，里面是工具间，甚至有台钳。我就惊着了，我说这干吗，她说我所有的事情，能自己做的一定要自己做，人工很贵。每个礼拜我要帮她剪草坪，他们家有割草机。其实从那个时候我就觉得，不是说你坐等就可以来，你必须努

冯远征与老师露特·梅尔辛

冯远征与曹可凡

力。当然，对我的表演来说，我觉得开阔了我的眼界。比方说我已经是一个演员了，我去德国上学，一年级开始上学的时候，我应该是那个班里最会演戏的，但是我是那个班里最没有想象力的。比方说一把椅子，扔一枝花在地上，我就会捡起来，就是一个等人的故事。他们会把花和椅子结合得很超现实，让我惊讶，比我小两三岁、三四岁的孩子，能够有那么好的想象力。他们表演可能不如我，但是想象力非常丰富。所以其实从那个时候起，我就不断地锻炼自己的想象力。我们那时候在德国热身，大体力的运动热身要五个小时到五个半小时，希望你超越你的身体和心理极限。后来我觉得，我是比较能吃苦的，一个是小时候的经历，再一个就是这段经历，让我能够感受到自己作为一个人来说，体能是可以到无限的，不要不相信自己的潜能，一个人的潜能是无限的。

曹：对您来说，舞台意味着什么？剧场里的观众意味着什么？

冯：生命，艺术生命。虽然我年轻的时候说我死也要死在舞台上，因为是在我最茫然的时候，我那时候没有考上北京电影学院，因为形象的问题。我虽然拍了青年电影制片厂的戏《青春祭》，但是我没有考上，很茫然，就告诉你形象一般。在这个时候突然人艺招生，我就考上了，从踏进人艺的那一瞬间，我就下定决心，我一辈子都要在这儿。我觉得为它做什么事情，都是应该的。

曹：一代人有一代人的使命，所以您希望北京人艺在您的手上完成一个什么样的小目标？

冯：小目标是能够顺利地看到人艺的希望。如果我还有时间的话，我能够完成《茶馆》和《哗变》的顺利交替。如果有时间的话，我也希望这种交替不是说一下就全换掉，我是希望新老有一个丝滑的交替。

曹：一个渐进式的？

冯：渐进式的，您看到现在的《茶馆》和《哗变》的群众演员，是我们最年轻的人，我希望他们在台上看老演员怎么演戏，在台上完成学习过程，将来交到他们手上的时候，他们能够明白我们当时是怎么演的。这样的话，其实可以相对好一些。而且我希望能够给人艺，再积攒几个好的剧目，属于我们时代的好的剧目。当然很难，我一直在努力去寻找。

心里有观众——丁勇岱专访

从《琅琊榜》的"梁帝"，到《跨过鸭绿江》的"彭德怀"；从《人世间》里的"周志刚"，到《南来北往》的"马魁"。丁勇岱，这位来自内蒙古的资深实力男演员，用一次次在品质之作中的成功演绎，刻画出众多感人肺腑、催人泪下的经典角色，也让自己晋级为许多观众心目中的"国民父亲"。

丁勇岱做客《可凡倾听》

曹：这些年其实无论是拍戏还是参加一些电视节目，您还是经常来上海的。去年底到今年年初的时候，《繁花》播出，不知道您看了没有？

丁：我看了。

曹：您对上海是不是有一些新的认识？或者说那个年代的上海其实您也是有一些印象和概念的？

丁：对，在中国，上海总是比较超前，具有带动性。过去看过的电影，反映上海改革开放以后的生活，像《血总是热的》，还有当时的话剧《于无声处》，也是从这里产生的。我觉得它总是在各方面，尤其在文化意识形态方面，可能更有带动性。

曹：《繁花》结束之后，又一部被大家所关注的电视剧，就是您主演的《南来北往》。

丁：它属于同一个年代，只是故事发生在北方，它是东北地区的。

曹：您看同一个时代，在中国不同区域，他们的生活、工作、社会的状况都是不太一样的。

丁：这要先感谢高满堂老师，他能够写出来这么有个性，又有血有肉的这么一个人物，比较立体。这个角色其实对每个演员来说，我相信都是很有诱惑力的。我就很幸运，得到了这个角色。我是经历过那个年代的，我从小看着绿皮火车，也坐过它，在绿皮火车上，经历过一些事情。像绿皮火车，过去去看父母，父亲总在外地施工，去看他、出行，也都是坐着绿皮火车。

后来直到我当了临时工，筛沙子，我当时在筛沙子。在驻地旁边，工地旁边有个京包线，包头到北京的这样一条线，每天定时有几趟绿皮火车。那时候自己挺伤感的，经常挺迷茫的。因为父母在武汉，从武汉到内蒙古去，坐的绿皮火车，有站着的时候，有买到座位的时候，买不到座位就坐那个座椅底下，我都睡过的。

曹：我也睡过。

丁：是吧，你看看，你都有这个经历。

曹：大热天我们去成都，就是底下睡着人。

丁：对。我在北京站二楼，当年还都睡过，冬天。在绿皮火车上，那里面的人、旅客的感受，当时是极拥挤的程度，好像一下子也把我带到当年那种感觉了。就是说绿皮火车挺有故事的，我们这个戏，你想，从蒸汽机，内燃机，一直跨到现在的高铁，其实也反映了中国铁路交通变化的进程。

曹：通常你拿到一个剧本，研究一个角色，怎么慢慢让这个角色在自己的脑海当中，可以从平面的文字，变成一个立体的形象？

丁：我的习惯是这样的，把自己划到一个观众的角度，我经常在脑子里过电影。接到一个剧本，每一场什么样什么样，他的出场是什么样，我如果作为观众，我要不要这么看。就像演"彭德怀"的时候，中国人到底希望自己的将军是什么样的？我们看了那么多将军，还有《琅琊榜》，我们看了那么多皇帝。你再拿一个一样的，意义就不大了。就这么反复，自己脑子里过电影，也是想怎么区别。找出来不同的东西，你用一个不同的方法展现一下。

其实演绎每一个角色也是这样的，你不能说我可以放松，躺平演，很舒服。但是我觉得那样挺对不起自己的，更对不起观众。观众也有疲劳的时候，又是一个这样的皇帝，又是一个这样的爸爸。其实你就得把最新鲜的东西带给人家，给观众一个新鲜感。所以自己先过，怎么样最好，最符合这个人物，外部还是内心，以及他的精神状态，他的风貌，这样逐渐像角色，把自己划到那样。我是喜欢把自己先作为一个观众，先在脑子里过电影。

在电视剧《南来北往》中，丁勇岱饰演的是老乘警"马魁"。虽然在丁勇岱的表演生涯中，出演警察并不鲜见，但"马魁"却让他看到了更多可能。在丁勇岱看来，蒙冤十载的"马魁"从没有被命运击垮，而是继续保持着善良正直的底色。这个形象从激情岁月里走来，让丁勇岱倍感亲切，也心生敬佩。

曹：这次您怎么去认定"马魁"这个人物的行动线，他的基本的性格特征的？

丁："马魁"这角色，就像我小的时候我经历过的。那个时候就觉得，父母不在身边，太放飞自我了，太自由了，天天玩，玩得比较野。等自己大了，你像尤其是接到"马魁"这样的角色，一下就好像能感觉到。

曹：那时候父母不在身边，是不是您跟妹妹彼此照顾？

丁：对，说是我妹妹，但是她的很多做法有点像我姐姐。她比我懂事。像我去做临时工，筛沙子，她给我的饭盒都装上细粮，大米，我父亲给带的腊肠，都给我装上。他们在家里吃的

《南来北往》剧照

都是玉米面什么的。那时候不懂事，就觉得很香。但是后来想，真的就是觉得自己成熟得太晚了。这种经历可能在当年，你不会觉得怎么样，可能会觉得有些东西还挺伤感。等你从事了这个职业以后，它可能在你创作的时候，随时随刻突然就来了，就唤起了你很多这种东西，对这个职业还是很有好处的。

曹："马魁"这个角色其实有点小幽默的，和您过去演的角色有点不一样，过去您给人感觉都是很严肃、不苟言笑。

丁：对。

丁：这可能跟自己的成长有关系，你看我在90年代演的东西，我回想了一下，90年代我没演过配角。《天路》是从20岁演到80多岁，演了一个将军的成长过程。那时候演的人物传记片相对多，后来郑晓龙导演抓的《驼道》，我又去演，从15岁演到80多岁。《兵谣》，又是传记片，《杨靖宇》，这些基本都属于传记片。

观众那个时候为什么没有什么反应？后来我自己也在想，可能就是那个时候一个是你不够成熟，再一个我觉得是我在各个方面对生活的认知度可能也不够。现在演《南来北往》，就像您刚才说的这个就是，给"马魁"注入了很多这样的幽默的东西。其实现在就是起码懂了一个道理，就是我也总在想，一个最痛苦的人、最伤感的人，他不可能自己永远这么伤感下去，他一定有一个自我调整的东西，所以我们就看很多特伤感的人、特痛苦的人，但是他表面是看不出来的。就像我们看卓别林，或者其他喜剧演员一样，他在外面给人带来那么多欢乐的东西，但他回去自己却是孤独的。

曹：所以人家说，喜剧的本质还是悲剧。

丁：对，它有个调整，"马魁"也是这样。他离开家里十年了，这个家里亲人跟着他受了这么多罪。所以他回来，尽管内心有很多伤感的东西，但他不愿意让自己的孩子看到。他就想着，一个男人，一个东北的男人，他就是我更逞强一些，我也要有强悍的东西，叫你们看到我觉得更放心。再一个，他想把更多的欢乐给他们找回来，因为他知道他离开的这段时间，自己的爱人、自己的孩子因为他不在身边，不知道流过多少泪，伤感过多少次。所以他就说，尽量把欢乐给他们。所以我就融入了点这样的感觉，适当地在家里有这个东西，也跟他在外边为人处世这个严肃、怪脾气、不好脾气的时候，形成一个反差，就是更多面一点。

丁勇岱出生在内蒙古包头的一个普通家庭。小时候，每次一上映新电影，丁勇岱总会跟着母亲一起去看，也因此逐渐对演戏产生浓厚的兴趣。中学时期，丁勇岱的表演天赋逐渐显露。初二那年，他曾被内蒙古歌剧团选中，出演一个角色。也许就从那时开始，一颗属于表演的种子已然茁壮成长。

曹：过往您演过的大多数的角色，观众熟悉的角色，都是充满着这种男子汉的阳刚的气概。其实你的这个名字当中的"岱"字，很体现山东人的这种文化特色。

丁：对，原籍是山东。

曹：是不是从小家里一代传一代，家里的男子汉都是有山东人的这种气概？因为我是半个山东人。

丁：是吗？

曹：我妈妈是烟台人。

丁：可能老一辈人，像爷爷辈，希望我能成为一个能够顶天立地的人。再一个，确实从小是在北方长大，可能北方跟……像你在上海生活，南方地域各方面，民风还是差异很大的，所以北方的东西可能显得更刚烈一点，这边可能就更小资，更柔情的东西更多一点。

曹：听说您小时候在包头那个地方，从小就渴望做一个英雄，是吧？

丁：对。

丁：想起来多的都是比较滑稽的事，小的时候母亲爱看电影，经常去电影院，看完电影自己回来也学，演这个演那个的。我小时候，爸爸妈妈的同事来，他们的同学来，到家里，周末，我和我妹妹经常演出的。

曹：真的？

丁：经常演出，一拉幕还有报幕的。我妈妈因为教书，她当班主任，又习惯组织这种事情。家里说过两天，周末谁谁来，哪个阿姨或者哪个叔叔来，咱们要排一个节目，给人演一演，你们要准备，我们就准备。那个时候有样板戏，我妹妹那时候站在凳子上，打着电筒，拿着追光。然后我穿着父母的衣服，在那里面就瞎演。

曹：演什么？

丁："杨子荣""李玉和"，都来，热闹，怎么热闹怎么来。各方面都像看电影，接受的这种东西就是对我影响挺大的。从小就有这个想法，

早年丁勇岱

觉得英雄不得了。小时候我们看的书，看的都是这个东西。你从骨子里就知道，这个少年这么厉害，"雨来"可以这样，小英雄"雨来"。再看看"小兵张嘎"，你都觉得时刻要把自己划到那个上边去。

曹：您记得小时候看过的电影，有哪几部是印象深刻的？

丁：印象深刻的，最早像朝鲜的也有，阿尔巴尼亚的多一些，《海岸风雷》《地下游击队》《宁死不屈》，这些印象比较深。

曹：所以那个时候有一个演员的梦。

丁：那个时候有过想法。像我上中学的时候，我们那个时候的老师都是北京知青，有一个教美术的老师，经常把我叫过去，叫我给他当模特，我坐那儿，他画。他怕我坐不住，就跟我聊天，边画边聊天。他经常跟我说，他哥哥是演电影的。那个时候一听，演电影不得了，我要能当个电影演员也好，谁能演电影那太了不得了。但是也就是想，一种想法。初二的时候学校，那个时候叫文艺队，宣传队的老师，有一次突然把我叫过来，让我演出。我说我不会。他说我找人教你。他叫那些女生，文艺队的来教我，就教我跳一个新疆舞。这是我第一次登台，一演，反应很强烈。突然觉得，还可以干这个呢！就一下跟小的时候，给别人演出的时候，在家里妈妈搞的这个东西突然觉得……

曹：两者有一个连接。

丁：有一个连接了。后来当地歌剧团排一个歌剧，就说找一个小孩，又发现了我，又把我给找去了，我就帮着人演出。后来我爸爸回来了，回来一看到，说，你怎么去

演出去了？怎么不上学了呢？那个时候我就说，上班了多好？剧团的也说了，你儿子现在就可以到这儿来上班了，每个月我们可以给他开工资，可以把他招收，慢慢就转正，成为正式的。我爸爸说，那怎么可以，他现在还在上学，不能再演了。就把我领回来了。

曹：掐断了你的艺术之路。

丁：就给掐断了。其实我父亲是搞工科的，他一直希望家里的男孩继承他这个专业。后来没想到，我妹妹去学了工科了。

曹：您刚才说到做过不同工种的工人，其中有一个您刚才提到，筛沙工。可能今天的孩子们都不太理解，什么叫作筛沙工。

丁：筛沙子就是这么一个大筛子，很多石块什么的。

曹：我小的时候还看到过。

丁：对，完了这个计件，把这个石头倒走，这两筐石头，一筐一毛一，你可以计件。

曹：你一天要筛多少筐？

丁：我基本是混子，筛沙子那些人都说，你到这来干吗呢？这不受罪嘛，这个孩子。这算我第一次真正走进了社会，到广阔的社会当中，你突然看到有残酷的、有温暖的……应该说，筛沙子虽然不算时间长，但是在我整个一生当中可能留下了很多回忆。

曹：您看到哪些温暖的东西，或哪些残酷的东西？

丁：这里面有很多是犯人。他们出狱，判刑出狱以后，也到这儿来打工挣钱，养家。接触当中你就觉得，他们也不是你想象当中的那样，有的时候还挺照顾人的。像我干活的时候，有时候他说歇着吧，你们家也不缺钱，你在这儿休息吧。他们是真的，人家是计件，真的来干。你看我这道疤，因为这个疤，使得一场"大仗"没有发生。因为他们之间打架，群殴，砖头就乱飞，一个小空间。这个当中突然一下可能蹦到谁身上，蹦到我这儿了，你看这个疤还在这儿，流血了。那个时候他们打得很厉害，突然有一个人，我都忘了是谁喊的，说"别打了，这孩子脑袋破了"。全停了。一下两方的人抱着我，因为在荒郊野外，两方人一下就没有说再打架的了，抱着我到了一个兽医站。到那儿，我记得特清楚，那个医生还说，这个口子挺大的，我给你缝一下。当时听着挺难受的，我马上说，别给我缝。他说为什么？不缝不行，流血。我说我将来还要当演员呢。他们都笑了，这帮筛沙子的人说，这孩子疯了，这孩子说将来他还要当演员。

曹：打疯了。

丁：就是你在心里面一直想的一个事。其实我每天筛沙子，经常自己坐在铁轨上也好，看着火车也好，跟他们在一块儿看他们筛沙子也好，我总把这些想成一个电影，总跟哪个电影就结合起来。

曹：冥冥当中您就该演《南来北往》，演"马魁"。

丁：后来是怎么着，伤了就不能再出工了，这些人来看我来了。我爸爸一看，这都什么人？他们走了，我还跟我爸爸说，那个是蹲过监狱的，那个是怎么的。我爸爸，"啊？"

曹：紧张坏了。

丁：他说你不要再去了。从此不让我去了，我就从那儿慢慢撤出来。最后我还去跟他们告了一次别，他们说，行了孩子。那时候你觉得挺温暖，突然跟他们挺难舍的。所以演"马魁"，突然就想到他们了。

曹：所以我在想，如果那些人能够看到你演的"马魁"这样的人物，他们会觉得很有意思，当年那就一小屁孩。

丁：对，应该是。他不会想到，我们当时有一个人就跑来干这个了，不可能吧。

曹：而且干出名堂了。现在想想这些都是营养。

丁：也都是经历。但是当时确实，我觉得，我也挺佩服我自己的，挺坚强的，我那时候真的挺过来了。

曹：我听说当时您决定去上内蒙古的艺术学校的时候，您的师傅就跟您说，"你还是去吧"。他很鼓励您去，"这不是你待的地儿"。

丁：对，那个时候在工厂挺有意思的，因为什么呢？那都是集体宿舍。那时候确实挺爱捣乱的，我这个床头就有一个老头，八级工。特别像《人世间》，其实"周志刚"我很大程度是按照他演的。

那时候在武汉都有蚊帐，他姓白，我管他叫"老白头"。我睡在这儿，他睡在那儿。我那时候很爱捣乱，不好好上班，他也看不惯我。他女儿每天来给他送饭，有时候爱跟我说个话，小丁，小丁怎么怎么着。他和他女儿说，你不要理他，那是个浪荡公子。

曹：他管你叫浪荡公子。

丁：他一见我妈妈，那时候总说，庄老师，你看你那儿子，天天的不好好干活。总是告状，我妈妈总批评我，我就特恨他，你知道吧。我记得特别有意思，有一次是他立功了，那个段长还找我，就说，小丁，这样的，我们白师傅现在得了先进了，他明天开会的时候要发言，你到时候给白师傅戴个大红花。我说好，明白。"老白头"晚

早年丁勇岱

上在那儿，我就看着他在写，认真地……

曹： 写发言稿?

丁： 对，写发言稿。第二天，其实我也不是故意的，也是紧张了。后来他发言，最后发言之前有个戴花环节。我就去给他戴花，这不我就往这儿别。他还小声说，发言稿。我一听发言稿，那肯定在这个兜里。其实我也紧张了，我就说别说了，插上得了。就把这个包，就把这个衣服给别住了，一会儿该他发言了，他这个花在上面，他打不开，他就很生气。最后把花拿下来了，把这个发言稿拿出来。完了我就挺高兴，好，挺幸灾乐祸。结果他晚上回来跟我发火，找我麻烦。一直挺看不惯我的，跟我说话没好气。这样一个老头，挺倔强的。

后来我不是考学了吗? 跟他们告别去了，我说我现在开始离开这儿了。后来他说，你快滚一边儿去吧，我都烦死了。但当我真走的那个时候，去搬行李的时候，他在那儿，我记得还抽着烟。在那儿跟我说，其实你在这儿也不合适，你回去可能你干你喜欢的事比这儿好，你这小孩其实还挺好。

曹： 突然觉得，我这几年总气你，我这有点对不起你了。

曹： 这话听着还很温暖。

丁： 对，你就觉得那代人，他对你的爱和喜欢，其实他不是流于外表的。

曹： 对。

丁： 其实你回头招手那一刹那，你看他还在门口那儿，看很多工人跟你告别，看你的时候，你就觉得哎呀，自己的一段经历又过去了。就像跟筛沙子的人告别一样，可能无数次叫你感动。那很伤感，我好多泪是这样流的。

在戏剧、电影相伴成长的岁月中，已经当上一名工人的丁勇岱，似乎尚未意识到表演对于自己的意义。然而兜兜转转之间，艺术之门随着院校恢复招生而开启。1980年，他如愿考入内蒙古艺术学院，从此站上舞台，开启自己的演艺生涯。

曹： 后来是一个什么样的缘由、机缘会去考艺术学校?

丁：小的时候不是帮人演过歌剧嘛！后来有个老师姓张，他就说，当年帮着演出的那个孩子现在在哪儿呢？长大了吧？

曹：人想起你来了。

丁：想起来了。但是他知道我住这个楼、这片儿。

曹：不知道你具体住哪个屋子。

丁：对，特别巧，好像命运就是该这样的。有一天我就在外边买东西，他正好骑车过来。他说，小丁，我一直在找你，你现在干什么？我说当工人。他说你怎么当工人了？我说我当了好几年了。他说现在招生，你看当年给你排戏的导演，叔叔阿姨都想起你了，你现在果然长大了，你现在变化挺大，你不想去考？怎么怎么的。我说我想考，但我不懂。他说那你去啊。后来，这不我妈妈总去剧团看戏嘛，我妈妈学校里有北京知青的老师，他们去内蒙古教书，也当老师了，就把我介绍给一个老师去看一看，说这个孩子他喜欢这个。

曹：看看能不能成才。

丁：我爸爸说坚决不能干这个，我妈妈说，他喜欢什么干什么。最后我妈妈从武汉专门回来，带着我去见这个老师。老师一看你还是具备这个条件的，后来就说，做过什么没做过什么。老师说这挺好的，一张白纸，没有这么多毛病。完了就从零开始教教你吧。可能在工厂待惯了，初试的时候去了，人家老师给你辅导得很好，结果那天一激动，发挥了。发挥了老师还挺生气，说你今天抽风了吗？打了鸡血了？你见了人怎么这么兴奋？表演过火了，你这个没法搞。后来我妈妈回来严格地对我进行了辅导。我妈妈在小品上真是帮了我很多，叫我去打酱油，在家里说你给我演个打酱油吧，一开始怎么演都不像。我妈妈说，把酱油倒了，拿瓶子，去，到对面那商店去打酱油。打回来以后再演一遍，还不像，又倒了，再去。倒了两瓶酱油。那个时候其实还是物资挺匮乏的，就为了教我学小品。

曹：浪费了两瓶酱油。

丁：两瓶酱油，说你再做不好还要倒。后来真的好好做，其实就是不懂，确实不懂。妈妈挺严格的，我的朗诵，妈妈拿着字典，这个不对，这个不对，慢慢纠正，后来去考学。

曹：所以妈妈眼力独到。

丁：没有她也从事不了这个。

曹：您还记得从学校毕业，分到内蒙古话剧团，锤炼了多久之后，能够在舞台上演一个看起来比较像样的角色？有点人物性格，有点台词的？

丁勇岱与萨日娜

丁：我在学校演出运气就挺好，你看当时的话剧《悉尼喇嘛》，就演"悉尼喇嘛"了，实习剧目。完了演的《拳王》，里面演的就是很有个性的人物了。毕业分到话剧团，一直也参演，都担任比较好的角色。主要转变还是在《北京的专家》，其实那个剧本是萨日娜的妈妈写的，萨日娜的妈妈和爸爸是我们剧院的，爸爸妈妈都是演员。

曹：对。

丁：但是她妈妈后来自己写剧本，爸爸也导戏。我进团的时候萨日娜才10岁，小孩呢。叫我勇岱哥哥，每天跟着我们玩呢。结果有一天没想到，我们俩还演……

曹：两口子。

丁：其实她比我小很多，她很小。是一个老旦角色，她属于这样一个角色。

曹：你们俩演得特别默契。

丁：可能没有陌生感。《北京的专家》之后，演萨日娜妈妈写的另一个剧本，叫《天地人》，是内蒙古的一个真事。演的一个数学家，他攻克了世界级的数学难题。我特别有运气，一开始团里送的演这个数学家的不是我。因为那时候觉得我小，团里推荐了三个年龄比较大的演员。后来王贵导演一来，他就否定了。他说，我想重新选一个。我们每个人准备片段给导演演，给他们，演完以后就把我挑上男一号，说你来。

这个对我在各方面都是一个飞跃的机会，首先他的观念，你跟他排练突然觉得，戏剧可以这么演吗？原来我们是那样传统的话剧，在这儿一直演了这么多年，他突然教你可以这样演，你可以无实物地演戏，无实物地在这儿表演。我们整个戏都是无实物的，假装，吃饭也是无实物的，包括开门，自己有个声效。都是这样的，这样演了一个数学家的人物传记的话剧。关键他的手法、观念各方面都比较新。通过这一次你就觉得，他给你注入了很多新的东西。后来王贵导演，还有边兰星离开内蒙古的时候还跟我说，你应该到外边去走走。他们把我专门带到北京去，领我去见林兆华这些导演，就看话剧。还真就是他们介绍我拍了第一个电视剧。

本来是按照男二号去的，结果晚上人家那边就变了，我跟那个男一号还住一个屋。后来把他叫出去，一会儿他回来，说叫你去。他们说，我们现在商量以后，决定让你来演男一号。这样我就演了。

曹：所以你们互换一下。

丁：我的第一个电视剧就是演男主角。

曹：可能您"触电"之后，大家最初印象比较深的是一个反派人物。"白宝山"，是吧？

丁："白宝山"，对。2000年，陈国军导演拍一个纪实性的片子，都是原型人物，很多是原型人物演的，实地拍摄的。前边有两个演员演过了，演了很长时间。后来可能觉得各方面都不太合适，因为那个原型身高比较高，有1米84，我身高不够的。后来那两个达标的，身高都符合，其他也符合，可能各方面原因，最后就换掉了，换掉了突然找到我来了。

那个戏有一个特点，就是没有剧本。是按自述拍的，一个自述很重要的，还有一个报告文学，这样拍的。主要是以他自述为主，犯人的自述。我看了以后，我觉得这对演员来说，真的是一个太难得的机会。它是按纪录片拍的，又这么多非职业演员跟你在一起合作。

我头几天刚一去演就觉得不对，因为他们都不演，只有你一个人演，就跟个傻瓜一样。你知道，我刚去的时候就觉得，我自己是专业的，我还挺瞧不起他们的。犯人，来吧，演吧，没问题。后来有一天，导演陈国军就挖苦我，说你是不是觉得你自己帅？我说，这没有什么错误吧？我还反驳，跟他辩论了半天。他说真的，你看，大家都那么演，你每天在这儿整这个事，感觉自己怎么样，实际上你跟他们都格格不入。这个话挺难听的，但是你突然觉得这个里面有很中肯的东西。后来他说，你把心沉下来，认真整这个角色。他说你看，跟你合作的这些演员都是原型，还有非职业的，我们有的时候不管你是哪个学院毕业的，他说你真的应该好好学习，养分在这儿。他们是真的，可能会把你的观念扭转很多。

曹：所以那个角色是不是对您表演理念的改变起了很大的作用？

丁：陈国军叫"非职业演员"，其实就是那些犯人，也站在旁边，他们还经常插嘴，说演得不像。陈国军就说，去，给他讲讲。他们就过来给我讲戏。

曹：真的？

丁：当然人家说得很简单，表达是那样说的。你这个不像，生活当中他们叫"山子哥"，那犯人还说，"山子哥"在监狱，他们关在同一个号里。不是你这么说话的，他是那样说的，当时怎么怎么。他给你演一遍，情景再现了。突然觉得，这个太厉害了。

后来逐渐拍，拍了有快半个月了，陈国军有一天突然吃饭把我叫过去了，说公安

《琅琊榜》剧照

的人说你现在越来越像，加油！这时候我就特感激陈国军。

曹：这些年，其实您演了很多特别好的戏和角色，而且在每部戏当中，有很多非常优秀的年轻演员跟您合作，像您提到《琅琊榜》，胡歌是他们这一代里面最出挑的一个演员。

丁：《琅琊榜》是我第一次演皇帝，胡歌虽然年轻，但是人家那个时候已经出成绩了，已经是很有名气的一个演员了。

那场戏还是先拍的，先把这场戏拍了。拍的时候先拍的大殿，发疯，一切都疯完了。拍到大厅的时候，突然就觉得这孩子，他带给你的东西特伤感，一下就好像想到自己很多那种特脆弱的时候。那一刹那瞅他眼睛，突然有点舍不得。可能我们俩当时都入戏太深了，突然我有点受不了了。

这个全景拍完以后，那个执行导演还过来说，皇上哪儿能跪呀？后来我说，这时候还是皇上吗？我说这孩子13年前，我外甥、妹妹都死掉了，这孩子活着回来了，我又让他去死，我说你觉得我这舅舅不伤感吗？他就算再是暴君，也是有点人味的吧？后来我说这样，你跟导演建议一下吧，我们不行就两条。拍一条我这个，完了按剧本来一条吧，就这样。

后来孔笙导演，这条拍完近景，他就直接过来说，行了，就这条了，就要这个了，不拍第二个方案，就这一个，这个就保留下来了。

2023年，在第28届上海电视节颁奖典礼上，丁勇岱凭借《人世间》里"周志刚"这一角色，一举斩获白玉兰奖最佳男配角奖。舞台上的"老父亲"感慨万千，而几位"周家人"的共同见证，也让这份荣誉仿佛重临片场，更添一份"家"的温馨。

曹：我知道在《人世间》当中，您演的"周志刚"最后临终的时候，原来这个剧本的处理相对比较简单一些。

丁：对。

曹：就包括雷佳音演的这个"秉昆"和您说，您觉得我们仨孩子最喜欢谁？那几个插话据说都是即兴的，大家是真听真看真反应。

丁：那段戏按剧本写的，是最后都累了，睡觉。

曹：休息吧。

丁：睡吧，就结束了，他自己看着，慢慢就离开，第二天这个父亲就没了，是这样一个过程。李路导演也很有经验，没有喊停。雷佳音就抓住了这样的机会。如果他不问，这个桥段是不会产生的。导演没喊停，他就问了，爸，咱们家你最喜欢谁呀？我也就是说，说一句，没

《人世间》剧照

停就说一句，你们三个我喜欢。后来他说，不行，你只能选一个，你说谁吧？他接着问。我一看这事大了。

曹：就接着编吧。

丁：我还想给他绝了呢，我就说，你这是给爸爸高考，你个坏蛋。我以为打住就得了，他没完了，他继续。说不行，你必须给说。

曹：而且你们那几个人，这几段词严丝合缝，按照北方说相声的说法，就是不洒汤不漏水。

丁：对。后来都说完了，脑子里突然觉得，这一晚上，是跟孩子最后的一个话了，你一下子眼泪止不住的。憋着，不能那么哗哗地流，控着，憋着。那真是说笑里面露着伤感，自己都受不了。所以我就说，同台对手的重要性，他就能给你刺激得达到这种程度。我就觉得，跟好的演员在一起演戏是一种享受，是一种学习。

曹：这次在《南来北往》当中，也有几位很优秀的年轻演员，白敬亭、金晨。这次您觉得里面跟年轻人碰撞、互动，有一些什么样有意思的回味？

丁：他们各不一样，其实每次跟年轻演员在一起合作，他们比雷佳音、胡歌更小了一些。你从他们身上也可学到不少东西，对我来说也是补充。因为我们接触的，毕竟是过去那些戏剧上的东西，老的那种表演，一板一眼的，可能更多是面面俱到一些。他们可能是随心所欲，更随意一些的。你跟他们一起就有活力，而且你从他们身上能感受到一种特别有朝气的东西。你跟他们在一起拍戏，你觉得你一下子也年轻了很多，大家能带给你很多这种东西。

我觉得跟年轻人在一起，确实让我更有活力。很多幽默的东西，像跟白敬亭，跟金晨，这两个孩子本身都挺幽默，金晨就更幽默。胡可，她也是挺幽默的。他能刺激你，你就觉得这是一个父亲、一个父辈，一个师傅，他能给你刺激成这样，就说你觉得我跟他说话应该怎么怎么讲。一来一往的，我觉得这都跟他们对我的刺激分不开，

丁勇岱与曹可凡

挺棒的，我觉得是一个学习和补充的过程。

曹： 您演了这么多年的戏，在您的心目当中，一个好演员的标准是什么？

丁： 好演员的标准就是，戏是演给观众看的，对吧？心里面能有观众。经过自己的理解和诠释，能把它很好地呈现给观众，得到观众的认可、接受，直到能称赞你。就是他心里时刻有我为观众去演戏，我要表达我自己的，能够最准确地表达自己的对角色的认识，能够在心里面时刻装着观众。要不然你要没有这个，可能是不对的，你光自己演得很过瘾是不对的。你像我们很多老艺术家，一出来都很精彩，他一定是心里有观众的吧。

生活是最好的老师——金士杰专访

他是经典舞台剧《暗恋桃花源》的第一代男主角，被誉为"永远的江滨柳"；也是电影《绣春刀》中的大反派"魏忠贤"，一个眼神就能令人毛骨悚然，不寒而栗。从艺四十多年，他凭借千人千面的"剧抛式"演技，在舞台、银幕和荧屏之间游刃有余地游走，他就是老戏骨金士杰。近年来，金士杰在影视剧中多

金士杰做客《可凡倾听》

有客串演出，虽戏份不多却各有亮点，其中一些桥段更是被奉为教科书式的表演，在网上广为流传。

曹： 跟不少热爱表演的朋友聊起您，他们都会提到您的两段戏。第一段是《剩者为王》当中的一段五分钟的独白，还有一段是《征婚启事》里头，您跟刘若英的那段自我表白。这种长时间的独白，其实对于演员来说，是一个极大的考验。

金： 我们年轻起步的时候，进话剧这个圈的头几堂课，老师就会强调一件事情，就是你的嘴巴永远不要说台词，只准说话。没有台词这件事情，你不要给他逮着。于是我们就上那些课，就说话，随便说生活里的一句话。老师就会告诉你说，你这句话不是话，你在跟谁说？你看到谁了？你现在在哪里？什么心情？你为什么要跟他说？跟他说完之后你希望什么？所有状况都讲清楚。要你真的置身现场，把细节条件讲清楚，你再说一次那个话，你再说说看。当你说中的时候，老师就点头了。你没有说中的时候，老师说不对，你还得说。别人写给你的话，你自以为是台词的话，听不到你生活里的原样。当你说中的时候，不但老师点头，旁边围观的那些孩子们、那些学生也一起点头。你当下就发现，原来真假是可以辨别的，不是我稍微马虎点可以过得了的，

真相好清楚。那么你刚提到的两个片子，其实就是面对着这样的功课。《剩者为王》在开拍之前的三四个月吧，我就已经先拿到剧本。我一读到那一段就知道，来事了。因为显然编剧跟导演在那个结尾预备给个重拳，前面都按兵不动，所以结尾这个句点下得非常有力气，而且是很致命的一个东西，我不能辜负那个东西。可是，我的老天爷，我在那段时间，除了把它背下来以外，就一直寻找它的脉络。这里面有很多句子，对我来说是过不了关的，因为它是文字，它不是话。可是我又不愿意轻易更改人家的句子，我就照它那个句子说，可是怎么说都跑不掉那种文艺腔。没办法，逃不过自己心理的审判。之后就是一步一步，常常在生活当中，突然一不小心，自己拍腿一下，找到了，我突然从别人身上，或者是某一个画面经过的时候，有个句子得到解套了。真的一小步一小步跨过来的，一直到开拍前一个晚上，我还在温习最后的功课。我几乎百分之八九十都过关了，剩下那一点，没关系，字就字吧，句就句吧，我就自然地演就可以。《征婚启事》就更绝了，导演陈国富跟我是老朋友，整个戏他想用仿纪录片的形式拍。因此，那个剧中百分之七八十的演员都是非专业演员。开拍前一天晚上，我把我要讲的东西约略想好，不能想多，因为我希望更多的是现场发生的一些东西。我怕把字句组合干净了，一讲出来就失真。我只当这件事情是真的。虽然我认得刘若英，但在剧中，我的角色不应该认得她。于是就当成求婚，当成认真地自我推荐，一切尽可能往真实去靠。

曹： 那个表演看似磕磕巴巴，实际上有一定的内在的心理逻辑在里面。

金： 一定要有，要不然把你摆那儿干吗？我有目的，来求婚。负面条件也有，我的自卑，我很想表现的、炫耀的，以及我对她起心动念到什么程度，以及我这个人这一生怎么走过来的，等等。这一切事情在进行当中，一直每分每秒地在发生。好玩极了。

曹： 精彩。这两段我反复看，每一次看都会有新的理解。

金： 我也觉得那是很值得的，假如我去教学的话，我会把类似的功课拿出来给学生看。

曹： 赖声川导演曾经说过一段话，大致的意思是，如果表扬一个演员很有演技，实际上是带有一些贬损的意思。这意味着这个演员他没有调动他的真情实感，而是用经验和技巧完成了这样的一场戏。

金： 演员常常会到生活里做功课，也就是说，在生活里再度观察生活里的自己，生活里周遭的每一个亲人、朋友，他们的每一言每一行。常常发现，好像剧本都不是这样写的。真的在动情的时候，在欢笑的时候，在堕落的时候，在诅咒别人的时候，在那里哭泣的时候，他们是怎么做的？在生活里是怎么做的？是舞台上我的那些东西吗？那些东西是不是可以被推翻，重新再来设计？我觉得可能是这些东西。生活一再向我们招手，但是我们常常忘记它。我习惯用这种方式来呈现我的沉思，用这种方式呈现我的阴谋，用那种方式，身体前倾或者是什么，来表现我对你的什么态度。那些习以为常的东西，久而久之它会成为一种制式。光讲一个哭泣，生活里面真的状态，你去看，你自己去看，你爸爸、你妈妈、你的弟弟妹妹，以及你自己上一次，你的哭泣是什么状态？是跟舞台上的谁像吗？答案是绝不像，绝不像。可是我们在舞台上哭泣，通常我们会归纳出几种方式，怎么样擦

《父亲》剧照

眼泪，怎么样的情况使那个泪下来，以及什么时候眼眶变红，什么时候鼻孔呼吸困难……但是在生活里头，答案仍然不是这样的。那个很好的老师躲在生活里头，还在跟我们招手。

曹：每一次的哭泣、每一次的微笑，其实都是一个很独特的部分。

金：对，每次，生活在某些瞬间使我恍然大悟，原来这个表情是这样的，可是我在台上不是这样演的。作为演员，开心的事情就是，生活那个老师始终没走开过，就是看你要不要去跟它握手。

　　最近一个多月以来，金士杰常驻上海，因为他接演了一部全新的舞台剧作品，那就是与上海话剧艺术中心合作的《父亲》。剧中，金士杰饰演"父亲"一角，这是一位患有阿尔茨海默病的老人，于他而言，熟悉的事物在不断消失，亲近的人正变得陌生，记忆与时间逐渐混乱，不知道自己身在何处。这样一个角色，很容易让人联想起金士杰此前主演的另一部话剧，《最后14堂星期二的课》。通过惟妙惟肖又不着痕迹的表演，金士杰将"渐冻症"患者的生活状态和心理状态刻画得入木三分。

曹：这次您来上海演话剧《父亲》，要演一个阿尔茨海默病的患者。您怎么去跟角色进行对话？然后去捕捉这个人物的生活状态，他的心理特质？

金： 该做的功课必须做，比方说生活周遭有这样的朋友，或者有认识这样的人的人，就把那个记忆给赶快找起来，甚至有机会的话可以再问一下相关的朋友，提一些问题。包含一些纪录片，或者是一些文字梳理的东西，他们怎么样谈论失忆症，怎么样谈论阿尔茨海默病，它们的差别是什么……有一个东西要注意，这个戏在第一页就写了一个东西，它叫作悲喜剧。中间有个"喜"这个字，它如果只是悲剧，我们就有点就事论事，哪里痛往哪里找那个话去。"喜"这个字有点意思，它干吗要"喜"这个字呢？其实你读剧本的时候就会发现，有很多喜剧的文字策略在里头。有的地方喜得简直有点荒唐。这个例子有点像这些年之间我一直在扮演的一个角色，那部话剧叫作《最后 14 堂星期二的课》，我演那个"渐冻症"的老头。而结果确实是在一个以死亡为主题的剧场里，从头到尾，我们听见观众的笑声不绝于耳，从头到尾。那个老头病恹恹的，很多地方观众都会掉眼泪，会伤痛，会立刻联想到自己身边的长者的一些故事，联想过去。好多人在那边长吁短叹，但笑声是憋不住的。我很喜欢那样的经验，觉得那个笑声解放了那个剧场。解放了什么事情呢？解放了人对死亡的恐惧。《父亲》这个戏其实多多少少有点类似的气质，就是这个所谓的病床前，制造出病床边的一种笑声。观众会得到一个很残酷的翻篇，但也会得到很好笑的一种翻篇。我觉得这种荒唐感是剧作者非常期待的，也是我们表演者应该尽的责任。

曹： 其实这是您第一次跟一家陌生的戏剧机构合作。为什么会答应跟上海话剧艺术中心进行这样一次合作？

金： 我这个人的毛病，就是我年纪比较大才成家，孩子年纪就比一般同龄的人小，所以我离不开家，舍不得长时间见不到他们。我变成"客串大王"，到哪儿几天就走了，几天走了。剧组说，怎么看金老师刚来，过几天就送鲜花，全部人鼓掌，又走了。我就老干这样的事。这一回破例，因为上话这个单位有个"喻先生"，他在疫情前阶段就给我递出这个邀请，把剧本、邀请、诚意都递过来。但我就不想开这个先例，再加上有疫情当借口当然更容易。没想到疫情中间、后面，他又先后递出这个邀请。我心里想，人家这么赏脸，怎么说这个诚意是不应该这么潦草对待的。简单地说，后来竟然点头了，家里也开了会。心里想，爸爸要离开家那么长时间。小孩那边，你们都知道了，我这一走两个月，见不着我了，顶多就是视频。

曹： 视频一下。

金： 出门前情况其实很幼稚，该放多少衣服，都有那种很陌生的感觉。没干过这样的事，要准备这么多内衣裤、外衣裤。多长时间、什么季节，要带多少药，多少维他命，要带多少要看的书，带什么，真的像个土包子一样。然后就来了。

曹：您跟田水排练了一段时间，什么感觉？

金：刚开始觉得她说话速度很快。

曹：对。

金：我说生活里头，我通常对说话快的人，都会稍微往后退一步，等到适当的时机我才会插嘴，要不然我只是听，这是我的习惯，也没什么好坏。但后来我发现，她快的那个话语的背后有一个很老实、很乖，甚至有一点甜甜的、懂事的一个老实人的心肠。那个被我读到的时候，我就开始跟她亲切起来了。亲切到我会用手碰她的肩膀，或者开她一个玩笑。

《父亲》剧照

曹：上海话剧艺术中心的工作人员都比较年轻，所以在您跟他们合作的过程当中，是不是有时候也会想起自己刚刚在台湾开拓自己的剧场事业的时候的那种朝气。

金：会有的。

曹：那种冲劲。

金：刚开始年轻，推开戏剧的门的第一步，那个时候的我真的是，体能上也很好，以及对戏剧的胃口大得很。那个时候野心十足，对戏剧的欲望好烫、好热。

　　1951年，金士杰出生于屏东眷村，父亲曾是一名空军飞行员。金士杰从小个性有些叛逆，往往不走寻常路，为了躲避联考的压力，中学毕业后，他选择了屏东农专畜牧科，养过猪，当过兽医，而从小就有的那份对文学和艺术的向往，被暂时封存在心底，蠢蠢欲动地等待着。

曹：您现在回想起来，眷村是一个什么样的生活状态？

金：怎么讲，我们读书一路走来都一直在一起，我们那个村子是空军眷村，我父亲是空军。那个村子的人都讲四川话，我们从小都以四川话来往。到上小学的时候，老师纠正我们，不准我们说四川话，我们一起拿起书本，第一课，开学了。老师说，小朋友。老师说，不可以，我们必须……不能讲。下课讲话是可以讲，现在年纪一把了，在马路上碰到也是，人家说，昨天在电视上看到你，最近好不好啊？我们常常在对方家吃饭。

曹： 吃百家饭。

金： 对，很自在，大家都很调皮、很开放，玩在一起，打滚打在一起，那个交情非常好，年纪很大了我们还是很亲密的一个状态。

曹： 您小时候算是一个很叛逆的人吗？

金： 在父母亲面前应该算是还可以，但我心里面知道，某种程度上我是叛逆的。思想上知道有，可是我的行为大体上来说是合乎规矩的。

曹： 比如说您已经去学了畜牧业的专业，做了兽医，那时候突然想到要去台北闯荡，而且去做那种看似虚无缥缈的文化艺术。

金： 也是那个阶段，就是所谓的叛逆，终于藏不住了。因为我决定，离开约定俗成的那个制式的生活，我想离开那个轨道。

曹： 当时您爸爸在高雄工作，所以离开屏东之前，专门去高雄跟父亲作一个辞别。

金： 因为前面都循规蹈矩的一个孩子，突然翻牌了，老人家其实有点惊讶。平常乖乖的孩子，怎么突然扛了个行李跟我说，要去台北。他说你去台北干吗？我要讲也讲不清楚，我说我要去做我想做的事。他更听不懂，说你想做的事是什么？他怎么问我也讲不清。我说伟大的事。我以为我要去做黑泽明，那时候读了很多电影方面的书、艺术方面的书。爸爸听不懂，只知道这孩子翅膀硬了。又不愿意太压抑我，就从口袋里面掏现成的一些钱或者是电话号码，说到台北可以联系的长辈、亲戚什么的，吃住方面看看有没有谁可以帮助你什么的。他也不知道这个对话要怎么继续下去，他就去上洗手间，我就看着他这样走去，确实很像朱自清的《背影》。看他走去，我猜他为什么去洗手间，好像也没有猜错，因为他回来的时候这边是红红的，

青年金士杰

好像洗过脸。我在那个情况下改变主意，决定不去台北了。我还以为我要做的事情是对这个世界上的人一种很伟大的事业，济世救人的什么。现在感觉是个屁事，我连自己的爸爸都照顾不了，打击了他。我在想我是不是做错了，我怎么把这个人伤成这样子？我当下就有一种很大的矛盾，就立刻说，我回家待着，我不去了。行李一扛，又回家了。在家里面待了一段时间，顺着爸爸他们的意又在农场工作了一段时间，大概一年之后，再度出发的时候，我又要去了。长大以后也常常会想，身为父亲，总会面对下一个年代的孩子要长大这件事情。你何以面对？你们如何交流？当你们语言不通的时候要怎么办？我的肩膀够宽吗？我的胸怀够大吗？不知道，但是父亲提供了我一个美丽的画面。

经历过一次半途而废的出走，一年后，金士杰终究还是离乡背井，独自去了台北闯荡。1979 年，28 岁的金士杰与一班志同道合的朋友共同创立"兰陵剧坊"，这也是台湾第一个实验剧团。当年的台湾几乎是戏剧荒漠，人们没有去剧场看戏的习惯。金士杰、李国修、李立群、顾宝明、赖声川这一批最早的戏剧开拓者，在物质方面都过得很艰苦，但因为有着丰满的戏剧理想和丰富的精神世界，他们活得自得其乐而又斗志昂扬。

曹：您现在回想起来，当时您跟李立群、顾宝明，你们这帮人刚开始做戏剧的时候，是一个什么样的状态？

金：有一天我在马路上走，台北的一个小道上，后面一辆运货的卡车从我旁边过去，一个急刹车，有人叫我，金宝。叫我外号，在马路上，好大声。一辆大卡车，司机探个脑袋跟我招手，我一看是李立群，开个货车送货。那个时候的我们都是"无产阶级"，没有进账，又完全不以为耻，甚至觉得饿肚子是常事，一点也不在乎。为什么不在乎？因为我们心中知道自己是有斤有两的人，不赚钱只是这会儿。我真想赚钱我可以赚得到，知道自己是那个斤两，只是都是理想主义吧。我们忙着奔向理想的那个地方，顾不上赚钱。那些事……

曹：有信仰。

金：回头再说。所以常常饿肚子，不觉得怎么样。你能请我就吃，脸也不红，手也不短，拿来就吃。那个时候，李立群、顾宝明、李国修，我们都是那样的方式成长的。那个时候的台北，文化界的状态也是刚刚启动。文字、小说，文学方面已经启动一小段了，戏剧方面简直是沙漠，我们这些人手脚都有点痒。

曹：如果没有记错，大概那时候只有少数的一些艺术团体，比如说林怀民先生的"云门舞集"，或者一些京剧的团体。您创立了"兰陵剧坊"，这个在当时来说是一个创举，可能您在做这件事的时候并没有意识到，这件事对台湾的舞台艺术有多么重要。

金：刚来台北的第一个念头，其实是以为自己要去当黑泽明，但是电影是绝对要烧钱的。我后来发现舞台剧我可以做。

曹：相对好一些。

金：什么叫舞台剧？现在，此刻，你面对我，我就是在台上。反过来，你就是在台上。它是在客厅，在马路上，在任何空间可以立刻形成的。不要一毛钱，我从绝对穷人主义出发的观点来看待这个事情，那就解决了。实际上我们在"兰陵剧坊"第一天成立的时候，集合的人，每个人都穿得破破烂烂的，看起来很像丐帮。我认为的台北当时文艺圈的一些精英，被我一个一个弄出来。我们的第一出戏的灯光是什么？是人家家里面搬出来的打麻将的那个灯。我们穿的衣服是什么？是自己从家里找出来的运动裤。台上你看到的一切，没有花一毛钱。我就是要证明，我就是没有一毛钱，但我可以演戏。而且我那个戏跟你花了一千元、一万元的那个戏，效果是一样的，我一定会给你扎实的一拳。

曹：《荷珠新配》算是一炮而红。

金：对，因为那个戏非常荒唐好笑，观众真的有人笑得歪在那边。现在很多剧可能也有这种魅力，可是在那个年代，剧院是一个智商很低的空间，台上跟台下一般低。所以突然发现一个真正的事情，就是笑或者是一滴眼泪都吓人，这是真的吗？我在演的时候，看大家笑得歪歪倒倒，演的人更人来疯了，就更加……《荷珠新配》里的"荷珠"，那个"赵旺"，在台上就疯上加疯，那场戏都不肯演完了，就继续再疯下去。观众也享受到一种，在剧院里面可以放肆到这种程度，简直要跳起来，大声鼓掌、大声叫好，那种感觉，好释放。在当时是空前的，突然就有许多人闻风而来，就进到一个陌生的环境，叫剧场。

《荷珠新配》是 1980 年，金士杰根据传统京剧《荷珠配》改编而成的一出话剧，这部戏的成功，让"兰陵剧坊"名声大振，金士杰也因此成为台湾现代剧场的领军人物之一。1986 年，金士杰与赖声川合作，打造出此后几十年长演不衰的舞台剧《暗恋桃花源》。作为第一任男主角的扮演者，金士杰先后与丁乃竺、萧艾、林青霞等多位"云之凡"搭档过，是戏迷心目中不可替代的"首席江滨柳"。

曹：您还记得第一次跟赖声川见面，是一个什么样的状态？

金：第一次见面他没有留胡子，他长的是娃娃脸。

曹：是吗？因为我们现在看到的导演都是留着大胡子。

金：他那是装蒜，他第二次回来就留胡子了，我知道他已经在学校当教授、当老师，他那时候拿了博士学位。我一眼就看穿他的"阴谋"，就是掩饰他的娃娃脸，让人家觉得，人物！有胡子了。唬人的那是。但是他的脑袋瓜，他的大志当然是大家期许的。所以他第一次回来的时候，他看了我们的戏，看了我们的《荷珠新配》，就认识了我们这帮人，包含李国修，李立群几个。他正式把博士课程修完，带着他老婆丁乃竺一起回到台北落地，就来跟我们剧团进行了第一次合作。演了一出戏，叫作《摘星》，他发挥了他所谓的集体即兴创作。那个故事是描述一群有智力障碍的孩子的故事，我们就实地去采访，实地跟他们生活了一段时间，每天生活之后的那些心得、那些回忆的画面，在教室里面我们就开始交流。最后制作出一个赖声川式的集体创作作品，叫《摘星》。赖声川的这种即兴发展，就慢慢一步一步走。因为他跟我，跟李国修，跟李立群这些人都认识，他也走了下一步，很大的一步，就是很有商业魅力的一步，叫作《那一夜，我们说相声》。那个商业大门一开，乖乖，不论是对剧场熟的人，还是对剧场不熟的人，都买了一些录音带、录影带什么的，那个门就打开了。接下来他就正式出了《暗恋桃花源》这张牌。

曹：您不仅是"江滨柳"的第一任扮演者，其实您也是创作者之一。

金：那时候还在很早期，年轻的赖声川，很早的时候在他家里头排，他们小孩很小，一切都很年轻，好早以前的一个戏。那个时候的赖声川很倾向于从演员身上挖掘，他看到的这个演员身上现成的一种品质上的东西，挖去用，跟角色联合起来。不同的朋友给他不同的一些感受，他就直接在那个朋友身上"切一块肉"下来，跟他的角色揉在一块儿，因此，有时候几乎很难分辨，最后出来的那个角色到底是他本人还是那个角色。后来，第二代、第三代不同的"江滨柳""云之凡"出现，或者是"袁老板"或者"老陶"出现的时候，他们都是接棒的，接力赛，接棒的。有些台词要努力地、尽忠地起到对一个演员的传递功能。像第一代，我们几乎就是脱口而出，因为它跟我们自己生活的语言很像。

曹：说到《暗恋桃花源》，可能大家谈论最多的那个经典的版本，就是您跟林青霞的那个"江滨柳"和"云之凡"。

金：林青霞不是一个很漂亮的大美人吗？合作的时候，因为从舞台来讲她是初来乍到，我们在舞台上时间比较久，所以在跟她排戏的过程中，都尽量帮她配合，鼓励她，使她能够融入那个角色。但是真的上台了我发现，我以为自己是老大哥，自己在这个角色上面已经经营多时，已经比较资深，有扛住她的责任。后来我看她这个大美女在台上，美滋滋地从面前走过去，在秋千上坐着。我在台上一边演一边看，我心里面真的脱口而出，这不大美女吗？真的很美，走过去，也不故作什么，她就随便一扭身就坐在秋千上。那一扭我怎么做不出来呢？那就是美女才会做的事，人家从来就是这样的。当下有一种，我要警惕一点，别老顾着人家，人家在台上有她独到的魅力，那个状态是很吸眼球的，你自求多福。我也不能放松，反正她给我那么一种感觉。她在最后一场戏，把自己头发涂白了，敲门，出现在我病房门口，来探看我。即使岁月在她头上都已经涂满了白发，也出现皱纹，身体也没有那么直杆杆的，有点微微地曲，步态也稍微重一点地过来了。可是那个好看还是在那儿，某种奇怪的美人迟暮的那个东西，使我觉得她的生活应该过得还可以吧？上帝应该会对她偏心一点吧？是吧？有那种感觉。她说话的音质、气口，她在平常生活里面也属于中低音，不是高音的那种人，因此她在扮演老太太的时候，某些说话好像不怎么用力，就可以契合那个身份。我觉得很容易融进去。

在《暗恋桃花源》中，金士杰演绎了一段催人泪下的凄美爱情，而在现实生活中，他也曾有过相似的经历。早年他曾经有过一位相恋十年的女友，只因金士杰奉行独身主义，两人未能修成正果，而女友因病过早离世，更令他伤痛不已。直到年近花甲之时，金士杰才在另一段爱情的感召下打开心结、步入婚姻，并且拥有了一双龙凤胎儿女。

曹：我曾经读过您当年写给叶雯女士的《最后的情书》，里边有一句话特别打动我，而且我觉得感人至深。就是说，当你离开后的第二天早上，我突然感受到这个世界不甜了。很少有人会用这样的词来形容一种生活的状态。

金：生命必须要有这个甜，这个字，不可以没有，所以我觉得应该……由于你还想活下去，像每个人一样活下去，你就必须把这个字给找出来，一定要找出来。

曹：我在猜想，我一厢情愿地猜想，是不是一双儿女降生以后，那种生活的甜度顿时上升？

金：那肯定的，那是奇迹。

曹：您还说过一句很有趣的话，说作为一个父亲，有了孩子之后，突然对这个世界有一种痛痒感。

金：以前活得比较像哲学家，老站在云上思考人生。像是一个灵魂，没有身体的人。有了孩子，我就有了身体，突然能感觉到地心吸引力，能感觉到自己肚子在叫、在喊饿了的那件事情。小孩子稍微体温升高，我就发现自己乱了方寸，要赶快吃药，急得跟什么一样。一会儿去看一下几度，就这样。每晚睡觉，他们搁在旁边，摆在那儿，小身体躺在那儿，我就看着。都已经累得要命、眼睛都睁不开了，睡眠都欠得一塌糊涂，还不关灯，还在看，心里想，我再多看几秒也好。看什么？他们眼皮是怎么样闭起来的，小眼睛怎么这么好看，好像假的，一直看。无限神往，仿佛仙境，那个眼睛太美了，怎么这么美。许多这样的时刻。

金士杰全家

曹：您属于慈父还是严父？

金：第一阵线那个角色交给老婆，老婆比我严。反正我站二线，让老婆站一线，她出声了我就不出声。以前是你黑脸我就唱白脸，她好像有时候黑脸也演、白脸也演，那我有时候觉得，我的戏分不是很足。背了半天剧本，派不上用场。那就让她上，我静观其变，该我说我就说，不该我说我省事，不说。该我说了，好，来，该我说了。

曹：孩子们看您的戏会有什么反应？

金：看过，但通常我不会追问什么感觉，就像我爸爸妈妈来看我演那个《暗恋桃花源》，我演那个戏，心中是抱着很大的情怀的，献给我父母亲那一代。终于有一天，老人家来看戏了，我都蛮不好意思的。看完了，妈妈回去了。我看蛮晚了，打电话问，你看了没有？她说我看了。我不好意思直接说，就问，你有没有伤感？有没有掉泪？你觉得怎么样？她说不错啊。我说，怎么不错？她说很好笑。我心想，我在《暗恋》这个部分不是一个悲剧吗？《桃花源》那个好笑，你不能一个好笑把两缸子打翻。我说那你有没有看到我？她讲有看到。我问，怎么样？她说，还蛮好看的。我问不到我想问的，我就放弃。

曹：着急。

金士杰与曹可凡

金：我就放弃，别在那儿乱问，老人家。那我也不会追问我的孩子，我觉得你丢了一个苗，那个小苗在地上长成什么样你就让它长吧。我叫孩子来陪我背过台词，我说这一页对词，你帮我对一下，我讲话你接。他说好。对着对着，他说，不对，你少讲了一个什么。我说哦。于是他就产生了关心，下次再来对。他说你这次又讲错，你两次都不讲这个句子。我心想，他已经有责任感了。后来我还给他解释，这个角色为什么我会经常忘，是因为我们角色关系是什么。所以我就会顺便把角色关系也给他稍微讲一下。他就开始进一步关心，那故事后面会怎么样？后来我一看，他自己在那边看我后面的剧情呢。我想，好，勾起你的兴趣了，我已经得逞了，我所图的就是这个。至于他有没有鼓掌，他有没有喜欢，他有没有不喜欢，那是下一篇的事，我不关心了。

曹：您觉得演了这么多年戏，表演给您带来最大的享受是什么？

金：我很喜欢我自己身上的某种长不大的一种，或者拒绝长大的一种童趣。因此我能够用童趣来对待许多事情，包括我最喜欢的戏剧。应该是这个吧，我觉得假设我可以说我自己有一点沾沾自喜的话，就是"那块肉"我还留着。

曹：还是有自己心灵的一块，怎么讲？纯净之处。

金：甚至于反过来说，那种"不正经"是我喜欢的。就是别老正着看这个世界，歪着点看好一些。

曹："不正经"是一个特别可爱的个性。

金：平常我有时候给人家感觉我端端正正的，其实认识我稍微多一点的人，会蛮容易看到我那个比较歪头歪脑的东西。

曹：谢谢金老师，最后我们要祝话剧《父亲》大卖。

汲取生活的养分——何政军专访

2023 年，因为参演张艺谋导演的电影《坚如磐石》，何政军的身影又一次进入大众视野。翻开作品履历，其实他近年来仍一直活跃在电视、电影和话剧舞台上。为人低调谦逊的何政军，谈起此次与张艺谋导演的首度合作，依然记忆犹新，更透露出一丝独属于"老戏骨"的感怀激荡。

何政军做客《可凡倾听》

曹：政军兄，你好。

何：你好。

曹：我们俩其实同龄。

何：对。

曹：生日差一个月。

何：没错。我想我们都认识 30 多年了。

曹：对。你觉得拍过这么多戏，和不同的导演合作，和张艺谋导演合作，他的导演风格，你觉得他最大的不同是什么？

何：我是第一次和张艺谋导演合作，去了以后，没有合作过的，这种级别的导演……因为你们也合作过，去的时候，你不紧张是不可能的，对吧？但是看到那个氛围，你就不紧张了。真是作为演员，你想要的那种工作感觉，那种工作状态，在那里面演员会非常舒服。那个状态确实，导演很尊重演员，他给演员营造的那种创作氛围，让你感觉不会有很大压力。

曹：你和他在这个合作当中，有没有具体的事，可以和我们来分享的？

何：因为每场戏我们在过的时候，导演都是我们先演一遍，他马上让我们去他的帐篷里面给我们讲。他的一面墙都是镜头，他说这场戏是怎么怎么回事，我们心里也有谱了，应该怎么去表演。你的每一个位置，你都看得清清楚楚的，知道自己怎么回事，心里就有谱了。导演一说，你这个人物怎么回事，那个人物怎么回事，说得和这个人物非常符合。我们就觉得，反正除了自己的理解，按照导演的理解也是没有问题的。

曹：你们这班演员真的全是实力派。无论是张国立、你、许亚军、于和伟，包括再年轻一点的雷佳音，还有陈冲，我觉得个顶个的好。所以整个回忆起来，拍摄的过程当中，是不是你们之间的这种合作会特别默契，而且彼此会有很多火花？你和谁的戏多一点？

何：一开始是和许亚军，还有张国立哥、雷佳音，我们在一块儿的戏多一些，因为我们是公安局这块儿的。后来戏做了一些调整，和国立哥的戏就做了一些调整。我觉得演员经历了那么多年的滚打，碰到一起，都不需要怎么去太磨合，基本上出来的东西都差不多，都可以接得住。所以说在这个氛围里面，是很舒服的。

曹：平时拍戏之余，和几个伙伴们，你们有一些什么样的互动，或者聊得最多的话题是什么？

何：在现场还是聊戏，我拍的戏最多的都是晚上 10 点钟进现场，早上 8 点离开。

曹：每天夜戏。

何：对，百分之八十都是这样，所以说回去需要赶紧休息。

说起何政军，军人家庭出身的他，骨子里就带有一股子"劲"。他的大哥同样是军人，家中的气氛也更像是在部队，也许正是这养成了何政军严谨果敢的独特气质。因为这份血气方刚，当年的他毅然辞去了工业局绘图员的"铁饭碗"工作，转而整理好行李，远赴北京报考中央戏剧学院。

曹：我忘了是谁曾经说过一句话，说其实父子之间的关系，往往就是儿子的一生，他的成长是为了满足父亲的期许。出生在一个军人家庭，这种现象可能会更强烈一些，因为父亲作为一个军人，又是一个经历过战争的老兵，可能对自己孩子的成长的要求，和普通人就是不一样。你们家是不是也是这种情况？

何：我们家，父亲是一个老军人，真是个老军人，他是 1934 年参加的红四方面军，然后又过草地、过雪山，到了陕北，这样一个人。后来又一路解放兰州，进入新疆。他确实对我们的影响太大，但是父亲又不是很严厉的一个人，他是那种润物细无声的、和风细雨的那样一个父亲，打骂、体罚，绝对没有。

曹：没有的？

何：没有，都是很温和的。

曹：你们从小到大，在你们的眼中，父亲是一个什么样的人？

何：我眼中的父亲，那接近完美。因为我父亲有我的时候，已经 40 多岁了，就是我不知道他年轻时候什么样子，我的记忆就是从他 40 多岁开始的。

曹：他和你回忆过他年轻的时候吗？

何：回忆过，战争时期，我孩提时候他都说。因为我父亲有个特点，就是我们逢年过节给他买的新衣裳，他不存的，不像有的人压在箱底，然后再慢慢翻出来穿。他不，他马上就穿上，很快就穿上。为什么呢？在抗日战争的时候，他在 129 师新四旅，做侦察连连长。他们执行任务，要发三套衣裳，一套是百姓的衣裳，还有两套军装。他有一次执行任务，一出去，一个冷枪，他身边的战友倒地了。他就马上把他抱起来，那个人说了一句话就牺牲了。他就说，新发的衣服还没穿呢，就咽气了。从此以后，我父亲不存衣服了，有新衣服就穿，经历过这样一个生死。

曹：他觉得真的就是说明天和意外不知道哪一个先来。

何：对，所以说他的思想是很通透的，很看得开的。

曹：他对你职业的选择，会有一些什么样的想法？比如说那时候你还读书的时候，他有没有对你有一个期许？说政军，你长大之后，需要做点什么？

何：这个倒没有具体地去引导我做什么，他觉得当我走到一定的时候，你愿意做什么、觉得合适做什么就做什么。因为现在我看到网上有些文章，写我和我父亲的关系。没有这些事，没有，我父亲很尊重我的选择。

曹：父亲给你取这个名字，是应该有一点寓意的吧？

何：有。我们家一共五个孩子，我是最小的。

曹：你是最小？

何：对，老五。我们家的孩子，都是在军队里、兵营里出生的。他们的名字都和地方有关系，比如说我大哥，他是在北京出生的，就叫京军，何京军，北京的"京"。我二哥是在河北出生的，就是"冀"。

曹：冀军。

何：他取了个"冀"。我三哥也是在河北出生的，他取的就是"燕赵大

童年何政军

地"的那个"燕"。我姐姐也是在河北出生的,当时宣传白洋淀的雁翎队很有名,她就叫雁翎。唯独我的名字和地名没关系,1963年,当时军队有一个运动,叫突出政治,学雷锋。他就取了这个政治的"政"。

曹:你在做演员之前,其实是在当地做一个绘图员,可能现在年轻人已经不知道什么叫作绘图员了。

何:对,我是17岁就进入了……当时还有个中华人民共和国轻工业部。

曹:各地有轻工业局。

何:对,现在是没有轻工业部了。我进入的单位就是轻工业部成都设计院,部属的一个设计院。进去学了两年绘图,制图和绘图。就是工程师画好的图,我们去给它绘出来,包括描下来,然后去晒制。那会儿还没有电脑这一说。

曹:晒图。

何:对,晒图。

何:我们就做这个。然后简单的图纸我们画,复杂的我们给描下来。

曹:那个东西难吗?

何:也不难,其实,现在说起来也不难。但是没学过就难。

曹:在那个年代,这个工作应该算是"铁饭碗"。

何:"铁饭碗"。

曹:就是特别稳定。

何:对。当时我去考学的时候,有些一块儿的考友,说你做什么工作的?我说设计院绘图的。他们说那么好的工作,你还考什么戏剧学院?

曹:是不是内心还是有点文艺的火苗在蹿动?

何:有一定的这种感觉,主要是,还是想上学。因为那会儿,1982年,19岁,觉得自己还是该上上学。

曹:那个时候其实已恢复高考了。

何:恢复了。我是为什么呢?我十年的学校是在一个工厂的子弟校上的,高考的理想,真是要考理工科的,但是化学永远考不及格。考了两次高考,化学不及格。

曹:是化学阻碍了你?

何:就是到50多分,不到60分,上不去了,怎么也学不会,怪了。

曹:所以其实就是因为化学这块绊脚石,失去了一个上大学的机会。

何:对。

曹:那你为什么确定自己可以考表演呢?

何：也很怪，因为我哥是四川电视台的一个播音员，我姐姐是成都电台的播音员，后来是成都电视台的第一代主持人。

曹：真的？

何：对。我也没想往这边走，我就觉得工作很好。突然有一天，有了个发小到我家来了。我说你干吗？他说在你家住几天。我说干吗来了？他说我要考一个学校，叫中央戏剧学院。我说走走走，领你去省招办，那儿不是有一面墙，贴招生简章什么的。

曹：对。

何：我说咱们去找吧，一找找着了，就这个。但是你来早了，这离考试还有一段时间，我说你过半个月再来吧。后来他来了以后，他说我一个人不敢去。我说走，咱俩一块去，就这么着。

曹：你那伙伴考取了吗？

何：没有。

曹：人家冤不冤？

何：对。我是人生道路碰着贵人了，我去报名，碰到了谁呢？就是张筠英老师。

曹：瞿弦和老师的爱人。

何：瞿弦和老师的爱人，张筠英老师。我报名的时候，就在她那儿报的名。看她的眼神，那时候小，我说这老师是不是觉得我还行？

曹：看来你很有眼力。

何：很巧，初试就在她的手下。

曹：老师有什么表示吗？你觉得老师是认可你的？

何：她就说你回去好好准备，我说我什么也不会，我就这么来的，我说我不会。她说回去准备一下寓言。

曹：就讲一则寓言。

何：嗯。然后我一看榜上有我，我就去了。她来了？我说嗯。

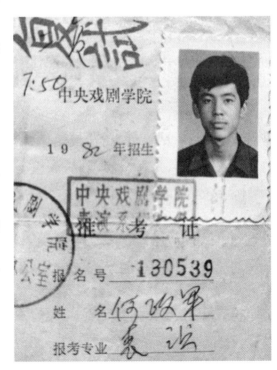

中戏学生证

她就说，来，寓言。我说我不会，没有。她说念段报纸总会吧？我说这个行。然后就这么着，我入学后才知道，老师告诉我，就她一个人力保我。

曹：是其他老师都觉得你不合适吗？

何：对，唯独张老师力保我。

曹：她的理由是什么呢？

何：她就觉得这孩子条件好，以后可以担任主角。

曹：那个时候就觉得你可以担任主角？

何：对。她说综合条件还行，这孩子。就这么力保我，我就上了中央戏剧学院了，一个什么都不会的孩子。

曹：其他的同学一般考专业的艺术院校，都会或多或少有一些培训吧？所以进了学校，你和其他的一些同学相比，是不是觉得和人家的距离还是比较大的？

何：对，那会儿招生的时候，和现在不太一样，有很多从剧团直接过去的。

曹：人家实际上是专业的。

何：对，就是已经有一定的表演基础了，或者表演经验了。像我这种什么都不会的……

曹：白丁。

何：白丁，真是个白丁。尤其第一年第一学期，特别痛苦，我就想我能行吗？自己怀疑自己。因为在设计院那种理性思维，你要转变成那种感性思维，这个弯很难拐的。

曹：而且演员在公众面前要解放自我。

何：对，当众孤独，解放天性，那层皮你扒不下来。所以第一学期过得非常之痛苦，真的怀疑自己了，有点打退堂鼓的意思。

曹：大概经过了多少时间，觉得能够过那个坎？

何：将近一年，整个一年级都比较彷徨。我记得是有一次下部队，军民联欢，在一个村里，部队和农民，我们一块联欢。我和另外一个同学上台演了一个小品，老师说这次你演得很好。我说我觉得身体里那个气是通畅的，知道吧？

曹：自如了，是吧？

何：对，我觉得很舒服。后来再回到学校，我就觉得，真的懂，我就突然发现我懂得了很多。

曹：你的同学当中，有后来非常出色的演员，比如说倪大红、张光北，你记忆当中，那时候他们那几个是不是就比你通得早？

何：那是，像倪大红，是从专业话剧团进我们班的，张光北当过兵，会拉手风琴，歌也唱得好，还有他入学以前就是北京轻工业学校的专职团委书记。这种生活经历，我们是不可想象的。

曹：所以你的人生经历就比较简单。

何：尤其是一年级，我们要去编小品，小品练习。对于我们来说，像我这样的，还有我们班有高中生那样的，生活经历比较弱的那种，一开始就是很不容易。像他们就觉得，比我们容易多了。把自己以前的生活经历摘一段下来，那就是可以做练习的。

曹：你得冥思苦想。

何：对。

曹：你记忆当中，那时候的倪大红、张光北是什么样的人？我们先来说一下倪大红，因为大红老师现在大家看到的，他的形象是比较沉郁的。那个时候是不是也是这样的？

何：到后来我问过很多和大红合作过的，在台上和他合作过的演员，都说挺怕他的，和他演戏。

曹：我觉得他不说话、不笑就很可怕。

何：他喜欢即兴表演，后来我们在班上一块做练习也是，你不知道他忽然会怎么样。你和他演戏要提防着他，有根神经你要绷紧，不知道他还会出什么招。

曹：他属于那种在舞台上灵感迸发的人。

何：对。本来排好的东西，他可能突然就不要了。我有一个突然灵光闪现的东西，闪出来让你接。

曹：那挺危险的，你得接得住。

何：对。

曹：张光北呢？

何：光北其实稍微要顺一些，你和他拍戏的时候，一块儿演戏的时候就是会稍微放松一些。

曹：他们生活当中是什么样的？倪大红当时的生活状态是什么样的？

中戏毕业照

何： 他是我们班班长。

曹： 他当时的性格是比较奔放的？还是说和我们现在看到的差不多，也是沉默寡言的那种？

何： 反正和我们在一块儿，上学那会儿挺开朗的。他是我们班老大，尤其我和他一个房间，什么事都听他的。张光北是我们团支书。

曹： 都是你领导。

何： 对，都是我领导。

何： 我在我们班是生活委员，是管钱的。我说你们为什么让我管钱？他们后来说，把钱给你放心。

曹： 你看着正。

何： 对，而且我们挣了班费也全我管，我记账单。他们说反正给你，肯定不会贪污，这肯定的。

曹： 我看到一个材料说，他们俩经常和你开玩笑，你带的什么东西，什么辣酱，他们就偷偷把它拿出来，自个儿给吃了。

何： 对，有过。偷偷吃辣酱。还有一个事我记得很清楚，一年级的时候我放假回家，我母亲就问我，说你们几个老师？我说我们班有四个老师。她说，正好，我给你准备好四份礼物，你带回去。春节刚过，你给老师表个心意。我说好，四份。里面有四川腊肉和香肠，四份，也不多。我就带回学校了。带回学校以后，我要去给老师，我就去了老师的宿舍楼底下。到那儿以后，我就发现自己腿越来越沉。在楼底下徘徊了半个多小时，就不知道怎么上楼，不知道怎么把这东西拿出来。

曹： 你那么面，那时候？

何： 我突然心里觉得这是送礼，觉得不好意思，心里这个坎过不去。一想算了，回去。回到宿舍，我们房间有四个人。我说从今天开始，我每天给你们煮腊肉和香肠，我们给吃了。

曹： 真有你的。

何： 送不出去。

曹： 你觉得在中戏这几年，自己得到的一个最大的成长是什么？

何： 这四年对我来说就是专业提升，就是对自己对专业的这种从不懂到分到单位以后，你可以独立工作，而且有的工作完成得还比较出色，这个是完全归功于这四年。这四年确实对我来说，要从事这个行业，让我个人产生了很大的一个变化。

对于电视剧《亮剑》的忠实观众来说，何政军所扮演的赵政委气质沉着冷静、英武儒雅，纵然历经十多年，却依然令人印象深刻。这一角色，也成为何政军演艺道路上不可磨灭的里程碑之作。也许世上真有无巧不成书一说，"赵刚"这一角色的原型来自八路军129师，而129师正好是何政军父亲曾披坚执锐的部队。

曹：听说原来《亮剑》找你的时候，并不是"赵政委"这个角色。

何：对。做演员的，每年都要看一些剧本。有些你看个一集两集，你就把它放那歇一会儿的，有那种剧本，可能就是不太吸引你。但是恰恰《亮剑》这个剧本，我问了好几个我们同组的演员……

曹：一口气看完。

何：都是一口气。他拿着看看，就舍不得扔。一口气，当时发到我们手里的剧本是不到30集的，那么一个剧本，一口气看完。

曹：看完之后什么感觉？

何：看完之后没过两天，张光北给我打电话，他说老何，是不是接了个叫《亮剑》的？我说对呀。他说我也接了。我说，好事，咱剧组见吧。他没和我说他干吗。我到了北京，到了剧组，我和李幼斌开始做造型，我俩坐里面。门一开，他进来了。我说来了？光北你来干吗？他说我造型。我说造型有你什么事？你不是制片吗？我一直以为他是那个片的制片。因为他那会儿在做制片人，他是北广传媒的制片人。他说不是，这回我演。

曹：小瞧人家了吧？

何：对，所以就这次我们俩同学又在一块儿。

曹：老同学在一个组里面，是不是特别开心？就是比较少有机会，一个寝室里的朋友、同学，然后在一个组里面。

何：我们班毕业以后，我和光北是合作最多的，至少有七八次吧。这种合作是我觉得很有意思的，觉得眼神一对就有。他也知道我要什么，我也知道他想要什么，这很有意思。

曹：《亮剑》这个戏对你来说很特别，它就是讲八路军129师的故事。所以你最后决定接这个角色，进组拍摄之前，有没有和你父亲说过这个事？我相信如果他知道，一定会非常高兴。

何：我一开始没和他说。

曹：没和他说？

何：我拍戏去了，已经到了转点，转到第三个点，到了山西了。我说，爸，我现在在山西拍戏。他说你去一个地方看看，太谷县。我说我就在太谷县，正好我们在拍战地医院，"李云龙"住院的那个地方，那个戏。他说你要去一个地方，那个院在县里什么位置，它有个塔。我说我现在就在这院里。他说我抗战的时候，在那个院里，我工作过。我说这太好了，太有意思了，就是在不同时期……

曹：父子俩去了同一个地方。

何：父子俩在同一个地方工作。

曹：那时候你知道你爸爸在 129 师工作过吗？

何：知道。因为我父亲从小就和我讲他在 129 师，1937 年他们上太行山，他那会儿是刘伯承身边的三个"小鬼"之一。

曹：真的？

何：对，因为他警卫排人挺多，但身边有三个"小鬼"，小伙子，他是其中一个。后来在他身边待了半年，领导就说，现在部队里缺干部，你还是去上学吧。他说正好 129 师有学校，叫"随营学校"，就部队自己的学校。我爸还说，我舍不得首长。他说，你也不能在这儿一辈子，上学去吧。就这么上学去了，上了半年学，没当过班长、没当过排长，他出来直接就是新四旅的一个侦察连的连长。

曹：这个连跳三级。

何：对。

曹：所以当你爸爸知道自己儿子演的角色，他所处的位置，就是当年自己战斗过的地方，是不是老人家会特别兴奋？

何：我父亲不是很善于言表的一个人，后来我回去探亲，正好那会儿那个戏不是全国播出了嘛。我说，爸，你看了没有，那个戏？他说看了。我说你觉得怎么样？他就说了三个字，还可以。这在我那儿也是很高的褒奖了，因为之前回去，我看过他看一些比如说反映红军的戏，我说怎么样？他说不像，他说我们那会儿不这样。

曹：你现在回忆起来，当时你们拍摄《亮剑》，是不是条件非常艰苦？

何：对，我们那会儿拍戏和现在不一样，比如说住的，咱就先说住。就在一个县里，一个小招待所，一住就完了，一个小屋，往里一住，条件很差。吃，就是在，比如我们拍阵地的戏，把那饭拉上去，那盒饭，风一吹全是北方那种黄土。

曹：沙子。

何：灰尘就全铺在盒饭里面，盒饭也凉了，就说赶紧吃吧，不吃你就饿着。在山上拍，当时最大的愿望，每天最想的，就是赶紧收工，回去洗个澡，这是每天最想的事。

曹：就是飞沙走石的。

何：对，而且拍戏不用定妆，那灰一吹，扑到脸上，定好了。

曹：这个戏前后拍了多久？

何：100天，整整100天。

《亮剑》中的何政军

曹：有没有什么故事可以和我们分享的？比如你和李幼斌，和张光北，你们几个主要的演员之间的这种互动。

何：去县里面出发之前，李幼斌和我说过，他说到了剧组咱俩也别和他们似的，没事就喝酒去。我说那干点什么呢？他说咱俩对词。我们俩一场一场对着玩，没事就跑到屋里对词。

曹：他也是个戏痴。

何：对。后来我们也在琢磨，在现场变化多端，你得去揣摩他该怎么去弄。你得想办法，他动，我干吗。就这样都在琢磨这事的时候，你戏演起来就好看了。所以说那戏后来我看了一下，虽然有很多遗憾，但是总的来说那戏不干巴。

曹：你现在如果自己回看当年拍的戏的话，你会怎么看这个戏？为什么它有这么顽强的生命力？

何：一个是文学基础好，文学基础那就是人物，每个人物都是有性格的。它搁在整个一部戏里面，每个人物都好看。而且它那个戏还有个特点，你从哪儿都可以进入。

曹：对，真是。我经常有时候看重播，是不同集数的。

何：还有一个就是，大家也没想那么多，就是把最真实的自己拿出来。那就更有意思了，在这么一个很好的剧作里面，你真实地表达自己就可以了。

曹：其实你和幼斌在一起，有时候你们俩会不会说，我再要演一个这样的角色、要超过这样的角色还真挺难的？

何：拍到一半的时候，在现场，李幼斌突然和我说，老何，这个戏要火。我说真的？他说真的。他就意识到了，肯定要火。但是没想到，后来它的重播率高成这样，几千轮的重播率。

曹：是。

何：但是这个确确实实，别的演员我不知道，对于我来说，就害怕什么呢？演员怕被归类，怕就把你划到某一类里面去，出不来就麻烦了。因为演员，总是希望自己的接触面能够越广越好，涉猎的角色越多越好。

曹：但是投资方肯定要安全。

何：对。

曹：比如说你何政军演军人、演大义凛然的比较合适，那类角色我找你肯定没错。

何：对，但是在这个戏之前，我还演过很多各类的角色，性格迥异的，不同时代的，而且正面反面都有。但是突然就被这个角色给困住。

曹：所以演员也是很痛苦的，被"困"到里面去。

何：对。所以说后来的工作都是尽量避免这种东西出现。

曹：是不是有一度人家找你的，都是这类比较正气凛然的军人形象？

何：对，各种干部、各种领导、各种大正面。包括现在很多人碰着我都管我叫赵老师，我说我姓何。这个也是角色带来的。

演了几十年戏的何政军，早已把对于角色的体悟深入骨髓。在《大雪无痕》中，他饰演的反派人物"周密"外表阳光正直、内心复杂莫测，其一步步沦陷犯罪深渊的过程更被演绎得层次分明、丝丝入扣。何政军就是这样，在不同类型的角色中磨砺演技，一次次打破观众对他的固有印象，不断提升表演内涵。

曹：你在《大雪无痕》里面，也演过反面的角色。

何：对。《大雪无痕》的"周密"是我非常喜欢的一个角色，那个角色的复杂性被写得非常好。而且当时我去演的时候也还年轻，30多岁，不到40岁，三十六七岁。给我这么一个重要角色，让我去演。

曹：这个角色最好的就是不脸谱化。

何：对，给我的表演空间也大，自己的想象空间大，所以很过瘾。

曹：你后来接戏不多，是因为找你的都是相对雷同的角色吗？

何：对，类型化的多，有的类型化，你这个和那个有点区分不开。

曹：你觉得不过瘾？

何：意义不是特别大。

曹：你是演话剧出身的，后来再去拍影视剧。其实很多演员，因为他的本行是话剧，尽管他后来是在影视剧出名。但是也还特别希望能回到舞台上，感受剧场的场域的那种感觉。

何：有这种想法，但是也是没有我认为很合适的一个机会。有很多次这种表演机会给我，但是有的时候我都放弃了。

曹：为什么呢？

何：主要是看我自己，我觉得合不合适。有的时候不合适，太牵强也没意思。因为话剧和电影、电视剧又不太一样，你往上一站是实打实的，对吧？你又不能说再来一遍。

曹：它是一次成型的。

何：对，你说台词哪儿错了，你从头再说一遍，那不可能的。而且这个人物到底是不是适合你，对你的挑战有多大，反正我是都要考虑进去的。

曹：所以现在比如说接一个剧本、接一个戏，有什么样的评判标准，这个戏我准备接，那个戏我就推辞了？

何：还是要看这个角色是不是感动了我，某一点是不是打动了我，或者是有没有去表演的欲望。

曹：我发现这两年你也演了很多不一样的角色，比如说演一个援藏干部，演一个民国的外交官，像"顾维钧"这样的。这些角色你为什么愿意去演？

何：他和我距离远，对吧？你就说"顾维钧"那个时代，巴黎和会，那离我很遥远。我哪有这种机会去表演他们这一代的人？又是外交家。

曹：而且你也很巧，你也拍过《我的1919》，是吧？

何：对，《我的1919》，也是写巴黎和会的，我们在法国拍摄。

曹：一部电影，一部电视剧，虽然演不同的角色，都是反映同一个历史背景。

何：对。

曹：所以这种人物对你来说有一点挑战性。

何：对，我就是使劲地想自己去给自己一个空间，让我在里面生存，争取出一个空间，因为这个东西很难的。

曹：所以其实你像《觉醒年代》，无论是你还是其他演员，其实有的时候你去看，演员和传主本人，形象其实还是有点距离的。但是你看着看着就会忘记那个差别，这就说明所有的戏其实是你们演员的能量在发挥着作用，用你们的表演、你们对过往的这些重大历史史实的理解，让观众能够进入那个规定的情景。

何：对，这就是作为一个演员，我觉得最吸引我的地方。就比如我们拍《觉醒年代》，我们那个戏就是巴黎和会那些巴黎的场景，里面那些在哪拍的呢？在横店拍的。我们去拍戏的时候，外面都是泥浆。下了车，蹚着泥浆进那个摄影棚。把带泥的鞋脱掉，换上皮鞋，那就到了巴黎了。就是这样的，它的跳跃就这么大。我觉得这个非常有意思。

曹：《我的1919》，你们都在巴黎拍的吧？

何：全程在巴黎拍的。

曹：是不是那个感觉不一样？你全程在巴黎拍，和蹚着泥浆进棚里面拍，是不是还是不一样。

何：确实不一样，而且我们身边的那些群众演员都是法国人，整个感觉，你往那儿一待就不一样。

曹：那个历史的纵深感一下就出来了。

何：对，而且我们去的那些古堡、那些会场都是真的，不是后来搭的景。全是在那些真的实景里面拍摄的。

曹：你演了这么多年戏，你觉得一个好演员，特别是一个好的男演员的标准是什么？你心目当中，你觉得你看到哪一些演员是你喜欢的？就你觉得他是个真正的演员。

何：我觉得我赏识的演员，还有我见过的，我喜欢的演员，他首先第一条热爱生活，很注意生活，不放过生活中任何一个细节。我就发现他们都有这种特点。如果说你不在生活中吸取养分的话，那不可能的。演员是敏感的，他会被身边的各种事情感动。

曹：要感知生活。

何：对。后来随着我的阅历增长，我就突然发现我眼窝子变浅了，怎么什么事都容易让我感动呢？听到什么、看到什么，有的包括小视频，我都会哭得稀里哗啦。这就是说随着生活积累，你容易感动了，就是生活在你身上产生作用了。如果没有这些积累，你不可能这样，尤其到了给你一个角色的时候，你发现它不会感动你的话那就完了。

早年何政军

曹：你觉得20年来，比如我们讲最近的这20年，从《亮剑》到现在差不多20年，自己最大的变化是什么？或者说这个20年，你对艺术、对表演有些什么样的不同的认知？

何：这20年生活阅历在增长，对生活的感受、感知也在不断发生变化。其实20年过去，积淀了很多东西，它直接影响你的表演。就是很多东西可能你就不像以前，就是20年以前，给你个角色，你还要去够，你还要使劲想演点什么，现在争取做到你不要去演什么。

曹：这种自然地流露和释放。

何：对。因为这种东西，像你说的这个自然流露和释放，这是最难能可贵的。它盖过你很多设计，盖过你很多事先想好的方案。我们就需要这个东西，把这种表演，所谓的表演掩盖得越深越好。这就是这20年可能我在这方面稍微有的一些变化。

曹：你觉得演到今天，在你眼中，什么叫作表演？

何：表演这个东西很难一两句话说得特别明白，要不怎么这是门学科，那么多人来琢磨。

曹：它其实也是门科学。

何：对。

曹：是吧？它既然有这个体系，它就是一门科学。

何：对，因为后来我看到一些好的演员，他的影片，别人说不像在表演，他就掩盖自己的表演，就是让人忘了他在表演。就这种真实，但这种真实里面又有一些技术，这就很难，这就需要我们琢磨一辈子。

曹：这20年来，你觉得最大的遗憾是什么？有没有错过一些重大的机会？某一些机会眼看就要过来，最后擦肩而过。

何：肯定有错过的，但是错过就错过了，这没办法，你的人生就是这样，注定你是这么走过去的。但是如果说机会来了，还是要去把握的。

曹：会懊悔吗？

何：不会懊悔，因为不是你的就不是你的。

曹：所以还是那句老话，是你的就是你的，不是你的就不是你的。

何：人生注定要错过很多东西，这没办法，你想也没有用，还不如就做好自己。调整好自己，机会来了，抓住就完了。

曹：你是一个随遇而安的人，还是一个对自己人生有一些规划的人？比如到现在这个年龄，正好是一个甲子的年龄，对未来有一些什么样的规划吗？

何：我基本还是随遇而安，有的时候，尤其是作为一个演员，我认为规划没有用。

曹：演员相对还是比较被动。

何：对，你规划没有用的，我规划，50岁要成就个什么，但你没机会，你就成就不了，对吧？这没有办法。

曹：心里面有没有一个念想，我如果某一类角色，或者说某一个角色我能演，那是我最大的福分？

何政军与曹可凡

何： 想过，但是我觉得我不想让自己被归类，被归到一类角色里面，我觉得太没意思了。比如说一年你演两部戏，两部戏都一样的，可能这两个戏剪吧剪吧，就是一个角色。我觉得不好玩。

曹： 所以我们期待有另一部类似《亮剑》的剧，类似赵政委这么一个角色等着你。人有时候说不定的。

何： 对。

曹： 期待。

又见大山——大山专访

三十年前，一位金发碧眼的外国小伙子说着相声、演着小品走进中国观众的视线，字正腔圆的汉语和充满灵气的表演令人惊叹，从此成为荧屏上的常客。三十年后的今天，头发已经花白的他，带着全新的中文版话剧《肖申克的救赎》再次回到中国观众面前。他就是加拿大籍演员、学者大山。

大山做客《可凡倾听》

曹：我们差不多有小二十年没见，但是我们认识已经三十多年了。

大：是。

曹：我印象当中第一次跟你见面是1990年，上海人民广播电台办的国际相声邀请赛，是吧？

大：叫交流演播。

曹：交流演播，那时候你跟着姜昆老师、马季先生、侯宝林先生一起来到上海。

大：那时候我刚刚拜完师，就是我们第一次……因为我们在电视上演了一个《名师高徒》，现实生活中也确实是举行了一个正式的拜师仪式，那是1989年底，1989年12月，1990年元旦算是我说的第一段相声，那个相声说完了，中央电视台元旦晚会，第二站就是到上海来参加一个大型的交流演播。

曹：作为一个刚刚拜师的老外，你回想当时是不是觉得很奇妙，在上海完成你的一个梦想？

大：有点稀里马虎。

曹：什么叫稀里马虎？

大：我那时候，当然认识了姜昆老师、唐杰忠老师、李金斗老师，还有赵连甲这几位，赵连甲也帮着我们排练，这些都认识了。但是我觉得，是在1990年上海交流演播的时候，才真正进入一个相声圈子，大家都来。第一次见侯宝林大师，就是在上

大山和丁广泉

海。而且比较有意思的是，我们这个节目第一次，不仅仅是第一次老外说相声，而且还举行了一个拜师仪式，就是正式进入相声家谱，这个确实是引起了一些争议，有的人支持，有的人觉得你们是不是太拿我们这个家谱来闹着玩，当时是有一些争议。因为我记得我们开会的时候，侯宝林大师也站起来讲了，他的发言就提到了，现在有这么一个现象，有的人认为可能会说中国话就可以说相声，但是你要知道我们中国是十几亿人口，专业说相声的也就几百人，包括票友在内也就几千人会说相声，不是会说中国话就可以说相声的。

曹：所以当时你听了这个话是不是有点扎耳？

大：我觉得好像是在说我吧。

曹：有针对性。

大：但是之后，大概是两三年之后，那个时候开始和丁广泉老师合作，频繁地去演出。我当年学相声，更多是上一些大型晚会，跟姜老师在一起，平时的演出是跟丁广泉老师在一起，全国各地，那时候确实是积累了很多经验。还专门去学传统相声，是侯宝林大师过生日的时候，丁老师带我到家里去拜寿，专门把我招过来，拍了拍肩膀说，跟大家说这是我的第四代。

曹：算是认可你了。

大：算是认可了，这就是一个两三年的过程。当时我真的是有点……非常感动，咯噔一声。

曹：在那次活动上，那个节目后来还成为一个经典。

大：成为我们的一个代表节目，反反复复播我们1990年在上海演的传统相声《四管四辖》，"128条腿"，那是《四管四辖》。后来很多年轻的相声演员学，因为我们那个时候，我觉得我刚进入相声圈的时候，大家其实都在说新相声，传统相声少。为什么侯宝林特别鼓励丁老师？那时候他说，你现在培养这些外国学生，你多教他们一些传统的，因为现在我们中国人不怎么说传统的，你让他们去说。所以那个时候学的传统的比较多，后来相声有点回归传统，年轻的演员都在学习传统，很多"80后""90后"的演员跟我说，学习《四管四辖》，学的是我那个录音。

曹： 在这个过程当中，侯宝林先生也好，马季先生也好，他们有没有私授一些他们对于相声的理念？

大： 我自己对侯派的认识，侯派就是改革派，侯派实际上是建国以后，上世纪50年代初建立的一个新相声的体系。侯宝林就跟我讲，他小时候经常读一些外国幽默，外国笑话什么的。包括他最著名的一个，手电筒，《醉酒》那个段子，手电筒，什么我爬上去了，你把灯一关，我就摔下来。

曹： 我就掉下来了。

大： 他说这个实际上就是他看的一个法国笑话集，从一个笑话里头得到的启发，然后用相声的手段，把它变成了一段相声。本身就是一个中西结合。所以他大概意思也是跟我讲，你们来学习相声，也要把自己的一些幽默的因素带进来，丰富我们的相声艺术。

曹： 马季先生其实是侯派相声传人当中的一个集大成者，当年他说的那些歌颂性相声，其实就是把过去传统相声里的那些"脏包袱"给丢了，甚至把过去那些包袱重新改造，成为自己可以用的手段。

大： 我跟马季老师倒是有同台表演过的一个经验，是一个群口相声，所有他的学生加上我，所以那次印象比较深。这些老师在台上是作喜剧表演的，在台下一般都是非常认真严肃的。包括相声圈之外，我特别欣赏的喜剧大咖，艺术家陈佩斯老师，生活中对艺术的那种认真、那种追求，在台下跟大家排练的时候，或者在说戏的时候，说话的那个分量，一点都没有台上那种轻松的感觉，特别沉重。

曹： 对，佩斯是特别严肃的人。

大： 对。

曹： 而且很沉默，跟台上的表现判若两人。

大： 你看我几次跟侯宝林大师接触也是，他不是什么嬉皮笑脸的，老在说很多，讲段子什么的，他都是非常严肃认真的。拜寿的时候，我记得他也是跟我们讲，当年他讲了一个，就是学唱戏，相声里头的学和唱。他说他

大山和侯宝林

们是跟京剧演员去学，现在很多人是学其他相声演员怎么唱戏，这就歪了，要学就学真的，学点真本事。这个给我留下了非常深刻的印象。

曹：所以说上海实际上是你的福地，因为上海的这次活动让你融入一个相声的大家庭。

大：我跟上海的缘分太多了。

曹：演过戏，世博会的时候也在上海待了很长时间。

大：对。但是世博会之前，我就开始和上海话剧艺术中心合作。第一次应该是2006年的时候，做了一个大型历史题材话剧，《红星照耀中国》。

曹：演斯诺？

大：我演埃德加·斯诺。那确实也是一个大制作，第一次演话剧，又演那么重的角色。我还是非常喜欢话剧这种形式的，跟相声有点相似的是什么呢？就是我们上台表演的时候，是把在台下已经千锤百炼、非常熟练、胸有成竹的节目拿出来，我们不是上台即兴发挥。当然也有即兴发挥，有现场发挥的成分。我那个时候有一种特别深的恐惧感，我就特别怕观众笑。因为我们说相声的时候，或者是现在脱口秀也好，我们就希望第一次出场的时候，大家就开始笑、开始鼓掌、开始欢呼，在这种气氛当中我们开始表演我们的节目，就很顺利了。但是演话剧，我就怕一起来，哇，大山来了。

曹：完蛋，出戏了。

大：对，但没有。那次是第一次演话剧，我觉得收获非常大，就是在上海话剧艺术中心住了几个月，天天排练。然后在那基础之上，第二年又接了一个喜剧，也是上海话剧艺术中心的，一个著名的、经典的法国喜剧，叫《超级笨蛋》，郭冬临演的笨蛋，我演的是这里头比较坏的一个角色，这对我有点挑战，因为观众说看着我太善良，演坏人不太像。包括我现在演《肖申克的救赎》，他们说我这个角色好像有点太善良了，这可能是我的弱点吧。但是开始演话剧，就是在上海开始的，而且第二部《超级笨蛋》，和郭冬临一起获得了上海的白玉兰戏剧表演艺术奖最佳配角奖，这是上海给我的最高的荣誉。

曹：所以这么说，你跟上海的渊源是非常深的。

大：然后紧接着2010年就是上海世博会，那时候作为加拿大的总代表，总共在上海住了一年的时间。那时候觉得真的是融入上海，上海的生活就很习

大山

惯了。

曹：我不知道你上海话学得怎么样？最近《繁花》播出之后，说上海话成为一种时尚，你试试看用上海话来介绍自己，行吗？

大：学的第一句就是，大山现在"捣糨糊"了。

曹：大山"捣糨糊"。你平时上海话能不能听懂？

大：上海话，反正我有时候，或者是这一带吧，无锡、苏州什么的，我就知道经常在街上能够听到一句"是不是大山"，会有一个人说"是不是"，然后一个人说"不是不是"，那个人说"是的是的"。就是"是不是"。我知道是在议论我。

曹：可以可以，你真是中国通。

大：是不是？不是不是。就是不敢认，不知道是不是，现在留了胡子更不敢认了。

曹：其实你没什么变化，除了留了点胡子，头发有点白之外。

大：头发稍微开始往后退了，越来越像白求恩了，是不是？

曹：真是，真像白求恩。

大：对，准备下一部戏。

话剧《肖申克的救赎》首演于2024年1月，由张国立执导，大山领衔主演。尤其值得一提的是，包括大山在内的十一位外国演员，以全中文对白演绎了这部经典作品，这样的形式在话剧领域可以说是绝无仅有。

曹：当时张国立导演是怎么找到你的？

大：张国立老师找到我，是因为在疫情期间看了我朗诵诗词的视频，自己拍的、上传到自媒体的一些短视频。

曹：你也给我们《斯文江南》录了很多。

大：就是，我就说《斯文江南》是我第一次在加拿大，在自己家里录了一些素材，提供给你们栏目，很荣幸地远程参与，因为那时候回不来，只能远程地加入了你们的《斯文江南》。我记得是朗诵了《琵琶行》，还有《问烛》，余光中《问烛》。这里头最后有一句"乌丝的少年"，我少年的时候也不是乌丝。

曹：所以国立导演是看了你的这些视频？

大：其实这些艺术形式还是有它相通的地方。这次找我演"瑞德"，是因为他是故事的叙述者，有大量旁白，这就需要那种很洪亮、能够镇住全场的声音，所以我说这个电影里头选择摩根·弗里曼来演这个角色，不是因为他的肤色，这个角色不是为黑人设计的，跟肤色是没有关系的，要的是他的声音。

曹：摩根·弗里曼那个声音真的有一种磁性的魅力。

大：就是美国最著名的一个配音演员。这次我觉得我的挑战就是，要去演他的角色，是有一定的难度。

曹：所以大山要对阵摩根·弗里曼。

大：对。我们把大家那么熟悉、那么喜爱的一部电影做成话剧。当然，话剧也有它的局限，和电影是完全不同的一个艺术形式，我们也有我们的优点，就是我们的现场感受，现场的那种交流是电影没有的。

曹：你作为演员，你在现场是怎么感受观众对你们的反馈的？

大：面向现场观众才知道笑点在哪里，感动的地方在哪里，很多掌声，你在排练的时候是想象不到的。而且这里头，我每一场，现在最享受的一点，其中有一场就是我一个人，就是我一个人的一个假释申请。我每次假释申请都失败，假释申请失败，我走着走着，干脆把自己关在笼子里，接下来就是一段独白。这一场戏就是我一个人的独角戏。

曹：是不是很过瘾？

大：这场戏演完了能够引起掌声，我就觉得可以了，所以非常过瘾。

曹：这次你们的演员阵容也非常有特色。

大：有特色。

曹：导演从哪儿找来这么多能说非常流利的普通话的外国演员？

大：我们这个戏，其实核心还是张国立老师，作为导演，他提出这个创意，就是要打破中国人扮演外国人的一些习惯，他是希望能够找到一些具备演话剧的基本条件的外国人，发挥自己的本色，不是塑造外国角色，而是外国人自己的一些本色的东西，所以找到我。坦率地讲，我们在两个月的排练当中，这个剧组是有些变动的，有些人确实是达不到要求。包括跟我演对手戏最多的安迪，就是银行家，换了几次才找到了现在的詹姆斯，来自澳大利亚的詹姆斯，感觉非常棒。所以并不是说我们随便凑几个外国人，我们来一个才艺大赛或者什么的，我们对他们进入剧组的要求非常高。这个剧组非常遗憾地，也确实是开除了几位，因为达不到这个标准。所以这点我就比较放心，最后我们这个阵容还是蛮强的。

曹：你们这十几个演员都分别来自几个国家？

大：一共是八个国家吧，还不全是英文背景，加拿大、美国、意大利、澳大利亚，俄罗斯有两个，还有阿根廷的一位，还有法国。

曹：所以你们来自不同文化背景。

大：典狱长的扮演者还是在北京出生的，他比我小两岁，1967 年在北京出生，就是二十岁之前一直在北京长大的一个孩子。

曹：那他一口北京话应该是很溜的。

大：你记得吗？1988 年我第一次上电视的时候演了一个小品叫《夜归》，玉兰，开门。那个时候玉兰中文说得比我好多了，她也是在北京长大的一个女孩，更有意思的是，玉兰，就是在我的成名作里头扮演我妻子的演员，她叫星海，她现实生活中的丈夫也是我们戏里的一个演员。

曹：真的啊？

大：对。

曹：这个世界好小。

大：都知道玉兰是我的"太太"，我成名段子里头的"太太"，她还特别顽皮地说，大山，我给你戴了三十年的帽子，"绿帽子"给你戴了三十年，心还是你的。

曹：你们整个排练过程当中，是不是需要攻克一些"堡垒"？

大：对。我们不是来学中文的，这是前提条件，你必须具备很高的中文水平才能进这个剧组。因为我们排练的时候要排戏，我们不是学语言，我们学语言艺术。比如说台词里头，有专业的配音演员来做这方面的指导，轻重音。而且像我，我经常面临的一个问题就是北京话和普通话之间……

曹：界限不清楚？

大：界限，就是要往哪边靠，是要更北京一点的还是更标准一点的。后来反正这部戏里头，这个问题上，因为我觉得我演的角色是个"老油条"，稍微多一点北京话也可以。

曹：加一点胡同味儿。

大：因为他不是特别文绉绉的、一个受过高等教育的人，他是社会上很有经验的一个老狐狸，所以这个戏里头，我可能北京味儿更浓一点、更足一点。确实是要求很高，但是我觉得我们现在心里有数。包括我今天上午在网上看一些评论，我也有一些启发。比如说观众提出来，还是觉得我这个角色有点太善良了，那我就得琢磨琢磨。其实我认为"瑞德"是一个挺善良的人，但是他还是个"老油条"。

曹：但他也不是一个坏人。

大：他不是坏人，所以这就变成了一种很微妙的感觉，台词不变，但是有一种微妙的感觉。

话剧《肖申克的救赎》海报

曹：那个感觉可以往某一方向偏重一点。

大：还可以微调，所以我相信这个戏会越来越好。

曹：排戏之前跟张国立老师熟吗？

大：合作过，国立老师导这个戏非常认真，我们做话剧的时候，因为有一个导演组，导演也有助理导演，我们还有一个台词指导，导演组实际上是三个人。很多戏，一般来说，总导演会掌握大问题，其他的就让助理导演去做。张国立老师不是，他是从头到尾，没有一天不来的，从头到尾都特别认真，还示范表演。

曹：是吧？

大：对。我就发现跟他搭戏感觉完全不一样，比如说他来示范表演，他来一下，跟张国立老师一对一演戏，那感觉就完全不一样了，他给你的东西特别多。因为他非常重视，这么一个大胆的尝试，让外国人用中文去表演一个大家非常熟悉的经典话剧，他自己心里也有压力。我记得我们排练，离首演还有几个星期的时间，我们就开始聊首演的计划什么的。特别逗，当时我们问他，我们演出的时候，国立老师是不是也要上台说几句话，他回答特别实在，他说不一定，看你们的表现，你们要是表现不好，我不上台。

曹：最终他上台了没有？

大：最后还是上了。

曹：说明你们表现不错。

大：我给你读一下，我今天上午刚看到的一个评论，把我给逗得。演员中，吐词表现参差不齐，"安迪"和"瑞德"吐字还算可以的，"瑞德"的演员……他不知道大山是谁，他就知道，"瑞德"的演员老师的口音和张国立老师如出一辙，感觉是"口把口"教的。

曹：什么叫"口把口"？那可能是个年轻的观众。

大：一听就是年轻观众。

曹：他都不一定认识你。

大：对。所以我们的这些话剧观众对我的相声不一定有印象，我记得我最后一次说相声应该是2009年春晚，跟马东，后来就很少了，几乎没有。但是比如说我做的短视频，诗朗诵什么的，这些可能会多一点，年轻的观众不一定记得我那些成名作。所以我跟他们讲什么玉兰开门，他们一点概念都没有。

大山本名叫马克·亨利·罗斯韦尔，1965年出生于加拿大渥太华，1984年考入多伦多大学东亚系，开始接触中国文化。1988年首次来到中国，在北京大学进修中国语言文学。他原本只是一名学习中文、研读中国文化的留学生，1989年元旦一次偶然的登台表演，让他一脚踏进了文艺圈，并且拥有了"大山"这样一个非常接地气的中文名字。1989年年底，大山正式拜姜昆为师，成为一名专业相声演员，从此被众多中国观众所熟悉和喜爱。

曹： 什么样的机缘，你跟中国和中国文化开始产生某种联结？好像是跟你爷爷有关，是吗？

大： 那是一种缘分，我爷爷奶奶在上世纪20年代的时候来过中国，作为教会医院的医务工作者、医生。我爷爷是个外科医生。那时候在河南商丘，那时候还不叫商丘，叫归德府，就是开封再往东一点的一个城市。那个时候，上世纪20年代初的时候，那里建了一个教会医院，圣保罗医院，我爷爷是第一任大夫，1922年到1925年，在河南归德府，现在的商丘市待过。这是我们家和中国的一种渊源。

曹： 听说你后来还去寻找祖父的足迹，是吧？

大： 对，去寻根。

曹： 找到了吗？

大： 找到了。当时的圣保罗医院，当地人管它叫北关医院，因为它在古城北门外，叫北关医院。北关医院的正名是商丘市第一人民医院。

曹： 还是原来的旧址？

大： 而且原来的老楼还保留着。现在我还是商丘市的荣誉市民，古城的形象大使。但是我爷爷在我三岁的时候就去世了。小时候，我们知道爷爷奶奶在中国生活过，当时还没有我爸爸，我爸爸是1934年出生的。就是他们回去以后，我爸爸是七个孩子里排老七，最小的一个。那时候他们都四十多岁了，已经回到加拿

青年大山

大了。我爸爸说，他小时候听我爷爷奶奶回忆中国的事情的时候，说的都是一些开心快乐的事情。而且爷爷奶奶两个人之间想说点让孩子们听不懂的悄悄话的时候，据说都是说中文。所以我开始学中文，我一直觉得这是一种间接的，或者是冥冥之中吧，我就相信是冥冥之中的一种缘分。开始学中文，实际上就是上世纪80年代，看到中国的改革开放，觉得未来属于亚洲。我们都这么觉得，你看西方，我们小时候学的都是欧洲语言，加拿大说英语和法语，我小时候学的是法语，但对法语一直不是特别感兴趣，学习成绩也非常差。所以我老说我没有语言天赋，因为法语我就是学不会，但是中文，因为是自愿的，喜欢，我就觉得作为20世纪80年代的年轻人，看着中国的改革开放、中国的发展。刚开始学中文那年，邓小平先生刚做了《时代》周刊的封面人物，大家都觉得我们未来要多学习亚太地区的语言。那个时候学日语的比较多，学中文的少，但我就喜欢中文。正好多伦多大学有一个东亚系，所以上大学，我是十九岁大学一年级的时候才开始学中文的，学了四年，申请了一个互换学者的奖学金，被派到北京大学。我是1988年，二十三岁来到中国，9月到北京大学，11月第一次上电视。主持了一个北京台的……可能也有上海市，就是十六省市合作的一个国际歌手邀请赛，有刘欢、韦唯，我和阚丽君主持。就因为这台节目，到北大去找会说中国话的老外来主持的这么一个节目，这个节目主持比较成功，引起了央视导演的关注。他们就想，那时候元旦，春节是民族节日，元旦是国际节日，国际节日我们为什么不找一些外国人演节目？那时候有这么一个想法。所以找我，还有我们北大另外一个女孩，就是我前面提到的星海，北京长大的一个女孩，巴西女孩，演了一个小品，叫《夜归》。这个小品实际上就是由外国人去说北京的土得掉渣儿的北京土语，什么盖了帽儿了、饿过梭儿了，我"妻管严"也犯了什么的，都是当时的时髦语。

曹：当时你还不叫"大山"，是吧？

大：但是当时"侃大山"就是刚刚兴起的一个词，像现在的网络语，很流行，北京话叫侃大山。

曹：这个名字起得好。

大：这名字本身是一个笑点。

曹：其实外国人说中国话，很重要的一个东西不太好学，就是语音语调。学任何语言，其实语音语调都是很难的。你现在说话，闭着眼睛几乎听不出你是外国人。我觉得这个很难。

大：所以那个东西就是需要一种浸入式的学习，你必须生活在这个语言圈子里头。第一次上电视是演了一个小品，在这台晚会上认识了姜昆老师。我是因为本来就是学语言，相声是中国的语言艺术，我就开始把它作为一种学习手段，跟姜老师学了一年。第二年我们又上元旦晚会，但是已经不是老外演小品了，那是和中国当时顶级的相声演员，姜昆老师、唐杰忠老师，我们三个人一起。而且这个节目设计就是我，《名师高徒》，实际上是一种错位，我说得比姜老师还好，就是这意思，这

拜师姜昆

种反差。所以作为一种语言学习，进入这个圈子，我开玩笑地说这最好的一点，很认真地说，进入相声圈子里头，相声演员对语言非常认真，不是随便讲段子、开玩笑什么的，是研究语言。所以一帮对语言特别认真，又特别开心快乐的人，但是要开点玩笑，最好的一点是，那一代相声演员没有一个会说英文的，所以我在一个非常纯的语言环境里头。不像大学里头，大学里头你的同学都会说英文，而且都特别希望跟你练英语。我进入了一个根本不会说英语的圈子，就跟着他们，丁广泉老师也是半句英文也不会说，乱蹦字儿。那几年，上世纪90年代初，非常认真地进入这个圈子，巡回演出。演完了以后，一个节目一个节目去学，认真地抠字，排练，学习，台上表演，下来吃点消夜、喝点白酒、总结经验。那种学习语言的氛围就不一样了。

曹：相声圈其实是比较讲究传统的，所以对于收这么一个外国人作为相声圈大家族的一员，是不是当时会有一些阻力？姜昆老师是怎么想的？

大：现在跟张国立老师在一起，他也经常提这个事情，因为张国立老师跟相声也是非常有缘分的，跟侯家非常熟。但是他没拜过师，没有摆过知。他老把我推出来说这是摆过知的，这是正规的。

曹：进入家谱里头的。

大：对。但是话说回来，现在我看到相声这三十年的发展，它是回归传统。当时，上世纪80年代末90年代初，大家更多是一种改革，我们说相声，那时候穿大褂就很少了。而且后来，我们形成一个习惯是，我们一般就是穿生活装，表示贴近生活，也别太严肃。只有说传统段子的时候才穿上大褂，算是对传统的一种致敬。但是少，还是新相声为主。大家也都知道，我的师父姜昆老师就是新相声的一个代表人物。后来我跟丁广泉老师合作比较多，丁老师传统的会更扎实一些或者更多一些，但是还是属于

大山和姜昆

侯派，因为丁老师是侯宝林的直系弟子，他还是继承了侯派这种改革的理念的，还是以新相声为主。所以比方说我们演过《黄鹤楼》，"腿子活"，唱戏的。但是我们是进行了一个比较大的改革，不是完全按照传统的版本去演。我们有一个新的想法，就是《唱三国》，《黄鹤楼》就是唱三国，作为中外的一种碰撞，我所理解的三国是北美三国，加拿大、美国、墨西哥，他唱的是魏蜀吴。我们就是这样一种新的碰撞，是在这个框架、这个基础之上，又进行了一种艺术加工。成功不成功，那就另说，但是它体现了侯派的一种改革，根据我本人、我个人演员的特点，我们来做一个与众不同的。后来这个节目也算是挺成功的，我跟丁老师在一起的一个代表节目，《唱三国》，其实就是我们改编的《黄鹤楼》。但是还是这点，我还是觉得侯派的核心不仅仅是继承，更是改革。如果说最核心的精神，那是改革。我应该就是在学相声几年之后，我自己一个很强烈的感觉是，应该尽量去脱离那种才艺展示，贯口什么的，全是嘴皮子的事情，尽量去往内容发展，而不是技巧。所以比方说我们发展到《唱三国》这样的节目，就是刻意地把西方的一些东西带进来，并不是说我们要学特别正宗的老北京解放前天桥街头艺人的那种风格，我们是希望继承那种精神，去做一个我们这个时代的中西结合的一种东西。这一直是我的一个理念，从那个时候一直到现在我们做《肖申克的救赎》，就是一个中西结合。它作为中文版，它不是译制片，语言非常本土化，让大家觉得听得很亲切。我跟你讲一个，我们现场演出的时候，发现第一个引起笑声的一句台词，还不是我的台词，是另外一个囚犯跟我生气了，把东西一摔，说了一句"瑞德"，我们骑驴看唱本，走着瞧，观众就笑了。

对于中国观众来说，大山是外国人，但他从来也不是外人。大家之所以喜欢大山，不仅仅是因为他中文说得好，更是因为他发自内心地热爱中国文化，并且数十年如一日地担当中西方文化交流使者，尽职尽责，不遗余力。最近几年，大山迷上了中国古典诗词，时常在自媒体发布自己的朗诵视频，或深沉哀怨，或俏皮灵动，或慷慨激昂，字正腔圆的诵读和对诗词中情感的生动演绎，赢得网友的纷纷点赞。

曹：其实你想，大山，你一路走过来，很有意思，这三十多年来，其实走了三步：先是读中国语言，然后通过相声艺术进入中国传统文化，一直到现在，通过自媒体来推广中国的古典诗词。你怎么看待自己人生的三个很重要的驿站？

大：我认为我做的事情，其实也都是围绕着语言艺术，从开始学习语言到学习语言艺术。而且语言艺术很多是相通的，像我经常说，我认为我说相声对我演话剧是非常有帮助的，我演话剧反过来说，将来如果我说相声，我会说得更好。这些舞台艺术、语言艺术都是相通的。朗诵，可能接下来还是我比较注重的一个领域，可能还是希望在这方面多发展。所以你们《斯文江南》第三季，我现在还等着呢。

曹：第三季如果我们要策划，一定要请你来参与。

大：都是围绕着语言艺术，或者说两个理念，中西结合和语言艺术。像我认为，我作的诗朗诵，也不是说完全模仿中国人的朗诵方式，而是尽量想达到一个专业的水准，但是也要有自己的特色、自己的理解、自己的表述。我朗诵唐诗的时候，也是尽量去体现它的人性，人类共通的那种情感，用一种特殊的语言，非常美丽的中国古文去表达，但表达的是人的情怀。

曹：比如说《琵琶行》，你作为一个外国人是怎么去理解的？

大：它有很多元素是非常中国式的，但是深层的一种情感还是很国际化、很人性化的。所以《琵琶行》，我们这个年龄可能比较好理解的就是中年男人的那种失落感，事业好像发展得不是那么如意，又是一个偶然的机会当中，认识了一个跟自己心有灵犀的……

曹：同是天涯沦落人。

大：对，一听她的故事，和我的故事有这么多相似的地方。我认为其实是很国际化的一种理念。

曹：是人类共同的这种情感。

大：我总觉得中国这一千年以来也不是没有变化，中国唐朝时候的文化或者是各方面，到现在的中国文化，也是有一个很巨大的变化。我们现在的人怎么去理解一千年以前的人的生活和他们的情感，我们只能找到那些共通的东西，也是人性的东西。所以我们中国人倒退一千年去理解他的诗，和我们中西之间的距离，我倒觉得一千年的距离更遥远了，中西之间的距离没有那么大，我们都生活在一个时代，科技水平也都相当，我们都生活在一个地球、一个时代。但是我们这个时代的人，回去理解一千年以前的生活状态，那个距离更远一点。中西之间的距离，我觉得相比之下没有那么远。

曹：所以我觉得很有意思，以你这样一个特殊的身份，能够在东西方文化之间架起一

大山与曹可凡

个特别好的桥梁，尤其让西方观众能够更多地了解中国文化。我们采访接近尾声，我特别想请……

大：别介！

曹：请你给我们朗诵一首好吗？

大：张国立老师可能比较喜欢我录的那段《茅屋为秋风所破歌》。

曹：杜甫。

大：对。戴眼镜有点太斯文了，这个就得表现得稍微落魄一点。八月秋高风怒号，卷我屋上三重茅。茅飞渡江洒江郊，高者挂罥长林梢，下者飘转沉塘坳。南村群童欺我老无力，忍能对面为盗贼。公然抱茅入竹去，唇焦口燥呼不得，归来倚杖自叹息。俄顷风定云墨色，秋天漠漠向昏黑。布衾多年冷似铁，娇儿恶卧踏里裂。床头屋漏无干处，雨脚如麻未断绝。自经丧乱少睡眠，长夜沾湿何由彻！安得广厦千万间，大庇天下寒士俱欢颜，风雨不动安如山。呜呼！何时眼前突兀见此屋，吾庐独破受冻死亦足。谢谢！我老想笑，笑不对，这不能笑。

曹：太棒了！谢谢大山，特别高兴。

做最初的自己——朱亚文专访

提起演员朱亚文，许多人脑海中第一时间浮现的可能还是电视剧《闯关东》和《红高粱》中那些充满力量感的男性角色，"行走的荷尔蒙"一度成为他无法摆脱的标签。事实上，这位入行已经二十多年的男演员一直在尝试不同的角色和表演方式，拓宽自己的艺术疆域。在日前上映的电影《志愿军2：存亡之战》中，他再一次带来了具有突破性的演出。今天的节目中，就让我们走近这样一位始终带着好奇心，却仍然坚持做自己的个性演员。

朱亚文做客《可凡倾听》

曹： 今天正好是抗美援朝出国作战 74 周年的正日子，所以我们得先从你参与的这部影片《志愿军》开始说起。

朱： 好的。

曹： 因为你演的"吴本正"这个人物，在第一部就已经出现，但是第二部的形象就更加丰满，而且跟第一部也有所不同。按照你的说法就是文戏武唱。

朱： 这个人物确实在作品当中比较特殊，他不光是在第一部和第二部出现，在第三部当中也是有所呈现的。我觉得陈凯歌导演在做剧本设定的时候，处理了一个这样的人物，其实是非常大胆和新颖的。因为这个人物在第一部的时候，他提出了对于朝鲜战争的一个正面积极的疑问，就是我们如何能打赢这场战争。他也摆出了很多的事实和道理，也就是在那个时代，国与国之间硬实力的悬殊。但是在第二部中，他走入朝鲜战场以后，亲眼见证了志愿军的精神、牺牲、无畏。这一切把他原来作为一个理工科专家的所有数据和概念，彻底打碎了，也就是说，他是从怀疑走向了相信、从相信走向了融为一体，最后到致敬的一个过程。那么在第三部当中，他又有一些更加温和的、更加腼腆的表达。这个人物的起和落，也是作为整个这部电影三部曲的一个小小的底衬。

曹： 怎么把这三部当中的这个人物，虽然有些微不同，但是可以让观众感到一脉相承，有一个整体的感觉？

朱： 这个人物是当时那个时代归国杰出人才的一个缩影，新中国刚刚成立的时候，愿意回来支援国家建设的每一个学子都是伟大的。在第一部中，他有一句台词就是，他愿意献出毕生所学，帮助国家永享和平。他是以这样的一颗赤子之心，进入朝鲜战场。那么从人物关系上讲，跟他走得最近的是他的战友，也是刚刚步入战场时调配给他的警卫员"张孝恒"，那是第一个走近他身边的志愿军战士。从人物塑造上讲，我们两个人需要把这个人物关系做得特别结实。因为"张孝恒"这个人物在剧本设定里面，是一个单兵作战能力极强的老兵，他参与过解放战争。像这样的一个战士，他可能从本心上更愿意和主力部队冲杀到最前沿。而且他并不是说对"我"有任何的排挤，是他心里知道这个人太宝贵，他从本意上不希望这个人去到最危险的前沿。

曹： 第二部当中有一场在坦克舱里的戏，其实这个环境非常局促，怎么能够让观众看到人物的那种变化？

朱： 其实在开拍之前的时候，我们作为内舱里的演员，是没有太多的视觉概念的。大部分是通过一些，比如说环境图纸，坦克的一些概念图纸，来进行一些脑补。当然了，我觉得那一切都是相对物理的，更多的是在精神层面上，还是说要依托于我和"张孝恒"这两个人的人物关系，在那一刻，这两个人从稍微有一些对立，到最后融为一体，是战火的淬炼让他们拧成了一股绳。但是最痛心的就是，当你们刚刚双向奔赴，拥抱在一起的那一刻，战火又把他从"我"身边带走。也就是说，在那个短促的交火和情绪表达里面，这两个人物都经历了情感上极度的撕裂和崩塌。

曹： 你和欧豪，在拍摄之前，会不会有一个排练或者坐排的一个过程？

朱： 没有。因为我们两个太熟悉了。算上《志愿军》，我们两个共同参演了七部影片。生活里我们也是非常好的兄弟。其实当时我知道他来

电影《志愿军》海报

130

演"张孝恒"的时候，我是特别踏实的，因为我知道他太是那个人物了。他的行动力又强，表现力又强，执行力又强。我觉得他来呈现这个人物的话，只会给文字里的"张孝恒"更多加分。我们彼此穿上戎装，进入拍摄现场的时候，你能感受得到，不光是欧豪，包括朱一龙在内，所有人，大家在进入现场之前，尤其是他们饰演志愿军战士的这个群体，他们只要穿上了以后，你会觉得他们不仅仅是穿这样的一件衣服，他们更多的是披上了一种信仰。

曹：因为导演和导演的工作方法不一样，我不知道凯歌导演是一个什么样的方法，在拍摄之前是给了全部的剧本，还是在拍摄的过程当中，给某一个部分，再拍一段再给一个部分？

朱：都有。作为贯穿人物，我们肯定是阅读全本的。但是导演每一天晚上都会为第二天的场次进行分镜和台词精准的修正。因为人物，从和角色见面的那一天开始，也在慢慢地发生着一些化学反应，人物关系也会随着剧情的发展，因为角色担当的不同，会呈现一些可能让导演也没有想到的状态。所以整个创作过程，我觉得是一个非常滋养的过程，毕竟我们从 2022 年开始，到今年的上半年彻底关机，完全杀青，从拍摄周期上来讲，那确实是我从影以来周期最长，但是也是觉得最短暂的一次拍摄。因为在这个过程当中，你在不断地输出，也在不断地吸收。甚至于说我们这个群体的演员是挺舍不得离开这个剧组的，因为这个剧组无论从同仁之间的关系，从导演在现场的带领，还是说我们在共创时候共同经历的那些点点滴滴的困难，都会让你觉得既呈现出了一个工业化体系的表现力，又可以让所有的演职人员返璞归真地熔炼在里面。这些充分地让我们这个群体，演员群体，甚至我们整个摄制组，都浸泡在了一个正统创作里面。

曹：在你进组之前，你对凯歌导演是一个什么样的认知？

朱：说起我和凯歌导演的第一次接触，其实不是在影视创作过程当中，是我很多年前参加一档声音类的综艺节目，叫《声临其境》。在我们进入总决赛的时候，凯歌导演是作为我们的导师，参与到我们的创作里来。其实那一次，当他到的时候，全员都准备聆听导演的讲述，因为我们当时有一段剧目是和导演的某一部作品有关，虽然在完整成片里并没有呈现。但是导演那一天晚上是花了五个小时，帮我们每一个演员去梳理了人物，其实在舞台上呈现出来就是三五分钟的事情。

曹：他花了五个小时跟你们来研究？

朱：我们一直到了后半夜两点多才结束剧作研讨，所以那一次让我怀揣着一个极大的憧憬，期待着以后能够真正在影视作品当中和导演去进行一些互动和交流。我觉得那

电影《志愿军》海报

五个小时完全不够。

曹： 这次《志愿军》进组之后，导演跟你聊得最多的是什么？

朱： 其实我印象里面最深刻的是在拍第一部的时候，我有一段戏是一个长镜头，是跟在总理的身后，一直在表述各种当时的对立数据。那一组镜头，整个剧组拍摄了得有四五遍，其实在第三遍的时候，导演已经喊 OK 了。但是你知道，我其实那一刻是出于对自己创作上的不自信，总觉得希望更松弛、更自如，又跟导演要了两条。但是当第五条，导演喊结束"过"，OK 了以后，大家开始撤场的时候，身边没有那么多人，导演非常语重心长地跟我说，亚文，有的时候信任就在一瞬间。那一刻我懂了，在第三条的时候，导演已经充分捕捉到他想要的，甚至于说超出我的审美和艺术认知的一些东西。但是往往因为我的创作经验也好，或者说是在这样的宏大篇幅面前，我的紧张也好，反而让自己变得收缩、僵硬。那一刻，我觉得他让我懂得了演员和导演之间最美的那个信任状态应该是什么样的。

曹： 为什么问你这个问题呢？因为当年我跟张艺谋导演拍《金陵十三钗》的时候，也有一位很有经验的男演员，他表演非常好，可能在表现的具体手法上跟导演有些不同的想法，但是导演也没有办法在现场说服他。最后张艺谋导演就采取了一个"屈服"的状态，按照演员的方法拍了几条，拍完之后马上就把它剪出来，剪出来之后第二天让这个演员来看。

朱： 我明白您的意思了。

曹： 所以我就问导演，其实大可不必，因为你是导演，你是主宰这个场面的"司令"，你完全可以说你按照我的演。但是，导演说，如果演员不接受，觉得那么别扭，肯定演不好，所以一定要跟演员做一个充分的沟通。这就是好导演、大导演的做法。

朱： 是的。我也有幸和张艺谋导演合作过，正如你所说，他在现场会充分地鼓励、保护演员。我跟一些朋友也在聊这个问题，关于演员执行力的事情。单说"执行力"这三个字，是有一些僵化和冷淡的。但其实执行力是作为演员的第一要素，而且因为凯歌导演在跟演员聊天、讲戏，甚至于说在现场布置工作的时候，他的很多表达里面都会提及跟角色相关的点点滴滴的信息。也就是说我们从进入现场开始，我只带耳朵不带嘴巴，我不会提任何问题，我只带着我的耳朵，我需要去收集更多的之前没有想到、感受到的东西，然后提炼出来导演在每一条、每一个镜头里的关键词，首先把它执行出来。因为这个执行，我相信，如果说功课做下去了，你对于氛围的体验达到了，这个执行也不是一个简简单单的执行，就还是相信。

曹： 凯歌导演的文学修养可以说是影坛导演当中的翘楚，我记得很多很多年前，我问了他一句，你如果不做导演，会做什么？他说我可以做一个学者。这不是一般人敢说出的话，他一直是比较擅长文戏的表达，即便是《长津湖》，他也是主要拍摄文戏的部分。相对于徐克导演、林超贤导演，你觉得这次凯歌导演对这么宏大的历史战争的场面的驾驭，从演员的角度，你怎么看？

朱： 动作可能只是一种节奏，是一种力度，但是这个力度必须要很好地贴敷在文戏相辅相成的作用力上。你既不可以脱离所谓的地心引力，做一些失真玄幻的东西，但当你表现这个节奏和力度的时候，你又得是在不同的人物身上呈现。我说实话，在整个《志愿军》拍摄的三年里面，我没有跟凯歌导演吃过一顿晚饭，因为不敢再去打扰他了。晚上我们所有的工作全部结束以后，他也是坐在现场陪伴我们从头到尾，晚上我们可能回去休息了或者怎么样，导演还得回去分镜、调整剧本，还得开工作会议。整个过程，我们是不想打乱导演一丝一毫的工作节奏的。

　　《志愿军》并不是朱亚文第一次出演抗美援朝题材的影片，他曾在电影《长津湖》中生动演绎了一位来自上海的指导员"梅生"，人物从一开始的意气风发到最后的壮烈牺牲，跌宕起伏的命运令观众为之动容。

曹： 我们刚刚说到《长津湖》，其实你在《长津湖》里面演的那个指导员，也是非常令人感动的。

朱： 谢谢！

曹： 他有非常英勇无畏的那一面，也有很柔情似水的这一面，当然，最后在家国之间选择了后者。一个演员演这类角色，怎么让观众信服，这是一门学问。

朱： 我印象最深的是在车厢里面有一场戏，是我和吴京的，他打开了我的行李箱，那个行李箱里有"梅生"的

电影《长津湖》海报

荣誉勋章，有他曾经的一些生活痕迹，还有一些家书，还有女儿的照片。我们的美术老师，陆苇老师，跟我介绍这个箱子里这些点点滴滴的时候，我非常感动。因为我知道这个箱子，我没有时间去给它一一表达出来，但是我知道，从导演到美术部门，到剧作部门，已经把这个人物很多的过往、情感，全都浓缩在这里了。你试想一下，他为什么要带着这个箱子离开家？他是整个七连里面文化程度最高的，他是最知道这一场战争可能要面临的代价是什么的，他把家里所有他的生活痕迹全部都收藏了。说到这个我都很难受，《长津湖》里面每一个人物，我觉得都可以单拎出来独立成为一部片子的主角，因为确实太丰满了。落到我这个人物身上的时候，就是这个箱子，导演说他把他所有的东西都带走了，他也不希望家人未来在面对这些的时候有过多的悲伤。总之那个箱子打开的时候，说实话可能我原来进那场戏的时候只有三成的底，我看到这个箱子的时候，一下到了七成，因为这个箱子已经替我表达了太多。

曹：这个戏把这个人物设定为上海人，你是上海人的女婿，所以你在准备的过程当中，你赋予它一些什么样特征性的东西？

朱：因为他得有一点简短的篇章要说一点英文，那个时候在上海，我觉得他的语言环境的熏陶是有这样的基础的。再有，其实上海在那个时期，相对于其他地区来说，它在物质层面、生活氛围上，可能更加温润一些。他本来是要从部队回到地方的，但是当战事打响的时候，他没有递那个转业报告，他又回到了部队。这样从上海出发，回到上海，再从上海出发，我觉得他作为那个时代里的一个群体的人物写照，他可能更有张力。

曹：其实你有点南人北相，我以前不了解你的出身和籍贯，早期看你演《闯关东》《红高粱》，我一直以为你是一个北方的男孩。

朱：直到今天，我也得跟人解释这件事情。可能因为江苏盐城，毕竟是苏北。

曹：所以有点北方人的那种强悍？

朱：是。再加上毕竟是军人家庭出身，父亲从小对我的培养和教育都是比较直接的。到了北方，确实有一种精神上的回归的感受。我记得我拍摄《闯关东》，第一次去到黑龙江、去到大兴安岭，我看到白山黑水的时候，整个人是被震撼到了。

曹：南方孩子没见过。

朱：没有见过。在那种磅礴的自然的恢宏生命力面前，你就想马上一头扎到雪堆里，就想跟它融为一体。但是你想，从小我们在江苏那样的环境中长大，看的是精致的亭台楼阁，看的是精工巧匠的一些历史遗留的美感，你去到那儿，确实会被"交叉感染"一下。但是不影响，因为回到创作，当你一个人静下来的时候，我骨血里的、环境里的，我从小耳濡目染的东西，其实对于梳理角色、梳理人物关系，是有一种很静谧的滋润。

曹：这些年你演了不少军人的形象，比如说《海天雄鹰》，包括你很多年前演的《远去的飞鹰》，都是军人形象。当人家看了你的一些军人的形象，给你一个评价，叫作军人感，你穿着军装，不是一个形似，而更有这种神韵。

朱：继续努力。因为随着年龄不断成长，你所要扮演的军人类型、年龄层面，表达可能也会更加丰富。所以说，我可能以前只会稍稍关注一些历史和政治，但是随着年龄慢慢提升，你接触的角色的厚度也会随之增长，也会多了解、多贯通地学习这方面的内容。我觉得军人所有的骄傲是来自民众对于他们的肯定，这种骄傲如果完全上升到个人英雄主义，可能就会有一些损失，但如果说无论你塑造什么时代的军人，还能够还原出那个时代人的气质，再穿上那身军装，可能从角色赋予的责任感、使命感上来说，更加让人信服。我觉得心态上的质朴是肯定的。比如您刚才说到的《远去的飞鹰》"高志航"，他是中国的空军之父，这个角色的出身是非常非常传奇的，他在法国留学，学习高端的飞行技术，那个时候他在欧洲的整个尖端的飞行员当中已经是出类拔萃了。回到国内以后，他是牺牲在抗日战场上的。那个时代培养一个飞行员，所投入的财力物力是相当庞大的。那么他身上所谓的气质感里面，我觉得必须得有一些舍我其谁的精神面貌。那么，《海天雄鹰》里面的"谢振宇"，他也是我们当时空军里面的一个原型人物的代表。那个时候是整个时代在呼唤高科技兵种的诞生，也就是说，这个人物身上的"舍我其谁"要弱一些，但是可能更多要体现出来"呼之欲出"。是整个世界在观望，你们是怎样的一个群体，你们如何去完成第一代舰载机飞行员在航母甲板上的着机。也就是说，他们是在拿一切有限的生命做无限的危险测试。这就是在不同时代的底色上站立起来的军人形象，所以说不需要个人有如何的设计，而是你真的去了解这个过程。

曹：你小的时候，父亲会不会以这种军人的要求来要求你？

朱：那肯定的。人家可能就是罚站，我得站军姿，这是最基本的。所以说我刚进入大学的时候，确实在班级群体里面，男生里面我是站得笔直笔直的。这个东西其实对于其他角色类型塑造是有点问题的，老师一直说，你

电视剧《海天雄鹰》剧照

把你的劲儿下来一点，再下来一点。

曹：太提溜起来了。

朱：你一直这样，你说你卖个包子使什么劲儿。你还得有一些普世人物的自然精神状态。但是后来也是，我觉得当你真正步入这个行业，机缘巧合也好、命运使然也好，就是会有一些可能跟你的基因、记忆有共振的人物，慢慢向你走近。我至今在绝对的军人题材面前，从来没有一个是我选择的，都是很多的导演、很多的合作伙伴对于我的信任，他们把这些角色托付给我。

曹：其实这些年，你演了很多不同类型的角色，除了军人之外，也演过一些偶像类的人物，当然也演古装剧。非常感谢你今天从片场赶到我们这儿来接受采访，因为你在拍一部古装的历史片，演"赵匡胤"。从《大明风华》到现在，已经有六年了。我记得你曾经说过，那会儿拍这个戏的时候，自我的这种精神透支，你觉得特别厉害，是拍古装片需要付出跟其他类型的作品不一样的心力吗？

朱：我不知道别人，因为我拍古装片其实不多。但我其实比较喜欢的是古装正史片，总觉得这类作品带着极强的民族自豪的表述感，又带着文化传承的一个表述。所以《大明风华》找到我的时候，虽然它是一个商业属性比较浓的古装片，但是无论是我们的监制张黎导演，还是我们的张挺导演兼编剧，包括王学圻老师、梁冠华老师，这些都是以往我可以用膜拜来形容的前辈。就算带一点商业属性，我也是以一个正史的心态进入的。

电视剧《大明风华》剧照

曹：作为一个现代人，你怎么去跟古代人，尤其是君王，去找那种共振点？

朱：我们如何能够在这样一个快节奏的工作过程当中，尽快地走进角色，只有一个办法，少睡觉就好。尽量在台词、身形、时代背景上，跟导演、跟周边对手演员多一些交流互动，因为确实我觉得近几年对于这种创作环境是有一些缺失的。那么我们如果想有好的呈现，只有用笨功夫去呈现一些细活，一点一点抠出来。

曹：你刚才说的学圻老师也好、梁冠华老师也好，都是从舞台上"滚"出来的。他们在镜头前的这种表演给你带来一种什么样的冲击？

朱：首先两个字就是信服，可能你准备的，和你同龄的演员、同阶段的演员相比，稍微多了一点点东西。但是当你直面学圻老师、梁冠华老师等一众从舞台走进影视的这些前辈们的时候，你会感觉到他们身上的气韵，和服装、环境的贴合度，这个真的就是无法言传的，只能意会。他的画面出现的时候，你就觉得好像这幅画面里所有的一切都在帮助他表演，他和这个画面融合得那么贴切。所以我在拍《大明风华》的时候，有很长一段时间，有很多的戏是我陪伴在学圻老师身边。当时导演是觉得挺不好意思，说要不把你的反应通场拍掉，你就不用一直站在这儿。我说不行，你还是让我站在这儿，因为我相信我看到的东西对于我未来，"朱瞻基"这个人物称帝以后，是有帮助的。

曹： 作为一个影视演员，你有没有想过以后可能选取一段时间，去演一段时间的舞台剧，接受另外一种濡养？

朱： 会的。而且我也确实觉得到了这个阶段，我需要回炉了，去学校可能性不大，但是我觉得在舞台上跟更多的前辈，更多年龄相近的演员在一起，揉搓揉搓，我觉得可能会是我一个很好的为未来进行储备和吸收的过程。因为其实我已经受益了，我从小20岁出道演戏的时候，那个时候有幸碰触到的是天南海北各地方剧院的台柱子。那个时候真的是这样，我记得《闯关东》，一个只有几场戏的演员来，你感觉到他的那个气息，他眼神里的那个笃定，一问，这是哈尔滨话剧院的台柱子，那个是长春电影制片厂的台柱子。你跟这些老师在一起演戏的时候，一开始你的心是虚的，你站着腿都是抖的。他们自身散发出来的那种对于这个剧作的理解，和对这个小人物的那种拿捏，那种感受是什么，你要不懂这事，你离我远点，反正我在这个画面里也能说。但是当你释放出了你的需求，你特别想跟他走近，而且是以人物的方式去走近的时候，他感受到你这份真诚，他也是向你完全打开的。我有幸从二十多岁到今天，在演戏中，我碰到的每一个前辈，他们对于我都是包容和关爱的。

曹： 你回顾一下自己的成长过程，是不是跟其他演员有点不太一样？你一上来就是特别成熟的那种硬汉角色，然后慢慢变成演知识分子、白领，这些偶像类的人物，但是你又演军人。

朱： 确实，别人在二十多岁的时候，作品当中更多的是青春上的张力，更多的是爱情的浓度，我好像早早就步入家国情怀、现实主义。但是我也没有觉得有任何不适，因为我觉得，在那个时期，你能有机会参与到这样厚重的作品当中，肯定是幸运的。甚至于说当你不具备这样的能力的时候，你已经拥有了这样的成绩，便于你虚张声势。再有一个，确实我底色里面也相对偏爱一些严肃题材，可能这也是跟成长环境有关系。我总觉得男性的表达，我觉得要粗粝感重一些，带一些付出、责任、伤痛，这

电视剧《闯关东》剧照

些东西只有在家国情怀面前可以表现得更加立体。至于说后来慢慢地也拍过一些都市、职场剧，那是因为大环境变了，整个环境，好像对于市场的观众群体，有了更明确的目标。但我们说实话，作为演员来讲，你没有那么多的选择。

曹：你发现没有，相对 10 年前，影视剧的生态已经发生很大的变化，题材的选择、观众的趣味，甚至是传播的方式，都已经发生了很大的变化。有些人可能已经不会完整地看一部剧了，就通过一个编辑的二创，大致了解一下剧情。往往这种情况，对于演员就会有一些不公平，可能某一个短视频为了流量，把某一些部分扩大，对演员来说其实有一点点风险。你面对这样一个新的环境，怎么看？

朱：就是接受。因为我们不能光是站在创作的舒适区里面去高歌猛进，我们也得站在一个创作的洼地里面，寸步难行但也要一点点地、步步为营地去经营。短视频，包括现在很多的快进快放，我觉得没关系，只要这个作品本身的底色是积极向上的。这个载体如果说经得起折腾，不管怎么传播，东西都是好的。我觉得这是全行业共创的一个事情，我们站在自己的起点出发就可以了。

曹：还有，在当下的这种媒体或者娱乐环境下，演员不可避免地会参加一些影视表演之外的活动，有些演员觉得通过综艺去跟观众做一些良性的互动，也不失为一种跟观众接近的方式。你虽然参加得不多，当你作为一个演员的身份去参加综艺，是一个什么样的心态？

朱：可能我身上的演员属性比较重，任务感比较重。就算没有剧本，你也希望过程当中会有起承转合或者什么。

曹：你是一个对自己要求高的人？

朱：对。但是说实话，得掌握一个度。因为它毕竟是综艺，在里面每一个人的表现状态可能有些不受控制，会有一些让你觉得出乎意料的情况。但是这也是这种形态磨人的地方，我可能不太适应。其中有一个，是我认为我没有把它视为综艺的，就是

《声临其境》。因为我觉得那是我们作为演员这个职业，必然应该具备的一门功夫。而且我记得，当时我看到那个节目小样的时候，我是非常兴奋的。因为我们在学校里面也受过配音的训练，我太希望了，因为配音是一个可以用最短的时间走进不同角色的过程。

曹： 你知道我在中学的时候最大的人生愿望是成为一名配音演员。那个年代，我们崇拜邱岳峰、毕克、李梓、尚华这些人。

朱： 我在整个《声临其境》的录制过程当中，每一次去，我几乎是不睡觉的。因为如果单纯只是我们在录音棚里配音，可能相对来说比较松弛一些，但是你在众目睽睽之下，不但要配音，还得有理解，还有二创，还有表演，可能首先需要的是肌肉记忆。你首先得把这个人物和现有的台词内容，做到完全可以忽略这个问题的程度。

曹： 所以你在众目睽睽之下完成这样的配音，是什么感受？你们事先要准备多久？我很喜欢这个节目。

朱： 我有一些素材是到了当天才决定的，我准备得比较充分的其实就是刚开始第一季的那两个，那是稍微充分一些的，但后面就越来越突然。首先可能你想选择的内容，有别人选了，还有的时候可能出于一些差异化的表现，希望你挑战一些更难的。方方面面，诸多的原因。

曹： 我看你们大多数人好像都背下来的吧？

朱： 应该都背了吧。

曹： 如果像你这么说，在那么短的时间里，怎么能够保证完全不出错？

朱： 就是不睡觉，没有别的办法。我觉得只有用物理时间去解决这个问题，我永远记得我第一次进棚，那个时候我的台词老师，郑建初老师，也是在北京配音圈里非常有名的老师。她领我去北京电影制片厂，给一部影片配音，说群杂进，哗啦一群老师全站起来了，我的老师也把我扔进去了。我说干什么呢？她说你就卖个水饺、卖个包子什么的，街杂。我一句话没说出来，我就在那儿站着，导演一喊开始，走一个，各个老师都有活儿，没有本儿。说得都聊上了，你家怎么

动画电影《你想活出怎样的人生》海报

着，他家怎么着。我在那儿光看了，我永远记得那一次的折服和尴尬。我知道这一切既有经验，也有生活阅历，还有方方面面的储备。

曹：你去年配了宫崎骏的那部片子，听说你是主动请缨，而且一个人配两个不同的角色？

朱：对，我挺喜欢的，他是世界动画大师，而且在我从小对于电影，开始了解电影的某一面，宫崎骏的作品也确实对我有很大的影响。再加之，我现在有孩子了，我也希望我的孩子在影院里面可以听到爸爸的声音。我是觉得动画，跟电影有着不一样的渲染魅力，尤其是对于孩子。所以说我现在，反正只要有好的动画片出来，我自己先看一遍，适不适合孩子、适不适合女孩、适不适合我的女儿。

曹：你这儿有三重要求。一般来说父亲都是对女儿宠爱有加，你是不是在家里也是这样？

朱：是。

曹：所以那个"恶人"大概应该是沈佳妮在做，她比较严格一点，上海妈妈都会比较严格。

朱：对。母亲可能跟女儿交流上相对直接一点，我毕竟工作在外的时间长，回来可能是满足她们的条件更多一些，毕竟家里总得有一个红脸、一个白脸，还得配合点。

曹：孩子看爸爸的戏，会跟你做一些什么样的交流？

朱：就说《志愿军》这个片子，我每一次出门工作的时候，孩子都会问，爸爸，你又去开坦克，我说是是。她说你为什么一直开坦克？我就跟她讲这个人物。我觉得这个世界所有对于孩子的很多引导和教育，要从好奇开始，如果她对这个事情不好奇，你说再多，她也可能是记住了那一点点。当她开始对我这个人物产生好奇的时候，我会借这个机会，跟她多表达一些，多讲一些。

曹：我好几年前采访佳妮，我就问她，你怎么就选择了亚文做自己的终身伴侣，我说你对他是什么样的评价，她说他有一种中学生的质朴感。

朱：我记得刚开始她认识我的时候说我是高中生，怎么越说越小了。可能觉我这人没什么心眼吧，我们俩在一起的时候，她说得少、我说得多，可能在我的表达里面，有她悦耳入心的东西。

曹：你太太……因为佳妮是上海人，她其实蛮典型的上海女孩。

朱：很拎得清。

曹：明白事儿。

朱：对，非常明白，而且无论在家庭上、在工作上，对于老人、对于孩子、对于我周边的朋友，我觉得她没有去过多地变换身份，而是让自己一直稳定输出，且让大家都比较舒适。

曹：而且我觉得佳妮有一点非常不容易，因为她自己很年轻，戏也演得很好，但是这几年其实是做了一个幕后英雄的角色，要管老人、要管孩子，让你的事业可以没有后顾之忧。一个女演员的黄金时间就是这么几年，我觉得她挺了不起的。

朱：对，其实是我对她有所亏欠。但同时呢，她也不是一个泛泛的女演员，她虽然这些年输出比较少，但是她也在不断地成长，有机会也会参演一些话剧，和一些周期比较短的，她比较喜欢的文艺电影。而且我也是

朱亚文与曹可凡

期待、期许，她可以和对的人在一起创作。我们两个人一起努力，可以找到一些能够让她完全释放、表达的角色，无论大小。

曹：今年正好是到不惑之年，你一直说自己是一个内心不是那么太着急、太焦虑的一个人。

朱：焦虑，但不着急。

曹：怎么解释既焦虑又不着急？

朱：焦虑的问题是到了这个年龄，无论是老人、孩子，行业的变化，你面对的，就像我刚才说的，作品越来越丰厚，但你越来越意识到你的浅薄。这些焦虑，我觉得是不可避免的，但是不着急，因为毕竟入行22年，我知道机会是给有准备的人的，但是机会不是说每时每刻都要去争取，如果说眼前的机会你没有准备好，一步冲上去可能是一场灾难。所以说有序地、理性地去捕捉、学习一些东西、准备一些东西，珍惜剩下的未来，比如说十几年、二十年的创作生涯中，为数不多的那些机会，可能是我要去做的事情。

曹：你有没有想过将来想成为什么样的演员？

朱：如果对内来说，对我自己来说，我希望永远是在表演过程当中，可以获取快乐的演员。那么对外，我希望无论在未来，角色大小，我都是能够被观众和业内信任的演员，就是这样。

伊人如虹——倪虹洁专访

二十多年前，她以广告模特的身份出道，甜美的形象和清新的气质惊艳众人，而话题、争议和莫名其妙的谣言也曾经令她备受困扰。二十年多间，她逐渐转型为影视演员，虽非科班出身却有上佳表现，留下《武林外传》《爱情神话》《装腔启示录》等一系列佳作。她就是演员倪虹洁。2024年上海电视节上，倪虹洁凭借《装腔启示录》中的

倪虹洁做客《可凡倾听》

"刘美玲"一角，入围白玉兰奖最佳女配角。虽然最终未能站上领奖台，但作为上海演员，这次能在家门口获得提名肯定，已然令她满怀欣喜。

曹： 你好。很开心，你这次能够入围上海电视节白玉兰奖最佳女配角奖。

倪： 第一次入围，我觉得白玉兰奖是我从当演员开始，就一直知道的奖项。好像总是在远远地仰望，我什么时候也可以走进这样一个氛围，这样一个艺术的殿堂。这一次被提名，真的还蛮惊喜的。感觉特别荣耀，上海人在上海，我都发给我爸爸妈妈，家里姑姑什么的看。他们说，哦，白玉兰奖。可能说别的奖他们没有那么兴奋，但是这个是不一样的。

曹： 这次入围最佳女配角，其实每个演员都蛮强的，是吧？

倪： 特别强。所以我觉得不管谁获得这个奖，只要是"倪虹洁"的名字在白玉兰的女配角奖上被提名了，我就觉得已经很荣幸。

曹： 这次你是演《装腔启示录》，"刘美玲"这么一个角色，在戏里面这是一个比较极品"作"的这么一个女性。

倪：上海人说的"作"并不意味着它就是一个贬义词，装腔，我说句实话，身在这个社会的大圈子里，多多少少会有，自己愿意把自己比较美好的、比较光鲜的一面去展露给大家，也就是大家所谓的装腔，其实装腔也不是纯粹的一个贬义词。我觉得出于本意是好的，想更好地去和大家融合在一起，包括"刘美玲"也是。她觉得她这个装是装得很在点上的，你们跟我聊包包，好，我就跟你聊包包。你跟我讲老公，我老公也很好。你跟我讲事业，我是事业型女性，我是靠自己的。她就觉得自己活得很完美，当然她自己内心知道，每个人总有自己的小弱点。我觉得装腔不怕，怕是怕装完之后忘记自己是什么样子。"刘美玲"还是有一个抛却面具、返回本真自我的这样一个比较随性的时刻，所以基于这一点，我还是很喜欢这个角色的。

曹：其实演这样一类角色，其中一个比较微妙的地方，就是对火候跟尺寸的把握，稍有不慎可能就会过于夸张。你在准备的时候，是不是在这个尺度上会有自己的一点考虑？

倪：有，《装腔启示录》是一个群像戏，演的是单元里面的一部分。我在看这个角色的时候，我觉得她跟我非常遥远，她背的包可比我的贵多了，她都是几万元，十几万元或者怎么的。我们不去鼓励这个，我自己背的可能就是八九十元的包，淘了好多款的。我现在背的都是，因为我觉得那个比较随意，我也不心疼，我对这些奢侈品是无感的。但是也有可能，因为我要演这个角色，必须要我喜欢了，我演出来可能观众才会喜欢她。如果我自己特别排斥的话，怎么说，人的心理和眼神是不会藏的，至少我不会。所以我要竭尽我所能，去以我的角度喜欢她。所以我在想，她可能是因为她的工作需要，她周围的环境，她的小伙伴和她的生活轨迹，她做的工作，她需要这样子来辅助她的事业，我就很理解她。但是这个火候有点难把握，我也从来没有演过这样的角色，所以导演对我帮助也是很大的。说句实话，像这样的女生，可能她的"装"不需要流于表面，她是发自内心地、已经催眠自己是很牛的，我是拥有这些的，我配拥有这些，也是我自己争得的，所以我很好。你看我说这话的时候我就……

曹：那个腔调就出来了。

倪：不自觉地我就把身体都挺起来了。我记得有一场戏，就是"我"跟"我"的老同学们在一起吃冬阴功汤。因为对手演员比我高，身高高很多，她坐着无形当中她就会比我高，你知道吗？然后我就想，"刘美玲"处处都不能矮人一头，我就说

倪虹洁

143

服务员，给我拿一本你们的菜单，就是那个硬的卡的，就放在椅子上，我就坐。这是一种心理暗示，就是我处处都要比你完美，就那种感觉。

曹：当下其实社交媒体比较发达，大家都希望在社交媒体当中去展示自己亮丽的这一面。所以你觉得你自己在生活当中，是一个什么样的状态？

倪：我是比较松的吧，真的就是没有工作的时候，我觉得我自己虽然年纪在这里了，但还是像一个小孩子一样，就是可能打游戏打很久，然后跟我们家小猫小狗会说很久的话，然后带着它们去散步。我觉得我可以跟，哪怕一棵很漂亮的树都可以对话。就是我还挺喜欢一个人的，我不需要去考虑，因为我是个，从成长环境来说，我从小就是一个比较能感受别人的情绪，或者是比较讨好型人格的人，所以我会有一些累。现在我做了这份职业之后，让我有更多的面，作为演员，有更多的面，我私底下生活的时候，可能我就会回到最本真的那个我。

除了上海电视节白玉兰奖的提名，今年的上海国际电影节也留下了倪虹洁的身影。在全新首映的沪语版经典老电影《乌鸦与麻雀》中，倪虹洁作为配音演员"献声"，这对于她来说也是一次全新的体验。

曹：你在里面给谁配音？

倪："余小瑛"，就是黄宗英老师演的那个角色。

曹：啥感觉？

倪：压力山大。特别不好配，我又不是专业的配音演员。我去了之后才知道里面的门道、门路，或者说是门槛。

曹：对。

倪：不是谁都可以做的。

曹：对。

倪：我去了之后才知道，原来我的上海话也不是那么地道，因为那个年代的上海话和我们现在上海话有一些……

曹：不大一样。

倪：对，语言的逻辑、语音语调都不太一样。

曹：对。

倪：整个片子里……我们现在因为生活环境比较宽松，节奏也不是特别快，其实说话就还好。但是那个电影里的语调和节奏都会比较尖锐一点，再说又是黄宗英老师。

曹：对。

倪：我记得她有一个访谈里说过一句话，还安慰了我很久。她说，一个演员可以演正面角色，也可以演反面角色，因为这都是艺术创作。她说，我愿意演反面角色。所以她在《乌鸦与麻雀》里面，其实是演了一个反面角色。我没有机会了，要是有机会，早一点的话，有这个机会的话，我可能就说，老师……

曹：我就可以带你去看她。

倪：我想和她说，我给您那个角色重新配了音，您给我指导指导。

曹：我相信宗英老师如果看到或者听到你用上海话给她配音，她一定会很高兴的。把上海老电影能够用另外一种方式传递出去。

倪：对，然后我还参与其中了，就觉得是特别有意义的一件事情。

这些年来，倪虹洁在不少影视剧中塑造了上海女性的角色，尤其是 2021 年沪语电影《爱情神话》中的"格洛瑞亚"一角，凭借鲜活的个性和有趣的人设，成为影片中最深入人心的角色之一。当然，倪虹洁的出色表演也是不可或缺的重要一环。除了一口流利的上海话，更重要的是，倪虹洁身上似乎自带一种独属于上海女性的气质，无须刻意，浑然天成。但事实上，倪虹洁出生在常熟，作为知青子女，她在很小的时候被带回了上海，从此离开父母，与爷爷奶奶和一众亲戚共同生活。

曹：你记得你从小到大是一种什么样的生活状态？好像你住在淮海路那里，是吧？

倪：以前先是住在淮海路，就是国泰电影院对面，那个红的房子里，淮海坊。

曹：淮海坊。

倪：你听着好像高大上，淮海坊，市中心，不得了，其实房子好小。就特别小。

曹：现在说是钻石地段。

倪：然后就搬到了虹口区，一家人都搬过去，所以我就过去了。反正就跟着一大家子人一起住，居住环境也是比较拥挤的。

曹：小时候这种弄堂生活，你印象当中最深的是什么？

倪：其实你说我们外地来的，你说我是上海人

倪虹洁

也是，你说我不是上海人也不是。就是借读生，跟上海本土人还是有区别的。

曹：是吗？

倪：有，您感受不到。我们是借读生。

曹：什么区别？

倪：因为毕竟不是上海人，父母也不在上海，我是借读的，每个月，每个学期是要付借读费的。别人就说，你跟我们是不一样的。

曹：真的啊？

倪：所以说很长一段时间，我是没有归属感的，我从来没有觉得我是上海人，我也不知道我什么地方的人。

曹：你刚才说，其实小时候有点讨好型人格，是不是跟这种生活环境也有关系？因为爸爸妈妈不在身边，你可能跟爷爷奶奶、姑姑住在一块儿。

倪：是的。

曹：上海人讲鉴貌辨色，要察言观色，不要惹人家不开心。

倪：对的，比较谨小慎微，比较会感受别人的情绪，哪怕你没有张口来说，我也能感受到这件事情我做了你会不开心，我就会考虑，我可能就不做了，就比较会顺着大人的意愿和意志，会根据眼神之间些微的变化去调整自己的步伐。

曹：我观察过一些人，包括我的一些朋友，他们从小生活在类似像你这样的生活环境里。他们的做法就是，回到家里赶紧把功课做完，看看大人做饭的时候有什么需要帮忙的，放个筷子、放个碗，吃完饭以后帮着大人一块儿收拾。可能像我们就不那么敏感，吃完饭可能理所应当，爸爸妈妈就把饭碗收了。

倪：不是，碗都是我洗的。

曹：真的啊？

倪：我总是洗碗的，而且上海冬天挺冷的。

曹：对啊。

倪：当然不是因为我姑姑什么的欺负我。那时候就是挺节约的，不会用热水去洗碗，冬天还挺冷的。每天晚上七点钟，我洗碗的时候总是听新闻，我就一边洗一边听，所以我现在长大了，我就不喜欢洗碗。我比较谨慎，其实他们也没有说，比如这些菜你不能吃，或者是你应该吃多少，不会分食制的。但是你心里知道，今天这个量是我的，我可以了。你要是嘴馋还想多吃一口的话，你要看一下，明天姑姑有没有带饭的菜，这些永远萦绕在那里。

曹：所以从小你应该是个乖孩子。

倪：我是一个特别乖的孩子。但是我觉得这种从小长大的一个环境，对我现在做的这行其实是有帮助的。我会比较敏锐地，或者感同身受地去感受到我要演的那个人物，或者我对手演员给出来的些微的信息，我会比较敏感。

曹：所以这个对演员其实很重要，就是敏感。

倪：对，我不需要去花更多的精力，或者是听你在说什么。我可能在做这个事情的同时，就能感受到你在我后面做什么，你的情绪是怎么样的。我是不是要照顾你一下或者怎么样，或者给你什么反馈，这个不需要我再额外去动脑子，自然而然就会有。

曹：那个时候会不会给爸爸妈妈写信，想爸爸妈妈，或者说算了，上海我也不待了，总觉得有点格格不入，想回到常熟。有这种想法吗？

倪：想啊，我记得在初中的时候，那时候没电话，要去公用电话打。爸爸妈妈那边也没有电话，所以就是要写信的。那时候信封是黄颜色的那种，还有邮票，那个信封是一条一条的。我就写，大致意思就是说，我想这学期暑假考试考完之后，不在上海读书了，我想回到常熟读书。他们没有搭理我。他们那种不搭理是过了很久之后，可能下学期了，我爸给我回了封信寄过来。说你要好好念书，不要想太多，你怎么怎么的。其实他们说这番话，或者对我的这个决定的阻止，对我现在的生活也是有帮助的，要不我可能也就回去了。

曹：你如果回了常熟，那可能是另外一幅生活景象。

倪：也有可能绕着绕着圈，我变成常熟籍的明星也不好说。

曹：也不好说，对。

倪：也不好说。人生就是有无数种可能，但是我还是相信现在是最好的我，不要去想没有走过路，或者可能的事情。

曹：你现在回想起来，自己的童年生活，最开心的事是什么？

倪：最开心的事情就很搞笑，我喜欢一个人去那些……那个年代很多拆迁的老房子，就是这种石库门房子什么的就开始拆迁了。我就喜欢一个人，跑到那一堆将拆没拆的房子里，有的残垣断壁，有的楼梯，我就上去看一看，去翻一翻，我不是说要去找什么东西，我也不知道为什么，我就看到人家墙上，斑驳的墙，淋雨嘛，奖状他们都没拿走，淋得花了像挂着眼泪一样，我可以看很久。然后看地上一个洋娃娃，这样烂掉了。我在想它曾经的主人是多么喜欢它，现在一个人孤独地躺在这儿。

曹：被遗弃掉了。

倪：对，就我一个人会在那个房子里待很久，一间一间地穿过去，然后在想象，在刻画他们住在这个房子，这个房子完好，像新房子一样的时候，人在里边怎么生活，

倪虹洁

怎么忙碌，会想很久。后来有一阵我干演员，刚到北京去当演员的时候，也没有归属感，就是还挺辛苦的，那一阵。我就是大夏天的时候坐在西单火车站的大商场，我就坐在商场门口，因为热，没地方去，但是要等着，不知道有没有我的戏，没有地方休息，我就坐在那个台阶上面，因为每次人家进进出出的时候，那个塑料帘子掀开就会有凉气出来。就坐在那边，吃水饺，我记得特别清楚。我就在那儿，真的是漫无目的，那时候也不玩手机。我就在看对面的楼里边，一会儿暖色光的灯亮起来，人在里面走啊走。那家灯又开了，一群人在里面吃饭。我就在看他们家的生活是什么样子的，然后想，如果我进去的话他们是什么样的生活，就会思想飘得很远。

曹： 这个很有意思，对你做演员有很多帮助，就是你的观察力跟你的想象力。

倪： 所以我也觉得是不是因为这个，我现在看剧本的时候，我看到的是文字，但是我脑子里跳出来的不是文字。

曹： 会把平面的文字变成立体的图像。

倪： 它们在里面动。比如说"刘美玲"，她是个什么样子，她翻了个白眼，是什么样子。我觉得脑子里就会有各种各样的小人在里边动。

曹： 最开心的事说了，一个人跑到这些断壁残垣。

倪： 听着好像也不是很开心。

曹： 现在想起来最不开心的事是什么？

倪： 最不开心的事情，我对不开心的事情记不太住的。

曹： 那跟父母长期不在一起生活，尽管常熟离上海不远，毕竟爸爸妈妈不在自己的身边。你想撒个娇，你想发泄一下都还不行。

倪： 我脾气好呀。而且不是在懂事之后，或者跟父母生活过一段时间后你再离开他们，如果那样，可能会有这样的想念，或者说是对比。但是当时我六个月大，在什么都不懂的时候，我是被抱到上海去断奶的，其实我不知道在父母身边会是一个什么样的感觉。

曹：没有感受到过跟爸爸妈妈一起生活的那种环境。

倪：没有，所以当我妈妈……这是我妈妈口头跟我描述的，她第一次隔了很长时间之后回上海来看我的时候，她伸手要抱我，我是不认识她的，我往后缩了。我晚上跟她睡一个被窝的时候，我一晚上都没有睡着。就很难受，我都不敢动，因为很陌生。这个桥段后来被我用到了去年拍的《致1999年的自己》，那也是演了一个知青，从江西回来的。那时候我真的是感同身受，我在对词的时候，就是大家围着一桌在对台本的时候我就哭得不行了。

曹：那你从什么时候开始，发现自己是有一点艺术天分的？或者说你喜欢文艺？

倪：我小时候不是特别有自信，所以没有发现我自己有艺术天分，我只知道我会把故事讲得很好，那时候我最喜欢看的书是《故事会》。比如说学校要让我表演才艺，同学们有学小提琴，有学跳舞，有学钢琴的，我什么也没学过。

曹：所以你就讲故事。

倪：我就把《故事会》的故事，我自己把它吃进去之后，在讲台上给大家讲故事。怎么样，就是描绘得跟真的一样，同学觉得怎么那么会讲故事。但这也不叫才艺吧。

曹：那也是才艺。

倪：可能是吧。那时候我的普通话，我不记得了，那肯定不会很好。我当演员很长的一段时间，因为没有学过表演，普通话是很困扰我的。

曹：是不是前后鼻音最困扰你？

倪：根本分不清。我原来以为王先生黄先生，我觉得是对的时候那肯定是错的，我就是分不清的。但是很长一段时间，我后来在北京生活，又拍了很多只讲普通话的戏之后，甚至有学山西话、陕西话或者是重庆话，慢慢地，上海话，我觉得我舌头弯不过来了。然后在拍"格洛瑞亚"，就是《爱情神话》的时候，我们一起对台本的时候，我必须要把那些上海话先翻译好、备注好，因为我已经不太会讲了，我觉得我舌头捋不直，说出来很奇怪的。还好，那一个月大家高强度地说上海话，我捡回来一点了。

　　无师自通的"故事大王"，或许就是倪虹洁身上表演天赋的最初体现。由于家里人不赞成，倪虹洁中学毕业后并没有报考艺术院校，而是选择了经济信息管理专业，打算走一条按部就班的职业道路。然而兜兜转转，最终她还是踏进了演艺圈，并且在世纪之交，因为两条红极一时的广告而一举成名。

朵而广告

倪：那个时候到大学最后一年的时候，突然有人找我拍戏。我记得特别清楚，人家找我演戏。我说演戏？对方说因为那个角色跟我的经历很像，是个模特。我说我从来没有演过戏，他说没有关系，你就是模特，你就演你自己就好了。那时候我也没有挣钱的概念，他突然给我，哇，在那个年代是很高的片酬。

曹：哪一年？

倪：2000 年的时候。

曹：2000 年。

倪：给我 7000 元一集。我惊呆了！就去拍戏了。

曹：巨款。

倪：我那时候其实也就是想让家里的生活变得好一点，我拿了那笔钱其实也就给原来住的地方装修了一下，装了那时候的空调什么的。还挺有荣誉感的吧。

曹：可能对观众来说，他们对你最早的认识就是广告。而且那个年代，大家是相对趋于保守的，内衣广告几乎没有看见过。

倪：从来没有。

曹：所以当时接这样一个广告，心里会有一些顾虑吗？

倪：当时可不是内衣，当时是连身的一个东西。里面穿了一个打底，外面套了一个衣服。但是后来慢慢布料越来越少，变成内衣，但是有合同在先，所以……心理压力，这种无形当中，我那么敏感的人……你知道吗？

曹：对，我就在想。

倪：周围的一圈，包括我的邻居，我回常熟之后，隔壁邻居，家乡父老们，我的小伙伴们，你知道我的心理压力是非常大的。我们家也不聊这个事，越不聊就说明越在意。

曹：对。

倪：非常尴尬，你觉得空气当中都冒着丝丝的欲言又止，又假装不知道、不在意，那种细微的感受是很让人崩溃的。

曹：怎么去抵御这样的一种心理压力？

倪：就是人其实有很大的韧性。当你面对这么大压力，你每天还要继续前行的时候，你慢慢也就消化掉了，你就习惯了。然后我觉得，因为当时的年龄差和外形，广告形象跟当时的我差别是非常大的，我觉得我自己有一个保护空间，当别人和你面对面的时候，他们很大部分是认不出来的。不像现在我出门，人家说倪虹洁，合个影什么的，那时候没有这样的。所以才会有各种谣言，因为我感觉自己就是隐藏得很好的那一种。

曹：当时泼天的谣言就是你拍的这个……

倪：都知道了，好像大街小巷尽人皆知，说我是个"人妖"。

曹：对。

倪：所以就当这些东西离你很远，你又不认可的时候，你就不会觉得他们是在说自己，对自己倒是伤害没有那么大，觉得很好笑。

曹：是不是觉得挺好玩的。

倪：是的，我说怎么，哪方面，什么地方像了？好奇怪。

曹：后来慢慢从广告圈转到做演员，你觉得这种过渡是很自然的，还是说要经历一段时间的磨合？

倪：从小受的教育就是，我不太想干演员。所以我就一会儿想开个宠物商店，宠物医院，跑到云南束河，我开了一个后花园客栈，我要去那边，而且我真的去了。后来发现这些都不切实际。而且绕了一大圈之后才发现，自己错过了很多的机会、时间，才知道自己原来那么喜欢做演员。对演员这两个字的理解也发生了翻天覆地的认知变化，我一开始自己演的时候，我是特别介意我家里人来看我什么的，因为我觉得他们看到的我是个傻子，特别装，装这个，装那个，一会儿又哭了，一会儿又笑了，装腔作势。我就觉得还挺尴尬的，因为我自己心里面没有说服自己。

2006年，倪虹洁出演了古装情景喜剧《武林外传》中的女捕快"祝无双"。作为家喻户晓的一代"神剧"，当年几乎所有《武林外传》中的主要演员都因这部戏而爆红，演艺事业突飞猛进，而相比之下，倪虹洁的职业发展却依然有些不温不火，没有太大起色。

曹：你真正被大众所认知、所接受还是《武林外传》。

倪：其实那个状态就很难忘，在过后的很多年里面，我都再也没有遇到过这样的剧组。就是真的是世外桃源，本来也是一个封闭的环境，在山头上，把山砌平了之后建了一个棚，大家都在山上生活，很少下山。就跟那群猫、狗，这一群工作伙伴待在一

《武林外传》剧照

起，小一年。那时候，你会觉得，那是不切实际的美好的一段日子。

曹：也算是一个小乌托邦。

倪：是的。

曹：与世隔绝，吃喝拉撒全在里头。

倪：也没有人去外面串戏，因为大家都不火，不用下山，没有别的活，就把这个活干好。

曹：那个拍了多久？

倪：他们拍了小一年吧，我是后面才去的，我去了半年。每天就拿一个饭盆，自己的碗，到食堂去打点肉，打点菜，大家坐一起吃。吃完对词，聊聊天，拍，拍一会儿狗狗进来了，狗狗进来就进来吧，打个招呼，你好，谁谁谁，就是很随性。

曹：其实时隔这么多年，我有时候刷到还会打开来看看，还是很好看。

倪：我演得不好。自己回头看看，演的是什么呀？很青涩。

曹：像姚晨、闫妮，包括像沙溢、喻恩泰，后来都在各自不同的赛道上，做得还不错。

倪：是演得不错，当时我觉得，他们演得真的是天花板你知道吗？我当时就觉得他们演得很好，所以我就说我演得不好。

曹：你现在怎么觉得演得不好？

倪：首先他们很用功，我的用功只是体现在背台词，我现在知道用功意味着什么。他们不需要，他们的台词功底也好，我那时候还说着不是那么正宗的普通话。我能做到的是完成角色，而他们能做到的可能是在……就是我很多年之后才领悟到的，是在角色身上和自己身上拉近距离，让它变得更生活化。

曹：其实这个戏（《武林外传》）播了之后，相对而言，你吃到的红利比较少。

倪：我好像没吃到啥。

曹：老觉得你有点亏。

倪：也不是吧。当时的我在干什么呢？我决定去云南了。

曹：就那时候决定去云南了？

倪：我就那几年之后开始一直往云南跑，然后我就一心想在云南开客栈。

曹： 做老板娘？

倪： 倒不是老板娘，我就想，耳边很安静，看看书、晒晒太阳，看着蓝天、放空，我要进入一个那样节奏的生活。当然我也有一段时间是觉得很开心的，但也错过了很多，这个也没有好也没有坏，怎么说呢？人生就是这样。

曹： 客栈经营得好吗？

倪： 不好，就我这种谁来都是兄弟姐妹的人。

曹： 全部签单。

倪： 怎么可能好？没有做生意的脑子。

倪虹洁

曹： 现在回想起来，其实那段经历也蛮好的。

倪： 也蛮好的，我脑子里还回想着我穿着当地人手绣的布鞋，踩在那个几千年的青石板上、石桥上。那个石头一块块，都是乌青乌青的，泛着油光的那种，雨后就更漂亮了。所有记忆其实都……没有时间是浪费的，而我只是放慢了脚步去过了一阵我自己特别想过的生活。

曹： 你干了多久之后，觉得还是应该回归演员这个身份？

倪： 有个两年左右，一两年吧。

2013 年，倪虹洁主演了崔健执导的文艺片《蓝色骨头》，在这部电影里，倪虹洁的表现备受称道，而用她自己的话来说，她也第一次体会到了"做演员的幸福感"，真正爱上了表演。

曹： 崔健因为是中国当代流行文化的一个特别标志性的人物。你能不能描述一下第一次跟崔健见面的情形？

倪： 我感觉他就是个特别普通的中年人，嘴特别小。但是，他在跟我说他的电影，就是他写的剧本，他想要什么的时候，我记得还特别牢，那个时候是夏天，在他的一个工作室，是在顶楼，他的房子。里面有他的音响设备，那个阳光从外面照进来的时候，空气里那种小小的灰尘都会照得特别……就是特别有流动性，就是能看得清楚。然后他给我听，他为这个电影写的那首歌，叫《蓝色骨头》。当时听到后面我就哭了，我没有任何想法说我要在他面前表现什么样，我真的是听进去了。我能听到里边的不容易，就是不羁或者是对生活的挣扎，或者一个女人的不容易，我能听到很多东西。然后我就什么也没说，他也什么也没说，后来就定了我了。当然定了我之后，他对我也不知道能演到什么程度。我们那时候跟黄轩，还有尹昉什么的，会有很长一段时间在他的工作室里，每天都在排练。那是我从来没有经历过的一种生活。

曹：在当下已经没有这种状况。

倪：没有了。

曹：拍摄之前还要进行排练。

倪：包括当时的摄影，杜可风老师也天天跟着，说你的脚，脚踝好好看，我们要怎么怎么拍。他们一直会在旁边看，我们一直都在磨合。整个从一开始到最后完成的整个阶段，是我对于表演、对于演员这份认知，对于电影，对于后面我走的路，我觉得是，把我重新都撕开，撕成一条条之后又重塑了一个我，很感谢崔健。

曹：你刚才说以前也知道用功，但是过去认知当中的用功只是背词。

倪：对，我觉得我把词背出来，我不让导演 NG 就好了，那还要怎样？

曹：所以拍这个戏，你对演员的所谓准备有一些什么新的认知？除了词以外。

倪：我觉得那都没什么词，不需要。我觉得是要一种……其实演员很难忘掉自己，会有很多杂念。我从来没有演戏的时候说忘掉我自己，我知道我在演戏。但那个戏，那个电影很多场景，包括我把眼睛封起来，用那个枪砸自己，好痛。我有一阵被砸回自己了你知道吗？一下砸进去，我的眼睛，另外一只眼睛我就看到里边都是金丝，好痛。但就那一下我又觉得心很痛，感觉到失去孩子的那种心痛，我会把自己忘掉。那时候还有些游离。但是我已经感受到，原来我可以把自己忘掉。当所有人给你鼓掌的时候，我觉得演员原来是这样子的。

曹：我们再来说说《爱情神话》，《爱情神话》是一个很神奇的电影。

倪：是很神奇。我不知道为什么，可能其实我第一次接触不那么喜欢的角色，反而出来就会很跳跃，就像"刘美玲"一样，就像"格洛瑞亚"一样。当时导演跟我聊的时候我在想，这个女孩思想好开放，跟我的想法不太一样，跟我的生活差得很远，是距离产生美吗？就真的演了之后，我会在她身上找到我身上没有的东西。而且我觉得那个可能是我们女生需要的东西，那么自信、那么张扬、那么爱自己，可能就是我身上缺的。所以其实我在想，"刘美玲"身上也有很多我没有的东西。她可以毅然决然地抛却过往所有的生活，撕掉面具，那是需要勇气的，然后开始一个新的生活。

生于 1978 年的倪虹洁，如今已然步入中年，而她身上自然流露的那份天真、快乐和自信始终存在，用今天时髦的话来说，或许那就是所谓的"少女感"，令人羡慕。其实这些年来，倪虹洁不仅经历过事业上的起伏，也经历过个人生活上的波折，当年早早步入婚姻，十年后却不得不黯然收场；为打拼事业的无奈选择，导致母子亲情经受考验。所有这一切，倪虹洁以她的坚韧和智慧努力化解，继续过好属于自己的人生。

曹：为什么那么年轻就闯进一段婚姻？当时怎么想的？

倪：没有任何想法，就是因为没有地方住。我爸爸妈妈比较保守，那肯定是不可以同居的，要不就领结婚证，要不就回常熟去，正好那时候恰好有这样一个男朋友。

曹：后来决定结束这么一种生活状态，是不是觉得确实不合适？我要开始一段新的生活。

倪：当时的决定还不是我做的。所以我就说以前的我就算知道很不好都不太会勇敢地跳出来，是他决定的。但是真的决定了，可能我就一直往前走，我就再也不会回头了。

曹：你刚刚恢复到一个人生活的时候，你会觉得生活艰难吗？

倪：我是过年回去"被离婚"的。离完婚之后我回到了剧组，我觉得那种感觉是我不愿意别人来感受我的忧伤或者是怎么样的，因为毕竟感觉还是亲人的分开，就感觉可能不是爱情的话也是左手握右手，突然一只手被抽离掉了之后，另外一只手会觉得不太习惯，握不到那只手了，就会很难受。所以叽叽喳喳的我就变成每天要不就面对着墙壁这样躺着，要不就是背对着大家坐着。那时候闫妮就问我，我跟闫妮一起拍戏。她说，妮子，咋的嘛？我说没啥。她说你干吗呀？我说没什么。她问，离婚了？我说对。然后那一段时间，我的整个经济状况也很惨，也是人生比较……也不叫低谷吧，比较低洼的

倪虹洁

155

倪虹洁与曹可凡

时候。但是另一方面又觉得心很自由，我现在是一个人了，我不用每天汇报我要干什么，我想做什么就做什么。所以当结束之后，我又慢慢通过自己不断努力，去拍戏或者做其他工作，我慢慢又变好了。

曹：那时候怎么考虑跟孩子之间的这种关系？

倪：也是我需要做一个独立女性，我的工作性质决定了我没有办法带他。所以当时我就说，我希望他是跟着男方的。因为奶奶、爷爷当时能很好地照顾他，但是当时也真的没有想到会被那个家庭如此排斥，没有缘由，只是因为结束了一段感情，会遭到如此的排斥，那是我没有预料到的，所以比较煎熬吧。

曹：孩子心里会有想法吗？

倪：会。他现在是在国外读书。他有两个微信号，他在国外那个号我都找不到他，联系不上他，他不加我。就是还挺……没有办法，我只能寄希望说他再长大一些，可能是不是会缓和这样一个关系。当然我觉得是愧疚于他，但是这个不是我一个人造成的，也是各种方面没有办法才会造成今天这个结果。我觉得，他不应该只责怪我，等他长大了就会知道。我这个伤感只是说见不了面，或者某些小情绪而已，但是会过去的。

曹：你现在怎么看自己目前的这种状态？

倪：比较松，比较松是因为首先我已经没有经济上的压力，我可以做我自己喜欢的事情，我也不希望我的工作安排得没有让我自己有独处的时间。我在演每个角色的时候，我就特别开心，因为工作对我来说，去拍戏对我来说是让我觉得很兴奋的一件事情。

曹：而且你在这个年龄还是有这种少女感，这个很不容易。

倪：比较简单吧，可能没有要求太多。我没有太大的要求，对生活，物质上、质量上没有太大要求之后，我就觉得整个心态会比较平和。我希望我只是珍惜眼前的每一个角色，包括每一个人，就像今天我见到您一样，这一帧对坐的画面会留在我的脑海里。我会记得所有愉快的、开心的事情，把那些不好的，就像您刚才问我，小时候有什么不开心的事情，我不太会记住，那些不需要我记。

曹：我觉得所有人都应该向你学习，女生男生。

倪：那不敢。

她比烟花绚烂——姜妍专访

在第 29 届上海电视节"白玉兰绽放"颁奖典礼上，姜妍凭借自己在《南来北往》中的出色表现，一举夺得白玉兰奖"最佳女配角"奖。这也是姜妍在演艺圈摸爬滚打十数载后，最值得纪念的殊荣。有着完整人物弧光的"姚玉玲"，可以说是剧中最出圈的一个角色，也让姜妍这朵"东北大牡丹"畅快地绽放了一次。

姜妍做客《可凡倾听》

曹： 首先要恭喜你以《南来北往》"姚玉玲"这个角色入围白玉兰奖，你是不是第一次入围？

姜： 第一次。看到入围消息，当天都哭了。没有过，这是第一次。因为上学的时候，就老看那种颁奖典礼，很多老师在上面说获奖感言，就想什么时候我也能上台？所以这是不知不觉 20 年，第一次得到提名。我觉得这是一种肯定，对于我在表演上、对于角色把控上的一种肯定。

曹： 最想说的一句话是什么？

姜： 对于高老师写的这个角色，我充满感恩之情。因为我在跟老师们的相处过程中很少表达，他能让我借助"姚玉玲"，在那个年代畅快地活一次。让我心里的这种东北大牡丹潇洒地绽放一回。有这种体验，我很感恩。

曹： 对一个演员来说，能够在高老师的剧中，来扮演一个角色，无论是主角还是配角，都非常幸运。

姜： 对，之前非常忐忑。因为高老师在这部剧上是花费了很多的精力，我也从来没有见过一个编剧老师在拍摄过程当中，有这么高的参与度，我们每天拍摄的素材都会反馈给他看。也就是这样的过程，让我起初压力挺大的，我想，我符不符合高老师当时创作这个人物的初衷？是不是他想象中的"姚玉玲"？那个时期，拍摄过程中，高老师经常来探班。

曹：他跟你怎么说？

姜：他第一次探班的时候，是我最紧张的时候，因为我们就是刚拍了半个多月、一个月的样子，我记得。然后我们站在一排，在电梯口，等着他出来。当时很紧张，因为我知道每天的素材会传给他。我就在那儿等着他，电梯门一打开，他冲着我就来了。然后我就在想，他要说什么？他就说，小姜。他说大连话，我也是大连人。

曹：对。

姜：他说小姜，你要成精。我当时就觉得，这是一个强心剂，妥了妥了，那我就按照这样的一个方式和路径，去把控好就行了。

曹：当你第一次看到自己的名字进入入围名单里面，你跟爸爸妈妈说什么？

姜：我就和他们视频了，鼻涕都流出来了。我就问妈妈，妈妈没想到吧？我妈说，不要再往下想了，知足吧，已经太好了。回首这20年，第一次得到提名，我觉得之前是不太敢想的，也演了那么多的戏，好像已经习惯了，演完了这部戏就这么销声匿迹了，都没有给大家留下深刻的印象。

曹：过去是似曾相识。

姜：对，我自己也知道。直到《南来北往》，大家会觉得说，你是"姚儿"，应该是对角色有深刻的印象了。

曹：也就是说你有代表作了。

姜：真的是有代表作了。所以当时看到进入入围名单的时候，我自己就忍不住了，就"呜呜"哭。哭的还有一个点是，我一直以来都特别渴望给我们老师有一个像答卷一样的东西，我觉得好像交了一个毕业作业一样，从我毕业那一刻我就渴望这样。没想到走了这么多年，我都没有交上毕业作业，我觉得这个是符合我心中的毕业作业的。

曹：你记忆当中，当时在班里面，你算是处在什么位置？是比较靠前的，还是中不溜丢的？

姜：不太好意思说，一直是第一名。但是以前老师跟我也聊过，说你可能毕业之后并不吃香。

曹：为什么呢？

姜：是因为他觉得我的这种形儿不占优势，刚毕业的学生更适合那种小花，花旦型的。他说你可能要到30岁之后才可能被人看到。当时老师是希望我留校任教。然后我说老师，我 30 岁之后，怎么可能还演戏？都那么大了。那时候我小。

曹：觉得 30 岁到头了，是吧？

姜：对，说话也没什么顾忌。我觉得我都那么大了，我还会演戏吗？但是现在想想，我都 38 岁了，可能 68 岁我也乐意演，可能会演到老，因为越来越喜欢这个职业。

曹：而且我觉得你这路是可以走长线的。

姜：我也希望我自己能够这样。38、48、58、68、78、98，一直可以演。好的曹老师，我有目标了。

曹：其实你们这次最佳女配的入围名单很有意思，就可以把它分为两组。一组就是像陈冲、宋佳这样的资深演员，当然宋佳跟陈冲还差着辈。

姜妍

姜：是的。

曹：宋佳也演了那么多的好戏，也是个好演员。她也因为《悬崖》得过白玉兰奖，是吧？

姜：对，《悬崖》。

曹：你、倪虹洁、范湉湉，都是第一次入围。而且你们三个都有一个共同的特点，就是这条路走得很长。

姜：我只知道我自己的这条路走得挺漫长的。但是我知道，有很多优秀的演员，他们可能至今还没有入围，但是他们一样优秀，一样满怀热情，会花很多精力投入角色的塑造。我也经常和我的朋友们分享，我觉得我们就不疾不徐的，慢慢来，可能有一天被上天眷顾，被观众发现，只要脚踏实地地一步一步走，会被看到的。

饰演《南来北往》中的"姚玉玲"，或许是姜妍生命中最美的机遇。国产电视剧中许久未见如此生动活泼又带有喜剧元素的角色设定——率直泼辣、爱慕虚荣，却又顽强决绝、让人无法心生反感。表情俏皮灵动，步伐摇曳生姿，这些都让姜妍赋予这个角色的真实与鲜活跃然于屏幕之上。也许遇到姜妍，也是"姚儿"不期而至的幸运。

曹：当时你看这个《南来北往》的剧本，看你这个角色。是不是觉得我等了这么多年

的一个人物来了？

姜：是，因为我就是大连人，这个剧写的就是大连的铁路段，是大连到牡丹江的这条铁路线，而且我又是机车大院长大的。

曹：是吗？

姜：就是这么巧。

曹：太巧了。

姜：对。但是直到这部戏杀青，我都没有跟高老师说过。我只是觉得，能赶上这个是冥冥之中的事情。小的时候，我总觉得我们家的这些亲戚，像我的舅舅，我的姨、大姨、大舅，他们作为铁路人总是很骄傲，很有自豪感。小的时候不理解，但是看了剧本就知道，原来他们经历的是这样的一个故事。我能回到那个年代去体验一回，真的是巧合。而且我演的又是一个播音员，在那个时候，播音员就跟主持人一样，是很骄傲的。所以我当时看到这个剧本的时候，心里就想着说，是不是冥冥之中给我这样一个机会，去感受我家人经历过的故事。

曹：你们家亲戚因为都是吃铁路饭的，所以看了这个戏之后，尤其看你演的这个角色，跟你有些什么样的反馈？长辈们肯定很快乐。

姜：对，特别是我的三婶，她是我奶奶家那边的亲戚，她也是干这个的，她跑的就是大连到牡丹江这条线，但是她是乘务员，所以很有感触。直到现在她都在反复看，我说你是最忠实的观众。

曹：当你读完这个剧本之后，当时是怎么想的？在撰写自己的这个人物小传的时候，你怎么去界定这个人物？

姜：当时我没有那么明确地概括出一个字，我只是用很笨拙的方式。因为当时在我接到这个角色的时候，我们的主创也好，周围看过剧本的人也好，都会跟我传达一个概念，就是说你演这个就等着被骂吧。

曹：为什么？

姜：因为她的缺点很明显。

曹：让人既爱又恨。

姜：对，她又不太符合主流价值观。爱慕虚荣，都是挺刺眼的，对于概括她的这些词条。但是我看完之后，我很喜欢她。

曹：为什么呢？

姜：因为我觉得足够真实，人无完人，只不过我们充分在屏幕上呈现的时候，她的一些缺点会有点直观，有点明显。但是其实谁没点诉求呢？只不过平日里很多人把它藏得比较深一点，没有那么直接地表达。"姚玉玲"这样的人，她就是会很直接地表达我要什么，我不要什么，并且特别笃定、坚定地去选择。她确实看上去有点爱慕虚荣，但作为演员来讲，我要把它合理化，这就是在我的人物小传前期的铺垫。这个可能是观众看不到的，但是对于我来说，我有很强的内心依据和支撑。"我"的家庭情况是什么样的？"我"受了妈妈多少影响？因为"我"妈妈是在剧中有展现的，就是我们母女之间的对话，从里面去挖掘。"我"的经历是什么？"我"有没有父亲？是妈妈一个人拉扯"我"。"我"怎么没有的父亲？"我"父亲之前在我们家是一个什么样的地位。他是一个醉汉，他是一个不太有能力的人，导致了"我"妈妈那么漂亮的一个人，过得不太幸福，所以他给"我"传递了一个怎样的价值观？影响着"我"，让"我"去把握住一些东西。因为原生家庭会对"我"有一定的影响，包括"我"是多大到了铁路大院，"我"是跟着师父开始一点点学习播音。"我"在这个大院里，"我"怎么样成长？"我"看到每家每户他们都有家人陪伴，"我"羡慕吗？他们家里有落地收录机，有特别可口的饭菜，"我"羡慕吗？"我"会不会想要自己也有一个特别安稳的生活？这是虚荣吗？可能不是，"我"只是想要我的追求。

曹：要回生活本来应该有的东西。

姜：对，而且像"姚玉玲"这样，在那个时代里，她很明艳、很漂亮，又是在最好的年华，她觉得我值得，我可以的，配得上。

曹：你那个播音我一听就一激灵。第一个，我自己吃播音饭，然后你这种播音的方法，很久没有听到过了。那是我们小时候坐火车的时候，听到的那种声音，那种播音的方法，所以一下子就把自己带到童年或者少年的那个时代。那是专门去学的吗？

姜：是的，我买了一些铁路的播音指南，因为我想熟悉他们的那些语言，也因为我们剧本给予的还是有限，我想，如何在这些拍摄中尽量不去重复，留一些新鲜感给观众。另外就是这个播音腔，我手机里存了很多很多的视频，都是不同类型的。像铁路的，铁路的这些播音员，60年代、70年代、80年代，还是有不同的，还有好多的纪录片。那个年代有很多……像运动会，很多工厂会组织一些活动，也是有那个播音员在那儿播音，都不一样，都存下来。因为我还要去主持射击比赛，我就照着这些以前的资料练习。

曹：特别有意思，那个复刻得特别成功，还原得极为传神。

姜：我就是洗澡的时候狂练，因为它有一点混响，练的时候格外能找到感觉。

曹：这次因为是演一个东北的故事，所以你用了很多东北的方言。这个戏只有东北人一起来完成，它才有东北文化里面特有的那种幽默。可是因为东北话也有不同的类

电视剧《南来北往》中的姜妍

型，所以你是怎么选择的？

姜： 其实我虽然是东北人，但是我出生在大连，语调有点偏山东。

曹： 对。

姜： 但是我之前在沈阳上过学，对辽宁话还是熟悉一点的，所以我的东北话就是有点偏辽宁口音。

曹： 一个好的戏，实际上是各个工种的共同努力，是集体智慧。有哪些桥段，你现在想起来，这个设计得还是很得意的。

姜： 我很得意的可能是我从哈尔滨回来，那段戏其实差不多也就0.1、0.2的样子，就是我的一个新的形象，烫了头，回来跟我院里的邻居打个招呼，主要是呈现"牛大力"的视角看到我回来的变化。但是我觉得这其实尽管它是0.1、0.2，可以有一些我蜕变的彰显。我当时就跟导演商量，我说可不可以我给邻居带一些东西？当时我准备了一些道具，就是给"蔡婶"家的，因为她家新添了宝宝。我说给他准备了花铅笔，这是他可以用得上的。而且我的记忆中，那个时候对小朋友来讲，花铅笔是很可贵的，是吧？有各种各样的小动物的花铅笔。然后给"吴哥""吴嫂"，因为他们两个很恩爱，我准备了香皂盒，上面是小鸳鸯的图案，也是在网上淘的那个年代的库存，准备了两个小皂盒。

曹： 你自己去淘的？

姜： 对。然后给自己准备了非常鲜亮的黄色的一个小丝巾。我当时在想，她已经开始有了爱情的小萌芽，会从一些细节上，可以看出她的变化。所以当时还和"蔡婶""吴嫂"沟通了一下，我说能不能闻闻我？你要闻闻我，我就说我喷香水了，茉莉花味的，因为那个时候，有香水就是茉莉花。当这个女人开始散发香气的时候，可能就是那种爱情的荷尔蒙开始滋长了。她就是从她的整体的内核开始转变了，从女孩过渡到女人。我希望能够给观众带来的是一个整体的氛围感，就跑去跟导演沟通。因为这个只是我个人的想法，就包括后来还给"牛大力"带了"大列巴"。导演听了之后就觉得，特别好。然后他就开始整个设计这一场，我当时是特别嘚瑟地出来，是这样的，翘着兰花指。他说，这时候让"吴嫂"不自觉地就跟你俏皮得也这样了。

曹： 也这样。

162

姜：对。所以那天我们所有人拍得都特别开心，很享受当时的创作氛围。

曹："姚玉玲"已经去摆摊了，遇到发达之后的"牛大力"。然后发现之后你一扭身，走到黑暗当中去，留下一个背影，流着眼泪。这场戏其实很打动人的，虽然没什么台词。

姜：是。我当时其实在拍摄前，也跟导演商量，我说给我一点时间，我当时很难过，因为我很爱"姚玉玲"，我觉得她变成这样，心里特别不甘。然后又要在这个时刻，"我"要碰到"牛大力"。"我"就在想，"我"怎么变成这个样子？"我"有多久没有照镜子了？是"我"没有这个闲情去关注自己，因为"我"关注的都是"我"的儿子，"我"有要做的事。他出现在"我"面前，就像一个镜子映射到"我"一样。"我"突然间就看到了"我"和当时的"我"，所以"我"会无比慌乱。我当时第一条时候演的，我看到他就转身走，我就在数串，一个两个三个四个。因为我的关注点都在他在看着我，所以因为心里的慌乱，我知道我数不清楚这个串。当时导演说，那是不是串粘一起了不好数？数不清，咱们再来一下。我说不是，因为当我在走戏的时候，我就感受到，我心里慌乱，没有办法数清楚这个串。我所有的关注点是在于，怎么会在这个时间碰到他？然后一下子唤醒了我的曾经。因为日复一日，每天都是在这摆摊，已经忘掉自己曾是那样一个明艳的花朵。自己现在已经变成这个样子，而且又在这个时期碰到了他。然后我就跟导演说，其实我觉得这很符合角色的这个……导演说，确实。如果是你按照你的心境走，这个其实是最符合的。

曹：所以那场戏特别打动人，因为那个反差。"姚玉玲"晚期跟早期的那种巨大的反差，而且这时候你们两个人的表演，那种火候、那种分寸，你很难用语言去说。

姜：是。

曹：就是那么微妙，那么玄妙。

姜：但是我当时一转过身来，向前走，我就看着当时的月亮，就斜上方的月亮又圆又大。我当时脑海中想的就是"贾金龙"，我当时就在想，你说我不甘，也许会有一点，因为我不知道你做的是这样一个行业。但是我现在想告诉你，我活得很好，因为我自力更生，我把我们的儿子养得很好。而且我在用实际行动告诉他，看到吗？走正路，我们一样可以过得很好，妈妈就是最好的例子。也许我们会有生活上的变动，但是你看到了吗？我们凭自己的能力，妈妈也能养活你。要让你知道，走正路、走得稳。

曹：那段戏看了之后，有一点哀而不怨，悲而不丧，虽然很难过，但是也看到一种正向的东西在里面慢慢发酵。那颗独立的、自由的种子，在一个人物的身上慢慢地生长起来，其实特别特别好，那场戏太好了。

电视剧《南来北往》海报

姜：就像那一支烟花一样。

曹：对。

姜：我当时就在跟导演说，就在探讨，我说这个其实是最戳我的，这是导演临时的设计。说，小孩子在哪儿演？我说它掉到地下了，你去捡起来。我一下子就绷不住了，我说导演，你让我缓一下。我太难过了，就是因为"姚玉玲"太喜欢美了，如果她走过了，她眼中就没有美好了，她可能不会再发现美的存在了。但是她捡起来就是有希望，她仍然是"姚玉玲"，她仍然会发现美，并且是眼含希望地向前。我仍旧可以过得很好，只不过我不再在意那些表面的东西，而是坚实地走下去。

曹：你演了这个"姚玉玲"，是不是也有这种感觉？就是有一些桥段是不忍再次去面对和直视？

姜：我的体验是什么？是在播出的时候，因为我知道她是那样的结局，我反而是她越开心、越明艳的时候我越受不了。我特别难受，就是因为我已经知道她那样的结局，我再看她那么开心、那么青春、那么有生命力的那个状态，我就觉得她后面要经历那些事情，我就更受不了。

　　姜妍的演艺之路并非一帆风顺。出道之初，姜妍曾活跃于晚会小品舞台，并接连与冯巩、郭冬临、巩汉林众多老戏骨进行合作。她的身上自带喜剧因子，说话风趣幽默，因此获得了一些关注度。在转战情景喜剧之后，她更以一系列出色的作品证明了自己的实力。然而演艺圈竞争激烈，面对挑战，姜妍用多年来所尝试的不同角色，实践着一路以来的磨砺与成长。

曹：这段经历对你后来演戏有什么样的作用？那个演小品的经历是什么样的？

姜：我演小品，当时是因为我在大学二年级的时候，代表北京电影学院参加了小品大赛。起初就是代表电影学院演的一个小品，就是在那次参加比赛的时候，有很多评委关注到我，说有点意思，一个女孩子演喜剧小品。就留下了我的联系方式，我就开始跟这些前辈和艺术家们合作。那个时候是我迅速成长的时期，因为每一个老师都不一样。就是在排练的过程中，无数遍地改，你要迅速适应他们的节奏。因为喜剧讲究的就是节奏，你要严丝合缝地卡在那儿，然后你又要把控它的分寸感。

另外他们的这个变化你要适应，就是我们都在戴麦了，在候场了，马上上台了，他就说，姜妍你看，这一句你这么说，那一句你空一下，这一句我加一个这个，然后你再说那个。我说好好好，你就要都记住。然后你又要不停地感受观众的反应，下来再总结，然后再调整。

有的老师创作能力非常强，他就会告诉你说，我们今天要演出的一个东西，我电话跟你说，你把录音打开。我说好的好的，我就打开。他说，你说什么，我说什么，差不多10分钟，我给录下来，我就开始背这个词。

曹：就这么弄的？

姜：先是这样，然后叙述你要演的这个角色，我们就开始……等见面了，就开始整理这个人物，因为你要开始有这个印象，但是剧本还没出来，是先想出来，就是这样。

曹：这个对演员来说，很大挑战。

姜：是的。等到后期跟他们合作，就是当他们想到了一个，包括像情景剧这样的，还是小品这样的。我说老师，我拿笔记一下。他说不，把笔甩掉，你听，你要把它变成自己的东西。我说好。然后他就说，说什么什么，我就记住。

曹：你怎么记得住这么多东西？

姜：就是锻炼，起初也不行，然后就是拼命地锻炼自己，让它迅速地转化成自己的东西，表达出来，而不是死记硬背在一张纸上。所以，那个时候这些老师们是迅速地让我成长。而且在他们身上，我也学到了很多东西，他们之所以要不断地改动这些东西，就是因为他们想去精益求精。

曹：其实演这个小品，特别是喜剧小品，差0.1秒都不行。

姜：不行。让人笑是很难的一件事，就是你怎么恰到好处，不咯吱人，然后你又不觉得她们洒，这就分寸感很重要，所以那个时候就在老师们身上学到了很多。

曹：东北人是不是就是有那种喜剧的天分？

姜：可能吧，可能本身就爱说，特别像东北，就是跟气候有关，冷的时候比较久，大家都窝在家里唠嗑。

曹：昨天我跟我们同事也说，你看那么多好演员，都是东北的。

姜：不过我们这个戏要感谢郑晓龙导演当时给我们的这个要求，我们在剧本围读阶段，起初还都是普通话。他说，我们这个是东北戏，我希望增强它的特色，东北特色。说，你们回去练东北话，都说东北话。

除了影视剧作品，许多剧迷认识姜妍却是因为她在网络上的日常分享。生活中的姜妍，最为热爱美食，更烧得一手好菜。在剧组拍戏的空隙，姜妍会去超市采购食材，剧组的伙伴们也对她烹饪的美食赞不绝口。在生活的舞台上，姜妍用热爱与坚持呈现出属于自己的有滋有味。

曹：现在大家说起你，除了你演的戏之外，大家看你的社交媒体看得最多的就是姜妍做饭。你从啥时候开始热爱做饭的？

姜：其实我在大学时期，我就愿意弄一些小食，就是什么裙带菜泡发之类的。我这个大连人不是很爱海鲜，我就买那种扇贝丁，搁宿舍泡发了，然后再拿它泡面。然后慢慢地，开始自己有了家，就会照料好自己的生活。起初是觉得，我想让爸爸妈妈放心，我一个人在外面可以把自己照顾得很好。慢慢地，我觉得在工作中，这是一个非常好的解压的方式。因为我爸爸妈妈还是挺传统的，就是每一个节日都会按照习俗去过，就像端午节，他们会包粽子。而且我们大连可能讲究还比较多，又有很多那种山东传统，七夕节会卡那种小果。

曹：那么传统？

姜：是的。卡那种小果，就是以前那种雕刻的那种，木头雕刻出来的那种花，把面卡进去，然后给砸出来，之后在平底锅上一烙。然后穿成串戴着，小的时候就是这样。跟小朋友们去展示，拽下来给小朋友们吃。就是好像吃了这个巧果，就会变得心灵手巧。当然这都是妈妈给我养成的习惯，所以等我长大了，我就觉得，过每一个节日去稍微花一点心思，好像就有点仪式感。尽管是在剧组，但这样的话，我会觉得，在剧组我也很有家的感觉，不会觉得好像每天都是枯燥的工作。

曹：其实拍戏是很孤独的。

姜：是的。

曹：所以我觉得你善于烹饪的话，招呼朋友们、同事们、演员们，一起大家吃一顿，那种温暖、那种家的团聚的感觉就会回来。

姜：在拍《南来北往》的时候，我带了很多的锅碗瓢盆，然后我还去潍坊逛大集，跟他们聊天。一到逛大集或者逛菜市场，我就一点都不社恐，平常还有点社恐。但就跟他们交流的时候，可能唠了。然后推着我的小车回来，买好多菜，一烧。年夜饭，我们剧组都是在我房间吃的。

曹：真的？

姜：一大桌子。

曹：跟你拍戏有这个福利。

姜：就是大家一起聚一聚，然后有点仪式感，就觉得我们也有年味，在剧组工作也照样得有年味。

曹：对。你能不能举几个你特别拿手的菜？就是每次这几个菜我必做的。

姜：一个是原汁牛肋条，这个是我的朋友们来了，都比较愿意点的菜，因为它健康、营养还不发胖，烹饪方式也比较简单。另外还有好多，我东北的朋友，都会让我做蚕蛹。

曹：蚕蛹？

姜：对。像北京他们可能有的时候吃不着，或者是在外地，南方拍戏吃不着。

姜妍分享亲手做的美食

曹：那就炸着吗？

姜：不是，它是炒，炒完了之后，撒一点盐，非常好吃。东北人可爱吃蚕蛹了。另外我比较擅长的可能还是面食，因为我是北方人，做各种馅食、面点、包子、馄饨、面条、饺子、馅饼，这些东西。有的时候大家的"碳水日"都上我这儿来过瘾。

曹：你觉得做饭跟演戏有共通之处吗？

姜：确实有共通之处，就像刚刚跟老师聊到的，这个火候，是吧。您刚才说到这个，我确实有这种很强烈的感受。就是做菜是这样，它一定要把握火候，怎么样把这个食材烹饪到最好的状态，那火候很关键。演戏也一样，火候就代表了它的分寸感，它的尺度，怎么样在大家面前细致入微地把这个角色给展现出来，让大家能跟你共情，火候就是很重要的了。

曹：如果用一道菜来做一个自我比喻，你会怎么说？

姜：一道菜就是拔丝地瓜。

曹：拔丝地瓜。怎么讲？

姜：其实我心里是觉得它更符合"姚玉玲"，大家总结"姚玉玲"的时候，都觉得她特别……起初挺夹的、挺甜的，然后她的说话都是拉丝的，有一点这样。它是一个东北菜，拔丝地瓜，特别是在我们聚会上，是餐桌必点菜。另外，它的外壳是坚硬的，里面是柔软的，又有着甜甜的味道，软软的，很细腻。而且，它是可以拉很长的丝

姜妍与曹可凡

的，这个丝可以让你拉出任意的造型，就像你对角色的塑造一样，可以很百变，所以我觉得拔丝地瓜还是挺符合的。

曹：这个解释好。现在这个社会是个高度"卷"的社会，所以有很多人就会比较焦虑。其实艺术创作者需要有这么走走停停的阶段，走一段停一段。你怎么去看待这个松弛感？

姜：我也有这样的感受，一个剧下来之后，你调整一下，重新整理一下，你的状态会更好。松弛感确实挺重要的，当然这个东西，你总要有一些经历才会有这样的感觉。比如说我吧，其实更多的是家人带给我的。因为我爸我妈就属于那种对我没有特别高要求的人，总是差不多就行了，你要把更多的精力放在生活上，你要好好地生活，人生很短，你要享受你的生活。只要你热爱你的职业就好了，我就相信你会把它做得很好。但是你要拿出一部分精力，好好地爱你的生活。所以，这样就会让我把控一个平衡，不会让自己特别卷，会顺其自然一些。我初入社会的时候，也经历过那种有一点不如意、有一点焦虑的时期，但那个时候其实我意识不到，我只是觉得有点难，我有很多想展示的。比如一场戏，我想演，但是没有演好，很多不足，我就会跟自己较劲、难过、伤感。我现在回忆起来，很感谢我爸爸，他每天中午都会给我打一通电话，最后一句话都是，宝宝，加油！你是最棒的！

曹：所以父母的鼓励是很重要的。

姜：很重要，那个时候我只是觉得好狗血，你每天中午都这么说。但是现在回忆起来，真的，它是一种力量，它是来自家人默默的支持。而且你会知道，他们对你没有那么高的要求，你自己也不会让自己那么"卷"，也不会要求太高，会松弛下来，让心态平和一些。因为做我们这行，心态很重要，当你心态松弛了，角色才能走进来，你要给它留足够的空间，这个空间得腾给人物，让人物在你的心里面慢慢滋长起来。

曹：特别好，这个想法特别好。因为演了这个角色，其实慢慢大家开始了解你。高老师昨天说，这丫头一举成名。虽然我跟你不熟，我们第一次见面，但是我一直认为，你是那种最长线的演员，可以一直演下去。

姜：谢谢曹老师，我现在也是有目标了，我争取演到八九十岁。

破阵而出——彭于晏专访

2024 年 6 月 15 日，管虎导演的新作《狗阵》正式公映。在不久前落下帷幕的第 77 届戛纳国际电影节上，《狗阵》收获了海内外观众的一致好评，一举夺得一种关注单元最佳影片。而片中的主演狗狗小辛也斩获了"狗狗金棕榈评审团大奖"，对此，小辛的主人和对手演员彭于晏可谓功不可没。出道至今，一直以自律的阳光男孩形象示人的彭于晏在新片《狗阵》中出演一个

彭于晏做客《可凡倾听》

有血有肉、充满人物弧光的"失语人"，在管虎的导筒下，他粗犷野生、沉默刚毅，与西北小镇融为一体，与以往的表演风格大相径庭，颇具挑战。在今天的节目中，就让我们倾听彭于晏破阵而出、重新出发的人生故事。

曹：这次《狗阵》先去了戛纳电影节，也获得了一种关注单元最佳影片。这次又来到上海电影节，同样受到大家的关注。我们先来说一说戛纳电影节。这一次去戛纳，有些什么不同的感想？

彭：这次得到了一种关注的最佳影片，觉得非常开心、非常荣幸。也为导演开心，管虎导演厉害。13 年前我去过一次，那一次是《翻滚吧！阿信》，没有去参展，只是去卖片、去宣传。我还记得那个时候在海边，把上衣脱了，想要博版面，要多一点人知道我有一部电影去戛纳，然后就脱了上衣在海边跳了一下。在 2021 年疫情的时候，有一部电影，是温仕培导演、宁浩监制的，叫《热带往事》，入围特别展映单元，那一次因为疫情，没有机会去。这一次去，是带着自己参与的片，管虎导演的《狗阵》，感觉很梦幻、很奇幻，对我来讲。好像 13 年前在那边的时候想过说，有一天我也要带着自己的片，能够在这边放映，走个红毯，让外国人看看，让更多人认识我，就是那种心情。

彭于晏在戛纳一跃而起

曹：13年前你在海边脱光上衣蹦一下，经过了13年的酝酿以后，终于翻滚起来了。

彭：对，我在那边的时候也跳了一张，因为那个时候其实没想那么多，是法国那些摄影大哥说希望你跳一下，我就在那个记者会的时候跳起来。才想到曾经13年前，可能自己想过的一个想法、一个念头、一个种子。

曹：管虎导演的《狗阵》会让人想到他最初的那些作者电影，《杀生》《斗牛》，这样的一些影片。但是它又不如过去的那些影片那么充满着戏剧张力，它是一种生活流的感觉，我想这样的场景跟你的生活其实差得还是挺多了，导演怎么会选中你？

彭：我也不知道导演怎么会选上我，有可能刚好那个时候是……刚好在疫情的中间，那时候自己也休息了一阵子，觉得应该去体验不同的生活。可能有很多改变吧，人生观、价值观，不知道。看到这个剧本之后，才有心情静下来去了解，觉得这个挑战比较大，然后当然就开始准备，要去了解当地的风情文化，因为语言口音的不同，人的行为举止就不一样。就要了解为什么他不说话，或者说那里的人，他们的生活态度，他们在想什么，经历什么。而且那是2008年左右的时候，再往前推，这个人物是15年前、10年前发生了一件事情导致他不说话。这个设定离我比较遥远，但我觉得可能我很容易接受去学习新的东西。再来就是戏里面有狗狗，要学怎么跟动物相处，还有摩托，因为他是个摩托特技表演者，所以要学摩托特技。人物小传也要写，剧本里面不知道10年前他发生什么事情，这个人物是什么样，他的外形是什么样。这也是好玩的地方，我可以去塑造，当然也会跟导演沟通。我觉得这个人物也像导演本人，像他内心的一个世界，所以他想要表达，透过电影，他有个声音想说。就要了解导演本人是一个什么样的个性。

曹：你在跟导演合作之前，对他有什么样的了解？

彭：我觉得他是一个超级硬汉，很酷，就想他会不会很凶？因为透过他的电影，像《老炮儿》《八佰》，作为演员我看这种类型的电影，知道那个工业化的创作和调度真的是非常难的，而且完成度那么好。我最早认识导演是，看了他的《斗牛》，黄渤演的《斗牛》和《杀生》，第一次见面应该是在记者会上还有影展上面碰到。后来发现戏里面这个人物喜欢摇滚乐。也许这个摇滚的、热血的东西，可能是我们共通的。合作以后发现，他原来是非常可爱的，他也有很浪漫的内心。这些东西他是不会表达出来的，你看不见的，但可能透过他早期的电影，或者这一部电影，大家会了解到他有这一面。

电影《狗阵》海报

曹： 你觉得管虎导演在拍摄的过程当中，跟演员的交流当中，有一些他的什么样的特点？

彭： 他特别安静，就是跟我刚刚讲的，和想象不太一样。

曹： 你想象中他比较威严。

彭： 是，然后一米九几的身高。每次看他，聊天都得抬头。后来发现，他对于演员的要求其实很严格，但他不会给演员有任何压力，在片场或者拍摄的创作空间里面。当然会有很多的沟通，也许是互相理解的一个过程吧，给我很大的空间去做。也不是说像一个很严格的长辈，而是像你最亲近的朋友。尤其是拍这一部的时候，我们的交流有时候都是在关注那个动物，因为我们戏里面有很多动物的部分。跟狗之间的交流，还有他想要表达的这种很诗意、这种世界有意义的一些镜头，我们反而可以更清楚地感受到他。我感受到他的内心，就是特别纯粹的一种互相相信，在现场。但是他对所有的事情，细节，连戏的光，等那个云，等那道光，我们可以一个镜头拍 20 天，这些东西都是他对于他自己的创作的一种要求。不知道会不会拍到那个东西，不知道动物的状态，或者是我的那个状态，他愿意给我 10 条、20 条，到 50 条、60 条，有几次好像八十几条，去拍一个东西，我觉得他需要很大的勇气去做这件事情。

曹： 听说你那时候拍《翻滚吧！阿信》，为了这两三秒的镜头可以拍 50 多遍。

彭： 对，做演员就是这样。当然，那个时候选择没那么多，那时候就是一股劲，就说我要像角色一样翻身，要勇敢追梦。而且那个过程，其实是很享受的，如果是一条两条拍完了，我准备的时间确实是几个月。所以我觉得有时候就是准备的时间是多过于

彭于晏与贾樟柯

在现场拍摄的时间，绝对的。

曹：这个戏比较特别，主要是讲一个人和一条狗之间的相互救赎，历来大家都说，跟孩子、跟动物拍戏是一件极其困难的事情，同时还有大量的、当地的村民。当然，演员有佟丽娅，很奇妙，还有贾樟柯导演。我记得贾樟柯导演和我说过一句话，说看到你的这个造型的照片，如果不听口音，几乎分辨不出你究竟是不是当地人。所以你进入剧组的时候，怎么能够以最快的速度进入这个环境当中？

彭：其实都是一种感受的问题，例如我们现在在这个地方访问，跟在西北地方拍摄，我们都会有一种不同的感觉。而且我那个造型一穿上去，那皮肤因为在那边提早进组去做训练，跟他们体验生活。久而久之你就会有一种不同的感受跟能量，自己会有一种状态。跟动物的交流确实有困难，动物、小孩，还有水，我之前拍过小孩、水，就是《紧急救援》。当然，我非常喜欢动物，但是要我再跟动物拍摄，我可能就要想一下。这些都是一些外在的刺激吧，可以让我有一种不同的解读，对我自己的解读，或对于表演的一个现场的反应吧。很多时候，刚开始，很老实地跟您说，我是不知道自己有没有做对的，因为我是一个失语的、不愿意说话的人，而且我们拍摄的时候都是比较远的镜头，这部电影没有特写。所以我不知道观众或是说导演，或者说剧组的人，会不会觉得我没有在做任何事情。其实这个是刚开始我一直在怀疑的，我常常问导演，你觉得这样可以吗？我怀疑我自己这些东西，其实整部电影都是在这种状态里面，然后慢慢在改变，在找。也许是这样的东西让我有一个另外的理解吧，对于这个戏，很难得的一个经验。

曹：而且这次我很惊讶，贾樟柯导演这个角色，他作为一个导演，演得那么生活化、自然化，这个非常了不起。

彭：他的存在让我完全相信，他带领着这个所谓抓狗队，就在那边住了一辈子。贾导在现场的时候是非常认真的，一直在排练他的台词。相对我没有台词，刚刚分享我跟狗演戏有这种感觉，因为它没有台词，我怎么跟它交流？所以我后来想想，贾导在跟我演戏的时候，他应该也有这种感觉。跟一个生物，一个动物一样，就是我没有台词。所以贾导的表演大家可以去电影院看一下。

曹：我觉得他是没有表演的表演，就是不露声色。

彭：他们的感受力一定很强。相对来说可能不是所谓专业的演员的演技，但他们可能对生活的理解，或者他的视野，就是他的很多潜在、无意识的东西会出现在表演里面，那个东西就很自然。

曹：对。这次戛纳电影节我们可以发现，第六代电影导演集体亮相。在中国的电影历史上，第六代导演是个比较特别的存在，它主要是用影像来反映改革开放40年，特别是新世纪以来20年中国的这种变化。你常年在海外，是不是不太了解他们电影当中所呈现的，中国近几十年的变化？像《狗阵》，也是把整个背景放在了北京奥运会的这么一个期间。

彭：说实话，我之前看剧本的时候没有那么大的感受。反倒是我在现场，因为那个时候刚好是非常时刻，有疫情，大家去到一个地方，安安静静的，就是你收讯不好。在那个环境去拍摄，每天起来就去那个地方拍摄，好像回到我以前刚出道拍戏的时候，就是纯粹拍戏，然后赶快睡觉，明天早上早点起来，然后又去拍戏。反而在那样的环境，我有那种感觉。确实到那个地方，是打开我的视野，这个时代的变化特别快。我想讲的就是，我都不知道未来五年后会发生什么。因为五年前，我工作的环境变化之快，电影的存在可能只有100多年，而可能三四十年我们就进步到现在这个环境，所有的人都在一个快速的、飞快的、科技发达的状况下改变自己。有些人跟上了，有些人没有跟上。我很庆幸没有手机的年代我经历过，然后开始有手机，有网络，到现在短视频，就是这种飞快的成长。

曹：很快要迎接 AI 时代。

彭：对，我觉得每一个人可能都在人类文明，或者历史里面扮演一样的角色，都有这个经历。所以我可能用这种感受多一点去体验、去了解。而且2008年的时候，我确实也在内地拍戏，知道大家正在一种热烈的气氛里面。相对的，也有很多人需要我们

生活中的彭于晏

关注，在另外一个世界，或者说，甚至他们也是想要成为这个前进的社会的一部分，但他们活着的那个世界又不太一样。

曹：听说你这次接受《狗阵》的电影的邀约，其中一个很主要的原因是因为狗。你天生是不是一个对动物特别亲近的人？

彭：我属狗。所以我很喜欢狗。但我从小有这个过敏体质，气喘，所以就不太能养狗。但这种狗我可以跟它对戏，没有问题。跟狗演戏，我得到的东西远超过我的想象。我不知道原来它们有这么多的迷人的、迷惑人的地方。

曹：在整个拍摄过程当中，你怎么跟狗，能够慢慢地走近，适应彼此的气味、习性，然后达到一个水乳交融的过程？有什么独门绝技吗？

彭：最重要的就是耐心吧，绝对是耐心。我不知道它们有多少的意识是在关注周边的环境，但它们感受力很强，现场如果多一个机器，或者是灯光，或者是人，它们会受到影响。

曹：狗会很敏感。

彭：对，它们会没办法表演。或者是天气很热，它们就不做了。不像我们天气再热我们也要看起来没事，下雪我也骑着摩托车这样。但它们却是最诚恳、最真实地在当下去做反应。我记得有一次我躺在那边，要跟它们培养感情，每一天要去一个小时跟狗相处，我躺在那边安静的时候，它就跟着安静，慢慢地，我睡着了，它也睡着了。然后有一天我醒了，我睡了 20 分钟。旁边的那个小辛也睡了 20 分钟，所以它是感受得到我们的情绪的。

曹：还是有彼此信息的交流的。

彭：对，尤其我认真看动物的眼睛的时候，它是完全可以感受得到的。所以有时候我们在拍摄，像刚刚讲的，所谓的要有耐心，拍到七八十条的时候，其实我已经没有在演了，我看着它的眼睛，我说，兄弟帮帮忙，这一条过了我们就可以不要在这边痛苦了，等一下就吃饭。这些东西都我脑子里，很多我不知道怎么形容，但我觉得动物它可以感受得到我。真正有一场戏我觉得有一个强烈的联结的时候，是我洗澡的戏。那个戏，狗狗要从镜头外面走进来，然后水有泡泡，它要在我旁边，在那个点上面，镜头在那个点，因为是全景。然后它要坐下来，看着我，我要无意识才发现它，我要做这个戏。我当然知道它要来，但我不知道它什么时候来。所以这个完全是没办法，我要瞄也瞄不到，所以我完全在一个不知道的、感知的情况下。后来我感受到它在的时候，我就猜吧，我也不知道，我就看着它，它真的就坐在那边。水淋到它，它没有动。

曹：这太奇妙了。

彭：对，就我想说，它知道自己在表演吧，它可能知道它在演戏。也是那个时候，导演说，这个小辛就应该是完成度最高的。

曹：所以其实狗的智商很高。

彭：我其实说实话，我查过这种类型的狗，大概前60名都没到。这种狗是猎犬型的，它是视觉猎犬，所以它体力好，基因里面对于人就是特别亲近。

曹：所以这个很重要，它跟人的亲近度，决定了这条狗在这个片子当中的出色表演，不在于它的智商高低。

彭：所以这个主演小辛，我后来认养它了。

曹：你一共认养了三条，是吧？你带去戛纳的是哪一条？

小辛荣获狗狗金棕榈

彭：就是主演。然后它还拿了戛纳影展狗狗金棕榈最佳评审团大奖。所以我们是两个奖。早上我带着它去参加那个……它们有狗演员，因为好多电影有狗。它拿了一个最大奖，然后晚上我们就拿了一种关注最佳影片。

曹：你现在认养了这三只狗，每天要花很多时间陪它们，或者是你的家人陪它们？

彭：家里，妈妈本来也怕狗，认养了以后，她现在就像对我的孩子一样，非常照顾它们。我不在，我工作的时候，姐姐会帮我照顾，朋友会帮我遛，因为他们都很喜欢这狗。现在这狗红了，大家都抢着去照顾它。

曹：也是网红。

彭：对，以后可能拍戏或者是代言，请大家可以来找我。

曹：你刚才说到，这次演《狗阵》学了很多新的东西，其实对你来说一直是这样，就是可以通过不同的戏去学不同的本领。比如说你拍过一部叫《海豚爱上猫》，你就去学习怎么训练海豚。还有一部《我在垦丁天气晴》，学会了划水。就像张震那会儿跟我说的，他希望每一次拍电影都学到一门独门绝技，这些东西都是你拥有的。

彭：对，那个时候是真的很纯粹，因为没有那么多的杂念，就选择的空间不多。但是喜欢海豚，你刚刚讲的《海豚爱上猫》，演一个海豚训练师，多难得的机会。当然那是一个偶像剧，是个爱情片，但是你可以花多点时间。那时候我就提早去，我说没事，我就去那边住了六个月。刚刚讲的《我在垦丁天气晴》，跟阮经天，还有张钧甯，我要演一个冲浪的教练，演一个当地人，所以这些都帮助我从外面的方法去进入这个角色，我觉得这个很有帮助。可能对于这种东西，我觉得很有意思，好玩，可以体验不同人生。入行的时候我的第一部电影叫作《六号出口》，我就认识了张震。他很多的工作态度对我影响很大。跟他聊，我其实很多东西也有向他讨教。我相信所有演员都会喜欢那个过程，就是一开始很害怕、不会，然后你理解以后，你慢慢练习就慢慢熟悉了，熟悉了以后可以拿来用了。

曹：所以每学完一样东西你就会觉得，这是很高兴的一件事。我又多学了一门技能。

彭：但是，我必须说实话，下一个技能学会，上一个技能又忘得差不多。如果不是做演员，我可能不会接触那么多，可能我自己就设限，我会害怕做摩托特技，或者说做一个海豚训练师或者做训狗员，或者说功夫，之前练的，或者是综合格斗。

曹：听说你跟洪金宝学过？

彭：对，我是洪家班的，我拜他为师，洪老大。

曹：太巧了，我那会儿跟洪大哥采访，也是在这间房间。

彭：真的吗？还有之前拍《太极》的时候，都是跟洪老大学的。当然我绝对不是一个专业武术队的成员。但我有很多武行朋友，如果我有很多难的不会，我有请他们帮我，他们会教我的。我觉得这些都是很难得。而且他们是专业的，他们会照顾我，要不然我们演员是做不到这些动作的。

曹：你觉得学了那么多东西，哪门技能是最难的？

彭：就是像体操，我觉得是真的很难，体操要花时间，不可能完全学会。我以前拍过一个戏，叫《破风》，林超贤导演，就是练脚踏车。所以我听到虎哥说要练这个特技，我还觉得应该不会太难，这个摩托我也会骑。但没想到特技摩托……到了现场以后，我不知道是不是我年纪到了，做的时候开始害怕了，因为它有一定的危险性，但帮我更容易进入这个角色。要拼命地爬一个很高的楼梯，好几层楼吧，很长很陡，如果下去的话就真的下去了，拜拜，所以有穿护具。第一次做的时候其实爬一半，觉得还蛮轻松的，就说休息一下。后来再到几个月后再训练的时候，过程中我就一直失败，就一直没办法做到。然后我就开始害怕，就一直拍不了那个戏。当然，最后是完成了，但是我觉得这个难度就是，我自己觉得我做不到的时候就真的做不到。当然要安全状态了，不是说做演员就好像什么都像超人一样，可以学会。但确实每一个我学会的东西，都是为了符合那个角色，都有难度，但我觉得这一次，特技摩托确实是比我想象中的艰难很多。

　　出道已经二十余年的彭于晏曾经与众多著名导演有过合作，堪称"名导收割机"，从第五代导演中的代表人物张艺谋，到香港动作电影的集大成者林超贤，从载誉无数的威尼斯国际电影节终身成就奖得主许鞍华，到才华横溢、特立独行、横跨表演与导演领域的姜文，等等，都与他有过深度合作。并非表演科班出身的彭于晏到底有何魅力，能够频频获得名导们的垂青，而他又是如何看待这些风格各异的导演们的呢？

曹：在你心目当中，姜文导演是一个什么样的人？

彭：我非常喜欢导演，我觉得跟他合作，更多时候他也是像一个长辈，或是演员前辈，也算是一个父亲，因为在戏里面，我也叫他"蓝爸爸"，因为他是"蓝青峰"，我是"李天然"。我觉得更多认识的导演是生活中的他，他对所有人都很真诚，很直接。但是他又不会让你不舒服，他知道的东西太多，不会特意去强迫你去教导你什么东西，但是你会从他……跟他相处你会从他身上学到很多很多东西。跟他拍戏就是非常幸运，我可以跟他相处一段时间。到现在我到了北京，有时间也会去看他最近忙什么，他就会聊一下问我忙什么，他其实都不知道我在忙什么，因为他不刷手机，他不太看这些东西。他总觉得自己像金·凯利，可以去演演一些疯狂画家之类的角色。

曹：他在现场是一个什么风格？

彭：我觉得他特别了解演员，他有一种魔力，就是跟你说一说，你就好，就做了。很多时候我的每一场戏都是他跟我讲故事，跟我讲他认为的一个状态。我在拍的时候不知不觉就会好像，就跟他一样，在那个《邪不压正》那个民国时期，活在那个空间。他像是一个画家或是一个创作家，然后你就活在那个很奇幻的一个梦里面那种感觉。

曹：我们再来说说你的这个转型之作，就是《翻滚吧！阿信》。其实当时你跟导演林育贤，都处在一个比较特殊的人生阶段，所以当时是一个什么样的状况？

彭：刚聊到那个《六号出口》，也是林育贤导演的作品，我的第一部电影，讲在西门町的一个街头小子。有意思的是，拍完这个电

电影《翻滚吧！阿信》剧照

177

影以后我们都没找到出口，就是说导演因为票房或者是种种原因，他好像需要去还一些债吧。他创作《翻滚吧！阿信》的时候，是讲他哥哥的真实故事，说一个体操运动员追梦的一个故事。他又找到我，问我。当然有很多的声音、质疑，他也有别的选择。但在那个时候我就觉得，我自己被这个故事打动了。那个时候的我的状态是，刚好那时候因为合约，有合约纠纷，工作上面也有一年多的时间是没有办法正常工作的。所以这个故事也有可能是因为那个状态，有时候就是电影或是这个角色来的时候，你看到的其实是你自己。我自己开车去找教练，就是林育信。跟他在宜兰做训练。一开始他也觉得，你长这个样子，身体的素质肯定做不了，这些过程。就一步一步地，我一直告诉他，告诉我自己我可以，尽量去做，争取这个角色。因为翻滚的过程就是你会痛，你会失败，但无所谓，人生就是要不停地打滚。

曹：所以我很喜欢里边的一句台词，就是说，你如果一生只有一次翻身的机会，你就一定要拼尽全力。

彭：对，有时候我还是会想到这个。拍完的一个角色，你还是会想到那种核心的东西。很重要，如果真的花了时间，你真的会相信。很奇妙，它只是一个电影，它只是一个故事，但确实会影响看的人或是我自己。

曹：所以你是一个，就是为了要达到一个好的结果，会对自己下手很狠的人。姜文每一次说到你的时候都说，很难相信彭于晏那么自律，他那个身体的肌肉，可以像希腊雕塑这样。而且你小时候是个小胖子，是吧？

彭：其实我很爱吃，小时候就是体质的关系。大家可能现在看到这个身材觉得我很自律，但其实我觉得真正去健身房，或者去运动的运动员，我觉得他们的自律在每天做一样的事情；不是那个结果，而是可以说服自己，我今天要几点起床，要去那边做这件事情，受伤了，失败了，成绩不好，再去做。这个就是不停地去给自己一些刺激，去做一些有难度的事情。

曹：这些年你跟很多非常优秀的导演合作过，比如说你跟张艺谋导演拍了《长城》。跟林超贤导演拍得更多，《激战》《湄公河行动》《紧急救援》，跟许鞍华导演拍了《明月几时有》，拍了《第一炉香》。跟韩寒拍了《乘风破浪》。这么多的戏，跟我们说说，跟这些导演合作的这个感受。

彭：张艺谋导演，找到我，我就直接去了，那个时候我记得是没有剧本的，但是我相信，绝对是大家一起去创作，去做一个不一样的新尝试，我觉得他非常敢冒险的，愿意去做任何类型。林超贤导演，跟他合作那么多部，我很感谢他，他喜欢尝试不同的难度、领域，不管是精神上和难度动作的这些挑战，它都挑战我的底线，就是这种勇气。你从他的电影看得出来。没有开玩笑，都要真的来。其实我拍他的戏，我也是从角色里面发现，原来我可以挑战这么多东西，我很喜欢导演这一点。

曹： 还有许鞍华导演，《第一炉香》对你有点挑战，那个角色广受质疑。

彭： 对，但是就是因为有挑战，导演找我的时候我也觉得，找我，那我怎么做？她希望我做她想要的一个样子，也不是混血，她希望这个角色是有能量的，是能够带动整个环境的气氛的。而且我觉得，演那个戏我是真正直视我自己，因为戏里面有父子的一个关系，那个很微妙。我自己也是单亲家庭，所以我去挖那块的时候发现，其实我慢慢了

电影《第一炉香》海报

解，他成为花花公子的原因是什么。许鞍华导演，就是她对于她坚持的东西，她就是一定要亲力亲为。我记得每次她拍完，她会说，你自己来一条你自己想演的，我要的有了。就是她很清楚地知道她要的东西，她也会让演员很舒服。

曹： 许鞍华导演是个很好的人。

彭： 很好，而且我觉得有时候她可能比男性导演更猛。

曹： 所以那时候你受到大家质疑的时候，她很内疚，很难过。她说，哎呀！早知道会让彭于晏受那么多委屈，我还不如当时不用他。

彭： 不会，我觉得每一个电影都有它的观众，有导演想说的，我做演员就是体验，我有很好的一个经历，不管这个反响是什么，对我来讲这都是我没办法预知的。

曹： 我觉得也挺有意思，就说你演那么多戏，大概这是唯一一部被大家争论的一个角色。

彭： 但是导演跟我讨论，那时候导演也认为，如果他是一个原著里面这样的形象的话，她认为那个混血他不会又会运动，又那么多女孩子喜欢……然后我说那不是混血。她说是葡萄牙的混血，你有健康的肤色。我为那个戏也瘦了很多，学葡萄牙语。我当然也有检讨我自己，就是时间上可能准备不够，或者说我对原著的表现力不够。所以对我来讲，这是一个很好的学习，当然对原著的书迷可能不好意思。

曹： 拍张爱玲作品，对每一个演员和导演都是一次巨大冒险。韩寒跟这些导演相比，

他是一个更年轻，完全是一个非科班出身的这么一个导演。

彭：韩寒导演非常聪明。我觉得聪明的人有时候会太了解自己，很多事情看得太通透，可能会有一个自我很强烈的、自大的东西，但他没有。他就是很清楚跟演员、所有人，聊这个故事，他想要表达的。很多时候在现场会即兴创作很多东西，很多台词需要改动。但是他会让我们有一定的时间去表现，在那场戏每一个人自己认为的那个状态里去表现，因为他有时候这种比较诙谐的，或是比较幽默的东西，是需要演员用很放松的状态去做的。跟韩寒虽然只合作了一次，但一直保持联络。

曹：除了导演之外，其实我觉得一个演员在一个电影当中的表现是不是出色，很重要的一个元素就是跟你合作的那个演员。我觉得一路走来，你也跟很多很好的演员合作过，梁家辉大哥、邓超、张涵予、廖凡，这都是一等一的好演员。我们先来说一说家辉大哥，据说你那时候拍《寒战2》的时候，就经常跟他两人聊。

彭：梁家辉大哥，从《太极》开始我们就合作，《太极1》《太极2》到《寒战1》《寒战2》，后来我还去拍他的《深夜食堂》，我们到现在一直都在联络。昨天我们还通了个电话，他还跟我说，我就像他的小孩一样。他说儿子，他这样叫我。因为我在戏里面，"李家俊"在《寒战》里面是他的儿子。我就叫他家辉爸爸。他说，你最近表现不错，但是不要老有这个抬头纹。我就是跟大家分享，我跟他的关系特别好。而且平常我们也一起运动，他家人我也很熟。不管是不是工作，我们都会一直保持联系。所以就是说，这些东西都是我看到的一个形象，就说一个男人成功，或者是很负责任的一个状态，我看到。我也希望做一个演员有……我曾经想说，我要像家辉爸爸一样，好好工作，然后有个好大的房子，家人都住在一起。

曹：你觉得跟廖凡拍戏是不是一种很大的享受？

彭：对，我认为师兄是最可爱的一个演员了。跟他拍戏很舒服，而且我可以很放松。

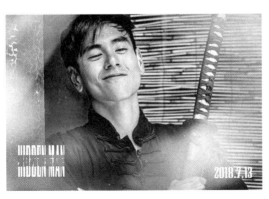

电影《邪不压正》海报

我记得《邪不压正》有一场戏，拿着枪顶着凡哥的头，他的那个状态……我在演的时候，其实好几条我是看傻了。我已经没有在演了，我看他的表演，然后我是真的就被他代入进去。

曹：放空自己了。

彭：对，真的，有时候看到一些表演的时候，我没有意识到自己在干吗。你就被他影响，这种感觉。这是我的经验，他们都是非常棒的演员。

曹： 邓超是一个即兴灵感特别多的人。

彭： 他会让我很放松，我常常在健身房碰到超哥，超哥会叫我跟他一起练，然后叫我彭 Sir。后来有一次旅行的时候，还在旅游的地方碰到他，他跟他的家人。他是我非常喜欢的一个演员，希望有机会再合作。

曹： 再说说张涵予。

彭： 涵予哥是冷面笑匠。尤其是我们在湄公河，很多时间我们俩都要相处，现场全部是我的台词，我都会跑去找涵予哥，跟他练台词，跟他交流。涵予哥永远都是，我可以了，跟导演说一下。我喜欢他特别低的那个烟嗓。在现场，有时候我们化妆间在隔壁，我就会突然听到涵予哥唱歌。他很喜欢唱歌，放松。

曹： 这些年能够拍那么多的好戏，塑造那么多成功的角色。其实某种程度上来说，你就是把片场当成了自己的学堂。

彭： 这么一说确实，形容得很贴切，可能是大家说所谓的飙戏，但很多时候是互相地偷学、模仿，对我来讲我其实很单纯，去那个地方，尽量把我会的、我不会的在那边交流。

曹： 你刚才说自己也是在一个单亲家庭成长起来的，其实一个男孩子在一个单亲家庭成长，尤其是如果缺乏长期的父爱的话，性格往往不会那么男人。所以，在整个成长过程当中，你怎么让自己变得依然非常男人，然后用一种温和的眼光去看待世界？

彭： 我还有两位姐姐，从小是外婆带我长大的。我的环境，在澎湖出生，小时候在海外念书、长大。我觉得我非常幸运，很多人愿意很真诚地爱我。可能我小时候是小胖子，从小被我妈送去学空手道，可能我妈比较担心，她帮我找的那个老师是男老师，我每天都要跟老师训练。她还把我送去学乒乓球，乒乓球校队、游泳校队、篮球校队、学这些各种东西。可能拍戏的时候就是，这些东西我会的，我觉得心里有一个声音让我觉得，你应该去做，会学到，或者你会理解到不一

彭于晏与妈妈

181

样的，我就会去做。所以说像拍《黄飞鸿之英雄有梦》或者《激战》这些，就是以前看李连杰、成龙大哥演的东西，我都会去想做。我也喜欢骑马打仗，就来内地拍了那个《仙剑奇侠传》，跟胡歌、袁弘。还有《少年杨家将》，我演杨七郎，我觉得这些都会让我更了解自己。

曹： 胡歌最近拍的《繁花》看了没有？

彭： 有。他最近不是还去宣传吗？

曹： 对，现在已经在香港播，马上要在台湾播。你怎么看你的这位好朋友？

彭： 他都那么棒了！而且他现在结婚还生小孩了。

曹： 你从《仙剑奇侠传》开始和他结缘，你觉得跟胡歌交往，让你最难忘的是什么？

彭： 我觉得他就是活得很纯粹，而且特别真实。他做的所有东西，让这一行或者是喜欢他的人有一个榜样，去成为这么美好的一个人。但我相信他也会面对很多的质疑，或者是生活上的苦难，他把它当作一个养分。

曹： 你觉得在成长的过程当中，外婆、妈妈对你后来的人生观、价值观产生什么样的影响？

彭： 可能我真的是进了这一行碰到的一些角色，才真的去了解到。我外婆已经不在了，我才了解到我外婆那个时候，她的一些决定，或者说我妈妈到现在，她能够一个人带三个小孩，她的那个辛苦。

曹： 了不起。

彭： 对。以前我真的没有，就觉得好像很理所当然。但后来可能因为拍戏，我才慢慢认识到自己，原来我是很幸运的。我入行做演员，也是因为我外婆。从小我就陪我外婆看很多片子，那时候还是影带。我每天都要去录影带店帮她租，看香港 TVB 的剧，周星驰还在演电视剧、刘德华演电视剧的时候，还有周润发的这些港剧到电影。周末就扶她一起去电影院，看完以后回来。我外婆一直都希望家里出一个明星或演员，我记得小时候她拿个报纸说，你看这个，周润发小时候，发哥，你看他那么成功。每一个人不一定有最好的教育环境，但是他们努力，我觉得她可能是想要说这个。可能有一个意识在那里。所以当我外婆要离开的时候，我回台湾刚好碰到我的第一部电视剧的一个导演，就是拍《爱情白皮书》。他们问我有没有兴趣？我说好，我是要拍给外婆的。当时是这个原因才进这一行的，然后就一直做到现在。

曹： 现在你也到了不惑之年，这些年拍片的速度没有过去那么频密，对自己是有规划呢？还是随遇而安？

彭：我想说有规划。但我有时候就是会有一种感觉，尤其是拍《狗阵》前的一年，快两年，就是刚好那时候疫情开始。本来好像理所当然一直在这个行业，一直做这件事情，但后来疫情让我发现，原来我没有那么多的能耐。家里人需要照顾，或者自己的原因，就是我没有我想象中的那么厉害。我就开始想，是不是可以休息一下，或者是有一个声音说，我可能要去做一些别的事情，去看看这个世界或者开阔一下视野。因为有时候我觉得我目前演的很多角色是蛮美好的，但是我发现很多时候，我也有另外一面，尤其是在休息的时候，大部分时间在跟自己聊，就会发现自己有很多的问题，越想越跟自己在

彭于晏与曹可凡

那边拧巴。可能需要一个东西去释放，所以就学一些新的东西，跟这个行业没有关系的东西。在演像《狗阵》的"二郎"或者说《第一炉香》，或者《热带往事》这些角色的时候，我开始发现自己的另外一面。也许很多人看到会有一个出口，也许我是在找那个出口。所以就开始尝试不同的，可能刚好就碰到《狗阵》。

向新而行——林更新专访

林更新，中国内地男演员。2011 年，他以一部《步步惊心》走入观众视野，之后更以一系列优秀作品打响名头。其阳光爽朗的小生形象、扎实自然的演绎风格，更博得无数观众的好感。

曹：你的新剧《玫瑰的故事》刚刚杀青，大家从发布的剧照发现你瘦出一个新的高度了。是不是因为拍戏，始终要对自己的身材进行比较严格的管理？

林：对。这个倒没错，但这个角色并没有说一定要多瘦身。我们这个戏，整个周期比较长，大概拍了五个半月。5 月底开机，天气比较热。这个戏，我没有说是每天特别忙，当时就想要不要把这个运动捡起来，尝试什么运动呢？之前在健身房撸铁比较多。

曹：无氧运动？

林：对，这次我说尝试有氧，毕竟我觉得体力对演员来说，还是比较重要的，尤其是拍电视剧。

曹：像这个戏，你一天要工作多少小时？

林：12 个小时，其实这部戏没有特别累，毕竟还是一个现代戏，不用动作、也不用枪战。有很多时间来锻炼，我就看能不能坚持，结果一直坚持到现在。

曹：我发现你还是很喜欢烹饪的，应该说你也是一个对美食很有讲究的人，所以你在吃的方面，是不是也有一个严格的控制？因为除了有氧或者无氧的锻炼之外，其实进食量的控制也是一个比较重要的因素。

林：肯定要。刚才我去拍杂志，他们点了麦当劳，其实是挺想吃的，但我觉得很多时候，很想吃的东西，我就尝一口，一定要自己克制一下，因为自己心里很清楚，减肥有多不容易，毕竟还是到了这个年纪，你的代谢和十几年前不太一样了，所以我就点到为止，差不多就行。

曹：尝一口？

林：尝一口。

曹：你在自己的自媒体上发布了一些你做的菜，我觉得还挺偏南方的那种口味，有清蒸鱼，红烧排骨还是糖醋排骨？

林更新微博分享亲手做的家常菜

林：糖醋排骨。

曹：我看着不是很像北方菜，有点南方菜的味道。

林：其实我做家常菜比较多，我更喜欢吃的就是家里的菜。外面，你看现在尤其在一些大城市，有很多五花八门的餐厅，现在往往注重的都是一些比较高级的东西，反正我觉得自己还是喜欢那种家常的味道。

曹：你最拿手的菜是什么？

林：炖鱼，可能您比较陌生，这是北方的一种做法。

曹：怎么炖法？

林：炖就是酱炖，用大酱也好，或者是酱油，差不多偏红烧。其实和上海的红烧鱼也差不多，可能上海的偏甜。

曹：甜一点，甜口。

林：对，这种家常的，像您说的糖醋排骨，我也经常做。家常菜都还行。

曹：看你展示出来的这些菜，应该说你是有点训练的。

林：我觉得自己琢磨，有些菜，其实我们中餐确实这样，讲究一些小技巧。例如说有些东西，你就得弄点水，扑点淀粉，或者是裹层油、抹点盐，这些小东西，都是一点一点，从失败，慢慢地积攒经验，然后上网去查教程。

敢于在表演舞台上挑战自我，是一名演员勇攀高峰的前提。在电视剧《玫瑰的故事》中，作为男主角之一的林更新，选择在35岁的年纪扮演学生，无疑是一次大胆的尝试。而此次回归"清爽感"的他，与刘亦菲携手演绎出剧中最为丰富的感情线，更吸引了无数观众的目光。

曹：这次你在《玫瑰的故事》中的合作者是刘亦菲，刘亦菲其实虽然岁数不大，但是她出道很早，是很有经验的演员。

林：我的前辈。

曹：算是你前辈吗？

林：她大概十五六岁出道的吧？

曹：她出道真是早。

林：很早很早，但好在我和她年纪差不多，相仿。

曹：年龄相仿的老前辈。

林：对。这一次合作很愉快，从开机，我们就在北京了，一直是拍到了，我们转到上海。我是比她早一天杀青的，她杀青那一天，我也赶过去。我觉得毕竟拍了五个半月，演员和工作人员还有导演这些人，有感情在的，挺舍不得大家。与所有人一起合照，晚上我们也是一起吃了个饭，喝了点小酒。

曹：所以你是个特别重情重义的人？

林：算是，我觉得我是一个这样的人。

曹：你觉得亦菲是一个什么样的演员？

林：她是一个挺注重表演内容的人。她和我说过，她说咱们俩这部戏演结婚的，我们能不能不要把它弄得太正常、太传统。她也给我推荐了一些剧，她说你看看人家这两口子演得特别有意思，因为我们毕竟演的还是婚姻后面走向了幸福，她说这是我们应该借鉴的。她一直在琢磨这些东西。一些对手戏的桥段，她也是敢于去尝试。

曹：通常拍戏的时候，因为你都是男主角，和女主角如果两个人没有合作过，比如说你和刘亦菲首次合作，通常你们用什么方法，能够在比较短的时间里面进入状态，建立起彼此的信任？

林：我是一个比较能去主动和人家说话、聊天的这么一个人，我觉得两个人里，肯定得有一个这样的人，那你就看对方接不接受你。如果对方不太想和你敞开心扉，我觉得这个东西……

曹：就不好弄？

林：不好弄，但我觉得都还好。

曹：一般情况下不大会发生？

林：对，不大会发生。就像我觉得和亦菲，女孩子，我去主动和人家打招呼，平时聊一聊，聊一些……不能说有的没的，但你肯定还是没话找话，这个戏怎么怎么样。

曹：增进感情的了解。

林：你只有这种方式，会觉得多说话、多接触才不会陌生。

曹：现在想想，当时你从《步步惊心》里的"十四阿哥"到现在，也很多年过去了，当年这个角色让你获得观众的认可，获得内行的肯定。当时有没有想到，这么一个角色能够让自己在表演上，上一个很大的台阶，人生可以有一个飞跃？

林：讲实话，曹老师，啥也没想过。

曹：那会儿你是刚毕业，是吧？

林：没毕业呢。

曹：还没毕业呢？

林：我当时应该是大四上学期，之前也拍过戏，都是一些小角色，四五场戏这样的，没什么压力，导演也不会太注重你怎么样，只要你别太过分、别太出错，就可以了。这部戏，那会儿李国立导演拿了小说让我看，他说你尽快看吧，快开机了。我看完了，我是被这个故事吸引，到这儿还没看过剧本，但其实我们那部戏，好像剧本和小说出入不大。我当时和现在完全不一样，现在你肯定会考虑很多因素，这戏在哪个平台播？有没有上星？搭档演员是谁？阵容强不强？这个戏到底能不能出彩？那时候完全不一样，那会儿注意力完全在拍摄上，因为自己知道经验不足，害怕，真的很怕。

曹：当时想到过这个角色后来播出以后会火吗？

林：完全没想过，当时想的就是我每天一定要把台词背下来，作为新人，我不能因为最基本的这些犯错误。每天收工回来赶紧把台词背熟，这后来也是养成习惯了。电影还好，没那么多词。您电视剧电影都拍过。

曹：不敢当！

林：电影其实还好。

曹：电影还好，电视剧拍摄进度快。

林：要表达的太多了，讲故事。再加上是古装剧，那部戏还白话比较少，还有一些这种……

曹：半文言。

林：半文言。每天就想这个，然后遇到一些麻烦的戏，因为群像戏其实有的时候还好，但一些落到重点，重场戏的时候，自己就想提前准备，每天注意力就在这儿，完全没有多余的想法，想这戏能不能好？能怎么样？我当时都不知道这戏在哪儿播，没想过后续的那些东西，因为没接触过这些。

曹：这个戏播了之后，你通过什么途径突然觉得自己火了，知道大家喜欢你了？

林：拍完没多久就播了，正好我在拍另外一部戏，还是那种状态，懵懵懂懂的，在拍戏，没想过什么，也没觉得我等这部戏播了，我要火了，我要怎么样，没想过。

曹：反正认认真真过好每一天，拍好戏。

林：在微博上，我发现我随便发点什么，评论、转发都比以前多了，反正不一样了。以前可能也就 10 条，这 10 条里可能还有几个是自己的朋友或同学。我发现不一样了，几千条，我说可能这就是被大家看到了，是不是这个角色表现得还可以。

曹：这些年来，可以说是好戏不断，而且你在古装剧上面有自己独特的这种表现，特别好。比如说《楚乔传》，是前几年的，这种人物由一个年轻人来演，其实有一定的难度，因为这个人物比较分裂，可能一方面他比较善良，一方面又有狠毒的地方。他有温暖的地方，也有一些冷酷的地方。

林：演《楚乔传》的时候，我觉得倒是还好，那些年流行的、观众喜欢的男主角是那种比较冷的，没什么话，酷。

曹：高冷是吧？

林：其实这个高冷，可能做样子的成分是有的。这个好弄，这个好去扮演，后面和赵丽颖老师这种脱离，我觉得观众喜欢看角色有一定的反差，你不能说冷着一张脸，从头演到 40 多集，谁看？

曹：单一平面。

林：反差的一些东西。其实这些小点，我觉得是在拍摄里，需要自己去琢磨、去找的，要和导演去碰撞，和演员去碰撞。

曹：你通常拿到一个剧本、拿到一个角色，怎么让这个角色能够在自己的心里，在拍摄之前，就让他变成一个立体的形象，能够找到这个人物的根或者是魂？

林：我看剧本比较慢，因为和看小说不太一样。小说，我觉得很多人看小说很快，看书很快，可能人家阅读能力比较强。我看剧本不一样，我会把台词，先在心里过一遍，在过一遍的时候，得带点画面。我觉得还有一些台词，有一些剧本，不完美的地方就是不够口语化，有一些大师、有经验的编剧还是会考虑得比较周到，把台词写得非常生动。但有一些台词不是特别生动，也不口语，怎么办？在看的时候，我就调整。

曹：你刚刚说到赵丽颖，其实丽颖是这些年大家比较关注的演员，尤其是她过去演过一些仙女类的角色，现在回归到一些现实主义的作品当中，其实这对她来说是有一个很大的反差。她对那些农村女性的塑造，令我刮目相看，你们俩合作是什么样的情况？

林：我们是从《楚乔传》认识的。其间我俩并不陌生，之前有一些合作广告。我们基本上每年都会见面，私下也是很好的朋友。我和她是从 2016 年开始，哪怕刚进组，我们也没有陌生感，相处得比较融洽，非常合得来。她是一个比较较真的人，想不明白就要反复琢磨。反而我是一个可以去协调的人，因为有些东西难免，工作上会出现一些比较执拗的现象，肯定会有，每个人都会有想法。但我觉得我都行。

曹：好演员之间其实有一种能量的碰撞，往往有的时候你会发现是一加一大于二，如果你们两个专业演员能量都相当大，是不是合作起来真的是有这种火花、这种灵感？

林：我和丽颖演戏确实是，我印象特别深，当年的感觉。我还记得拍《楚乔传》的时候，拍我被人射箭射死、掉那个湖里面那一段。我们是分开拍的，因为不可能在一个画面里，可能先拍我这块儿，丽颖再从后面跑过来。我拍完了，反正我是闭眼的，拍丽颖那块儿，我看她含着泪跑过来呐喊，我真的在现场看了很震撼，心里也是很酸的。当我去看成片的时候，剪辑版播出的时候，都很令我感动。

曹：我想知道拍古装剧，是不是比拍现代剧，其实演员要付出的心力会更多？而且有的时候威亚，有些特技，也会碰到一些危险？

林：累，肯定是累。因为首先从妆造上，就是比现代戏繁琐，我这部戏多简单，我刚拍完《玫瑰的故事》，头发一弄，往慢了说20分钟。很简单，你就很舒服，平时穿衬衫也好，顶多穿个西装，也不会很难受。拍古装戏不一样，里三层外三层，幸好《与凤行》没有盔甲，但难免会有威亚。但《与凤行》这一次，丽颖就比我辛苦多了，她还有飞天遁地的这些舞枪弄棒，这个比较多。当时《与凤行》的武术导演就说，林更新，你这部戏可能会很轻松，比颖姐轻松很多。丽颖拿长矛枪，那是她的武器，她得去套招，摆很多造型。我演的反正就是一些法术类的，很简单，轻松很多。

曹：我觉得古装剧其实对于演员来说是一个非常好的锻炼，声台形表，现代戏可能要求不是那么高，可是在古装戏当中，大家对演员的要求就会比较高一点。你拍了这么多年的古装剧，是不是觉得对自己后来的表演，实际上是有很多的加持作用？

林：感觉不一样。古装戏，我觉得与现代戏最大的差别就是，表演上差不多就是肢体形态的东西。

曹：而且台词的难度也比较大。

林：台词，古装戏可能，有一些角色也不差，假如调皮捣蛋的那

林更新

些，戏和戏的感觉不一样。有一些调皮捣蛋的角色，台词反而编剧会写得白话一点，接近咱们现代语言，那就还好。像刚才讲的半文言文的，你就不能太手舞足蹈，怎么样把它表达出来，和你的人物也不一样。我会觉得古装片拍多了，有的时候会导致现代戏不那么生活了。

从阳光帅气的偶像剧男主到阴郁沉稳的古装剧角色，林更新深知每一个人物情感的重要性，并在细节上下功夫。自然的动作，微妙的表情，他总能以自己的沉稳与传神来打动观众，也因此得到多位大牌导演的注意。

曹：徐克导演，我们通常叫"徐老怪"，他是非常奇特的一个导演，在所有香港的导演当中，他应该说是比较特别的。所以你和他合作，觉得徐克导演是一个什么样的导演？

林：他执导的《黄飞鸿》系列、《倩女幽魂》等武侠片，我肯定是看过的。我们曾经看了太多香港电影，他是我特别钦佩的一个导演，来到他的剧组，我很紧张，我哪见识过这么大的剧组。不可否认，那些年合作几部戏下来，他没有对我发脾气，有着急的时候，可能他想要的感觉，我不太理解，没表达好；但从来对我是态度非常和善的，也很耐心。有很多人当时讲徐克导演是脾气火爆的这样一个人，我说反正对我没有过。他对我好，我会觉得导演在我表演的基础上，给我加一些非常出彩的、一些加分的设计。

曹：徐克导演是一个身体力行的导演，我听说他那时候拍《七剑》的时候，在新疆的高原地区，天气又很寒冷，有一场戏是要演员在水里拍，对演员来说是个挑战，而且摄影师也要把机器扛到水里，所以大家都有点心存畏惧。但这时候导演就自己跳到水里，所有的演员也就跳到水里。

林：就是这样的。很多动作，他有的时候急了，可能有的时候他想表达他想要的东西，可能他普通话也表达不是那么好，他就做，没说什么，直接做了示范。有几次……有一次就是直接来了个前滚翻。

曹：真的？

林：那年他都多大年纪了，我忘了，来了个前滚翻，然后拿起武器。我们说导演别别别，就怕……

曹：闪了腰？

林：对，因为你没有热身。还有就是在拍《智取威虎山》的时候，那会儿零下三十九度，我们在那儿拍了差不多两个半月，每天就那么拍。咱不是说没有房车这个东西，那个时候也有，也不是没那个条件，没有经济上、资金上的困难，但你没有办法把房车、发电车搞到村子里，我们搭了一个村子，在一个荒地上搭的景。雪至少得有150厘米的厚度，不可能把整个雪清掉，把车停着。我们都是搭一个帐篷，搞一些取暖的设备，就这样拍了两个多月。那会儿条件真的很艰苦，上山下山要坐雪地摩托车，就载上去，风又很大，最冷的时候，我坐着摩托车，人家说主演坐摩托车赶紧上去吧，我说别别，让他们坐吧，我就走上去了。有那么一次，我记忆特别深刻，我走上去之后，在候场等着拍我的时候，我就感觉睡不醒了，发烧了。在那个条件下，你没有别的地方可待，只能在那儿，我在想得亏那会儿还算年轻。

曹：我关注到这些年你还演了不少霸道总裁的角色，其实这种角色，你说好演也挺好演的，难演也其实很难演，关键就是怎么能够让他远离脸谱化、概念化。所以当你接到这种霸道总裁的剧本的时候，怎么让这个人物的个性把每一个"总"区隔开来，比如《请叫我总监》，这个"总"是这样的，《我的砍价女王》的那个"总"是那样的，其实很容易雷同。

林：是，我觉得是，但是我觉得最精彩的就是剧本，编剧；我觉得演员还是，只能说一半一半。角色，编剧赋予他一种什么性格，虽然都是总裁，但总裁也有和蔼的总裁，也有那些比较刻薄的，还有一些小孩子气的，还有一些比较怪癖的总裁。

曹：那几个戏都还挺好看的。

林：播得还可以。

　　林更新的表演，往往能够让观众与其建立起一种共鸣，从而体会到角色情感。也许正是因为家中长辈的影响，为林更新增添了英武阳光的军人气质，更为他在徐克版《智取威虎山》中成功演绎少剑波这一形象，打下了良好基础。

曹：你好像曾经说过，希望演一些社会上的特殊人群，比如警察、英雄，是不是男孩子总是有一些英雄情结？是不是和你的成长环境有点关系？

林：我觉得这是每个男生的一个梦，曾经都想着，肯定是演大英雄，古装就演大侠、英雄，现实主义题材就演一些角色，像警察也好、特种兵也好。我觉得能演的、该演的都演了。

曹：你其实演警察应该很好。

林：也演过。我现在觉得，随着年纪增长，还有这么多年演戏的经验，觉得可以去演一些像您口中说的不一样的特殊人群，有一些小人物。

曹： 什么样的小人物，你现在特别想演？

林： 我想演一些真人真事改编的这类题材的影视作品，去演这样的一个人，更接近于人的角色，这是我想要的。我最近也在努力看一些剧本。

曹： 英雄情结是不是和你家庭有关？听说你祖父是八路军，是吗？

林： 对。

曹： 而且你从小是跟着爷爷奶奶一块儿长大的，所以从小到大是不是老人家会给你一些潜移默化的影响？

林： 多少都会吧，多少是了解到他们的曾经，加上小时候看动画片、电视剧、电影，男孩就喜欢看这些，自然而然会有一个这样的梦想，把自己幻想成这样子。

曹： 你小时候是不是就觉得自己有点表演上的天赋？

林： 真没有，我真没有，曹老师。

曹： 啥时候觉得突然喜欢上表演？

林： 那应该是读书之后了，读上戏之后的事。

曹： 那你为什么去考上戏？

林： 我不是一个从很小就专业学这个的……

曹： 你学过一段时间芭蕾，是吧？

林： 对，学过一年。

林更新

曹： 当时什么原因去学芭蕾呢？

林： 当时想的是就业可能容易，因为它是一个技能，加上毕竟男生学这个的比女生少很多，可以在歌舞团找一份工作，如果学得还可以的话。学表演是因为我觉得芭蕾太苦了，特别羡慕表演系的这些学生。当时我记得学舞蹈，我们一周五天的专业课，上午是专业课，下午得上文化课。表演系的学生那会儿一个星期两堂课，一堂课一个半小时，这个很好，也不用跳，不用压腿。

曹： 我听说你考试的时候老师对你有印象，是因为你的脸让老师看到了一种期待感，而且那天是你最后一个进去考的，是吧？

林：对。我知道是我上戏的主讲老师，招我进来的老师，他刚刚退休，但还是在上戏带一届学生。前两天我们也碰面了，去了他个人的一个画展。

曹：是何雁老师吗？

林：是何雁老师。我后来和他解释了，他说我眼神里充满了期待，看出这孩子迷茫。我说老师，我那天没戴眼镜，也看不清谁是谁，哪儿是哪儿，我也不知道。

曹：你属于误打误撞。所以其实当时你对表演没有什么特别的概念，也不是说从心里就特别喜欢演戏？

林：谈不上喜欢，但为了去考表演系，也是准备了差不多一年。当时只知道考表演系，你要准备一个朗诵，台词方面的考核，朗诵也好，诗歌也好，你还得唱个歌，还得准备一段形体。表演没有准备，因为表演基本上都是老师当场给命题，你就来吧。

曹：即兴表演。你考试的时候，觉得自己表现怎么样？

林：我们考试分一试、二试、三试，一试的时候，我觉得太混乱了，我都不知道我在干吗，几十个人在那个场上。考试的人先上来吧，男男女女都不认识，都上来之后，老师说在公交车上，赶紧演吧，什么都没有，可能有几把凳子，有的开始坐在那儿。

曹：一块演的？

林：一起，在一辆公交车上。

曹：你进了学校多久之后才发现其实自己对表演这门课是真正喜欢的？

林：我觉得真正可能就是在学校，去剧场里看了真正的舞台剧，汇报演出之后。因为在上戏里经常会有很多机会，在学校，还有华山路后边，有一个话剧中心。

曹：安福路上？

林：对，安福路上，我们经常会有这样的票。平时上表演课也好、台词课也好。人都是这样，在一个班级里，在老师的带领下学习，我不想觉得我很差，我也得努力。不知不觉当中，你看到聚光灯、舞台灯，就想自己去表演。

曹：你觉得到毕业的时候，是不是自己的水准在慢慢提高？尤其你出去拍完戏以后。

林：不敢这么说。因为出去拍戏也是何老师给的机会，系里面给的机会，但也因此错过了很多在舞台上表演的机会，可能大家就一直在排练，排着排着，突然有戏找过来，老师决定你还是去吧，试一试。错过了很多在舞台表演的机会。所以不敢讲自己和同学相比，会是什么样子。我觉得影视和舞台会有一定的不同，虽然说现如今可能在班里算是比较好的，但如果说从表演的角度或专业程度上说，我不敢说什么。

曹：你的网名叫"九亿少女的梦"，是不是对自己的外貌，还是很有信心的？

林： 这么说吧，曹老师，如果对自己外貌有信心就不会取这么一个名字。

曹： 你难道对自己的外貌还没有信心吗？你长得这么帅。

林： 不能说多有信心，但没有太顾虑过。其实这个就是玩游戏取了一个网名，当年会觉得这样比较特殊，好玩为主。

曹： 但这个网名确实令人记得住。

林： 记忆深刻，这一下也差不多十年了，从这个网名出现到现在。

曹： 你刚才说了当时因为拍影视剧，错过了很多舞台剧的表演，你现在也拍了这么多的影视剧，是不是也有这种想法，如果有个机会可以重返舞台演一下舞台剧。

林： 对，有过。其实经常会有，但这也是觉得自己做得不算太好的一个地方。我不知道什么时候开始，会觉得主业是影视，其实实质上我的主业就是拍影视剧，但我学的是舞台剧。当有舞台剧找过来的时候，也不知道自己为什么会有这样的想法，会觉得会不会卡到档期，我排练加上演出的时候，耽误了我拍影视剧的周期。惭愧！

曹： 所以这个东西就是有得有失，如果你想完成一个艺术上的夙愿，可能你要放弃一部分。

林： 不仅仅是放弃拍戏，我觉得很多，日常还有一些像综艺的录制，一些出席活动。

曹： 你要做点牺牲？

林： 对，就像您说的，要牺牲很多东西。但我现在也是在想，我能不能耐下性子去排练。其实排练，你说有意思吗？它有意思，演员之间讨论，与导演之间的调度、设计，怎么怎么样，有意思，创造。

曹： 还有从这个角色的选择上，除了你刚才说希望演一些比较接地气的人物，是不是也会尝试一下演反派？那种角色和你现在的状态距离比较远。

林： 会。我们也是看，其实现在很多戏里反派很出彩，真的。前段时间，就是拍《玫瑰的故事》的时候，见到一个导演，他也是有一套剧本，现代戏，就想让我演警察。我和导演说，我看了一点这个剧本，我没看完，我说不用我看完，我就问您，反派出彩吗？他说对，反派肯定出彩，但他说你不适合。

曹： 所以对你这样的演员，有的时候选择也会受到很多的限制，你心里可能想演反角。

林： 我已经在他心里……他想象就是那样了，我适合那警察。

曹： 其实可以破个局，什么时候破个局？

林： 很多演员就牺牲了帅气、美丽的形象，敢于去尝试，我觉得这是对的，其实妆造会帮助我们很多东西。

曹：你已经拍了这么多年戏，十几年戏拍下来，对自己的将来有没有一个自己的规划，比如希望未来的十年是一个什么样的路子？

林更新与曹可凡

林：我也常听到前辈，还有一些观众的声音，对我说，我这个年纪，现在正值男演员的黄金时间。以前你可能在二十几岁，二十出头的时候，演不了那些稍微成熟点的角色，可能人家想不到你，你去扮上，也有演员可以做到，但肯定还是你的阅历有限，成熟度没有那么高，不会那么成熟。他们讲好好把握这个黄金期，我觉得是的，我尽量不再去拍自己不是十分满意的剧本。我宁愿去等待，但等待有的时候不一定会有回报。

曹：你有没有自己表演上的一个偶像或者目标？就是说我希望达到那样的一个演员的标准，如果到了那个标准，我才是能够归入到一个好演员的行列当中。

林：会有，我看到好的表演，会觉得令自己触动，觉得还有好多要去学习。

曹：通常什么样的表演会给你这种心灵的撞击？

林：我是那种看戏很有代入感的，我会代入这个角色。

曹：特别好！我觉得更新，你是一个特别用功的演员，这些年无论什么角色，都是很认真地投入自己全部的心力去演，特别希望将来在银幕上或者屏幕上，看到你演绎和以往不同的角色，特别期待。特别期待你扮丑的样子是什么样，因为你太帅了。

唯有热爱——于毅专访

于毅，演员、歌手。曾就学于上海戏剧
学院播音主持专业的他，毕业后进入上海话
剧艺术中心从事话剧表演。早早出道的于毅，
在二十多年的演艺生涯中，出演了五十多部
影视剧作品。同时，他更凭借卓越的演唱实
力，成就了观众眼中跨界多变、无比闪耀的
自己。

于毅做客《可凡倾听》

曹：作为一个山东小伙子，你在上海度过了你非常重要的一段青春时光，虽然已经从
上戏毕业多年，是不是至今还是觉得上海这座城市在你的生命印记当中，是可以和自
己的故乡并驾齐驱的这么一个地方？

于：我是山东青岛人，但我一直开玩笑说，我是"山东上海人"。

曹：你上海话说得蛮好。

于：洋泾浜。但是真的是，我18岁来到上海，今年46岁，已经超过我在故乡生活的
时间。

曹：你还记得那会儿在上海，课余时间，和同学们都去什么地方？

于：吃生煎，我的活动范围就是上海戏剧学院华山路校区，我因为是音乐学院的落榜
生，也经常去寻找自己的失落，就会去汾阳路附近，那时来考学都是自己来的，山东
孩子，一小伙子无所谓，所以这块儿我们是最熟的。那时候我能吃半斤生煎，刚来的
时候。

曹：还配一个咖喱牛肉汤吗？

于：两碗。所以每次阿姨会用四个盘子盛过来，问，你一个人？我说是的。她说你
吃不完，我说吃得完。就这样放着，完全就吃完。当时的生煎还蛮大的，四个一两，
半斤。

曹： 你现在回想起来，在上戏的这几年，自己获得的成长主要在哪些方面？

于： 上戏说"今天我为上戏自豪，明天让上戏为我骄傲"。我毕业这么多年了，深刻的体会就是不管我在主持的场合，我从事主持的工作，还是从事表演、拍戏的工作，还是在一些综艺节目碰到的校友，我们是最规矩的一群孩子，永远不会产生那种到他了赶紧出来，不会。我一看，往那儿一站的，全是上戏的。我倒不是说非要怎么去对比，我真的觉得那时候老师给我们养成的，对于舞台的这种敬畏感，镜头前的敬畏感，是影响我到现在的，我觉得也会伴随我走过这一生。

曹： 现在作为一个影视演员，你要养家糊口，要过世俗人的生活，肯定会把一年的主要时间放在影视剧上面。但是我发现你每一年总会把很珍贵的一段时间，放在音乐剧、放在舞台上，这是不是也是一种执念？就是我愿意做出一点小小的牺牲，然后我要完成心中的某种梦想？

于： 大家都会说，他又回到舞台了，重回舞台在完成梦想，在感恩舞台。其实不是，舞台就是我们的给养，我永远都忘不了，我是一个主持班毕业的孩子。当时正好我们演了一个《再见了，妈妈》，当时的班主任赵武老师，他导的根据消防战士"黄东华"的一个事迹改编的话剧，我演的是男主角。我真的觉得我深深地被舞台这种艺术形式所吸引，我踏在舞台排练厅的木板上，闻到那种味道，都很醉心于每一分钟。就跟我音乐剧的经历一样，我第一次参加张学友先生的《雪狼湖》，我想，竟然有比话剧更过瘾的艺术形式，音乐剧，他们叫 musical，我知道这是美国百老汇和伦敦西区的一种综合艺术形式。然后回来我们上海话剧艺术中心，自己拿钱出来做原创音乐剧。当时团里面做《马路天使》这些题材，拿出来真正是自己的作曲、自己的演员。我当时觉得音乐剧之路，我一定要坚持下去。正好我们团又和亚洲百老汇公司有一部戏叫《I love you》，今年拿过来又来演，十几年了，算是一个回归之旅。当时我们去了百老汇演出，应该是华人的第一个团体，第一个商业演出卖票，虽然唱的是中文，是汉化，中文，但是是第一个卖票的团体，在百老汇演了一个月。但是我回来就马上离开了音乐剧舞台，我当时去之前，照着镜子，于毅，你真厉害，你演戏不错，嗓子不错，形体也还行，很综合。去了百老汇一看，傻了，什么都不行，他们的演、跳、唱、器乐，每一项都是专业的。他们用百分之七十的力量和能量展现出一百二十分的效果，我用一百二十分的能力只展现出百分之七十。我就觉得非常受打击，回来后我义无反顾的，当然也可能为了想让家人、大家过得更好一点，我说的是从物质上，拍戏了。真的是离开了音乐剧舞台，离开了话剧舞台。我想，说了这么一大圈，我在演《灵魂摆渡》这部音乐剧的时候，因为十年的网剧，应该是中国的也是原创网剧的第一部，今年是开机十周年。

　　许多网友提起于毅，总会称呼他另一个名字，"赵吏"。这个出自现象级网剧《灵魂摆渡》的角色，已然成为于毅演艺生涯中最重要的代表作之一，也化身为众多观众的青春记忆。2023 年，在《灵魂摆渡》开机十周年之际，于毅再次加盟并领衔主演音乐剧《灵魂摆渡之永生》。这位横跨网剧、大电影、音乐剧的"赵吏"，以跨越时空的方式，完成了一次圆满的情感交接。

曹： 当年这么一部网剧能够经过十年的时间冲洗，依然有它的生命力，有什么感慨？

于： 那时候不光是观众不了解，连我都觉得……我刚刚要签经纪公司，而且我演的角色叫"赵吏"，我打眼一看，我说我不演"赵史"，我连"吏"字那一横都没看见。所以到现在，舞台剧用了这个梗，他在最后说你给我改个名字，叫太长时间，你给我改个笔画也行，他就叫"赵史"。这其实是真实的，我看第一本的时候，我就想这公司真不行，不靠谱，刚来给我这么一个戏，还叫"赵史"，这名字不怎么地。他们跟我说那叫"赵吏"，说你能不能好好看完，我说不演，我要演夏冬青，演那个男一号。他说这是男一号，我说你骗我，那才是男一号。他说那个你年龄太大了。这次我们巡演，碰到好多小孩，喊我叔叔，我说你能看吗？他们说我能，我爸爸妈妈那时候就看，我是小学看，现在我初中了。还有很多人说"吏哥"，见到你就见到我的青春，我说为什么，他们说我们是在大学宿舍的时候，不敢看，一堆人晚上回来一块儿看。说今天我工作了，我赚了钱，我可以到各个城市去追你们的音乐剧。虽然现在网剧已经不拍了，但是有音乐剧，我终于见到了我的青春。那一刻，我也很感慨，我想那时候我 35 岁，现在 46 岁，11 年过去了。

曹： 今天我看到你的形象，比我想象中要瘦得多，是不是还是想回到十年前那个"赵吏"的形象？

于： 我想把他们的青春带回来，要想回到青春，就要付出代价，用一些其他的，又不能太伤害身体的方式。因为要演舞台剧，所有的力量都是那种又唱又跳又演，整个的体力消耗，夏天三十七八度，穿着皮衣，哪怕有空调，基本上演完一场都是虚脱状态的。我想让他们的青春回到他们原本"赵吏"的样子，所以瘦了大约 15 到 20 斤。

曹： 现在我们看到的音乐剧舞台上的"赵吏"，跟你当时网剧的"赵吏"有什么分别吗？

于：很奇妙的事情，我每次在台上说那段台词的时候，是我先开场，"君生我未生，我生君已老"。我唱这两句的时候，这是一直伴随《灵魂摆渡》十年的歌，第一、第二排有人哭了，我看得见，他们就哭了。有的人是捂着嘴，可能别人不知道。过了，这个捧得太过了，不是你唱得多好，而是这是他们曾经最熟悉的旋律，他们认为《灵魂摆渡》画了一个句号。他们觉得网剧的"赵吏"，活生生的"大吏吏"出现在他们的眼前。

世纪之交，一部叫《雪狼湖》的原创现代音乐剧风靡华人地区。这部剧由张学友亲自担任艺术总监和主演，其中，《不老的传说》《爱是永恒》等经典歌曲传唱至今。

2004 年，《雪狼湖》国语版问世，剧组选中了多才多艺的于毅扮演男二号"梁直"，以及原本由张学友分饰的"老狼仙"一角。星光不问赶路人，这个难得的机会，终于降临到拥有音乐天赋、也痴迷于音乐剧的于毅身上。自此以后，《马路天使》《I Love You》《基督山伯爵》等作品，纷纷成为于毅富有代表性的心血呈现。

曹：《雪狼湖》在内地也是招聘优秀的舞台剧、音乐剧演员来加盟，当时是什么样的机缘让你能够参与这样的一个音乐剧的创作和表演？

于：万事都不是设定的，和我们路途中遇到的角色一样，你说是你选了他，还是他选了你？他在那儿其实已经等着你了。《雪狼湖》这件事情是全国都有人去面试的。

曹：当时面试声势浩大，我记得。

于：声势浩大，1997 年是粤语版，2004 年开始做国语版，普通话版本。我们的团员什么地方的都有，有广西歌舞团的团长带着自己的团员来面试的，也有"草根"的舞者面试上的。也有香港本土跟过来面试，要进行巡演的。我们是艺术团体，比如我是上海话剧中心的，正好演了香港春天话剧团的《蝴蝶是自由的》，我和焦媛女士合作这个戏。导演刚好也是当时张学友哥《雪狼湖》的导演，让他做这种戏剧的导演，他说你可以去参加面试，但是要飞北京去。我印象特别深刻，面试的歌叫《爱是永恒》，我都没学会。但是他们觉得我嗓子不错，唱得也还行，跳得一般，但是看了我的《蝴蝶是自由的》，那时刚好在北京演出，他们觉得很适合"梁直"这个角色。又会唱一点美声，唱得很杂，就说你连老狼一块演了吧，原来那是两个角色。所以《雪狼湖》里那个狼，和这个反一号都是我演的。也就是面试上了。那是人生当中第一次在一年半里面只做一件事，他们的排练真的是不计任何成本。我们所有人在一个剧院，先是北京，就在那个地方，都是现场的乐队，天天跟着排练。

曹：排练的时候也是现场的乐队？

于：那些乐队都是东南亚地区，他御用的顶尖的乐队。后来到合成的时候，把台搬到了深圳观澜，整个一比一搭舞台，这个舞台以后就不用了，所有的场景做两套，在各地发货。

曹：不可想象。

于：不可想象，那时候的投资，张学友哥也是在那几年，他在国外生活的时候看到了音乐剧这种形式，觉得太棒了。但是那时候，音乐剧根本没有市场，学友哥在演的时候，真的我们听到的声音，比如说如果是演唱会，你一上来，"天上的雪花白茫茫"，张学友。演音乐剧，他一上来，底下，张学友，我爱你。大家还是当演唱会看。

曹：所以我一直认为张学友和《雪狼湖》，当时所掀起的波澜，对于中国大陆本土的音乐剧发展还是有很大的促进作用。

于：当然。那时候咱们这边三宝老师、李盾老师，他们是比较早开始做音乐剧的，《蝶》，包括《金沙》其实也是，音乐剧这种形式很好，大家用各自的专业……有交响直接进入，包括作曲，有点轻歌剧的那种感觉，都以自己的方式在进入音乐剧。但确实是那时候音乐剧没有市场，整个五十几场的巡演，几乎是以学友哥演唱会的这种名头卖完的。

曹：我记忆当中，那时候演出商，你但凡要订张学友的演唱会，就必须要同时订《雪狼湖》，用这种方式来带动音乐剧。

于：学友哥和陈淑芬女士当时投入非常大，而且学友哥是破天荒地在前期排练，到北京的时候都来了。他以前有一个替身，一直替他演"胡狼"这个角色，但后来他自己来的，他动不动就来，我们想，他又来了。后来这个才揭秘了，"歌神"原来真的唱得比我好。

曹：你太小看"歌神"了。

于：对，我们当时一直想，我说他的话筒一定比我的好。结果我们自己去看，我们当时的话筒也非常贵，当时那种指向性话筒，就是演唱会话筒很少。它的那个收声度和清晰度，低高频的这种收歌度特别棒。后来我想，我的话筒和他一样。他当年就是我现在的年龄，他唱"搞不清是否正在谈恋爱"，一直跳，和几个猴子一直在跳。跳完之后，他可以不喘。我想，他怎么不喘？他不在的时候，我们就把他的歌复制一遍，就这样，根本定不住。后来知道，他一天四个小时的网球、运动、训练，包括舞蹈训练，才知道"歌神"就是"歌神"。

曹：在排练的过程当中，你和张学友近距离接触，你们有些什么样的交流？

于：我倒是觉得我不要成为学友哥那样的人，他在专业上完全是一根筋，他认可的东西，他一直认可，他不认可的东西，不行，他必须要。我觉得这就是艺术家，我可能永远成为不了那样的人。我总是觉得艺术是融合，是圆的，但其实真的，我觉得从我眼里，我看到他们顶尖的艺术家，艺术在他们眼里一定是这样的。他对我非常好，他一直叫我老二，因为有可能我演男二号，另外，在组里面都是小孩，我可能第二大。他说老二，你是一个很好的演员，我喜欢你的舞台的表现能力和综合能力。他是禁止任何人改任何的台词和调度的，但有时候我和他的对手戏很多，你知道话剧演过几十场之后，总得找点新鲜的东西，不是说你应该在这儿出现，你从那儿出现了，你从节奏上要有小小的差别。

曹：不是机械的。

于：对，他从来不会说我，但是有人这样做就不行，他就会让舞台监督告诉他，我们舞台的东西是定好的。《雪狼湖》对我之后从事舞台剧、从事音乐剧影响很大。

作为一名实习派性格演员，于毅的演艺之路却并不平坦。入行二十年，于毅塑造了不少经典的角色。从《打狗棍》中心怀大义的"二丫头"，到《勇敢的心》中雷厉风行的反派"赵舒城"，以及《心术》中被万千观众所熟知的"谷超华"。一个个成功的角色，成就他演艺道路中的闪耀之光。

然而令人意外的是，于毅曾经是个一心想学习声乐的孩子。当年的他未曾想过，自己会在阴差阳错中来到灯光之下，成为一名演员。

曹：我大概就从《心术》那个时候开始知道你的名字，大家认识到你的表演的这种潜力。在之前十多年的这种慢慢爬坡，是不是对自己来说也是一种磨砺，或者说某种程度上也是一种煎熬？

于：每当要提起磨砺和煎熬这个词，我一直觉得作为一个青岛孩子，我来到上海这个城市，经历的所有一切，就和我小名一样，我小名叫"顺顺"，这是我爷爷给我起的名字，我以前叫于顺大。我叫于毅的时候，我妈说于顺大太难听了，爷爷，您就别起名。所以我叫于毅，如意。

于毅在录制现场

曹：毅力的毅。

于：毅力的毅，但是于毅和如意也是谐音，如意和顺顺这两个字一直伴随着我，我真的没有受过苦。我考上海音乐学院落榜，我是来考声乐的，没有想过要上戏剧学院。

曹：你是意外进了上戏。

于：我考声乐，老师说，我属于是那种部队大院长大的孩子，虽然没当过兵，但很耿，思维是直线的。上海音乐学院的教授说，我让你吸气，你懂我说的是什么意思吗？我说我懂。他说你为什么要放一口气？我说我没有放这口气，他说来，你弹琴唱，然后就这样，我想你让我抬钢琴，我就把琴……

曹：练丹田之气。

于：给人把琴抬了，他就这样，说你把我琴移动干吗，我说老师，你不是让我抬琴唱吗？他说你出去。

曹：没法跟你谈。

于：然后我就很难过，我说老师，他说你怎么又进来了？我说琴上录音机没拿，拿了就走了。三试之后，我记得是没考上，没考上之后，正好遇到一个音乐学院姓唐的阿姨，我们上海的，所以上海于我来说全是恩人。

曹：福地？

于：福地。人家是一个打扫卫生的阿姨，她告诉我，你考不上不要紧，这是汾阳路，华山路，这个地方有一个戏剧学院，去考一考，你不要躺在这儿难过，因为自己当时很难过，原来觉得我肯定考得上。到了上海戏剧学院，一看，报名有主持人班、表演系，就都报。两个，主持人班、表演系都是一直往前走，都进了三试。我的家乡的学校，三十九中是倪萍老师、唐国强老师的学校，可能我爸爸妈妈觉得主持人是非常体面的一份职业，和搞艺术没关系，这是他们的认知。所以后来就让我选了主持人班，都发证了。

曹：你刚才说其实一路都比较顺，之前比如说在一个剧里面，你刚开始起步的时候，肯定角色比较少。

于：都好。要讲到，我毕业，按说我没有进咱上海电视台……但是我遇到了我的班主任导这个戏，遇到了上海人民艺术剧院，那时不叫话剧中心，遇到了朱大坤老师，他做制作人选了我当男主角，杨绍林老师能把我调进来。进了单位之后，人家都要跑龙套，那我就演男一号。大约在单位七八年的时间，我不停地在演话剧。话剧那时候120元一场，大家都说你们蛮辛苦。我说不，挣钱很多的。我们演主旋律，当时还有行业剧，我演税务，演过消防，一天如果演三场的话，360元一天，我能拿多少钱？我第一个月拿工资，这么多钱，我都蒙了。那时候比我们班主持人要赚得多。租房，都是租房，没有什么压力。

然后开始拍戏的时候，其实《心术》是大家知道的，还有一部戏叫《男才女貌》，陆毅、林心如，也是蒋家骏导演拍得，比较早期的，那算偶像剧，还有曾黎，现在的大美女。

曹：大美女。

于：冯绍峰。我演的男二号"赵磊"。就是因为咱们中国足球冲出亚洲世界杯那年，我们米卢不是来拍了个戏吗？《壮志雄心》，我以球员的身份，我会踢球，进入那个剧组。那时候我还挺胖的，忽然间我再去面试，人家拍《男才女貌》，说于毅你瘦了，你来演这个吧，又给我一个很好的角色。这个角色完了之后，拍《101次求婚》，那时候崔智友第一次来咱们这儿拍戏，都是好戏。真的没有说很难，每天要去蹲上影厂，没有。

于毅热衷于挑战不同性格的角色，并通过自己的二度创作使其更为立体与饱满。终于在35岁时，他遇见了电视剧《打狗棍》中的"二丫头"。这个外表阴柔，内里侠骨豪情的"反串名伶"，让于毅一炮而红。为了刻画这个角色，于毅专门邀请男旦老师，教习自己学习京剧的唱念做打，他也凭借这个角色，获得了业界肯定与观众好评。

曹："二丫头"，那个角色其实蛮有意思的。

于：他们觉得我拍的另外一个戏，里头有一张图片，戴了一个耳钉，拿了花。其实没有那种像"二丫头"娘娘腔这种旦角的感觉，只是形象有点像。大杆子这个人，巍子老师演这个戏，在承德的抗日史上是有记载。"二丫头"虽然是杜撰的，没有留下图片，但我这个角色也是存在的。

曹：有所本？

于：对，存在的。然后这个角色就是我的。在拍戏当中的时候，我就完全……那五个半月，面膜、美白，化着妆出现在所有地方。

曹：不得吓着别人吧？

于：害怕。为什么？因为我是山东青岛人，山东青岛小哥走路喜欢怎么样？你知道我壮，我们走路都这么走，平时都这么晃。

曹：垮着垮着的？

于：对。结果那部戏里面全部都是这种……

曹：兰花指？

于：对。如果对方生活中不相信你，他们就老觉得你在演，如果生活中相信你的话，你在现场随便怎么生活就行。所以我打饭的时候都戴着面膜，问我够不够？我说再来点，他们就蒙了。说到京剧，荀派男旦尹俊老师，退回13年前，尹俊那时候刚刚戏校毕业，人家来了之后，他是1989年的，真的跟先生一样就这么坐着，唱也必须站着学，他说别往我身边凑，别跟我开玩笑，底下我叫你于老师，你来这个房间，我来教你学戏，你能学就学，学不了我就走。戏曲不一样，戏曲原来这么有形式感，师承是这样的，都是有旦角的要求，因为我在台上要有展示。我有小嗓。

曹：这个很难得，你有小嗓？

于：我有小嗓，而且老师们都觉得我的小嗓是可以唱戏的。尹老师说于哥，我真的跟你说，你的小嗓，我们可能这几个人都比不过你。

曹：那么厉害？

于：对。我给您唱两句。

曹：来。

于：就是第一次学的"汉兵已略地"，比如说后期一直跟随了我这么多年，也是在唱这几句，其实我就会这几句，《霸王别姬》当中的"汉兵已略地，四面楚歌声。君王意气尽，贱妾何聊生"。

曹：真好，特别宽亮，像张君秋先生年轻的时候，特别宽亮。

于：他们说男旦有女生唱旦角不具备的一个脑后音。尹老师带我吊嗓，说你不用吊嗓子，你就有这音。

曹：太厉害了，这是天赋。

于：他说你真有这音。我知道"二丫头"，你到时候要上台唱这个。当时没有"原来姹紫嫣红"，没有"皂罗袍"这出，只有《霸王别姬》。因为约好了在媳妇五十大寿的时候，一定要唱全本的《霸王别姬》给她。然后他是山大王，他房了一堆戏班上来陪他练，结果外敌来犯，他毫不犹豫地拿起枪走了，所以这一走就是一个诀别。每次我想起那个场景，要表演自己在偷练那一场的时候，锣鼓来了，那是昆笛，有个昆笛，郭靖宇先生说，拿步话机，让尹老师拿一个椅子，拿一个躺椅，给他放在中间，然后配唱，让于毅做一下身段，不行找替身。来，开始，摆弄一下。这边就听到一个声音，说不用，于毅可以自己唱，尹老板、尹老师，他坐那儿，他说我不会唱，他可以唱。然后他身段也可以，就这样。我们就开机，"高力士敬酒"，他要演得荒腔走板一点，然后再唱这一段的时候，他说老郭，郭导说："角儿。"尹老板说戏服可破不可坐，你不能穿着一身《霸王别姬》，上了妆，你在那儿一瘫，你这是人物。我说那我站着吧，勒上头之后，我说尹老板，我要吐，很难受。他说我要把片子给你贴松了，不好看，脸因为全绷着，就挂了。他说要美，你能不能坚持，我知道很疼，我说那就坚持。结果贴了片子，喷射状呕吐，脑颅压过高。

曹：即使专业演员，贴片时间长了也受不了。

于：问了，人家都是后来贴松了。

曹：挑松了。

于：但影视为了好看，所以现在看那时候还真的挺美的。

曹：你想作为演员来说，所有的积累，你所经历的那些东西都会有用。包括今年参加张国荣先生的纪念音乐会，所有过去你学到的东西都用上了。我今天看这音乐会的时候，我说于毅特别给大陆演员长脸。

于：唯一一个。那次去参加这台纪念会，因为也有过往和渊源，和陈淑芬女士确实是非常好的朋友。

曹：《雪狼湖》结下的渊源。

于：对。她觉得我唱这歌是合适的。我问过，《从未远离》这个歌，我唱到底合不合适。她飞来上海，说于毅，陈妈想让你唱一首歌。她说《从未远离》，张学友先生唱这歌，其实是纪念张国荣先生的。她说我有一次在车里的时候，正好放着这歌，我真的哭得不能自已，是我喜欢那股柔情的部分和倾诉感的部分。我说那行吧，我说就在上海录。结果很顺利，录了三遍。"从未远离"也没有这四个字，是我在最后结束，已经尾音部分，我忽然间唱完的时候，我觉得这个是张国荣先生……有可能是哥哥跟大家说的。

放那个片段的时候，他们其实不知道我是谁，只是《雪狼湖》，那都是哥哥的歌迷。我和陈松伶女士唱了《深情相拥》之后，我再降下来，再升上去，他们不知道那是谁，是《霸王别姬》的影视片段。当然我第一声"汉兵已略地"，底下真的就跟京剧的观众朋友一样，"好"。

曹：叫好了。

于：对。当我唱到，"将往事留在风中"，这边是"蝶衣"，有人在叫"蝶衣"。我虽然戴着两个耳塞，我听了，我当时都蒙了，人是麻的。艺术好的方式就在于能填补人心里面最大的那个空缺，那些喊的人，那些爱歌的人，可能我一直在说，你们忘记《从未远离》和那天表演的人是谁，如果表演当中的点点滴滴，能让真正喜欢哥哥和爱哥哥的人，再感受到一点哥哥有可能回到他们身边，和他们说话的方式，我觉得已经很完满了。

曹： 在《灵魂摆渡》当中有一句台词，如果把人生比作一条孤独的河流，谁会是你的灵魂摆渡人？作为一个演员来说，怎么把角色和自己结合起来，这当中是不是也会有一个灵魂摆渡者？

于： 你生活在哪个家庭，不同的环境，带给你骨子里一些你挥之不去的东西，然后你生命中的不确定性，碰到了一些不同境遇，碰到不同的人、不同的机遇、不同的职业。其实我们干吗要去设置它？人生最丰富的、最有趣的就是这些。

曹： 你永远要对人生的下一步充满着期待，不用给自己设置任何障碍。

于： 对，都说不设防、不设定，我觉得把这些话都可以忘掉。大家都说你是被演员耽误的歌手，我觉得为什么不能像其他地方的艺人一样，我唱跳演各种艺术形式，哪怕我去画画。后来我去做饭，我在做饭的过程中，发现我的餐厅里面哪一道菜和一首歌是结合的。包括现在的角色，大家也说你想再有什么挑战，挑战什么样的角色，有没有"二丫头"这种挑战？没有，我从来不做设置，我也没有想过。

曹： 你和阿云嘎演《基督山伯爵》是一个什么感觉？

于： 嘎子，我对他心存崇敬之情。我们是在参加一个综艺节目的时候认识的，他来帮唱，叫保送式帮唱。你知道他的音准合唱，托着你唱，我们唱《十字街头》。现场我们刚唱完，其他选手说别唱了，他第一，把第一让给他。然后嘎子下来跟我说，他说哥，你要去演音乐剧，你一定要回到音乐剧舞台。他说你离开几年？我说十几年没演了。我说你为什么非要给自己打个音乐剧演员标签？他说我喜欢音乐剧这种形式，学也是学这个，我真的觉得中国音乐剧要往前走。他说我没有什么理想，就是有生之年，我想在中国原创音乐剧和中国音乐剧的发展史上，不管留不留名字，我要做点事。这是他的原话。

曹： 使命感。

于： 我真的觉得有点可爱，那时候他没演《基督山伯爵》，也没做制作人，没做阿团，他就是一个音乐剧演员，还不一定是被所有大众认可的音乐剧演员。那次碰上之后，我就碰到《灵魂摆渡》要开始组建音乐剧了，他们说网剧十周年快到了，你能唱，这又是你的本行，你为什么不去做？我说好，我去。去了之后，演完，当时是一个媒体场，一边哭着一边搂着人脖子，说谢谢您，谢谢您让我回到这个舞台，真的就抑制不住要哭。我十几年没有踏到音乐剧舞台上，嘎子跟我说这个，我很感动，但是我没感觉。我踩在排练厅那个舞台上，我就躲到房间哭了一阵。我在想，后来我一边哭着一边跟他们说，我说我对不起你们，音乐剧这三个字，我很长时间不配提它。不管我回不回来，于毅回不回来，音乐剧，中国的原创音乐剧和中国的音乐剧都在这里，一年比一年好地往前走。我说我太谢谢你们了。

曹： 你平时如果不演戏、不演出的话，生活状态是什么样？人家给你一个外号叫"于老头"。是不是就是一种比较传统的慢生活的这么一种状态？

于： "于老头"是自己给自己起的，因为我十几年前就喝普洱、盘串儿、玩核桃，十几年。现在倒好。

曹： 那么年轻？

于： 十几年前。

曹： 提前进入这个状态。

于： 我不是要表明自己拍戏的时候多敬业，我不出去应酬喝酒，不喜欢热闹，不是。是我拍戏有一个习惯，我喜欢沉浸式拍戏，我要把自己搞成一个真空状态，给别人一个神秘感，一出现就是那个人。我到现在还保持这个习惯，面试时我已经给这个人化完妆了，我基本上已想好了他戏中穿什么，我最近这块儿的衣服全是戏中人物的衣服。

曹： 再过几年要进入知天命的年纪，演员其实是一个非常辛苦的行业，如果拍影视剧，可能从一个片场跑到另外一个片场。如果演舞台剧的话，巡演，从一个城市跑到另外一个城市。所以经常可能跟家人是聚少离多。现在有了孩子之后，是不是更眷恋家，对自己事业的规划会做一些修正？

于： 大家其实可以看到我的作品并不多，我没有常年在拍戏和常年在演音乐剧、话剧。我觉得我自己的选择，其实有很多时间，我是伴随我们家小妞妞一块儿。她从小不点儿，就是"我是柳叶镇上一店家，招揽客人度生涯"，要不就是"一道黑、两道黑"。我也没有教过她唱歌，她现在唱比如说《悲惨世界》那一段，你会听到有一些机构，比如说去教他们唱，递给她一个麦克风，她基本上就会很好地把那个混声阶段过去了。

曹： 耳濡目染。

于： 我其实……包括我乐器都很差，因为我是一个不协调的人，但是比如说我们拿一个吉他，她就会唱。我在练歌，我参加任何项目，其实我都在她身边，我很长时间都在她身边。每年会设置最起码半年以上在她身边，所以我没有那么大的拍戏量。

曹： 你对自己现在的状况满意吗？

于： 非常满意。你看我能撬多少行，音乐剧能演，话剧也可以继续演，虽然话剧，我

于毅与曹可凡

一直跟单位领导说，他说你应该继续来演话剧，我说我的第一个妈妈，我的岳母之前评价……在演《打狗棍》"二丫头"之前，她一直觉得我是一个三流话剧演员，她觉得我的舞台表演手段很少。因为我是主持人班毕业的，她觉得我的情感很真诚，那种喷薄和体验感都很好，但她觉得我舞台的表演手段没有那么丰富。包括以前老话剧团的很多导演都打电话说，你实在演得太好了，演这个不膈应人特别难。

曹：这个很容易过。

于：很容易过到别的。

曹：尺度把握非常难。

于：对我来说，我可以有自己的小团队，有自己的生活，然后可以去唱歌，可以去商演，可以去演我钟爱的、想为之燃烧绽放的音乐剧，也可以去拍戏。我其实到了演爸爸的年龄了，前面有人说你为什么要演"许凯"的爹，演这么个角色，我为什么不可以？我46岁了，马上快50岁了，我为什么不可以演爹？我为什么非要演小生，对吧？势必你的年龄会限制，现在一出一个网剧，男主角都是25岁、23岁、20岁以下，视觉年龄，我不要去挑战这个。

曹：什么年龄做什么事。

于：就是这么回事，我本来就是个爹，我本来就有一个小胖妞，干吗非要再去寻找。要我演一个小伙子，没必要。

海上花开——秦雯专访

2024 年 6 月 28 日，在第 29 届上海电视节 "白玉兰奖" 颁奖典礼上，电视剧《繁花》成为全场最大赢家，获得最佳中国电视剧奖、最佳男主角、最佳美术奖、最佳摄影奖、最佳（改编）编剧奖等 5 项大奖，编剧秦雯也在颁奖礼上分享了自己经历电视剧《繁花》整个创作过程后的蜕变。在今天的节目中就让我们一起走近这位长于上海、书写上海的当红编剧。

秦雯做客《可凡倾听》

曹： 首先恭喜你，因为《繁花》梅开二度，再获 "白玉兰奖"。从《我的前半生》到《繁花》，当中也隔了没有几年。

秦： 我觉得跟第一次拿奖的心情其实是一样的，一样紧张、一样兴奋。在上台的那个时候，我会想起在剧组所有的事情，所以就会更紧张，其实会有很多事情想说，但是没有时间给我讲。

曹： 其实跟你过去几部有影响的作品一样，这几部作品，包括《繁花》，都是根据小说来改编的。但是这次的改编，恐怕跟你过去的改编不太一样，电视剧跟原小说之间其实差异还是很大的。所以这样的一种改编方法，是从一开始就定下来的，还是循序渐进的？有时候创作就是这样，文章写着写着可能就往那个方向走去了。

秦： 我刚见到王家卫导演的时候，我基本上已经知道，因为从我过去的经验上来说，这个不是一个可以照着原小说、直接就可以去改编的故事。千头万绪，是挺自然主义的这样一个作品。但是从改剧本上来说，我知道会是一个很大的工程。见到王家卫导演之后，那个时候其实他已经有一些想法了。

曹： 我觉得《繁花》这部小说改编成影视剧，在我看来是一个不可能完成的任务，几

秦雯凭借《繁花》获得白玉兰奖

乎是不可能，所以今天看到电视剧的成片以后，确实感叹整个主创的智慧，能够在原小说的基础上，生发出另外的一个故事。但是两者之间的精神气质又是相匹配的，这是非常难得的。我知道，其实王家卫导演开始要做《繁花》的时候，就开始广撒英雄帖，他必须要找一个会说上海话的编剧，所以这个对他来说，实际上选择的范围很窄。

秦：是的，所以我运气比较好。

曹：其实你合作过很多导演，但王家卫导演跟其他的导演有一个很大的不同，第一他从来没有拍过电视剧，而且他在电影上所取得的成就又是如此之辉煌。第二，他跟其他的导演最大的不同是，他自己就是写剧本出身的。所以对于一个编剧来说，会不会带来一个特别特别大的压力？

秦：肯定有，但是因为我是他的"粉丝"，就是无脑先去了，其实我已经做好了准备：可能导演觉得我不太合适改这个剧本，因为它是一个男性题材的小说，然后又是有年代感的。其实我没有怎么做过这样的东西。我已经做好准备了，但是还是本着见见偶像、看看传说中的王家卫导演是什么样子的心态，先去了。

曹：你们第一次见面，你觉得哪些细节是你印象很深的？

秦：我去的时候准备好好看看戴着墨镜的王家卫导演是什么样子的，结果一进房间，好多差不多年纪的男性老师坐在那里，没有人戴墨镜，所以一下子我就不知道哪个是王家卫。我得判断一下，金宇澄老师，我还认识的，特点也比较明显。还有其他的一些老师在。我做好的准备是……导演应该是一个比较骄傲的、不太说话的人，我已经做好被导演审视和询问的这种准备了。但没有，他特别亲切，会问一下《我的前半生》的情况，剧本的情况，会问我对《繁花》的一些看法。其实第一次见面的时间不长的，因为我觉得对导演来说，他要看到你文字的东西，才能够更多地跟你去交流，所以基本上就是领了一个任务。我也很紧张，其实真的见面了，我就想赶紧结束，因为很紧张，所以赶紧就说那我写一点东西吧，我对于《繁花》改编的想法，我记得是这样。赶紧逃回去，把那些东西写一写。其实很多时候我更愿意跟合作者用文字去交流，我觉得这可能是我的长项。

曹：从传统意义上，对于编剧来说，她就是在纸上完成一个二维的工作，但是这次做《繁花》，导演要求你做一个三维的工作。可能普通人对这个概念比较抽象，在你看来，所谓的二维和三维的这种劳作之间的本质差别在于什么地方？

秦雯参加《繁花》研讨会

秦：以前我更多的是写完剧本就交给导演，然后导演去拍，其实我很多时候连现场都不去的，或者说我根本不知道我写的这个景搭出来是什么样子的。我是跟观众一起最后看到成片的时候，我才知道，原来"罗子君"家是这个样子的，"唐晶"家是这个样子的。有的时候中间会去一两次探班，但是它不是我工作的一部分。但从这次开始，所有的，其实从最初的照片、图片开始，就已经成为我工作的一部分了。导演就一直希望把所有这些立体的空间的东西加之于我，我是一个没有空间感的人，所以一开始其实挺辛苦的。包括导演会问某一个人他会在哪里打电话，"玲子"会在哪里打电话，"李李"会在哪里看客人，"宝总"在和平饭店，他应该在哪个位置，哪个是他最经常待的一个位置，为什么选择这个位置？可能这些以前都不会考虑的。我写完之后，导演看现场什么地方合适，让他坐那儿就完了。那么这个时候，我才知道说其实他们的位置跟人物、你要写的戏其实是有关系的。我觉得在现场，包括拍完之后，我每天看素材，因为我们边拍边改剧本，所以我会看素材，看素材的时候，你就再一次看到了剧本和拍出来之后的空间的关系，人物和空间的关系，其实再一次给到我一个新的启发。以前我只是进入人物，现在更多的可能不仅进入人物，还进入这个空间和时间当中去了。

曹：你刚才说，通常来说，编剧在电脑前完成写作之后，其实就大功告成了。这次《繁花》，你到了现场，看到具体的空间是什么，比如这个酒楼有多高，整个的房间，"夜东京"是一个什么样的格局。然后到了现场，看到演员之间的这种碰撞，是不是对于一个编剧来说，会产生很多新的灵感？

秦：会，我们是在看他们演员的表演，在我们跟他们稍微熟悉一点之后，我们会改我们的剧本。我觉得这也是在我们剧里演员挺幸运的一点，导演不是写完让你照着角色去演，而是我们让角色去找这个演员的特质，让他们能够结合得更好。但是可能在其他戏里，这是很奢侈的一件事情，现在我觉得我们的剧是做到了，演员和这个环境的关系有多好，演员跟某一件道具的关系，什么时候表现出来是好的，我们就会去沿用它。

曹：而且我觉得这个戏很特别的地方就是，演员和角色之间，你会看到有某一种重合，"汪小姐"好像生活当中有一部分也在角色里面，角色和她的个性有一些融合。"宝总"也是这样，他对人的这种深厚的情谊，他的教养和生活当中的胡歌其实有某种重合，所以你们在做剧本的时候，在树立这个人物个性的时候，是不是也会考虑到演员本身是一个什么样的个性，把这两者之间做一个特别好的融合？

秦：会。一开始我们知道演员是谁的时候，其实我们就已经照着我们想象中他（她）的样子来做一点设定。在拍摄之前，我和他们是不熟悉的，可能马伊琍老师，我之前还有一些合作，其他基本上没有怎么合作过，所以只能照我想象中的样子去写。但是其实导演也是在观察他们，一开始我们拍得是比较慢的，也会观察，因为看素材，你也会知道。比如说"汪小姐"戴了那副眼镜之后，整个人都变了，那副眼镜，想办法不能让她拿下来，经常要戴着，变可爱了。"宝总"经常说他头发抬上去、放下来，开关。其实我是很喜欢"阿宝"的状态，就是头发放下来时候的那个样子，我们就会希望他多一点这样的东西。所以这次是演员和角色互相在靠近，在寻找。

曹：还有"宝总"和三个女性之间的关系，有很多人都会问这个问题，我记得我也问过胡歌，胡歌说这个问题他也问过导演，导演说你想跟谁好就跟谁好。所以你在写这个剧本的时候，你心里有一些什么样的倾向吗？

秦：我其实是在跳跃的，我会在某一段时间，因为某一段戏进入某一个角色之后，会特别希望"宝总"跟她可以走下去。但是你还得去写另外一个人，你作为编剧，这点是不能够有倾向的。所以我一直在转，比如说我刚开始的时候会觉得他跟"玲子"之间的关系是我挺想发展一下的。写着写着，当我写"汪小姐"的时候，觉得"汪小姐"也是很单纯的情感，可能是比较浪漫主义的一种关系。然后"李李"来了，到后来，我们觉得有"A先生"这样的故事，传奇又来了。然后我们就会采访身边所有的人，男男女女，结果发现每一个人的态度都不一样，在我们剧组，本身就已经分成了各种"党派"。这个时候我会觉得挺有意思的，其实在《我的前半生》的时候也有这种讨论，到底是跟"罗子君"好，还是跟"唐晶"好。每次到这个时候，其实就不再是技术

《繁花》海报

上的考量了，更多的是很多观念上的考量，每个人站在不同的观念，举手、站队。然后我们就决定这个东西可以做下去，我觉得也许观众也会分成好几拨，果然现在观众分成好几拨。

曹： 所以我觉得这种模糊性给大家带来很多的多样性，观察的角度不同，每个人的看法也不一样。

秦： 我觉得胡老师身上又有一个很干净的、很有教养的气质在，他可以处理好，我们觉得他可以处理好这些关系。其实我觉得好玩的关系，就是拿捏在这个边界上面才有意思。如果完全很明确了，有的时候这个戏写起来就没有那么好玩了。

曹： 还有一场戏就是戏剧张力和冲突都比较剧烈的，就是因为珍珠耳环导致"夜东京"三人组合的破裂，这种桥段的设计是很精妙的，既有很强烈的冲突，但是你看上去又是非常合理的。这种是你事先坐在电脑前就想出来的，还是说到了现场之后，有很多你可能过去意想不到的一种灵感奔涌过来？

秦： 像这样的戏，我觉得它是一个比较完整的冲突戏，可能是要事先全部规划好，因为其实是一句一句垫的，每一个人一句句垫上去。到最后，其实导演经常说前面助跑，很多戏的最后有一句话才是你跳高的那个点。就是跟"玲子"说的那一句一样，她年纪这么大了，"宝总"不会看上她。这句话其实是爆发点，前面全部都是铺垫，怎么铺垫得好看？这应该是一些很舞台剧的表现方法，因为舞台剧是同一空间，需要所有的这些人物在你进入这个空间和走出这个空间的时间里面，所有的人物关系要发生改变。其实我自己可能因为以前做舞台剧比较多一点，比较喜欢做这样的戏，很有劲的。

曹： 你看上去好像是一种像舞台剧这种张力很大，但是也很自然。

秦： 我就没想到导演会拍得比我想象中还要有劲。

曹： 导演确实是大师。

秦： 我发现他有劲起来拍的东西都很有劲的，"黄河路保卫战"也很有劲。

曹： 我听说导演最喜欢看的就是里面很多吵架的镜头，他们说他看这样的镜头很开心。

秦： 我们都开心，大家都喜欢看这种戏，打起来、吵起来。有的时候我觉得需要，可能对电视剧来说，很需要这种冲突，让大家可以去博你眼球。

曹： 前不久我看到一张照片，就是你们整个主创、整个摄制组在做筹备工作的时候，所看过的那些参考资料，几乎有一堵墙那么多，大概有三千多册图书。你记得当时看这么多资料的时候，是一个什么感觉？其实我们虽然是上海人，但我们未必对上海各

电视剧《繁花》主演合影

个方面都很了解。

秦：是的，其实我们的三千多本书里面，有一部分跟上海有关，但是很多可能不一定有关。比如说一些商业上的书，股票上的书，什么都有。甚至导演会把一些小说里的某一句话拿出来，其实这三千多本书说实话不是我看的，是导演看的，相当于他帮我做了一个海量的阅读工作，真的是必须要夸夸导演。他看书很快，比如说这本书看完就会帮你贴出来，贴好，然后划出来，就告诉你说这本书，因为你要写剧本，你没有时间看，我帮你看完了，这几个地方是你要看的，其他你不用看了。经常有一些很厚的大部头的书，他也都划完就给我了。而且他脑子很好，我看完就忘记了，他看完之后永远都记得。每次说到有一句话，他可以从这些书里面，他说就在这本书，拿出来，他能够记得在哪个位置。

曹：厉害！

秦：这是图书馆式的记忆，可能我也一直很搞不懂，我也很想拥有这个能力。

曹：超人的本事。第一次用上海话写戏，作为一个编剧来说，是不是特别有意思？

秦：非常有意思。

曹：我想来想去，那个年代比如《孽债》《上海一家人》，算是焦点在上海的，其他的很少。

秦：对。我从2003年开始写剧本，到现在二十年了，二十年都是用普通话写，读书也在北京，所以我基本上接触的都是普通话。没有写上海话之前，我不知道是这种感觉，我普通话写惯了。一用上海话写，我突然觉得原来我在写普通话对话的时候，我是有翻译的，自己经过了一道翻译。用上海话，没有这道翻译了，反而是像开自来水龙头一样关不上了，不需要你过滤的，你就觉得特别舒适，反而会没有什么负担。

曹：我们知道家卫导演的工作方法经常是会自我否定，重起炉灶，把前面拍过的东西重新再捋一遍，可能改变另外一种做法。当然拍电影可以这样，拍电视剧，其实这种方法是灾难性的。

秦：对，电视剧体量太大了。

曹：还有时间成本，演员的档期，等等，所以你跟他合作的时候……因为你是对整个电视剧制作，应该是很熟悉的，你们有没有交流过？

秦：我跟导演在一起工作应该有四五年了吧，从开机开始我就一直在剧组，到关机我都没走，到后期剪辑我还在，所以其实是一个完整的过程。一开始剧本的修改是很多的，我做好准备要改的，因为我们大家都知道导演是要改的人，没想到中间会有一度是比较辛苦的。

导演王家卫

曹：最辛苦的是什么阶段？

秦：最辛苦的是刚刚开始认识他、开始写剧本的时候，因为你摸不透他，你又很敬畏导演，你很怕他不满意你的东西。

曹：我插一句，你去之前有没有预设各种不同的可能性？

秦：预设了。最大的想法就是，他可能特别骄傲，特别高高在上，我就想我就当见偶像了，客客气气的就算了。中间会很辛苦、会很焦虑，但是没想过要离开这件事情。而且我一直跟导演讲，反正我肯定是跟到最后的，这点你放心。最难的是，导演一开始的时候，他的思维太跳跃了，因为他考虑的东西太多，以至于我一开始经常不知道他在说什么。所以我经常说，他说他发球过来，要我打回去，我说桌子上不应该只有一个球吗？怎么会突然间发五个球呢？这个时候，我就有点手忙脚乱，我会觉得每次跟导演开会开两个小时之后，我就瘫掉了，要按摩一下。因为那个思维跳跃太快了，跟不上。而且你要熟悉一个人的思维方式，是需要一段时间的。但是可能一段时间以后，我知道了，我知道你发五个球，我觉得反正我用我的方法接。有的时候他的五个球也不一定是想让你都接住的，你反正挑你自己能接的接。慢慢地，可能你会踏实一点。而且对我的好处是说，虽然看起来我体力上压力很大，但是其实精神上没有这么大压力。我心里想的是，反正不行还有导演。因为以前的剧本不是这样的，你写完，不好，人家就来找你了。现在你知道说没关系，不行还可以跟导演说写不好，咱们再想想怎么办，就还好。

曹：有没有这种情况，你真的到了现场拍，你还是觉得这个剧本，从你编剧的角度来说不够理想？但最后拍出来其实蛮好。

秦：有的。就是"阿宝"和"玲子"分手那场戏，我是追到现场，我跟导演说不行，剧本不行，你让我再改一改，再给我点时间。但导演就一直跟我说，可以的，我觉得可以的，我知道了。后来我觉得自己不应该这么不信任导演，因为他其实心里把这些戏都想好了，他想的戏不在台词上，他想的戏可能在台词和台词中间的反应上。一拍完，确实觉得有点服气。

曹：虽然《繁花》聚焦的是20世纪90年代这么一个阶段，但是它的影像风格会让大家想起《花样年华》《阿飞正传》。但其实在我看来，《繁花》更像《一代宗师》，虽然讲的是不同的故事，但是讲的是一个江湖。只不过《繁花》的江湖是在黄河路，所以你在改编剧本的时候，有没有把一些你过往的作为上海人的经历放在里面？

秦：肯定是有的，而且我觉得潜移默化当中，你是不自觉会把自己身边看到的人和事情，你想要去把引起过你触动的东西放进去。关于江湖的方面，我觉得导演自己是一个非常喜欢武侠的人，他看过很多，我自己也很喜欢。

曹：你喜欢看吗？

秦：我们从小看有线电视，我记得有线电视是七点半放两集香港TVB的电视剧，到大概九点半还是十点钟放两集武侠片，每天我都看的，我基本上是看着那个长大的。我爷爷喜欢看武侠小说，门口武侠小说的摊上，所有的书我也基本上都看过。后来古龙没有了，古龙的书看完了，就变成什么改名字，古什么龙，这些都看，假的也都看。所以其实可能潜意识里有这样的兴趣，喜欢这样的故事。对江湖的故事来说，基本上是没有家庭的，不涉及家庭，比如说父母这些戏，更多的是在固定范围里面，这些人的交流，而且更多偏浪漫主义一点。

曹：我听说你那时候住在大自鸣钟那里，你那时候比如住在弄堂里，看到的人、看到的景，是不是把有些你看到的东西放到戏里去了？

秦：有的，吵架，弄堂里吵架是从小看到大的。不止弄堂，我后来搬到公房里去，楼上楼下，家里吵架、隔壁吵架也是经常的，太了解了。所以我经常，跟导演讲，夜东京这种吵架，吵完明天好，可能是我从小习惯的环境。

曹：我们也是这样，一开始为了公共厕所、为了灶披间，开始各种各样不同的争吵。所以看到里面的吵架……

秦：上海人都知道。

作为一个土生土长的上海人，近年来，秦雯的创作始终围绕着这座有故事的城市，从《辣妈正传》到《我的前半生》，从《流金岁月》到《繁花》，无论原创还是改编，她都不断地更新着自己对人生的理解，延续着一位创作者的初心。

曹：其实这些年你写过很多好戏，可是也不算产量很高的那种，对吧？

秦：对，我自己写。

曹：因为现在编剧的模式有不同的，现在像你这样自己一个字一个字打出来的已经很少很少了，手工劳动。

秦：工匠，作坊。

曹：对我来说，第一次知道你就是因为《辣妈正传》，因为当时孙俪是刚拍完《甄嬛传》，如日中天，刚生完孩子，出来拍的第一部戏，复出。你回忆一下，当时比如你跟孙俪的合

电视剧《我的前半生》剧照

作，而且她最后也是靠这部戏第一次得了白玉兰奖。

秦：我觉得她是一个很好的演员，而且其实我并没有感觉到她因为《甄嬛传》，会有任何的盛气凌人，或者觉得要怎么样。没有，我觉得她非常认真，每一个剧本仔细地做笔记。所以到现在，我其实都挺尊敬她的，在表演上，对她的工作态度上。我记得那个时候，孙俪老师应该也是刚生完小孩，我也是，沈严导演那时候他的小孩大概刚生完，大家就确实是有点共鸣。

曹：所以会把自己生活当中的感受放上去。最近因为《玫瑰的故事》很火，大家又想起亦舒的作品，其实你的《我的前半生》和《流金岁月》都是改编自亦舒。亦舒作品的背景，大多数属于20世纪七八十年代，怎么最近突然又会火起来，而且火这么长时间？当时你们怎么会想到要做亦舒的作品？

秦：是曹华谊先生，曹老板给我《我的前半生》小说，他说你看能改吗？可能我小时候看中国香港片看得很多，所以我没有觉得跟这个东西有什么距离。我其实没有经过我跟公司讨论说我想改成上海或者怎么改的过程，我其实看完就直接觉得可以，我说我改一稿你们看看吧，这么就写了一遍，几乎没有经过太多的修改。可能我是觉得，那个时候应该是二零一几年的时候，我觉得香港那个年代的一些女性的状况，跟当时上海的女性状况其实有一些不谋而合的地方。

曹：我印象当中，当时《我的前半生》引起很大的社会争议，一个爆款剧。当时面对这么多争议，你是怎么想的？

秦：我受到的攻击也挺多的，我到现在微博还是没有开评论，我和吴越老师可能是受到攻击比较大的。那个时候其实刚刚开始写的时候，我可能初生牛犊不怕虎，没想过改编会引发这么大的社会舆论。但是发生了之后，你就得承受，以至于现在好像我的承受能力一下子……就一把炼成钢了，现在可以了。

电视剧《繁花》剧照

曹：所以现在什么样都百毒不侵了？

秦：对。基本上可以站在一个稍微有点距离的角度，做完之后站在有点距离的角度去看待这些事情。

曹：亦舒是一个特别奇特的存在，她的哥哥倪匡也是大作家，而且兄妹长年都不和，她自己也很特立独行，甚至于不认自己的儿子，她很特别。你觉得为什么这几年亦舒的作品会持续走红？包括《玫瑰的故事》，还是很红，你的下一部作品也是亦舒的，《独身女人》。

秦：我觉得对于女性的社会情况，大家的这种考虑，以及关注更多了一点。其实亦舒很多时候是写这种独立女性，可能正好契合当下大家对女性问题的讨论。人物是有一些故事性的，虽然有的时候故事不是很长，有的时候不够改编成长篇电视剧，但是可以给到你一个核或者给到你一个起点，你可以通过那个起点开始去跑步。

曹：你的下一部作品《独身女人》，唐嫣和赵又廷主演。这是你改编的第三部亦舒的作品，唐嫣又是跟你合作过《繁花》，马上就要开拍了？

秦：经过《繁花》之后，写《独身女人》，一个是我希望跟以前的戏要有点区别。还有我觉得一个群像的表现方法，可能是我比较喜欢的。我希望每一个人物，我都能够做到有体谅和同情，看到他们的正反两方面、内外两方面。我希望看到不一样的唐嫣，我希望是跟"汪小姐"有一些区别的唐嫣。我对赵又廷的角色充满期待，因为其实大家将来会知道，他是一个很不一样的角色，很有意思的角色。对于我个人来说，其实我会尽量在这部戏里做得比之前的故事更加极致一点，更爆裂一点。

毕业于中央戏剧学院的秦雯一出道就参与创作了中国第一部用胶片拍摄的电视剧，《我们无处安放的青春》，该剧的监制兼主演陈道明以及导演沈严对她影响颇深，可谓亦师亦友。有意思的是，和郭敬明、韩寒一样，最初令她在文学界崭露头角的，正是当年红极一时的新概念作文大赛。

曹：我印象特别深，当年新概念作文的主办者赵长天老师，他去主管《萌芽》，所以想出做这么一个东西。我记得当时还跟他说，现在谁还去弄这种作文比赛，他说这个

蛮好的，试试看。果然，你看后面出了你、郭敬明、韩寒。所以当时你们怎么去参加这个比赛的？现在回想起来。

秦：我是看了第一届的文章，我是第三届。我那时候已经在学校参加各种作文比赛，也一直拿奖。但是我第一次看到《萌芽》，第一届出来的时候。当年我们那帮小朋友都呆掉了，竟然作文是可以这样写的。第一届的时候，是直接就保送了，不需要高考。那个时候对我们高中生来说是比较有吸引力的。

曹：高考可以混掉了。

秦：这是最重要的事情。到我们这届你可以去降分录取，到投档线就可以进了。我记得那个时候在青松城大酒店，半夜接到电话说叫你爸爸妈妈带着你去青松城大酒店，每个房间贴了一个学校的名字，复旦大学、华师大、北大，就告诉你们这些人现在可以去跟招生办主任谈，每个房间里有一个招生办主任。

曹：真的？

秦：你们就可以进去跟他说我要去你们这里，你们联系一下。我就去了复旦，我推了复旦的门，我就记得那个场景，推了复旦的门，复旦说，可能那个时候我们要去的话会进的应该是文史基地班，所以是文史哲三门通读的，有点苦。但也讲好了，那个时候。我后来想我现在的家，窗口对着的那个酒店就是青松城大酒店，我突然间觉得冥冥之中有的时候有一点呼应的。

曹：你记得当时你的作文是写啥的？

秦：我们是考了两轮，第一轮是我们自己把自己的稿子投过去。第二轮是命题作文，现场给你一个题目。我记得韩寒他们届是桌子上放了一个咬了一口的苹果，每一次都很奇怪的。我们那届的题目叫"假如明天没有什么"，可能我写的是《假如明天没有太阳》，我写的是彝族的火把节，如果明天没有太阳，可能我就虚构了一个在少数民族没有太阳的火把节的日子。基本上是这样，那个印象挺深的。

曹：但是为什么最后没有去复旦，跑到北京？你是在中戏读戏文吗？

秦：对。当时复旦是讲好了，基本上我的考分也是可以的，我觉得我是可以上复旦的。但那个时候正好中戏来招生，我们家其实没有人做这个行业，我就突然间想到小时候确实一直天天看 TVB，我天天在想这些东西是谁写的，我觉得写得不错，我也想写一写。我就去考了，中戏给了艺考录取通知书之后，其实那个时候对我影响很大的是我们曹杨二中的两个老师，现在也是上海很有名的语文老师，皋玉蒂老师和曹杨二中现在的副校长沈霄老师，他们跟我谈了一下。其实我觉得那个时候对于曹杨二中这样的学校来说，多一个人进复旦是很重要的，进复旦和交大。但皋老师和沈霄老

《我们无处安放的青春》剧照

师，他们觉得我的性格，他们觉得我可能更适合去戏剧学院。沈霄老师给了我一个信封，里面有八百元钱，他说这是我送你去北京的机票，我就这样去了。

曹：到了北京之后，习惯吗？

秦：不习惯，肯定不习惯。其实我都想过，中间有一度想过是不是要退学，重新回来。因为可能我们以前，像曹杨二中这样的学校，所有的学生都是很规矩的，中戏很张扬，戏剧学院的都很张扬。有的时候给你自由，你有点紧张。慢慢地，你接受这个自由之后，你知道自己应该自己去学一些东西，自己去钻研一些东西，我觉得后来就慢慢好起来了吧。

曹：你后来怎么慢慢会获得写戏的机会？你第一次署名编剧是不是就是《我们无处安放的青春》?

秦：对。那个时候我们在大三大四的时候，有一个剧组跟我说，说现在要你们赶一个稿子，不管写得怎么样，只要你们把剧本交出来，一集给你们五千元。那个时候对我们来说是巨款，一集给五千元。我们几个朋友说那就去吧，去了再说。

曹：你只要交出就可以拿钱？

秦：当时那个戏，好像是因为他们希望把剧本交给陈道明老师，所以我们就几个人一块儿去写。那个年代是给现金的，不像现在，所以我们就把剧本写完，看到剧本打印出来，一摞，其实自己也不知道自己写的是什么。交上去，人家就保险柜打开。

曹：真的？这个场景很有画面感。

秦：钱就过来，你就觉得原来做编剧还可以哎。但其实那个时候，陈道明老师一看你们这些小孩写这个肯定不行的，但是他手上那个时候拿到了《我们无处安放的青春》的小说，他就晚上来找我们，他就问我们几个人，他说你们有没有兴趣做一个青春题材的小说，做得好，我们就用胶片拍。做得一般就正常拍，做得不好就不拍了。那个时候觉得是陈道明老师，那必须得去做，就又去了，就是这样一步一步开始做这些戏。沈严导演那时候刚跟陈道明老师合作完《中国式离婚》，所以就一起做了《我们无处安放的青春》。

曹：你后来的《我的前半生》《流金岁月》都请了道明老师，所以是不是因为那次缘分，跟道明老师的关系就很近？

秦：对，到现在。我们叫他校长，因为他在《我们无处安放的青春》里面演女主角"周蒙"的爸爸，是一个校长，我到现在都叫他校长，他还是会对我们耳提面命的那种。

曹：他在公众场合给人感觉比较严肃，在跟你们合作过程中是一个什么状态？

秦：不是那种一言堂，但是他对自己要求非常高，不迟到，他有的时候拍完也在现场，能站着就站着。比如说他有的时候会调整一些戏，如果跟我调整一些戏，他会告诉我说我的台词可以改一点，但是对方，你不能改别人的台词，不能因为我的台词出现变化，对方的台词也要出现变化，因为人家都已经准备完了。所以很小心，我觉得很尊重对手。还有可能我觉得因为确实是经验丰富，所以他对于年轻演员和各种工种的承托力，我觉得是非常强的。

曹：你过往的一些作品，大多是聚焦一些都市生活，都市男女的感情，所以在未来是不是也会有一些自我的突破或挑战，去写一些过去可能不太关注的主题？

秦：其实可能一开始大家找我写都市剧，然后觉得你还可以，就一路被写到都市剧去了。其实对于古装的，我刚才说武侠的古装的，其实我都愿意去做，因为我觉得故事的核心是一样的，人和人的关系是一样的。

曹：还有刚才我们说到创作模式，因为电视剧实际上跟电影不一样，体量太大，你整个写下来差不多有一百多万字，是个体力活，也是一个大工业的生产方式。确实现在很多编剧放弃了像你这样的这种传统的工匠手艺式的写作，可能会有一个团体一起来完成，你现在还是采用这种比较古早的方式，是不是你是拒绝那种大家一起来群体创作的那种？

秦：我不拒绝，如果有，可以合作的，我很希望有人可以分担掉我的一些压力。但是我可能脾气也比较急，如果我找一个年轻的编剧，我说一遍，你写完，我花了一天，然后你写完之后，我还得看完，我又跟你说，你又得改。这个时间，我想我自己都写完了。这点时间不如自己弄了。有的时候想想算了算了，我自己弄吧，就这样。

曹：电视剧其实是很反映时代的，你看有这种现象，这部电视剧如果被压了几年再放，你突然就觉得好像时效性就没有了。其实那个故事放在哪个时代也都可以，但是观众明显会感到这个故事跟现在的人的想法不一样。所以一个电视剧的创作者，怎么能够紧随时代？这个话听上去是一句大话、空话，但实际上是很接地气的。

秦：一个是我觉得很多时候我们不能去追逐时代，因为有一个时间差，你做完再拍，然后播放，有的时候可能压一压，其实又晚了，所以很多时候你不可以去追逐时代。你可能还是要坚定一些自己的表达，和你自己看到的东西，你希望去引领的那些东西。还有你不能去教育观众，我觉得观众是不能被教育的，现在的观众很精的，你稍微有点"爹味"，他马上就开始觉得跟你有点距离了。

曹： 观众会说你凭什么教训我，我干吗要听你来教训？

秦： 对，不能教育。你只能是带有同情心地，然后带有观察地，去叙述和表达你看到的东西。我觉得这是我对于自己的要求。还有关于核心部分，我认为这反而是不用去考虑太多的时代性，因为核心的人和人的感情，就像我们现在看一百多年前，甚至五百年前，可能很多东西都可以去理解，也会打动人，这是因为人类情感本身上的核心内容是不变的，需求是不变的。

曹： 就像我们今天去读莎士比亚、读托尔斯泰、读契诃夫，你都可以在今天的社会当中找到跟原作当中那些对应的关系。

秦： 你保证自己是一个生活在现在这个时代当中的人，不要跟这个时代脱节。同时我觉得核心部分，人类关心的东西，情感上的需求，一直是共通的。

曹： 通常您创作的方式是什么样？可能在普通人的想象当中，编剧都是深夜操刀作战的，但也有很多专业作家就是朝九晚五，早上起来写到吃晚饭结束，你是什么方法？

秦： 我的方法，什么时候催着交稿了，我就什么时候写。如果不催稿，我是可以一个字也不写、天天玩的那种人。但是一看要催稿了，拖延症患者，还有两天，再玩半天，一天半可以写完。

曹： 这也可以？所以应该说你写东西的整个状态是比较轻松的。

秦： 其实写东西对我来说没什么压力。工作不太带给我焦虑，我觉得这可能是我可以跟《繁花》、跟王家卫导演工作这么长时间，也没什么焦虑的原因。

曹： 我发现很多《繁花》里的演员都会说同样一句话，跟王家卫导演合作完了之后，跟其他导演合作会有一点点不习惯，因为他的细致度、精致度……

秦： 颗粒度特别细。

曹： 所以你经过了四五年跟导演这么细致的合作，会不会现在也不习惯？比如我一个东西交出去，不管或者不关心，反而会不习惯，心里不"落听"？

秦： 我以前是每次觉得这个地方写不出，或者有点想法，我就会回头说导演怎么办，现在没有了。但是现在我新合作的导演，张晓波导演，在这点上，我觉得也很好，我觉得还是有所承托的。但是不像王家卫导演，因为他天天要盯着你的，这个怎么样了？那个能不能那样弄？你一开始觉得有点麻烦，但是你突然这个麻烦没有的时候，你也会觉得有点失落。

曹： 好的，我们也期待《独身女人》同样像《繁花》一样，能够给大家带来很多惊喜。谢谢秦雯老师。

秦： 谢谢曹老师，很开心。

秦雯与曹可凡

一直在路上——大鹏专访

大鹏，一个难以被简单定义的全能艺人。他是演员，也是导演，更是编剧、主持人。多才多艺的他，以出众的才华和独有的亲和力、幽默感备受观众喜爱。从2008年正式进军影坛以来，大鹏一路荆棘，仍一路向前。他以一次次的主动求变、直面挑战，获得第25届上海国际电影节金爵奖最佳男主角等诸多殊荣，成就其演艺生涯中的全新巅峰。

大鹏做客《可凡倾听》

曹：时间过得很快，去年上海国际电影节金爵奖的颁奖典礼，我主持，见证你跟胡歌共同获得最佳男演员奖。

大：对。

曹：这一年就这样过去了。

大：好快。

曹：所以当你获得这样的一个荣誉的时候，那个刹那是怎么想的？

大：去年有意思的事是，跟胡歌一起拿了这个奖，先公布他的名字，既定的印象里面，好像大家念完得奖者，应该就往下走流程了，我没有想到还有另外一个得奖者是自己。所以如果说心情的起伏，那可能会经历了一下失落，然后又扬起来，那个落差是很大的。我跟他在很小的时候就认识了，雪山上、夕阳下，我们的对话发生在2005年，你想，那个时候我才23岁。就是没有觉得时间过去那么久。能够共同拿到这个奖，那个时刻再想到那个背影，是很幸福的。不只是彼此的见证和陪伴，还跟上海国际电影节共同成长。我还可以分享一个小故事，很有意思，那会儿在网站工作的时候，我负责报道电影节。应该是2008年，那一天我举着话筒，在红毯的尽头采访明星，我穿了个短裤，就是一个大裤衩。然后红毯上的一个工作人员，是一个安保，就过来跟我聊天，说我们这是上海电影节，你穿一个短裤在这儿，你觉得合适吗？我突然意识到，原来自己的着装确实欠考虑。我就跟我们那个摄像，因为负责拍摄的还有另外一个同事，我们跑到厕所，把他的裤子穿在我的身上。

曹：两个替换一下。

大：我们两个换了一下，因为他是摄像老师，我是那个出镜的记者，所以我就穿着他的裤子。他个子比我高，身材比我壮，裤子还有点不合身。但是，换了裤子，我又到红毯这边来捕捉明星。

过去了几年，当我第一次来到上海国际电影节走红毯的时候，是带着《煎饼侠》这个电影，2015年。其实我总会想到那会儿自己的一个画面，虽然在写实的生活当中，我们不会经历像电影一般的场景，但是确实是在走红毯的时候，我仿佛能看到那边有一个自己举着话筒在说："快，来跟我们的网友打个招呼吧。"

所以当我走过去的时候，我看到自己，又或者看到伙伴，直到今天还有很多当时的同事，他们在上海国际电影节的一线进行报道。走过红毯到了那儿，我都会停下来，跟大家聊几句，也是跟我过去的自己聊几句。我觉得这是很奇妙的一个成长之路，这样的路径，可能它始终提示我，自己是从哪里开始，然后有机会拍电影的，这让我非常珍惜我目前的这个工作机会和体验。

曹：在事业和人生的不同阶段会拥有不同的身份，即便后来做了电影之后，也是同时做演员、编剧、导演、监制。同时在几个不同的赛道交替往前走是一种什么样的感觉？为什么那么"卷"？

大：我自己没有主动地把它们分成不同的工种，我觉得都是创作，只是从不同的角度去切入。如果是一个监制，就陪伴一个新人导演，因为在他们作为新导演的阶段，可能你是可以帮助他吸引更多的演员、平台的关注。所以，基本上我始终是在这么一个忙碌的工作状态当中。但是我自己没有分得很清，说这部分今天上午这两个小时我是监制，紧接着变成导演。自己没有主动去区分，全部都是在投入创作，不同的创作内容。因为它对于我来讲，不像是一件事开始，一件事结束，又迎来了一件事的开始。它可能是几件事的并行，而在并行往前走的这

大鹏

个阶段，他们每一个可能处在项目的不同的时期，有的是开始，有的是收尾，有的是拍摄中，这就会让我不停地在运转，在忙碌。也就是大家看上去的一种"卷"，我是怎么理解这个事的呢？我觉得因为我的起点，从行业的整体的角度来讲，是比较低的，因为大部分的导演或者演员，他们经历过专业系统的培训，他们来自学校的培养。而我自己完全都是跨行业的。

曹： 你是学建筑工程管理的。

大： 对。如果我做建筑施工之外的任何工作，其实都已经是转行了，心里就特别没有底气。这个没有底气就造成自己需要不停地去运转，在通过作品向大家去展现的同时，来实现自己的价值。

曹： 我很好奇，一天24小时你怎么分配的？要做那么多事。

大： 如果到目前这个阶段，比如说上影节期间有很多的活动，每一天大概都有四五个行程。我不太会预设明天发生的事，就明天的事我是明天醒了再想，今天就是专注于眼前，把此时此刻这件事做好，这样我觉得会比较有效率。如果你脑海当中已知，要面对很多事情，可能那个专注力会分散。我的具体工作方法就是，当下的这件事我全情投入，并且尽一切可能把它做到更好。

曹： 也许大家对监制这个身份不是那么太了解，你举个例子，比如说《我的阿勒泰》这部戏，你是怎么去把这样的一个作品，提供给一个新人足够的资源，最后成为一个爆款？

大： 如果说起监制，我们可以举两个例子，一个是《我的阿勒泰》，一个是《骗骗喜欢你》，因为我都是监制，但是工作方法其实有些不一样。在《我的阿勒泰》这个项目上，具体的是一个陪伴型。因为基于我对于滕丛丛导演的信任，我对她的了解，我相信她的能力可以做到什么样的范围。所以具体的工作流程就是，她觉得这个散文是可以被影视化的，然后我们去共同探讨，比如说它有多少集，它的主线故事是什么样的，选择邀请怎样的演员，最后拍成什么样的风格，这可能是我们会去讨论的。我更多是帮助导演坚定地做出这个决策，以及用自己的资源帮助她组建这个团队。至于她在拍摄的过程当中，都是尽可能地去尊重导演自己的想法，让她自己更有主动性地去完成这个内容，这是一个陪伴型的创作。

到了《骗骗喜欢你》的时候，因为这个导演是我常年合作的编剧，那我们其实在过去我的电影当中，都是配合写作，并且在拍摄的时候，我们是一体的。这一次《骗骗喜欢你》也有一些和之前类似的拍摄，就是我们共同去商量，然后我帮助他，或者说我可能陪伴他更深入、更投入。同样是监制，可能两个项目还有具体的不同，那要看导演和创作团队有什么样的属性。

曹：电影跟电视剧的创作方法不太一样，最终电影要放到市场上，接受观众的检验，所以在拍摄前期的这种判断和预估就非常重要。比如我们举个例子，《年会不能停！》，年轻人很喜欢，说这部电影是一个上班族的嘴替。当时你们在做这个项目的时候，怎么去做一个判断？

大：我觉得很幸运，《年会不能停！》最后收到了大家的好评。在它制作过程当中，其实对于它的结果，现在是一个超出的预期。最开始的时候，我是被这个故事和人物、人物关系所吸引，作为演员的角度参与了电影的创作。我跟白客也是第一次在电影当中合作，虽然我们两个都是十几年前在网络上并行存在的两个品牌。

曹：对，标志性的人物。

大：对，但我们各自拍了电影之后，其实从来没有产生过任何交集。这部戏终于等到了一个机会，是我们两个共同去出演，我觉得是个很好的时机。其实我自己可能以前还都觉得，我是一个电影新人，来到这个电影的行业，有很多新鲜的刺激，有很多要学习的地方。可是不可否认的是，从 2015 年推出《煎饼侠》到现在，已经接近十年的创作体验，我也很难再去说自己是一个新人，距离当下的主力观影人群可能还是产生了一定年龄上的差距，判断事物的标准可能也就不太一样。那你怎么能够让自己始终保持年轻的思想？我觉得这是很难的，是很难，哪怕你看了再多的短视频，身边有再多的年轻人……

曹：往往差十年可能就是个代沟。

大：对，保持和年轻人的沟通，也是比较难的，这个时候就是考验一种创作直觉。一开始接到《年会不能停！》这个剧本的时候，我就是觉得它是一个新鲜的喜剧表现形式。可能在此之前，我们对于国产的喜剧有一些既定的印象。但是这一次的故事，从它的内容到演员的配搭，其实都算是一个新的配方，而这种新我觉得市场是不会抗拒的。这也提供了一个经验，就是未来还是要尝试一个新鲜的切入点，用新的演员组合去刺激观众。从一开始的海报设计上，这几张脸上就觉得，这是个新的东西。我觉得这个算是一个经验。

电影《年会不能停》海报

227

曹： 其实这几年你的工作量非常大，产量也非常高，统计一下，比如说 2023 年你大概有五部片子。

大： 对。

曹： 包括《无名》《保你平安》《热烈》《年会不能停！》《第八个嫌疑人》，这个当中可能有演员、导演、监制不同的身份。为什么一年要做这么多的事情？是觉得有一种时不我待的感觉吗？

大： 其实底层是自己可能不太想面对真相，但有您说的那种，意识到这段时间可能是自己创作比较好的一个时间。

曹： 一个旺盛的创作时期。

大： 对，包括体力和精力，以及思想的活跃度。我觉得要抓住这个时期，因为起步已经晚了，从我自己的感觉来说。所以要抓住这个时机，多提高产量。才会有了比如说监制的内容，监制的内容对我来讲是提高效率的一种方式，它可能比导演又缩短了一些累积的时长。

那么还有一种特殊的情况就是，它也是个积累的结果。因为电影往往有制作的周期。前几年因为一些特殊的原因，可能作品都积累在那个时期。包括今年我也会感慨，我说因为去年有五部电影上映，我其实都是在宣传、推广，在跑路演。

曹： 永远走四方。

大： 高铁、飞机，然后一个城市的地标。

曹： 对。

大： 所以整个去年这一年，其实是没有时间去拍摄的，就没有参与到一个电影的拍摄当中。那它就体现在今年，2024 年可能就没有一个具体的内容，像去年一样，呈现在大家面前。包括《我的阿勒泰》和《骗骗喜欢你》，其实都是监制的这么一个身份。所以电影是有时间周期的，去年的集中呈现是前面累积的结果。接下来可能我自己对自己有要求，就是上海国际电影节结束了之后，我就要去耕耘了。可能你就看不到我发那么多朋友圈了，我要去耕耘一段时间，然后希望能够在未来，再让大家看到新的一波作品的出现。

曹： 我们来细捋一下 2023 年的这几部作品。你觉得这几部作品，你自己觉得最满意的，或者最遗憾的是哪两部作品？

大： 我还是从自己导演的内容里面去挑剔，因为其他的电影影响的因素也很多，比如说我作为演员出演，其实还有其他的演员，还有导演的主动性，档期的选择，这都是一个影响维度。我有自己的意难平，我觉得《保你平安》可能对于我来讲，因为是

《缝纫机乐队》之后，隔了很长时间的一个商业电影，所以我自己还是希望它能够有更好的票房成绩。当时我们是在 3 月 10 日那样一个比较冷静的档期，但到最后，我们也在复盘，说如果放到一个更大的档期，会不会一开始就更受关注？这个内容在过去一年通过电影上映，通过它上了网络，包括大家坐飞机、坐高铁的时候，也可以看到它，所以迎来了一些滞后的反馈。我最近经常听到别人说，刚看了《保你平安》，觉得表达是真的很不错。我听到这样的声音，我就会挺高兴。但其实如果你真诚地面对这个问题，对于我来讲，遗憾也是来自它。我同时也非常高兴的，就是《热烈》在暑期档，在去年竞争那么激烈的暑期档，我们创造了一个中国体育电影的一个新的纪录。我对于《热烈》是非常满意的，对于它的呈现、对于大家的反馈，王一博的付出，包括黄渤这个角色的塑造，我自己，我觉得因为是我第一次，说实话，作为导演合作了这么多优秀的演员。之前我的电影里，都是我自己参与主演，沟通就特别近，因为就是自己跟自己商量。

曹： 对。

大： 但它有一定的局限，当跟这么多优秀的演员第一次合作创作的时候，我体会到的是另外的一种幸福感。所以我如果说满意的事情，那我对这件事是感到非常开心的。

　　大鹏深耕喜剧领域多年。从《煎饼侠》到《缝纫机乐队》《保你平安》，再到堪称 2024 开年惊喜的《年会不能停！》，他的喜剧电影一直以错位的场景，荒诞的人设，喜剧演员的出演，以及话剧、小品式的剧情而著称，这一切也为其打上了深深的喜剧烙印。而《吉祥如意》《热烈》等作品，更体现出大鹏在笑声之外，更为关注现实、理解生活的丰富成色。

曹： 喜剧做多了之后，往往会被人打上一个标签。怕不怕别人给你打上一个标签？另外，当你的喜剧的量积累到一定的程度，会不会也有一种天花板，会有一种瓶颈？

大： 我是比较客观的，我觉得都是创作，就是让人笑、让人哭、让人感动、让人燃都挺难的。你只要想调动一个人的情绪，都挺难的，所以并没有说你拍一个喜剧就比拍一个悲剧可能更难去把握观众。我觉得不是这样的，对我来讲，它们都是生活当中我们可以碰触到的日常。所以喜剧我自己创作了很多的内容，有一些合作的演员会说，这个我应该怎么演？我以前没有演过喜剧。我就会跟大家说，你只要相信这个人物就可以了，你不要抱着一个演喜剧的心态去创作，他就是一个真实存在的人物，那喜剧的部分交给它的情境、人物关系、整个事件的荒诞，观众自然会会心。所以你就正常

电影《保你平安》海报

地去表演就行了，不用以演喜剧的方式去表演。这是我对于喜剧的一个态度和理解。于是，面对我自己的创作的时候，我觉得喜剧可能只是我的一个抓手，或者是支点。当我们演一场戏，就是我们两个对话的时候，我可能不甘于你来我往，我希望可以让大家能够持续地关注，那就要制造一些笑点，然后让大家始终保持兴奋。但笑点并不是我们这场谈话的最重要的输出，观点也许隐藏在笑点下面。对我来讲，可能喜剧就是那个抓手，也是我比较擅长的部分。说到这个擅长，我觉得还是一种娱乐精神，你首先要懂得客观地去看待自己，处理好自己跟这个世界的关系，敢于开自己的玩笑，才可以更好地去面对喜剧。所以为什么大家又抛出另外一个观点，就是演喜剧的人，有的时候在生活当中很严肃呢？我觉得其实大部分的人在生活当中，几乎都维持在一个温度，一个日常的温度，但是往往我们的喜剧角色会高于这个温度。那在这个对比下，可能大家产生了一种落差，觉得你是不是不快乐？或者他为什么不像角色里一样？这个我能够理解，但我不觉得特别。所以，喜剧积累到一定的量的时候，它一定会被打上一个标签。我个人不排斥这种标签，我甚至都不想撕掉这个标签。

曹：《我不是潘金莲》里面的"王公道"，其实那种人物跟喜剧就已经没有什么太大的关系。作为一个演员来说，你去塑造这样的角色，是不是会得到另外一种快乐？

大：这个是不可否认的，同时它也是比较分裂的，这个对于我的创作体验来讲。如果我们把它简单脸谱化的话，其实您刚才说到"唐部长"，说《我不是潘金莲》的"王公道"，包括《第十一回》的"胡昆汀"，其实很显然，他们是一类人物。

曹：对。

大：他们是严肃的人物，包括《第八个嫌疑人》。但是还有一类就是我演的《年会不能停！》《大赢家》《煎饼侠》《缝纫机乐队》，他们是一类，喜感人物。现在很流行用一个词，叫赛道。就是我并不甘于专注在同一个赛道，我可能在不同的赛道上，都要起跑。但这个对比的目标可能就都是之前的自己，不是其他人，我觉得能够同时做到在不同的赛道上尽兴地奔跑，可能也是我自己比较特别的一个地方。

大鹏原名董成鹏，出生在吉林省集安市。11 岁那年，一首《同桌的你》让大鹏迷上了吉他，和妈妈软磨硬泡后，用压岁钱买了一把，开始疯狂自学。大学期间，虽然顺从父亲意愿选了建筑专业，但组乐队、演出、走穴……"不务正业"的本事一直没撂下。这个因为音乐梦想而成为北漂的小镇青年，如今却成长为一个演员，一个导演。也许始终不变的，正是那像泥土中生长出来一般的小人物的底色。

曹： 如果时间线回拨的话，当初有没有想到自己最后会走这么一条路？

大： 完全没有，因为自己想走的路是音乐之路，就是想唱歌。

曹： 据说你中学的时候，就写了好多歌？

大： 对，写了 200 多首歌。

曹： 200 多首歌。

大： 对。那会儿就是自己手写在一个本上，然后按年份给它归档。

曹： 还保留着吗？

大： 还保留着，在老家。很小的时候我就弹吉他、组乐队、唱歌，一直以来对自己的期待是可以成为一个音乐人，又或者以音乐谋生，但是北漂之后，发现其实自己的能力不足以支撑这件事。我去了很多酒吧，想要找一份唱歌的工作，结果发现很多人都比我更加拥有这方面的才能。竞争是很激烈的，所以我后来就投递简历去了一家网站，是在网站的音乐频道，做一个编辑。但那个工作其实跟音乐本质关系不太大，它只是被归纳进音乐频道里。它如果是体育频道或者是财经频道，甚至那会儿有女性频道、房地产频道，它也是一类的，就都是复制粘贴的一个编辑工作。

曹： 后来是一个什么样的因缘际会，让你的身份从一个网站的编辑变成了一个艺人？

大： 它是一个逐渐的过程，不是在某一个瞬间突然的一个身份转变。大概的时间点是在 2005 年，就是互联网在发展的时候，突然网络可以支撑观看视频这件事。之前咱们上网，最早还用电话拨号。

曹： 对。

大： 然后只看图片和文字，当有视频的时候，我们其实没有视频内容，就网站上没有那么多的内容给大家看，只能东找找西凑凑。那会儿播得比较多的是国外整蛊的节目，但是原创的内容不多。然后我们就想要自己做原创的网络内容，同事们有的人是摄像，有的人写脚本，然后我就负责给它演出来。但那会儿没有引起大规模的关注。

《屌丝男士》是2012年被看到了。其实我就是一个网站的员工，我希望守住自己的这份工作。

曹：保住那个饭碗。

大：在保住这个饭碗的同时，做得更好一点，跟每一个人现在同样拥有自己的一份工作，并且希望能够进步一样，只是这么一个初衷。我们就在网上拍那个视频，越拍越多，越拍越多，时间越来越久，越来越久，积累了很长的时间。大概到2012年的时候，它就形成了一个系统，《屌丝男士》这个系列短剧。它是以季播的形式呈现在观众面前的，可能那会儿做的人也少，《万万没想到》是2013年做的，就迎来了巨大的关注。然后赶上中国电影当时一个比较好的发展势头，很多的出品公司喜欢买版权，当时叫IP。无论是书的IP还是游戏的IP，包括网络短剧，他们也买了IP。我们因为这件事，见了很多的专业导演和编剧，在探讨怎么给它电影化。但是我们开发了两年，其实那会儿，一直到2014年的时候，这个项目已经推进不下去了。因为我找不到一个原因，就是为什么必须一定是我来演这个电影？如果你是买了这个版权，希望它电影化，但为什么一定是我？我为什么是不可替代的？如果这个故事足够吸引人，其实可以找一个当时更受关注的喜剧演员来演，它也能成立。

我们解不开这个题，版权快到期了，后来他们就鼓励我说，如果你是网剧的导演，你同时自编自导自演的话，是不是能承担这个电影的拍摄工作？我想都不敢想，直到那时候我都觉得，拍电影第一步应该干吗？就是如果我们说要拍电影的话，那第一件事是应该做什么？是落笔还是找一个什么搭档？那会儿制片人这个概念可能在脑子里都没有的。所以就是这样，非常荒唐。然后在时代的这个浪潮之下，很幸运也很意外地获得了拍第一部电影的机会。就这样，完全没有经验。现在想想也很稚嫩，就给它拍出来了，上映后就迎来了大家的好评，可能也从此就有机会表达了。

在《缝纫机乐队》《吉祥如意》等影片中，观众不难找到一些熟悉的画面，更看到这些故事的发生地——大鹏的家乡集安。为了把家乡放进电影里，大鹏选择了集安很多著名景点进行拍摄。这座山清水秀的东北小城，也让他的梦想之路变得清晰。也许大鹏在拍摄家乡的过程中，能够一次次地触摸初心、回到原点。而随着阅历的增长，他也在作品中呈现出更为成熟的创作表达。

曹：你觉得自己的故乡在你的成长和日后做电影的过程当中，原乡给你带来一种什么样的影响或者灵感的刺激？

大：它是我来的地方，我的家乡可能市区里的人口都不足 5 万人，是非常小的一个地方。在我 17 岁之前，我就没离开过那个地方，它是一个四面都是山、被山包裹着的地方。所以小的时候我以为世界就是这样的，就是向每一个方向看，都会有一个明显的边界，而且它离你很近。

曹：当时你对外界的憧憬有什么？

大：是通过杂志、电视去看外面的。然后就是在考大学的前一个暑假，我决定要走出家乡，看看外面到底长什么样。当时是恐惧的，因为走出这个山城发现，原来世界是可以没有边界的。在一望无际的地方，我会很害怕，好像是某一种界限给了我安全感。所以那个家乡对于我来讲，它是我出发的地方，到现在我也没有停止在自己的作品当中，输出它的小城故事。甚至编辑了一个"集安宇宙"，那里有虚构的、却又很具体的人，他们甚至交织在了一起。去年的十一假期我回了趟老家。

曹：爸爸妈妈还在那儿吗？

大：他们现在生活在那边，生活在老家。我因为拍《缝纫机乐队》，所以那里有一个大吉他广场。那个大吉他现在是真实存在的，我去那个广场上转悠。我发现有一个路牌，那路牌上面写着"我在大鹏导演的家乡等你"。那一刻，因为对我来讲是一个意外，我只是路过，发现了那个路牌。我还是非常感动的，我觉得原来我拍的这些电影，是真的可以让一些观众去关注我的家乡。可是你离开那个地方已经很久了，也很远了，所以家乡对我来讲，现在又亲近又陌生。

曹：有乡愁吗？

大：我好像在这些电影里都在表达这件事情，包括《吉祥如意》。可能所谓的乡愁……我现在工作和生活在北京多一些，但我也不觉得我属于那么大的一个城市。可是我确实又离开家乡已经二十几年，我也不知道我是不是属于那里，我也不知道我在哪儿，好像更多的时候我都在路上，在漂泊。你要说有一个根，那么那个根可能是来自亲人，来自父母。那么对于那个具体地方和熟悉味道的那个怀念，我觉得它是一种很惆怅的感觉，每次想起来都会有一点苦涩。

曹：所以人家经常讲，什么叫乡愁？乡愁就是回不去的故乡。你已经走出故乡了，而且还在不停地往前走，很

大鹏与父母

难再把自己的身体跟灵魂拨回去。

大：我可以分享一些小秘密吧。当我面对这么多高强度、压力很大的工作的时候，尤其有的时候我想要去疗伤，我想要安抚自己的时候，我就回家待几天。这样对我来讲，是一个很治愈的事，我觉得时间也变慢了。

曹：你父母在你小的时候，做什么工作的？

大：他们很早就下岗了，我的母亲是当地评剧团的演员，所以我很小的时候就看她登台，她都是唱主角，很有光环的一个人。后来她不在评剧团工作了，就成为当地的第一批歌手。

曹：真的？

大：对。在一些比如说开业庆典、婚礼现场，那会儿没有酒吧这个概念，没有歌厅的概念。她是驻唱的歌手。当然她也影响了我，影响了我对音乐的喜好。我父亲是通用机械厂的一个工人，他的经历和形象其实在拍《年会不能停！》的时候，我有调取那会儿的记忆片段。但后来他们都下岗了，于是他们两个就合起伙来开始创业。最早的时候，我们是开饭店的。

曹：你会去帮忙吗？

大：我会帮忙，我帮着上菜。后来他们就经营了一家歌厅，那家歌厅叫"心缘歌厅"。后来我在《保你平安》里的那个人物，说来自"心缘歌厅"，就是那个歌厅。我对他们的印象就是，永远没有一家三口晚上在一起的时候。因为歌厅是晚上才营业的，而我又要上学。下了晚自习，我回到家就是自己一个人，而父母都是要到两三点才下班，那会儿我已经睡着了。

曹：对。

大：我自己一个人在家，我胆子小，睡觉前都会开着灯。等我醒来的时候，其实他们已经在半夜回来，我再把那个灯关掉。也许我意识到了，也许没意识到，但是我会比较有安全感地迎接他们回来。一家三口，像其他同学的家庭，比如说放了学之后跟家长在一起，那样的场景是没有的，甚至是有点不适应。每年最不适应的是什么时候呢？就是过年那几天，因为他们的歌厅要停业，大年三十好过的，因为要到奶奶爷爷家，就是一个大家族在一起过。

曹：热热闹闹。

大：对，初一、初二不好过。

曹：为什么呢？

大：因为是自己的小家庭在那儿过，三个人不知道应该做些什么，是一起看看电视，

234

还是就什么话题要互相聊一下？不知道，对于很小的我来讲，那会儿上学，我就觉得尴尬。因为更多的夜晚……

曹：已经习惯一个人了。

大：更多的夜晚是自己，初三，他们就营业了，我就又可以回到原来的轨道上了。

曹：他们看你的电影是什么反馈？

大：都是正向的反馈。

曹：从第一部《煎饼侠》开始。

大：他们没有办法客观，他们看到儿子都是特别正向的反馈。我演的那些电影，观众的评价，有时候觉得这个挺好，这个一般。但是在他们眼里，都是好的，他们哪怕看不懂，他们也觉得这是好的。而且，有一个可能别人不会关注到的点，就是我妈经常会说，你拍这个得有多不容易。大家看电影都是看一个热闹，这个角色经历了什么。但是她会看说，你那会儿那么瘦，你得经历了什么事，才会让自己变成那样？你当时在这个路上奔跑，这个镜头得拍多少遍，你得多累呀？她会有一层戏外的东西。

曹：当父母发现你在电影当中，把自己原乡的某一些元素搬到里面，会不会觉得特别欣慰？

大：他们没有向我表达过，因为是父母，我觉得他们没有亲口说出来。但是我想他们一定能够感受到，我们好像小的时候被教育，就是有一些含蓄的，很少去跟父母说我爱你，或者产生个拥抱，我觉得那都是很肉麻的事。

曹：其实老两口在故乡也会有点孤单的，就你一个孩子嘛。

大：是的是的。我现在反正特别珍惜能够跟他们待在一起的时候，那么我的电影活动，他们在屏幕上看到我，我想应该是很骄傲的。我爸爸，他在《年会不能停！》上映的那段时间，他每天都要买一张票去看。

曹：真的？

大：我们有一个家庭群，他就会发在那个群里，晒今天的票。

曹：票根。

大：对，然后明天他又去了，他一直去看，这可能就是他的一种表达吧。

曹：对自己未来有没有立一个标杆？就是我希望未来大鹏可以做到什么样？

大：这里面存在一个别人怎么看待你的问题。因为我是从一个网站，拍搞笑的短视频出发的，所以跟观众的沟通大部分是通过这个角色和作品内容。大家对你的期待，在一开始的时候，其实没有那么高，自己的能力也不足以支撑其他人对你的持续关注。但是，我却通过这么些年的作品的积累，慢慢地在赢得大家的信任，我也很珍惜这

大鹏与曹可凡

份信任。我对我自己是有期待的，我觉得可能会比大家的期待还要更严格一点。如果说有标杆的话，我其实有一点希望自己再往前走，看看能力的边界到底在哪儿。而现在，很显然，还在一个过程当中。去年的集中爆发，或者我们提到上影节闭幕的那个夜晚，又拿奖又是闭幕的影片，它绝对是我创作生涯当中的一个……

曹： 高光点。

大： 闪光时刻。但我相信，还会有远方等在前面，那如果问它是具体一个什么模样，我希望可以能够拍出全世界都关注的电影。

一路走来，纯属偶然——戴佩妮专访

戴佩妮，马来西亚女歌手、音乐制作人，当今华语歌坛拥有最多创作作品的女歌手之一。1999 年出道至今，戴佩妮已发行 13 张个人全创作专辑、4 张乐团 EP 和专辑。她曾 17 次入围台湾地区"金曲奖"，5 次获奖，是创作与演唱俱佳的"音乐才女"。

戴佩妮做客《可凡倾听》

曹： 很高兴你又一次回归我们东方卫视《我们的歌》节目。

戴： 我更高兴。

曹： 差不多三年前你来参加过这个节目，这次重返这个熟悉的舞台，希望给大家带来一些什么样的惊喜？

戴： 我觉得这次回来的心情特别不一样，因为上次来，我的外号叫"实习生"，对节目录制其实是有很多未知和懵懂的。快三年的时间，我也上了不少节目，吸取了很多经验。但是《我们的歌》是一个非常重要的开端，它让我感受到对于翻唱别人的歌这件事情，其实是有很多的可能性，开始不设限。

曹： 我听说你从出道开始给自己定的原则就是只唱自己的歌，不唱别人的歌？

戴： 对。在做专辑上，只唱我自己创作的歌。因为我不觉得自己是一个很会唱的歌手，但是加上创作的部分，我觉得是能够把自己生命当中的一些感受记录下来，可以借由这些感受，通过音乐，跟大家连接，我会觉得这件事情特别有意义，所以我才选择放弃了舞蹈，选择了创作歌手这条路走下来。那时候我会觉得必须要有一些，不能说是底线，我必须要坚持这件事情，要不然会太对不起我当初这么想要的一个梦想，所以就一直很坚持地写。也很庆幸，如果我坚持写，唱片公司或者听众朋友没有喜欢的话，我可能很快也就没办法写，或者是没有办法在幕前做一个创作型的歌手。所以这个部分，我觉得是很感恩的。

戴佩妮参加第六季《我们的歌》

但走到了幕前来参加节目，我觉得翻唱这件事情在唱歌的部分，在舞台经验的部分，给了我很多很多不同的感官视角，还有不同的一些体验，让我很多时候在舞台的表演上，或者是在演绎别人的故事的时候，有很多学习上的提升。因为当它不是在讲我自己真正经历过的故事的时候，有时候要投射的、投注的东西，可能是跟我平常舒适区内的东西是很不一样的。我这个人其实有一个很矛盾的地方，是缺点也是优点，就是我很好玩。不是好胜，是好玩。我就深深觉得翻唱这件事情，其实是有好玩的地方，所以我后来也就开始不那么害怕了。

曹：也不那么抗拒？

戴：也不抗拒，主要是，就像我第三季的时候说的，主要是有人陪，因为很多是有搭档的，我希望经过三年之后，我也可以给予，不管接下来是什么样的伙伴，给对方一个很不错的安全感。

曹：有次节目，他们还请来了一个你的忠实歌迷，就是因为走调而在网上走红的这位歌迷，你们在现场一起完成这首《怎样》的演唱，其实他的走调很严重，你怎么能够把它接得住？而且像这样的一种歌迷，对你来说，他们的存在意味着什么？

戴：第一反应、第一感觉，我没有觉得他走调引发了我的一些表情反应。主要是我挺担心他的，因为他多唱了一个字，其实我并不会去设想递麦的时候，观众朋友会唱得很好或很不好，那都无所谓，因为最主要就是唱歌本身带给人家的愉悦感，这已经是超越快乐的。所以我们先抛开所有的音准、走不走调，唱歌本来就是一件很愉悦的事情，不仅仅是快乐而已。有些人因为唱得很好，所以他很快乐，但是有些人唱得不好，但他还是很享受唱歌，他这种愉悦是大于快乐的。我觉得这种东西更有意义。所以当他上来的时候，我其实并没有预设任何的期待，他好或不好，我都很开心。但是我觉得我真的很庆幸，因为我的贵人是聆听我音乐、陪伴我一路来的歌迷朋友，所以我觉得这件事情，这么多年再提起来，我其实都觉得是很幸运和很幸福的。

1999 年，戴佩妮被音乐人陈子鸿发掘，签约唱片公司。次年，个人首张音乐专辑《Penny》在台湾发行，全部词曲几乎均由她一人包办。2001 年，个人第二张音乐专辑《怎样》中收录的一首歌，因为被选作偶像剧《流星花园》的片尾曲而火遍大街小巷，也让戴佩妮在内地的知名度大大提升。而这首歌，正是当年的爆款之作《你要的爱》。

曹： 那首《你要的爱》和《流星花园》的画面放在一起，引起大家关注。那时对于一个初出茅庐的歌手来说，内心是一个什么样的想法？而且你一路还都是蛮顺的。

戴： 我从来没有觉得自己顺，也没有觉得自己不顺。就像幸福是不能比较的，如果你比上一定有不足，你比下一定有余，我就只好做好我自己。说实在，我真的很顺吗？要比的话，确实是顺，怎么样都会有顺和不顺的一个比较值。但《你要的爱》那首歌，其实那时候我已经做完了整个唱片的宣传，回到家乡马来西亚了，躺平了。就觉得这个歌没中，这张专辑可能也没有太火。后来唱片公司还是非常用心地帮我搭了《流星花园》这个剧，那时候我已经离开宣传期，没有再曝光了。我是一个只有发片才会出现的创作型的歌手。但是那时候回去之后，搭了这个剧之后，我是在路上才发现我自己好像有人认识了。就是那一年，其实是很讽刺的，那时候盗版很严重，他们就说没有盗版你的东西代表你不红。所以你知道吗？有时候到夜市，我看到盗版的时候，我突然间觉得说好矛盾，我是应该要开心，还是应该检举他，我很矛盾。确实那个时候回到家，发生的这件事情，我觉得给唱片公司打了一个强心针，让我发行第三张创作专辑。应该说，我也就借由这个好运，让我又可以继续当一个创作歌手，继续唱自己写的歌。

曹： 你是一个创作型的歌手，这么多年来写了很多非常好听的歌，但我发现一个现象，听众对你的歌的关注度远远大于对你作为一个歌手本人的关注度。

戴： 就是懂歌不懂人？

曹： 对。

戴： 歌可能有点红，不懂人长怎样？

曹： 对。

戴： 太棒了，这就是我要的。

戴佩妮《怎样》专辑封面

曹：为什么？

戴：我小时候喜欢的歌手其实就是这样，他只做音乐，做完之后，甚至也没宣传，可能上几个电台，他没有继续过他们的生活，去写他们的歌，他们非常非常自由自在。就是不会躲，但我希望自己就只是一个做音乐的，那时候是女孩，现在我希望自己是做音乐的女人。如果没有音乐，我不可能坐在这里，因为我就是没有想过要当幕前的公众人物，所以我绝对会非常小心地呵护我的，不能说隐私，就是素人般的私生活。

曹：所以他们说你是属于那种佛系营业。

戴：也不算佛系，是歌迷比较佛系，要不是因为他们的宽容和包容，我这么不爱营业，他们其实说实在的就可以走。但是我想我们之所以会结合，之所以会认识，之所以他们让我存在于他们生活的一部分当中，绝对是因为音乐，从以前到现在。毕竟我不是一个大量曝光的人，所以其实很多人对我长怎样，其实是非常模糊的。我觉得这样挺好的。

曹：可以保留一定的神秘感。

戴：因为我很喜欢开玩笑，有时候他们会跑过来说，帮我签个名，我说好，要签什么，我就考他。然后有时候我就乱签，即使他说错了名字，我也会签那个歌手的名字。反正我觉得轻松一点，没有什么，只要他那时候被满足到，他得到那个幸福，我即使不被认出，对我来说，这不是一件什么需要在意的事情。

曹：有很长一段时间，你多次被提名金曲奖的最佳女歌手，但始终没有如愿以偿，热爱你的歌迷就说你是金曲奖的遗珠。作为一个歌手来说，自己是怎么想？包括后来最终得了这个奖，又是怎么想？

戴：我觉得这个话听起来有点官方，但确实是真的，能够入围就已经不错了，我要用这个口气，能够入围真的不错了，你还要去图个得奖。我从来不敢去想这件事情，就像我刚刚跟您说的，会唱的人实在太多，我把我自己写的作品唱好，那是本应该的事情。那些不是唱自己作品的人，还可以唱得这么好，那是真的唱得很好。所以我先不论时间长短，我觉得有幸能够得到一次这个奖项，不是对我，而是对我的团队的一个很大的肯定，因为他们也陪伴了我这么久。说实在的，没有我们的乐手，没有我的制作团队，没有我的公司，不可能有我，我这么不爱走向前面的人，你要我去报名，我自己都不会报，对不对？所以要有这些人帮我。这个奖项其实对我最大的肯定是对我团队的肯定，因为唯有我上台拿了这个奖，我才会觉得自己用这个东西去报答了他们。那时候我的感受，并不是我自己有多荣耀或我多厉害。其实我甚至深深地害怕那个"魔咒"，有个"金曲魔咒"，有很多人得了奖之后，可能会很恐慌。所以那年，其实我原本就是想休息，2014年我要休息，但那年我又得了奖，所有人都说你不要休息，你为什么要休息？可是我就是要休息，我那年就是安排了要休息，即便得了奖。大家可能说你赶快办演唱会，趁这个势。但有时候我就是那么拗，我已经决定的事情，改变不了，说不动，我还是去休息。

戴佩妮与陈子鸿

曹： 你个性上有的时候是有点，我不知道台湾人是不是说这句话叫轴？

戴： 轴？

曹： 就比较固执。

戴： 对。应该说我做了决定之后……

曹： 做了决定，我就按既定的、我原来的计划走？

戴： 那个决定是大决定的话，是这样。如果是小决定，比如说我要吃个面，当然没有的话，吃米粉也行。

曹： 那当然。

戴： 就是要看具体是什么样的一个决定，我选择这条路，这是很大的决定。但如果今天是开车，走错路了也没关系。

曹： 其实一个人，尤其是艺人，在前进的道路上需要有很多贵人扶持，所以当你得奖的那一刻，像陈子鸿老师这样的伯乐是不是觉得最欣慰？他的存在对你一个歌手来说，意味着什么？

戴： 带领我出道的有两位我非常重要的恩师，一个是陈子鸿老师，一个是黄怡老师。我觉得这两位老师，是我开启走这条音乐道路最重要最重要的两把钥匙，因为他们开了一扇非常健康的门，让我走进去，成立了喜欢音乐的公司，让我如此自由、健康地活在音乐世界里面，任由我固执。虽然有些东西，我必须得去争取，但他们是前辈老师，如果他们也不让我有这样子的自由度的话，他们应该也知道我可能就无法再继续走下去，所以很谢谢他们包容我这么多很执念的，一些在创作音乐上的事情。我记得陈子鸿老师说过……我其实对奖项一直都是很平常心。有一年我在马来西亚参加颁奖典礼的时候，老师也有去，他坐在我旁边。他告诉我，你知道吗，有时候作为制作人或者是一个老板，或者是你的老师，你上台领奖的那一刻，那个感觉是最骄傲的。我就一直记得这件事情，他说就是这个瞬间，我真的觉得很欣慰。那时候我就听进去了，但也不会说一直朝着奖项去。我觉得我希望不管我得了奖或没得奖，我现在在音乐这条路上的想法，或者是不管我之前一直在做教育的一些工作，包括老师们也在做教育的这件事情，传承这件事情，我相信这才是我们一起都觉得骄傲的事情。

戴佩妮出身于一个宽容开明的家庭，父亲是马来西亚的华人文学家、教育家。戴佩妮自小聪明伶俐，多才多艺，中学时就担任舞蹈团团长，并展露出相当的音乐天赋。

高中时，戴佩妮参加了一个音乐比赛，将朋友写成的文字改编成歌曲，却想不到一路闯进了决赛。当时一同参赛的还有后来的音乐人阿牛、梁静茹等。就是这次比赛，让戴佩妮的音乐才华得到关注，也就此坚定了她自己创作歌曲的信心。

曹：你出生在马来西亚，马来西亚有一个文化多元的社会环境，你觉得在这样一个多元文化的环境当中成长，特别是汉文化，对你产生一种什么样的影响？

戴：说实在的，我从小左边是住着印度同胞，右边是住着马来同胞，可能在收音机听到有很多泰国歌、印尼歌，我学跳舞，学中国的秧歌，这些东西都学了。所以我在一个多元化的环境下成长，以至于我觉得我自己在接受音乐的部分，非常宽广。我会英文，我马来文很烂，这就不用说了，但是我还是没有办法，第一直觉，我都会用中文去写，这样才能够表达。可能也因为我是念中文学校的关系，私立学校，所以我的数学、地理什么的都是中文授课。国立的就是数学，因为都是马来文，所以我会对汉文、汉字，特别有情感。再加上我爸爸他本身就是一个很爱写的人，他不能算是作家，但酷爱文学，他也自己出了一些书。所以这个部分，我觉得是有被他影响到的。

曹：所以我看你写的歌词还是很有灵动感的。

戴：很生活。

曹：对，很生活化。因为你是在马来西亚这个社会环境当中成长，我觉得这就很不容易，你的中文基础很好的。

戴：一方面可能也是小时候听了很多很优秀的中文创作歌手的歌，影响很大，所以有很多用法……但是又保有自己在这个多元环境下的一些习惯，以至于我的词可能有一种味道，就是一种说不出来的味道。

曹：文学性强，而且生活气息很浓，很有意思。

戴：我觉得是生活化，都不难。就像写日记一样，因为写歌就像写日记一样，我每一首歌，我都知道人、事、物、地点、时间，还蕴藏了一些小秘密在里面，所以是很有趣的。

曹：刚才说了，你爸爸是很喜欢文学的，家庭出身背景就是一个书香门第。

戴：只有我爸爸是，我爸爸是副校长。

曹：学校的副校长？

戴：对。我妈妈其实就是一般的车衣女工，所以我不是书香世家出身，大家真的不要误会，我真的是小康之家。我们家也不是从小什么科班出身的，我从小都是拿瓶瓶罐罐，我哥他们是拿桶罐来学打鼓的。我不是书香世家，所以我们家的教育很有趣，我爸爸虽然是文人，但是他跟我们相处的模式，就是让我们很自由地去发展。

曹：开放？

戴：开放。即便他是我念的学校的副校长，他也不会特别叮咛我去念书。

曹：你就在爸爸那个学校里面上课？

戴：对。但是反而是学校老师都觉得说我是副校长的女儿，就应该要怎么样怎么样。因为我爸爸也非常开通，我又非常叛逆，所以我就很努力地成为考到最后一名这样子。

曹：非常努力地考到最后一名？

戴：因为我不喜欢，别人都说你爸是副校长，所以你的功课就应该很好。我就会反其道而行，其实我不知道为什么我小时候会这么叛逆，我说为什么，我就会问十万个为什么。为什么我爸爸是副校长，我就要功课好？我的点很奇怪。我也不知道为什么我有这种想法，也不能叫傻劲，我也不知道这是哪儿来的，不知道是我爸遗传我的还是我妈。我爸也挺乐的，看我这样子，有时候做了一些不好的示范，必须要被叫到副校长办公室被鞭打，还是一样很公平的。而且他还必须要打我大力点，做给人家看。

曹：这个叫"大义灭亲"。

戴：对。放学回家的时候，开车，他就说对不起，跟我说对不起。所以我爸就是用这种方式宠着我长大的，我们家小孩都非常自由，我和我哥打架的时候，他们也不管的，很恐怖的。

戴佩妮与父母

245

曹：你后来成为歌手之后，爸爸是怎么看的？

戴：我反而知道我妈怎么看我的，她说只要你不跳舞都行。

曹：为什么呢？

戴：因为每次练完舞回去，我就只能睡三四个小时，一边吃饭，我的脚就放在那边，我妈就帮我推那个淤青。然后睡没有睡，起来，要站着，到学校一两个小时，因为距离很远，上课就这样，睡睡睡，一到学校就先抄抄抄。不好意思，请各位同学不要学。主要是因为我那时候一心想要成为舞蹈员，我念那个中学的主要原因是我小时候的舞蹈老师，去了那个中学教舞蹈，所以我要跟这个老师，我就去那个独立中学上学。一心就是等待下课，去上课外活动。所以我那六年的时间，最高分都是课外活动，我任何不及格的科目，都是用课外活动救回来的。所以我都不知道我那六年是去跳舞，还是去学习的。

曹：你能毕业，拿到毕业证书，已经很不容易了。

戴：我跟你说，要不是因为跳舞……

曹：你都毕不了业？

戴：毕不了业，因为我的舞蹈团的学长，他们就很厉害，他们知道我可以学习，但是我就是因为不想学习，很奇怪，他就会用一些诱导，比如说你如果考进了第一班，我们就让你跟着这个巡演，当实习生。我很认真地考到第一班，但是最后一名。但没事，后面有十班，我考到第一班，拿最后一名也没有关系，因为是最好的一个班级。但我只要一直混在最后三名，我就可以一直跟着巡演。我其实觉得我自己有时候挺机灵的，我就因为这样很努力很努力地念书，为了要跟他们去巡演。两全其美，虽然在第一班的成绩不是太美。

曹：你曾经有一度，大概有三年神隐起来，是什么原因呢？健康的问题吗？

戴：对，健康的问题，晕眩症。

曹：虽然没有曝光在公众面前，但是你学了很多东西，是吧？

戴：我曝光在幕后。

曹：对，学摄影、剪辑、拍 MV，当时是不是想过，可能如果万一我不再复出，也没关系，我可以做幕后的工作？

戴：对。其实我这二十几年，在业界最多的朋友，并不是艺人朋友，我其实艺人朋友非常非常少。除了比如说同公司，或者真的有一起在上节目的朋友。我最多的朋友、最好的朋友，其实都是幕后的工作人员。

曹：你把先生称为你的"幸运星"，为什么称他为"幸运星"，他给你带来很多幸运吗?

戴: 他是来还债的,我觉得。那时候也没办法好好谈恋爱,因为三不五时就要去找医生。但我觉得他挺耐得住,那时候挺麻烦的。三不五时,我不出门,出去就晕。又不能说像一般恋人谈恋爱,想去哪儿去哪儿,然后看电影什么的,出去吃饭,不舒服,每一天都不知道状况会怎么样。

曹: 听说你们俩有一个约定,无论怎么忙,两个人不能分开超过十天?

戴: 破了。

曹: 啥时候破的?

戴: 三年前破的,没办法,因为我得隔离,没办法,破了,我们分开大概三个月到半年,从此以后就没有这个家规了。

曹: 说破就破。

戴: 这没办法,但改变是唯一不变的,不是吗?对不对?

曹: 对。

戴: 后来发现说也没有不行,因为基本上是没有这样子过。他自己是有一些习惯,他是一个很不喜欢改变的人,但没办法,被迫的话,他慢慢慢慢地就习惯了。

戴佩妮曾以歌手、作曲人、编曲人、制作人、MV导演、乐团成员等身份,先后19次入围金曲奖,成为金曲奖获奖类别最多的女歌手。她不是科班出身,但每一项都不是玩票性质。她从不在意自己的曝光量,也不会按照市场喜好去改变曲风,而是不断挑战不同风格。也许这种性格上的不紧不慢与随性自然,才是戴佩妮真的自己。

曹: 相对其他的一些歌手来说,你有很多特质,比如说你的个性比较随性,哪怕舞台上的穿着,也不是像人家穿得这么珠光宝气,就是很随意的。所以你也说过,好像你的创作当中带着很多赤着脚的元素?

戴: 赤着脚的元素,主要是因为我的脚事儿多。我是扁平足,又拇趾外翻,所以其实我近几年发现,我越来越不能穿高跟鞋,我今天就穿平底鞋来了。但是在舞台上还是得穿。我只要一天穿着高跟鞋我会发现我第二

戴佩妮《Penny》专辑封面

天，腰开始很疼，因为撑着太久。我自己的巡演，宠坏了我自己，我都穿平底鞋。因为我觉得唯有在赤脚或者穿平底鞋的时候，我才可以不分心，不分心到我的脚痛那边去，这样我不会觉得有人在打扰我唱歌，我就会很轻松自在，就可以多专注在唱或者是要表达的情感上。但是如果它疼，你唱着歌，像下面有人扎你针，你知道那个感觉。从出道到现在，一路走来都是这样的。后来让我尝到了赤脚的甜头，还有穿球鞋、平底鞋的甜头，我就会知道那个落差在哪里，所以现在尽量赤脚唱歌。赤脚唱歌还不行，还要被念，因为台上有很多电线。我妈说你走着走着被电着怎么办？所以就变成，好，赤脚也不行了，穿着拖鞋可以了，拖鞋又不好看，就球鞋，穿球鞋。球鞋就看情况，有时候舞台需要也不能穿球鞋。但是我自己的话，我自己那种中小型的演出，像我去年的"随风所欲"演唱会，基本上都是穿我自己感觉很舒服、日常穿的鞋子。但是像那种大型体育馆，我这个儿不穿高一点……

曹：找不着你。

戴：他们都要带望远镜。

曹：你是一个创作型的歌手，音乐创作跟其他艺术创作一样，不是说来就来，需要有一些灵感的东西，所以通常是怎么去寻找生活的灵感，把它变成你的歌曲？

戴：我是很喜欢观察小事情的人，比如说刚刚我们移了位子，我们刚刚那个位子上面滴水，这件事情我就可以写了。

曹：是吗？

戴：我会这样子写这件小事情在其中一段，这一段其实可能要讲的是这一趟旅程，但是这个会是其中一个小小的故事轴，它是在我的脑海里面让我记忆深刻的。我很喜欢去捕捉这种很细微很细微的东西，魔鬼藏在细节里，它会让我记得这个画面，一定有它的原因。

曹：所以你是一个很敏感的人？

戴：是。我现在在训练自己，不要那么高敏，尽量不要那么高敏。

曹：高敏的女孩子会比较辛苦一些。

戴：对，很容易共情，不行。

曹：你有一首歌叫《两三点还没睡》……

戴：三四点。

曹：是不是就是晚上没睡写的歌？

戴：对。我理出了一个道理，失眠和熬夜是不一样的。我觉得失眠就是睡不着，那时候就是很不明白，因为我觉得人生一定会有失眠的时候，我不觉得没有人没有失眠过，一定会有。既然会有的话，也不用太操心，所以后来我就慢慢释怀了这件事情。当开始放松的时候，慢慢就不失眠了。但熬夜是两回事，所以我每次很晚睡的时候，歌迷朋友他们就会很担心，他说姐，你又熬夜了，我说我失眠，他说那就是熬夜，我说不是，熬夜是你很想睡，但是你有事情熬着不能睡，所以身体是熬着的。但失眠，我的身体就是不想睡，我的身体就是睡不着，我的脑子也睡不着，并不是我熬着。

曹：但其实身体很累，脑子是高速运转的。

戴：有时候身体和脑子都不是很累，失眠会这样，但是熬夜是可能脑子和身体都很累，但你必须得熬着。比如说熬夜录影，熬夜做唱片，熬夜拍戏，这些都是熬着。这个比较伤，我会觉得比失眠还伤身体。

曹：你常说自己想做隐居者，你觉得今天这样的一个网络时代，有可能吗？

戴：不太可能。但我也有可能，因为我其实过阵子，如果越来越少曝光，他们又开始不记得我长什么样。要不是因为这三年，可能每一年都有大概半年的时间固定营业，所以大家稍微记得戴佩妮长得什么样。最多为人记得的就是那个画面，递麦的画面，仅此一个。但是你说在路上真正能够认出我的人，凭那个画面其实是不多的，因为头发长了，也不好认。所以其实基本上，我一直在想说，我要去哪儿退休。

曹：现在就想退休？

戴：差不多，是时候可以规划一下了，我是这样觉得的。因为创作型歌手走着走着，我其实觉得最终的一个归宿，就是我自己的梦想，我从小到大的梦想很奇怪，除了真的有一个舞蹈员之外，我就是一幅画……很多人问我说你的梦想是什么，我的梦想是在海边有一栋房子，然后有一只狗。我从十几岁的梦想……

曹：向往这个生活？

戴：就只有一个画面，就是这个，到现在为止都是。而且你知道，很妙，没有老公。可见我那时候其实对于感情这件事情也没那么在意，非得要结婚或者什么。我们家其实四个小孩，就只有我成婚，我姐姐和我两个哥哥都没结婚。

曹：真的？

戴：对。所以我算是一个例外，我从小就是这样子，希望是这个画面。所以我一直在思考，反正退休，只要还能写，我就继续写，如果还

戴佩妮与先生卢信江

有人想听，还有人想要唱我的歌，那就开开心心、舒舒服服地在家创作。我很喜欢大海，喜欢狗狗，所以那时候就立了一个这样的画面。不知道要去哪儿。

曹：你写了这么多歌，如果用一首歌来代表此刻的自己，你会选一首什么歌？

戴：此刻的自己，《纯属意外》。

曹：为什么呢？

戴：这一路走来真的就是纯属意外。

曹：一路有很多的偶然，变成了一个必然。

戴：我觉得音乐这件事情太美好了，我选择音乐这条路，当然我自己的个性就是，我选择了，我绝对不会让自己后悔。所以我自己很努力，一直在这一条路上去栽种，然后扎根，然后学习，看到树慢慢慢慢地长大。但是树也慢慢慢慢会枯萎，我没有想到自己会走到24个年头这么长，还可以有那股热忱去享受音乐。

曹：有那个热情。

戴：对，看着这些环境的变化，带来的伤害，我是这种心态的，我不会害怕，这个很厉害，这个会影响到我。但是变是唯一不变的事情，接受我有改变，才能改变局面这件事情。所以既然要变，我就顺应这个流，跟着去变，但是怎么变都是变成我自己想要的样子，而不是随波逐流地跟着别人的样子变，我觉得这个很重要。

曹：你满意自己现在这种状态吗？

戴：我当然满意，因为这是我选择的。我完全没有任何的怨言，别人要怎么给我贴标签，或怎么写，怎么评价我，那都不会影响到我的心态。

曹：所以我觉得你那个演唱会的名字起得特别好，"随风所欲"，就是自由自在。

戴：对，而且那个风其实有谐音梗，疯子的疯。因为我其实是这样的，很多事情，我很怕自己什么事情都要唱反调。你是一个艺人，你就应该要怎么样，我很怕，小时候就是因为老师这样子限制我，我就反其道而行。所以我现在的叛逆，就会把它写在歌里面，除了我个人之外，我还做了比较叛逆的摇滚团"佛跳墙"。我觉得已经是很全面表达了我对人生，我的态度，所以我在音乐创作这条路上其实很满足。

曹：我们也期待看看，戴佩妮什么时候完成自己的人生目标，面朝大海。

戴：这其实不难，度假屋就有了。

曹：难的，度假跟这个两回事。

戴：你要想，但是因为人老了，有些东西还是要想，我有时候是很务实。不一定要固执地觉得一定要在海边。

曹：可以远眺大海。

戴：台风来的时候你就惨了。

曹：这叫理想很丰满，现实很骨感。

戴：对。虽然我们有时候很勇敢，但很多事情还是边走边看吧，你想多了也没有用。我有时候会觉得太耗时间想，看过去还有看未来，是很内耗的一件事情。所以我其实现在一直在不断地提醒自己，只观察当下就好了。

曹：活在当下。

戴：现在好好地观察现在的感受就好了。

戴佩妮与曹可凡

清风又徐来——张清芳专访

在音乐综艺《我们的歌》第六季中，歌迷们惊喜地发现了张清芳的身影。这也是淡出歌坛多年的张清芳，首次登上内地音综舞台。她的嗓音高亢清亮，曾六次提名台湾"金曲奖"最佳"国语女演唱人奖"，并拿下第六届和第八届的金曲歌后。在 20 世纪八九十年代，她凭借《大雨的夜里》《出嫁》《不想你也难》《燃烧一瞬间》等经典作品奠定其歌坛地位，成为一个年代的隽永回忆。

张清芳做客《可凡倾听》

曹： 您在台湾流行音乐界其实是一个标志性的人物，当时大家给您起一个外号叫"东方不败"，这个外号怎么来的？

张： 其实那个时候应该讲在 80 年代，一个歌手一年出一张唱片就已经算是很不错了的，因为那时候一张唱片要十二首歌，所以要等待好歌集合成一张唱片，其实要花挺长时间的。那时候因为我第一张就红了，那时候我才 17 岁。

曹： 第一张专辑就卖了差不多三十万张？

张： 对。那时候我还是专科四年级的学生，还在学校。

曹： 当时是什么感觉？一个初出茅庐、小荷才露尖尖角的歌手。

张： 我刚出唱片的时候，我不知道自己红了，我是半年以后才知道说我的歌从学校开始红，因为我是学生。那时候唱的歌又是流行歌曲，所以是有一点点的冲突，唱那种情爱的歌曲，《激情过后》这种歌。那个冲突，反而是一个卖点，一个销售点，所以大家都开始好奇，是什么样的一个女孩在唱爱情的歌。红了之后，我还在上课，你要知道，我每天 7 点 45 分就要到学校，可是我是不用去参加朝会的，因为我是皮肤过敏的体质，不能晒太阳，但是我每天还是要去学校。当经过那个大操场的时候，心里觉得特别不安，我也不懂是兴奋还是什么，我觉得不安是因为全校的人都在看谁是张清芳。那个时候我一步一步走到教室的时候，其实我都是低着头这样走进去的。这时候回想起来，那个时候应该画面是很可爱的，可是我心里是很不安的，甚至有点害怕。

曹：您刚才那个描述其实很有画面感。

张：对。其实回头想想，我如果是在上面的人，我一定说那个矮矮胖胖的，怎么会是她呢？这么小的个子，声音怎么会是这么尖、这么高呢？可是那个时候就造成了一个轰动，一张一张唱片，每一张都销售得很好，所以那时候我们的企划部就帮我取了一个这样的名字，跟记者朋友说，如果张清芳出唱片，别家唱片公司就不要出了。因为那时候市场的饱和度其实就是一首歌、一张唱片红，就可以红一整年，那时候的环境。

曹：市场可能只有这么点容纳量？

张：对。好像被你占有了这样。所以很多唱片公司，那个时候就会打听，张清芳下一张唱片到底什么时候出。

曹：要跟您错位竞争。

张：所以才有了这个外号。

曹：1994年，台湾有一个杂志评了"四大天王"，您被列为"四大天后"之首，其他还有林忆莲、叶倩文、陈淑桦。可是因为可能唱片公司的原因，所以您就没有来大陆做过宣传，大陆的观众对您的知晓度就受到一些阻隔。后来会不会觉得有点点遗憾？

张：我真的没有觉得，因为我那时候也挺忙的，我忙什么呢，我忙是在过我自己很喜欢的日子，我周游列国去吃喝玩乐。因为我很早就成名了，很早就有我自己的财富，所以我就用这些投资我自己的生活。我的眼界、我的生活，我所看到的世界就不太一样。我不太像其他的歌手，就在一个小圈圈里面，交往的朋友都是这样的，我交往的朋友会比较广一点，各行各业都有一些，大哥哥、大姐姐，带着我去看看外面的世界。

曹：当时从您的眼光怎么去看其他几位入选的歌手，比如说林忆莲、叶倩文、陈淑桦，听说您挺喜欢陈淑桦的，是吗？

张：因为常常看不到她，看到她的时候都是她和妈妈在一起。我比较"野"，我都是自己决定事情的，所以看到她的时候很难得。也挺喜欢她的歌的，我记得她在出《梦醒时分》的时候，李宗盛还把我请到办公室里面去。我现在回想，那个时候他应该是想挖我。《梦醒时分》还没有出版的时候，他就让我听了整张专辑。我那时候特别喜欢，是因为整张的风格，完全没有用当时流行的方法去做音乐。我说的可能就是混音，用机器的方法、混声的方法、和音的方式，完全呈现的就是淑桦姐特殊的音色。那个时候开始重视 NR，就是艺人的规划和市场的规划，所以把她塑造成都会女子，毕竟淑桦姐长我几岁。我觉得在那个时候是一个非常新潮，而且非常适合当时年代的一个企划包装。

曹：您刚才说到您的声音，实际上清亮、高亢，是您主要的声线。您觉得经过这么多岁月的淘洗，自己的声音还是能够保持当时的那种状态吗？

张：我不敢讲是不是能够保持。我当时才十几岁，我现在已经五十多了，所以演唱的虽然是一样的歌，可是我自己知道我内心的情绪不太一样。所以在 2015 年，李宗盛帮我做音乐总监，演唱会的时候，他就刻意地把我所有的歌曲都降一个调，他说妹子，你年纪也不同了，不要一直尖尖地唱歌，用一点不一样的情绪，让观众坐在椅子上面听你的演出，两个半小时、三个小时之间能够听到你不一样的表达，来自内心的表达。其实这番话就好像家里的哥哥跟你讲的一段话一样，在劝妹妹的时候。他很担心，因为有一些歌手是会这样，我就要坚持这样的长度，我就要坚持这样的唱法。我一直都不坚持什么东西，我一直比较相信专业的人。李大哥是第一次帮女歌手做音乐总监，在演唱会，除了他自己，他唯一就帮我做，所以我很珍惜他的每一个意见。我不仅珍惜，也照着做。我自己也很满意，因为我觉得不需要坚持在 F 调、C 调，那个不重要，坚持是在你唱得出来。

曹：音乐主要听一个人的情感，至于调的高和低并不重要。

张：对，我可能哪一首歌，在可凡老师心里，我假设，一定有一段你的故事。所以我

张清芳

们应该在那个场合当中，听歌的同时是回到时光的隧道，我参与你的生活，你在回忆那一段。

曹：这个就是音乐或者艺术的共情，比如我们去听李宗盛大哥的歌，为什么我们这个年龄的人会特别感动，好像每一个人的生活经历当中，都有一段跟他音乐的背景是有共情的。

张：而且你知道他在创作的时候，可能他自己也发生过很多事情，对不对？这才是音乐可贵的地方。所以我说，只要你能唱，只要你有声音，你都可以唱歌，不管唱得好还是不好，你

只要有声音，你能传达的都是情感。

1966 年，张清芳出生于台湾，家里有五个兄弟姐妹。作为最小的女儿，她曾经差点被送人，这番波折也让张清芳从小就非常要强。大学时，她就读于台湾地区中国科技大学，并参加了第一届《大学城》歌谣创作比赛，这也是台湾电视史上的第一个学生选秀节目。决赛中的张清芳以嗓音脱颖而出，一举夺得演唱组冠军，顺利与唱片公司签约，正式成为歌手。

曹：虽然我是第一次见到您，但读过一些和您相关的资料，给我的一个总体印象就是，您是一个处事比较果敢、比较洒脱的人，是不是跟小时候的这种成长经历有关？

张：可能，因为我兄弟姐妹多。家里六个小孩，我是第三个女儿，也是我爸爸最小的女儿。那个时候是流行四个刚刚好，我是第五个，多出来的。所以要和不要，父母一直在挣扎。最终还是留下来了，我妈妈是原来把我给了我阿姨，因为我阿姨没有生，结果我爸爸觉得不太对，又抱回来了。

曹：真的？

张：所以在这个过程当中，可能感觉又多出来，感觉又回来，失而又复得。很快的，我妈妈又怀了一个弟弟。所以我说工厂开工，生产量还蛮旺盛的。

曹：效率很高。

张：效率很高。在这种环境当中，你要生活，你要自己懂得怎么样去知道自己的位置，我从小就是这样。在我的家庭当中，就很快养成了我自己决定事情，我自己要什么。加上我成名得早，所以我很快就自己缴学费了。

曹：自己能养活自己了。

张：对。我还有钱可以请同班同学吃早餐，对不对？所以我很快就觉得可以做很多事情，我就自我判断。

曹：您刚才说了，实际上您 17 岁的时候这张唱片就已经红了，16 岁参加比赛就开始获得很多殊荣，而且您的声线很特别，就是没有杂质，纯净如水，这是不是就是一种天赋，开口就是这样？

张：是，这个绝对是老天爷给的。

曹：所以当您第一张唱片取得这么好的成绩的时候，除了周围的同学、老师，可能会用一种异样的眼光看您，您现在回想起来，当时台湾的乐坛或者唱片公司是不是对您都产生了一些兴趣？

张：是。每一个人都想再找一个类似这样的张清芳，所以那时候好多歌唱比赛都是以我为标准，选我的歌，然后比赛，想要再创造一个这样的成功案例。

曹：所以您觉得当时自己能够成功，除了声线以外，还有一些其他的什么特质，大家是喜欢的？

张：可能我的模样，我刚好不是一个漂亮的女孩子。

曹：不是大家通常认定的所谓世俗意义上的大美人。

张：我记得在我那个年代，最红的就是林慧萍、杨林这种比较偶像的，跟我同时间出唱片的有高胜美，也是漂亮的。

曹：娃娃脸。

张：对，也是漂亮的。只有我这种是像坐在你隔壁的同学，黑黑胖胖的、矮矮的，还穿着校服。

曹：邻家女孩？

张：对，就像家里的姐姐妹妹出来工作，你就多给她一点机会吧。

曹：公司当时有没有对您提出一些要求？

张：因为我唱片先红了，所以就不能动了，你知道吗？如果我没有红……

曹：理解。

张：可能我的老板会带我去割眼睛，或者做点什么小的变化。那时候，你知道，80年代医学也没那么进步，我只记得她坐在我对面一直叹气，我们上不了节目，那我们怎么办呢？要么找人来帮你化化妆。我还记得我自己下了课就要去唱片公司，还带一个铁盒子的化妆品，里面塞了乱七八糟的东西。唱片还没红，才刚发行。所以为什么我穿校服，是因为没有置装费，就穿着校服拍照片。

曹：当时您很有名是有一个"八字眉"，是吧？

张：对。那个就是我的招牌，"八字眉"。

曹：所以大致到什么时候，您觉得唱片红了以后，化妆、服饰都会有一些改变？

张：我在1993年的时候，出了一张《大雨的夜里》，那个时候我的造型师是一个模特儿经纪公司的老板，做我的造型的时候，就觉得我应该把这个眉毛给拔掉，否则我永远有这个眉毛，很难做其他的造型。不管怎么样，因为我唱歌很投入，我一投入，那个"八字眉"就更严重。为了这个还开会，公司的人，一半的人决定不行，一半的人决定拔，最后还是成功地拔掉了。拔的过程，大概拔了两个小时，因为边拔，我要边上厕所。你知道拔眉毛很痛的。

曹：对，我就在想。

张：但是也等于是成功地转型，好像可塑性多了，可以穿各种不同设计感的衣服。

曹：您在 1990 年的时候，开了第一场售票的演唱会，名字我觉得也很代表您的追求和个性，"真心可以永远"，这是不是您当时当下的一种想法？

张：那时候是这样，90 年代，你知道，也没有体育馆，我们在一个很简单的场地，也没有电

张清芳

脑，没有所谓的售票系统，只说要开，你也不知道票会不会卖得很好，不知道会不会有下一场，只知道搏一搏，老板觉得搏一搏，没人做过，我们就来做。我们真的是希望永远能够有下一场，所以才用"真心可以永远"。

曹：是不是直到今天，"真心"这两个字还是贯穿在您的音乐当中，无论是生活当中的为人还是音乐当中的追求，还是追求那种真心的东西？

张：我想我是这样的一个人，因为我常常在想，我可以有这么多朋友，好朋友，而且老朋友，我可以一直这样。我想我是这样的人，因为大家都觉得有时候我讲话很直，一针见血。

在赏心悦目的娱乐圈，小个子的张清芳是最特别的存在，仅凭过人的演唱实力就能征服大众。从 1985 年的第一张专辑《激情过后》，张清芳保持着一年一张专辑的速率，笃定又自信地走进 90 年代，也走进自己的事业巅峰。凭借着自己三十多张销量领先的专辑，她征服了歌迷和媒体，成为当年台湾歌坛实力派的领军人物。

曹：您卖得最好的一张唱片叫作《光芒》，好像卖了百万，在当时台湾的音乐市场可能是一个破天荒的纪录？

张：对。

曹：所以那是一个什么样的盛况，给我们描述一下？

张：我记得那张专辑在录制完成之后，有一天晚上我在泡澡，我在休息的时候，那时候我们唱片公司刚刚转型，因为越来越大，转型变成有很多的企划部，大家要投票，要选主打歌。那时候的专辑名称叫《光芒》，可是主打歌还没有选出来。我记得我在泡澡，打电话给我的老板，我说桂姐，我们的主打歌是哪一首？她说今天票选出来是

《想你到心慌》，我说《想你到心慌》是一个慢的歌，很不错，但它是属于比较抒情的。我说为什么不是 "Men's talk"？她说怎么办呢？我们公司刚刚改型，大家票选是这首歌，那怎么办呢？我说不行不行，一定要 "Men's talk"。因为那时候我和郑华娟才开完会，刚刚开始接触，我的年纪也接近三十，好像更成熟了一点。我也觉得，女孩子本来就是应该多接触一些话题，不要老局限在爱情，就算谈恋爱也应该要有男性的朋友，也要懂得男人在想什么，而不是永远以自我为中心。她说要不这样，你翻案好了。她叫我翻案，我说我可以吗？她说可以可以，你够大牌，我说好好好。

曹：这叫什么？叫"客大欺店"，平时是"店大欺客"，您"客大"就可以"欺店"，可以翻案。

张：我隔天一早就去公司了，我就跟我的老板谈，她说你来，直接到我的办公室来。我就说我就要这个主打歌。我也确实觉得这首歌，"Men's talk" 比较适合当时的我，而且在市场上就如同我第一张唱片一样，它是一个很成功的企划。那首歌果然造成轰动。

曹：《等待》是您进入"丰华"的这张唱片，而且是您和作家张曼娟的一次碰撞，这也是很有意思的。而且现在看看，当年有这么多大牌音乐人跟您一起合作，那张唱片的由来是什么样？

张：那张唱片要回溯到那一年，其实已经快 23 年前，那时候我加入丰华唱片的时候，是"丰华"的彭国华先生，张小燕小姐的先生，他最后签约的一个歌手就是我。他临走前，临逝前签我。其实我后来回想，他签我之后，应该这样讲，这张唱片是小燕姐亲自掌舵的第一张唱片。在"丰华"，他交给他的太太来做我的唱片。张曼娟老师是小燕姐找的，小燕姐也是一个女性老板，她来看我，她就觉得那时候我的年纪已经过 35 岁了，要再唱情爱的歌曲，就不能只是单纯的情爱，可能要结合我当时生活的历练、我的眼界，包括我的身份，各方面。她觉得一个作家来写我的歌词会更适合我，而且曼娟老师也是一个单身女子，所以那时候的契合就是第一次整张专辑由一个作家来写我的歌词。

曹：而且那时候，聚集了这么多制作人，李宗盛大哥是跨界，虽然没有写歌，但是他担任两首歌的制作，

张：那时候他还在加拿大。

曹：对，很重要的。

张：特意飞回来。很凶，他配唱很凶。

曹：凶到什么程度？会对你凶吗？

张：就是很严肃，每一个字每一个字地要求，跟其他的制作人不太一样。其他制作人比较会安抚，说故事，就算词不达意，也会找另外一个中间人来。他不是，他就是要你懂他的意思。我每次都不懂，而且他自己事情那么多，发生那么多事情。

曹：我采访过很多跟宗盛大哥合作的人，一致认为宗盛大哥是一个好人，可是跟他合作是一件很痛苦的事情。

张：痛苦，真的痛苦。但是我2015年，他做我的音乐总监，我们非常愉快。我们聊天，他说我是少数，应该算还有幽默感的女性，所以他对跟我谈话特别有兴趣。

曹：2000年，您曾经一度转到广播电视界做主持人，是不是当时也是暗合了盗版猖獗，导致专辑销量下降，这两者之间是不是有一个关联？

张：整个的唱片环境不一样了。

曹：都不好。

张：对，所以我觉得我要做一点不一样的事情。因为那时我在上综艺节目，口碑很好，我就是大牌，所以大家也觉得我是不是可以做做歌唱节目、访谈节目，我也不排斥，所以我就做了。从电台节目开始，再做像这样的访谈节目，也做音乐节目。

曹：其实您有一度因为自己的生活离开了娱乐界，离开了歌坛，那么通常歌手会有两种不同的做法，一种就是彻底绝缘。我有几位歌手朋友就是这样，当然后来复出了，但是在隐退的那段时间，完全隔绝自己跟音乐之间的关系。但有的人还是关心整个乐坛的发展，不知道您属于哪一类？

张：我属于后面。还是关心的，我就变成一个歌友，也是一个观众，偶尔会打电话给小燕姐，打电话给陈镇川，金曲奖你们做得怎么样，哪一个歌手不错，什么样的节目。我的个人意见，我变成是他们的一个观众，所以我并没有脱离。

曹：完全站在一个观众的爱好者角度去发表意见。

张：对，我甚至在2010年还有出来开演唱会。

曹：对，我就想问您在2010年小巨蛋的演唱会，当时是怎么一个起源？

张：那是我极力争取的，那个时候因为我觉得，我在2005年结婚的时候好像没有好好地跟……

曹：大家告别？

张：对。所以当我生完孩子，我的任务完成之后，我觉得我应该跟歌迷做一个交代，目前我很好，我还可以唱唱歌给大家听。

曹：听说那天是您大儿子的生日，所以您先忙完儿子的生日派对，然后再赶到小巨蛋？

259

张：对，你看我的精力，我是一个很喜欢做事情的人，该做的事情，我就把它做好，除非我忘了，难免。儿子的生日，我也不知道这么巧，刚好小巨蛋就那个档期，可是儿子的生日不能不过，特别是回到了他外婆身边，大家有一点熟悉的叔叔阿姨的地方。帮他过完之后，中午过完，两点多进小巨蛋。

曹：您在家里作为一个妈妈，对孩子是一个什么样的教育方式？跟孩子是怎么相处的？

张：我比较注重他们的生活，规矩、礼貌。

曹：您属于"虎妈"吗？

张：生活上我是，成绩上我不是。

曹：那还好。

张：对，我比较注重家教，我觉得一个人出去，家教比成绩重要。我到现在还是这样觉得。

曹：在儿子眼中，妈妈是一个什么样的人，儿子会跟您聊吗？

张：凶，他说我妈很凶。

曹：天底下所有妈妈在孩子心目当中都差不多。

张：对，又离不开我，因为我是一个"超人妈妈"。他们如果乖，他们要达到什么目的，我都可以满足。约同学来，想吃什么，想干吗，甚至比赛掉了证件，妈妈都可以在最后一刻帮你找到证件。

曹：厉害！

张：所以我的大儿子就说我的外号叫"超人妈妈"。

曹：您从出道至今，走过很多的路，见过很多不同的风景，现在想起来，一路走过来，有哪些事情是您特别难忘的？

张：我在工作的时候，我有一次最难忘就是，那个时候我们的舞台是没有什么小巨蛋，就是自己搭起来的。然后你说要换装，那时候没有升降梯，我讲的是1990年、1991年。我必须转过身，就要往那个洞跳下去。那时候是有一个人背着我，他要在那儿等着我跳下去。你知道，可凡老师，我整个眼睛，你看我现在是很亮，我的瞳孔已经适应了这个亮度。可是当整个台暗下去，我整个眼睛是黑暗的

张清芳参加《我们的歌》

时候，我要往那个黑洞跳的时候，我看不到那个人的背，我就要整个跳下去。那个时候，我真的不知道我跳的下面有没有人，如果没人，我可能跳下去就残废了。那一刻是我第一次感到害怕，在演唱会舞台上害怕，那个人就要背着我赶快跑到后台去换装，然后我再从另外一个舞台很从容地走上来。其实我觉得难忘的经验太多了，我现在只举一个，第一次感到害怕。后来我不害怕的原因是，因为我知道，那个人永远在，也就是说我相信的人，我的团队永远在。

曹：您现在回到歌坛，重新出发，是一个什么样的心态？面对今天这样一个新的音乐市场和氛围，您觉得有什么不同？跟您当时进入这个圈子的时候相比。

张：我甚至有一点遗忘我当时是什么样的了，其实来前的几个月，我已经开始充满好奇。当然有期待，期待之外，其实好奇的成分居多，因为这样的工作形态离我已经好久了，二十多年没有过。

曹：所以我觉得今天我们的采访很有意义，这是您复出的第一个活动。

张：我好像不陌生，跟这个环境好像重新拉回，我们其实才聊不到一个小时，可是好像已经从十几岁聊到我现在五十多岁的中年妇人。

曹：其实对我也一样，虽然是第一次跟您见面，但因为一直听您的歌，并不觉得我们之间有什么生疏感。

张：对，因为我换了一个唱片公司，将近三个月的时间，跟来自不同地方的老板、内地的老板见面，不同部门的，我都听到他们好像跟我都很熟，其实我才第一次见他们，包括你。我想这就是音乐的魅力，为什么你们一直在做音乐的节目，这就是音乐的感染力。

曹：现在签了新的公司，实际上签了环球唱片，重新出发，对自己有什么要求和计划吗？

张：这个节目就是开始了，等于是我跨入大陆的第一步。至于未来，我觉得应该讲我们尽全力，也不要太刻意，因为我这把年纪了。

曹：还年轻。

张：该喜欢的就喜欢，重新认识我的人，跟几十年前的，我觉得其实变化不大，只是我多了两个儿子。

曹：您觉得这么多年来，自己不变的是什么？有一些什么样的个性上的特质是发生了改变的？

张：不变就是我的声音，对唱歌的初衷，我的热爱。我热爱帮我写歌的人，我热爱跟我一起工作的人，我感谢老天爷给我这样的一个声音，我到现在都非常珍惜。所以我

张清芳与曹可凡

的生活习惯很好，我不抽烟，不太熬夜讲电话。

曹： 那对声音会有伤害。

张： 对。我想这是我要提醒爱唱歌的朋友的，大家都会说有没有什么技巧，技巧当然有，可是爱惜声音，方法还是要注意。未来的期望，就是能做多久就算多久，尽全力做。

这是心的呼唤——韦唯专访

韦唯，著名歌手。诞生于内蒙古呼和浩特的她，曾在 20 世纪 90 年代唱响《爱的奉献》《亚洲雄风》《让世界充满爱》《风从东方来》等一系列经典歌曲，而"韦唯"这个名字，也随着她极具穿透力的嗓音，火遍大江南北，成为一代人心目中难忘的记忆。

韦唯做客《可凡倾听》

曹：我们是老朋友了，韦唯，三十多年的交情，可是好久没有听到你的音讯，刚才我在想，我究竟什么时候是跟你第一次见面，我相信你大概已经忘了是那样的一个见面的场合。1989 年，你来上海参加上海巴黎的歌唱比赛，你大概在一个休息室里面休息，因为是冬天，你就盖了一个军大衣，把脑袋都蒙住。

韦：像我，非常像我，1989 年，绝对有。

曹：而且 20 世纪 90 年代我们频繁见面，那时候全国各地的演出很多，我们有很多的机会一起到各地演出。你来上海参加我们的晚会，特别是东方电视台成立，你唱我们的台歌，《风从东方来》。

韦：我就说东方明珠电视塔是我给唱起来的，我唱的时候还没东方明珠塔，然后慢慢慢慢就起来了，眼瞧着。

曹：你现在回想起来，跟上海渊源最深的有哪些场景？

韦：我就记得那时候东方电视台正式成立，我穿了一身黄色的晚礼服，把头发梳上去。这个我印象特别深，就唱《风从东方来》。

曹：60 年代生人，90 年代是我们的人生和事业的黄金期，所以回想自己的 90 年代，自己做过一些什么觉得特别自豪的事？

韦：真是一代人一起长大的，很感慨，感觉真的是幸运，我们赶上的这个时代确实是好伟大好伟大。《崛起的东亚》，那时候"这里的太阳最早升起"。刚唱完开幕式，回家了。北京没待两天，说再来吧，闭幕式你也得来了，说闭幕式胡里奥希望跟你演唱。所以跟胡里奥那次的闭幕式，我们俩压轴，又出现了一曲特别温情的《鸽子》。这首歌可以说拓展了很多人对我的认知，不是光唱《亚洲雄风》和《崛起的东亚》。

曹： 既有豪放的，也有婉约的，不同风格的。

韦： 婉约的，像《鸽子》这种特别深情，这种轻声的。

性情豪迈、嗓音宽厚，再加上大气的台风，让韦唯屡屡获得"大场面"的青睐。1990 年的第十一届亚运会上，一首《亚洲雄风》让全国人民彻底记住了这位小麦肤色的女歌手。33 年后，同样是在北京工人体育场，这首熟悉的旋律再度响起，而那个站在舞台中心的人，依旧是韦唯，依旧震天吼。

曹： 去年你又回工人体育场重新唱这首歌，我发现你很感慨，时隔 30 年，重唱当年的成名曲。

韦： 是挺感慨的，我真没有想到。而且站在那儿特别恍惚，感觉过去和现在，好像是同时发生的那种感觉，或者说是时光又开始倒流，停滞了。现在的工体不是原来的工体，但地方又是那个地方，我也是我，但又不是，因为身体已经是换了一个我自己，包括我的意识，包括我对自己的认知、对城市的认识，都是新的。因为刚刚回来 10 年，感觉北京那么平静。

曹： 年年岁岁花相似，岁岁年年人不同。

韦： 对，不知道哪儿来的感动，眼泪也就出来了，这眼泪是我几十年……干了很多年，不大容易被感动了。站在录音棚的那一刹那，真的是百感交集。所有的语言，还有所有的感受，我也能感受到所有的人，他们的呐喊。我后来站在工体的那一刹那，感觉好像我是一个载体，通过歌曲，承载着很多内容。

曹： 90 年代的中国歌坛，虽然好像是改革开放以后，发展了仅仅十多年时间，其实已经进入了一个非常活跃的阶段。回想起来，我们的同代人，男歌手不说，女歌手，比如你、毛阿敏、田震、那英、李娜，等等，这么一大批非常整齐的、各种风格的歌手，你怎么看那个时代的歌坛有这么多的歌手蓬勃崛起？而且非常难得的是，你们那代歌手中的大多数几乎现在还是活跃在歌坛。

韦： 回想起来，90 年代初，你看那个时候，有事情，我都会叫上大家，我不会只叫我自己一个人。80 年代，我和郭峰从《让世界充满爱》开始……

曹： 那也是划时代的。

韦：对，那是我和郭峰，真的是我和郭峰两个人，我给他的歌词叫"一年又一年"。我让他写一首歌，给了他一盘录像带，他看完了之后，说三天之后，你来取歌吧。在琴房里，他就给我唱了，"轻轻地捧着你的脸，为你把眼泪擦干"。我说你写的？都是他自己写的，特别美好。一直唱完，然后再一转，走到"想起来是那样遥远"，就是这么来的。

曹：像《让世界充满爱》，有这么多歌手参加，是不是都是你一个一个去找，还是你和郭峰两个人一块儿去？

韦：我和郭峰两人分头找。

曹：算起来一共有多少歌手？

韦：真的一百人，分头找。他找了王昆老师，因为王昆老师对我也很好，我是放弃了王昆老师那里，去的轻音乐团。王昆老师起到了决定性作用。我没想到，我和郭峰，我们俩就能把流行歌做出来，当然也想了，做也是为了这个，就是没想到，这么一个想法，能起到这么大一个推动作用。

接下来1988年，《恋寻》，我说那这样，你能不能给我变个调，我想给它再往高升，从底下到上头，把我的低声区、中声区、高声区，全部用一种声音给它唱通了。

曹：打通。

韦：因为他们都说流行歌没有什么唱法，没有技术，只要一个八度，哆来咪发索拉西哆。我把《恋寻》改成两个八度，哆来咪发索拉西哆来咪发索拉西哆，而且唱超过了。这是帕瓦罗蒂轻易都不会碰的，传统美声唱法，因为我学美声唱法，一般咏叹调能够快到两个八度就已经是大咏叹调了。但我这首歌超过两个八度，当时声乐界就一下子哑口无言了，流行歌还是要方法。而且低声区也不是没声音了，低声区也得有有效音域，得出声音，我到low D了，你们谁能下来，你们谁试试。

曹：其实有的时候上容易，下很难的。

韦：对，女低音下到low D很少见，下去low D了，中间也有，你给我上上高音。我上高音，直接上到上面的D以上，我记得我上到了F。而且是现场，那时候都是玩现场乐队，不能假唱的，尤其是比赛，场场是这样的。

曹：《爱的奉献》是哪一年？

韦：《爱的奉献》是1988年，1989年是《一二三四五六七》。

曹：《爱的奉献》，1988年到今天，其实影响还是很大，很多重要的场合都会听到这首歌的旋律，这次我们第三十届"蓝天下的至爱"慈善晚会三十周年，还是请你来唱这首歌。

韦唯

韦： 是，又是。

曹： 我记得当年央视春晚，你好像在观众席当中，是吧？有个小女孩。

韦： 对。那个小女孩是聂卫平姐姐的小阿姨，她本来应该是帮聂卫平姐姐家做事的，结果来俩月，先病了，那病要动一个特别大的手术，两万多元钱，1988 年。

曹： 巨款。

韦： 1987 年、1988 年都堪称巨款，没有，聂卫平姐姐说，那先给你治病吧。结果是这样，她病治好了。现在那女孩，从聂卫平姐姐家回去之后，她自己做了好多慈善，帮所有的人。鞠萍是当时我们的讲述人。那天还见到鞠萍，鞠萍告诉我的，说这个小女孩现在救助了几十个了。

　　从八岁起，韦唯就开始接受舞蹈训练，并逐渐活跃于舞台上。1977 年，14 岁的韦唯被北京铁路文工团选中，并在八年后调入中国轻音乐团工作。那时的韦唯，正处于事业的上升期，不仅在青歌赛中大放异彩，还经常被选派参加各类国际音乐盛会，成为逐渐脱颖而出的一颗新星。

曹： 当时作为一个演员来说，你能够进王昆老师的东方歌舞团，是一件非常不容易的事，而且那是国家体制，是"吃皇粮的"。中国轻音乐团实际上是刚刚筹备的这么一个机构，你为什么愿意离开有那么悠久历史的东方歌舞团，去一个刚刚呱呱坠地的、非常年轻的音乐团体？

韦： 因为我是年轻人，当时我才二十一二岁，我记得是 1984 年。我听说……就是认识金铁霖，金老师的人，他是北京电视台的一个导演，他告诉我是轻音乐团托他在找演员，能够跟轻音乐团出去演出，要流行歌曲的。他们推荐我去，我就去了。去了之后，那个团的筹备组有声乐老师，是我特别尊敬的刘秉义老师，男中音。刘老师说，你来，我教你。

曹： 唱"石油工人"的歌唱家。

韦： 我从小是用手抄本学过人家讲课讲座的，都是这样的。那个歌舞团有一点，它是

新的，我在这里面的作用比东方歌舞团更大，东方的
腕儿一大群了，我去是抢饭的。不是说我不比别人好，
但是你想，那儿有李玲玉，也有成方圆。

曹： 郑绪岚。

韦： 郑绪岚，还有邬小云，后来刚招的郭蓉，没多久
的，一大群都在那儿，还有我的师姐朱明瑛，因为她
跟我一个老师，岑冰老师。还有我的师哥牟玄甫，都
在那儿。所以我想，这头没人，人家需要我，又是年
轻人。加上主要就是流行音乐。

韦唯青年时代

曹： 所以你想，那是不是算是你一个非常辉煌的黄金
时代？

韦： 当时没有意识到，现在想起来真是一个非常黄金的时代，剧本都写不出来那么好
的时代，那么多的变迁，而且一步一步，岁数大的也好，年轻人也好，都在支持你。
像我第一次出国比赛，也是文化部第一次选派歌手，那就是我去的。波兰索波特国际
歌唱节，那是肖邦的家乡，那是第 24 届，四场比赛，在森林剧场，四千多人的观众
席，大乐队都是八管制的，长号八个、小号八个，小提琴更不用说，几十个。因为舞
台巨大，当时咱们都没看过，在欧洲是四场的直播，一场就四个小时。因为我们当时
小提琴拿过国际奖，钢琴好像也有，美声唱法也都有，但流行歌曲没有，所以就派我
去了。这是第 24 届，都是很有经验的欧美选手，他们说我们觉得你行，就一个奖，
你一定得拿回来，你拿不回来奖，我们以后就不能再派人了。我是破冰者，我也胆儿
真大，没有录像带，什么都没有，就傅庚成老师曾经在那儿当过一次评委，他把收藏
好的那些材料都交给我，说你看看，我哪儿看得明白，当时七天就要出国比赛了，就
七天，我赶紧找郭峰。因为那时候国内做流行歌最好的就是郭峰，他给我写总谱，给
我歌，我回来找乐团的这些朋友抄谱子，乐队哥们就把谱子都抄完了。我自己找我们
单位的服装，自己设计的服装，买好的料子给我做好了服装，三套服装，四场里面我
参加三四场，有一场可以重复服装。七天里全弄好了。到了那儿，下了飞机，第一次
出国，第一次出国，觉得天呐，难怪欧洲的这种交响乐……你听森林里的声音、海的
声音，就肖邦钢琴的那感觉。

曹： 松林的回响声。

韦： 真的，特别有意思的地方。我就去了，我居然拿回两个奖来。第二天大街小巷全
是我的封面，什么叫一夜成名，我是在波兰体验到的。一进酒店，整个的屏幕，都是

比这个还要高的屏幕墙的电视，但是都是比赛画面。那个时候，欧洲赛事就那么牛，所以觉得特别特别震撼。

曹：你为中国当代流行乐坛做了很多的贡献，创造了很多的奇迹，为什么会突然神隐十年？

韦：我的坚持就是，我们这一代人走过了幸运的青春时代，想干什么就能干什么，特别理想主义的一代年轻人。确实是拼命的一代，我们所有走过来的人，那个时候我们是不能有包装团队的。终于家里能装电话了，从楼道里的电话到家里能装电话，那是多奢侈。

曹：那是巨大的进步。

韦：奢侈的事，是不是？然后有电话，你还必须得自己接，否则就要挨骂，就得说你牛了。我一个声乐演员，我又得说、又得唱，嗓子哪够折腾的。我能够有经纪人是1996年，那时候我才敢找经纪人，其实那时的经纪人就是现在叫助理的这么一个角色，到那时候才敢有。也就是出去演出……

曹：打理一些事。

韦：打理一些事的这种，其他还得是自己，就是累的。

曹：也许也是你个性的关系。事业上的问题，婚姻上的问题，是不是觉得离开公众视野一段时间，自己能够进行一个疗愈的过程？

韦：我的性格其实是特别内向型的，我不应该是个明星。我周围的人当时也这么说，我说我是被逼出来的，别人都干不了的活儿，必须得你上，你不上，就说你对工作不认真、不负责、不承担责任，是这么上来的。一直是这样，在单位里面也是，然后到电视台，这歌最后弄了半天就是找韦唯，这歌必须得韦唯。《爱的奉献》是这么出来的，不是我自己往上送，都是人家找我。人家都来找，好事都拿回来，我也不宣扬，因为我们那代人就是好处让人家去说，别自己说。就这么给累出来的，累到最后，从医学上来讲，当时到什么程度，我已经到了一趟一趟，半道上被几个场地送到医院的情况，越来越多。我说这样的话，我可不能把我的孩子弄成孤儿，这不行。央视的直播耽误过几回，耽误别人现场的演出，又得赶紧临时找。这种情况越来越多，以后的事情是越来越需要你的体能，就趁这个机会，你好好歇歇。确实是，我想的就是，两个月，觉得可以去国外，因为没有人认识我，觉得更放松。所以我就去有朋友的地方，当时一个发小闺蜜带我去的，送我到一个海边，泰国的海边，那里是封闭式疗愈的地方。我跟美国医生讲，还有泰国的护士长讲，我说这一个月四个星期，头两个星期你们把我的疼痛弄好了，治好了，让我能动。后两个星期，你们教我，以后我应该怎么行动。我知道身体不能再像年轻时候那么动了，我站起来应该怎么站，我扭身的时候，应该注意怎么扭，这样的话，我还能够继续工作。第四个星期，你们给我一套健身的方法。我从1991年开始进健身房，一进去就是两个小时，只要有空。哪怕到外地演出，第一个也是先钻健身房，一直到我动不了了，去理疗。回来的时候，那是第一次刚刚能够比较自由地直立行走了。大冬天的，这时候来了几个人，我说不见，真的不想见。结果都三天了，人家还

早年韦唯

是没走，说别人都签下来，哪怕韦唯老师不参加，我们也要见她一面，我也都没有时间。那十年我都基本上不看别人的电视，我也知道，但是听说过他们的节目做得非常受欢迎，所以我就去见了，也是抱着学习的心态。总导演比我年轻，也很诚恳，他一个人，在单独的房间里，他一个人拿着iPad给我演示，看看我们这个节目是怎么回事。第一次我仍然还是没有答应，因为我不想告诉人家我的身体状况，因为这是我自己的事情，而且我不想让公众知道。直到后来我答应他，没有办法了，非得答应他以后，我仍然是想，我不希望他拍到我狼狈的那一部分。他希望拍得更多的是幕后的那些状态。我是想告诉大家，只要我们相信自己，只要我们努力，我们会更好，其实是这样的。但是我喜欢的一点，是他们用的是真的乐队，而且是现场录音，这是我很久很久没有碰到的了。

曹：你觉得现在身体状况怎么样？

韦：全部慢性疼痛，第八年的时候已经快好了，但那时候还没有像现在这么自如，还没有像我去演完话剧那样，演完话剧是我彻底好了的感觉，舞台上的我回来了。在我唱《亚洲雄风》的时候，我还没有，为什么老泪纵横？因为我真的又能把这首歌唱下来了。你知道，整个三年之后，不是以为两个月、四个月吗？最后成了三年，刚要下山的时候，那个车下山的时候……

曹：你好像碰到一个车祸，是吧？

韦：对，车闸失灵了，下山，泰国的山。

曹：太可怕了。

韦：望海的山，多高，往下冲，一转弯，那应该都是孩子，我当时想那些孩子怎么办。

曹：孩子也在车上吗？

韦：不是我们的孩子。山底下，我一个人在上面住，我的车往下冲的时候，我就怕，每一次都是五六点的时候，我经常要下山，小孩会在那儿玩，因为没有什么人经过。我看那天挺空的，后来知道因为我们在用手刹的时候，那女孩用手刹的时候，他们听到一声巨响，就跑开了。但是我们车还在往下冲，怎么办？后来采取的是撞树，撞上了树，然后我的腰也受伤了。

曹：受伤？

韦：不是一般的受伤，只剩皮连着了，这根筋，从这儿。

曹：脊柱受到影响吗？

韦：就是脊柱骨折了，骨头还有一层皮连着，一边，后面的这边。

曹：是胸椎还是腰椎？

韦：腰椎，整个等于就是腰以下……所以我都不知道我还能不能站起来，我可能就是这样一辈子了。那是一个除夕夜，特别神奇。

曹：哪一年的事？

韦：应该是 2018 年的除夕夜。

曹：后来过了多少时间康复？

韦：过了几年，三年吧，三年差不多了，基本全部康复了。我都是一个人在山上。所以你说人经历过这种……我先是经历所谓孤独的煎熬，这个我喜欢，我原来性格就这样。但我没想这么躺着。后来我躺在床上的时候，就这么想，我的老天爷，我放弃了我的事业，放弃了食物，因为我不能吃，放弃了我的孩子、家庭，浪漫的这种关系全部都舍弃，甚至无法阅读。我喜欢阅读，都不行，因为我当时一看书就疼得不行，一动眼睛就牵着你的整个神经，所以把中医都弄明白了，什么经络，全疼明白了。当时就是这么过了三年，刚刚准备回来继续治疗的时候，新冠又来了。

曹：一茬接着一茬。

韦：一茬接着一茬。你就知道，你就继续悟吧，我就又自己独立待，待到孩子们都离开了，连陪我在泰

韦唯和三个儿子

国待了两年、上了两年大学的老二，学完泰拳、打完泰拳，瑜伽的事也做完了，也做完模特儿了，人家去了英国。这个时候，我真的又一次真正能够直立行走了，走到大街上，非常幸福。我就在想，孩子们两个在纽约，一个在伦敦，都在上学、工作，纽约的在工作，伦敦的在上学。他们就招呼我了，说妈妈，能不能今年你过来给我们过生日。去年年初我去看老三，他的生日之前我去过的，去纽约。在纽约，一看哥儿几个弄得不错，他们给妈妈安排得特别好。正准备跟他们在那儿生活吧，因为陪他们的姑姑说你再不回来，咱们也许永远见不到了。我仨孩子出生，她在边上守着的，我们俩的缘分特别好，她说你再不回来的话，我们无法再见了。我想也是，她去年92岁了，也是为了看她才过去。结果正准备在那儿待着，新冠过去了，咱们这儿也都可以开始旅行了，又有飞机过来了，我心痒痒得不行，十年我没回来了。我就悄悄地回来。春天回来，我就想用半年的时间，到今年，我再进入一点，看看自己能做啥。因为当时我不知道我的新身体，新的城市，而且新的市场……我连用微信都不会，谁扫我、我扫谁。

曹： 现在会了吗？

韦： 现在知道点了，就是话剧之后，开始慢慢慢慢，我得跟话剧聊剧本什么，这才加微信、加朋友，跟他们慢慢学，因为旁边没有朋友，都是这样。真的，话剧救了我。

　　离开前夫后，韦唯一直独自抚养着三个儿子。大儿子韦紫明从小就生活在北京，还考上了北京大学中国语言文学系，之后又赴清华大学深造。他的两个弟弟也不遑多让，同样高大帅气、多才多艺。陪伴三个孩子成长的过程，也成为韦唯自我疗愈的过程。或许，正因为韦唯从小在父母的批评教育下长大，才让她选择了更追求理解和鼓励的亲子关系。

曹： 三个孩子都长大成人了，而且都还非常棒。作为一个母亲来说，应该是特别自豪的。所以你算是一个"虎妈"吗？

韦： "虎妈"，我不是，我一点也不"虎"，因为我小时候是被我妈打大的，毒打，劈头盖脸的。

曹： 你小的时候，爹妈对你特别严格，是吧？

韦： 他们算不上严格，我爸老出差，我妈不是严格，我妈是凶狠，真的是凶狠。

曹： 凶狠到什么程度？女孩子也打吗？

韦： 打我打得是最狠的。我记得她在那儿弄啥，拿个勺过来，小孩跑，摔那儿，勺碎

母与子

了，劈头盖脸地打，踹一脚，连骂带打的。我当时看小人书，就想地主婆也没我妈狠，都说地主婆狠，真的是那样。

曹： 所以你对三个孩子是比较放养的？

韦： 家里尤其对我是比较放养的，因为我是三多余，长得又不好看，皮肤又黑，他们一直说我很难看，又爱顶嘴。老三没那么多心眼，打小就这样。小孩不都是这样，而且我是在幼儿园长大的，从托儿所的时候，就给我扔托儿所。

曹： 你在教育自己三个孩子的时候，有什么自己的哲学？

韦： 打小我就发誓，等我长大，绝对不碰孩子一根指头，我再愤怒也不可以。而且也发誓，我的家庭里，绝对不要让孩子听到大人吵架、打架，而且也不允许有一点凶孩子。老迈克在这方面做得非常非常好，当我的面，他对孩子的这些问题，凶的这些问题，后来我离婚很多年以后，老大才敢告诉我，他们那时已经都上大学了。

曹： 你觉得后来你和老迈克离婚，对孩子的心理有影响吗？

韦： 离婚对任何孩子都有影响的，老三当时才四岁多，老二才六岁多，老大才八岁。

曹： 孩子跟你聊过吗？

韦： 后来我在山上的时候，我们交流过这块儿。因为他不想交流，我说儿子，你不管怎么样，对爸爸也好，哪怕你不想，觉得是爸爸，你认为是妈妈的错。因为儿童心理上会认为，即使怕爸爸，但妈妈老得回国，在家都是爸爸，而且爸爸那么高大，他会怪妈妈你老不在。我记得有一次我回家，我就特别高兴地带他去山里玩，他滚在雪地上。他说我太高兴了，妈妈今天回来了，我感动说，儿子。老大跟我那么深的感情，想妈妈。回来我跟他爸爸说，我还挺高兴，我说西蒙说我回来了，他很高兴，因为和妈妈在一起。我太感动了。真的吗？他这样说。当时他的表情让我觉得很奇怪，他怎么不高兴，我不知道原因。后来我知道了，等孩子这么说的时候，这句话说明了……如果我有经验的话，妈妈不在的时候，孩子不开心，但是我在的时候，看到孩子都是开心的，而且行为举止都非常非常好。除了有点过度紧张，就是那种过度的军事化的，整个训练成军队，那样不行。总之，对孩子，离婚，不管是什么样的离婚，我都不想让孩子受到影响。但是离婚，其实对大人有好处，对孩子一定也有好处，就是这样。因为我知道，你不能给他一个假象，任何一个假象，孩子长大，他自己都是非常困惑的。

韦唯

曹：你自己后来，比如说后来已经跟老迈克分开以后，有没有自己反思过当时的这种选择，对当时的选择会后悔吗？还是说其实人生走出的每一步，可能你都会学到一些东西，当然代价比较大。

韦：对我来讲，我是没有任何后悔的，因为很多人看迈克，觉得他是个外国人，但他对我来说其实就是我的同行。而且这都是自然而然发生的，这也是个缘分，其实我并没有想跟老迈克有任何感情上的纠葛，我见到他的时候，根本把他当男人的感觉都没有，就是他是个作曲家，就是这个感觉。

曹：所以你想，前面经历这么多的挫折和磨难，到你这个年龄，还会再次投入爱的河流吗？

韦：我一直说我是相信爱情的，因为我有过非常好的爱情。他之后，我的婚姻之后，我有一段非常非常棒的爱情，可以说延续了17年。

曹：三个儿子鼓励妈妈再去寻找一段爱吗？

韦：他们是一直鼓励我的，而且其实我在山上的时候，后来去瑜伽岛上的时候，包括在美国的时候，一直都还有。我不化妆，不再想做任何吸引人的事情，因为我希望见到我的人就是喜欢我本人的样子。但是确实非常好，而且他们一直找我，但是我没有想去，我觉得阶段不同了，我曾经是那种"艺术和爱情就是我生命"的。但现在，艺术和爱情也是，仍然可以是我的生命，但只是我生命的一部分。当你在山上一个人独立做隐士也好、做居士也好，待了十年光阴，要是不算在曼谷的公寓里独自待了那两年的话，起码也是八年。不用八年，八个月，一般人就受不了了。

曹：不敢想象。

韦：真的是一个人，而且我自己治好自己的腰，自己治好自己的慢性疼痛。只有头一年，我是有团队管我的，把这些都学会了之后，我让他们全走了。我知道不是一两天的事，我就开始自己打理。

曹：你在那段时间，所有的生活都是自己打理吗？

韦：是自己打理。

韦唯与曹可凡

曹： 比如说收拾房间、买菜做饭，都是自己?

韦： 那时候我还没有这个能力，买菜，我是有泰国的助理定时给我送上来，都是有机的。上山，上山下山，我就更不行。定时要去治疗，有些治疗，我会用电话预约。后来我自己能开车了，就自己也开开车。因为山太高了，海拔差不多 3000 米的样子，直坡这么陡，泰国司机都不敢上，都害怕。后来我知道，因为他们的车闸老出问题，好在我自己的车都是新车。

曹： 你觉得自己回归红尘以后，是仍保持行云野鹤的生活状态，还是心里有一些小目标? 其实 60 岁对一个女性来说，可能就是进入一个新的时代。

韦： 没错。对女人来讲是，对男人来讲，我觉得也是一个新的时代，因为我们要适应这个新的身体，但是我们的脑子还没有习惯，我们的意识是知道的。所以人都容易把脑子和意识混淆，但是你在山上待着才知道，意识和脑子，谁观察脑子，脑子又观察谁，其实是可以分离对待的。再回红尘，其实我觉得更好一点，经常所谓放假离开，其实就是在冷静看待这个世界，冷静看待我们的发展，冷静地想我做这个到底是为了什么。我那时候在山上都想，我就想我要做能够帮助人的事，开个直播，天天跟大家聊天，把我在山上的那种经历告诉大家，如何面对人和自己，因为人都要面对面，面对家庭，其实是最好珍惜彼此的时候。

曹： 特别高兴，今天跟你聊了这么多，我们回顾了过往的一些生活状态，你的艺术状态，也了解了你过去十年究竟在干什么。特别期待你回来之后，能够做你自己想做的事情。我觉得世俗的这种成功都不重要，希望你回来之后，依然能够开开心心、快快活活的，就像我们 20 世纪 90 年代那样，好像没有太多的目标，过好每一天，每天都很好。

韦： 就是这个感觉，真的像我二十多岁。今天看到你，就是那感觉。

曹： 我们是一个时代的人。

韦： 对，我能感受到，美好，真的是美好!

不躺平的人生——孙悦专访

三十年前，孙悦唱着《祝你平安》走进千家万户，红遍大江南北。人们只道是她运气好，凭借一首金曲一夜成名，又怎知背后她经历过怎样的坎坷，需要多大的勇气。成名后的孙悦并没有安于现状，而是不断尝试新曲风，低吟浅唱、劲歌热舞均能驾驭自如，甚至在世纪之交引领韩式电子舞曲新潮流。巅峰时期，孙悦却突然淡出公众视线销声匿迹，只留下一首首金曲长久回响在人们的记忆之中。直到2022年，年届半百的她复出歌坛、重登舞台，状态之好令人惊叹。

这些年来，孙悦都经历了什么？面对人生的沉浮起落、坎坷波折，她是怎样努力化解，咬牙挺过？本期《可凡倾听》，听孙悦聊聊过去和现在那些不为人知的故事。

孙悦做客《可凡倾听》

曹： 我们三十多年的老朋友了，可是也都十多年没见了。

孙： 十多年了。

曹： 你现在的状态还是那么好。

孙： 你也是那么好。

曹： 你应该是一直运动吧？

孙： 一直运动，不运动，就觉得好像没有活力了，我觉得我不喜欢躺平的样子。

曹： 我发现前段时间，你在社交媒体发布一个消息，说自己冲浪成功，是吗？

孙： 这个太爽了。

曹： 52岁的孙悦冲浪成功。

孙： 对。

孙悦儿子

曹： 这是不是也是你对自己的一个挑战？

孙： 七八年前，我就怎么都没冲成。我自己带着儿子去度假，我就看着冲浪，我说妈妈挑战，要不你试试，他说我不去。我觉得母亲应该起一个示范作用，我做了，你看看你要不要去。我当时就想我去做，儿子看看可不可以。两次、三次都没成，好狼狈。结果，我说儿子，钱花了，太浪费了，你试试，人家一次就成了。当时我就想不行，我说你放心，妈妈有一天也会冲成，等了好几年，我终于有机会了，这次放假了，我就想我要冲浪。但是身边所有人都说，你别去，你都51岁了，冲浪很危险，容易受伤。我说如果每次都在想着它的危险、不受伤，那我们什么都做不成，我就想我必须要去，我必须要冲。虽然一次一次扎在海里。

曹： 你够轴的。

孙： 我有这个劲儿。

曹： 真轴。

孙： 有点较劲吧，我一定要冲成。冲成的一瞬间，其实那一瞬间那一句话，就是给儿子说的，儿子，妈妈也冲成了。特别兴奋，也给50岁的女人打个样儿，我们也可以。

曹： 你别说，一般咱们圈里的女生，可能到了某一个年龄就开始有一定的年龄焦虑，我发现你完全没有。

孙： 我觉得完全没有必要焦虑，有焦虑的时间，还不如珍惜时间，多做一些自己爱做的事情、热爱的事情。

唱歌，无疑就是孙悦热爱的事情，而当年她之所以毅然决然地退出歌坛，同样也是因为热爱，爱自己的家庭，爱自己的孩子。作为母亲的责任感，让她在当打之年选择了放弃如日中天的歌唱事业，告别舞台上的光鲜亮丽，转身走进另一段不一样的人生历程。

孙： 其实我都没有想到我能停，而且，那么果断地停下来，陪着家人。也没有想到，

在停的时候，我就没想再出来。但是人生命运就是这样，很奇妙。儿子长大以后，说妈妈你出来吧，他发现我还是应该属于舞台，我觉得孩子特懂事，孩子说你去玩吧。再加上我的好朋友也说，你该出来了，因为她觉得我的状态太好了，身边每一个人都在说太可惜了，你为什么不出来。我说那好吧，那我就出来了。

曹： 我也没想到你那么年轻，突然之间就回归家庭。

孙： 很早，43岁吧，太早了。

曹： 我觉得对艺人来说是一个最好的年龄，说离开就离开，很决绝。

孙： 挺狠的是吧？

曹： 狠。

孙： 其实我自己了解自己，我二十多岁就一夜成名了，《祝你平安》，达到事业的高峰，所以我一直是在这个工作状态下生活，努力每天工作、每天演出。您知道，我年轻的时候就是工作，没有生活，到了每一个城市，我喜欢的城市，我没有时间停一下，都是一站接着一站。到上海，是因为儿子生病，儿子哮喘，不能没有我，我们两个人都有肺炎。我就想，到上海，是不是能好一些。来到上海以后，突然觉得，我可以停下来了，我可以换一种生活方式，人生不一定都是在舞台上。其实陪着家人也是一个工作，也是我的一份事业，我觉得很有成就感，妈妈也是一份工作，妈妈这份工作不容易，要比在舞台上更难。

曹： 对于一个演员来说，舞台的灯光或者鲜花是有一定的吸引力的，所以当你退出聚光灯回归家庭，会不会对那样的一种生活还是有一些向往？

孙： 很难很难，但是必须做到决绝，因为我已经选择了陪伴家人，我已经选择了停止。告诉自己，不要去再刺激自己。所以我就不看，我不看电视，我不听娱乐新闻，我不要让它刺激我。但是你知道，我最幸福、最快乐的人生阶段……我现在52岁，但我现在想一想，最开心的时候就是那几年，因为我停下来了，我可以真正地停一停，感受一下世界，感受跟家人在一起的时间、时光，陪伴孩子成长，照顾我的公婆，我家里的老人，能跟我先生度度假。原来是没有的。我觉得我一点都不后悔。

孙悦和儿子

曹： 过去人家叫"孟母三迁"，举家迁徙到一个对你来说是全新的城市，有很多适应的过程。作为一个母亲，你看着孩子，陪伴着孩子成长，其中最大的快乐是什么？

孙： 我觉得所有工作，母亲是最难的。因为你身边的家人不断地在变化，不断地在成长，他在面对问题，你用什么样的方法能够帮助他？况且你真的能帮助他吗？我觉得不，母亲是一个很智慧的角色。有时候我自己经常会复盘，如果在这个时候作这个决定，他会不会更好？现在我觉得孩子长大了，我听他的，都听他的。你自己去做你自己喜欢的事情，你喜欢做什么，你想明白了吗？那你就去做。栽了跟头，如果需要帮助，找妈妈、找爸爸，我们会给你方案，有几种选择，你自己再去作选择。但这个过程，八年在上海，陪伴儿子这八年，虽然快乐，享受时光，陪伴孩子成长，但是真的很难。

曹： 你觉得最难的是什么？

孙： 难的是每天听着他半夜咳嗽，哮喘，每天咳嗽，顶着黑眼圈，瘦瘦的，睡不好觉。那时候他哮喘咳嗽，他的牙都是往外鼓的。我们去看医生，医生一看就知道他晚上睡不好，一夜一夜睡不好，连续将近五六年的时间。他起来以后晃啊晃啊，咣就躺在床上，有时候撞到墙上。每一次都是在……很痛苦、很难受，那段时间好难。医生说怎么办，你就试试游泳，试试能不能把哮喘带走。所以我那时候每天陪伴他，看他咳嗽、游泳，然后难受，他说，我不想游，我累了。我在旁边就想，我必须让他坚持，我告诉自己一定会的，我坚持，他就能坚持下来。他现在一直坚持下来，现在身体壮壮的。

曹： 太好了。

孙： 这个过程有酸甜苦辣，有幸福，有快乐，有收获。

曹： 你算是"虎妈"吗？

孙： 我不算是"虎妈"，我避免内卷，我就远离母亲这个圈子。因为我发现每一个孩子都好优秀，又是小提琴八级，又是钢琴八级，又是奥数比赛，又是游泳，我就想他们哪儿来那么多时间。但是我自己想一想，那个时间段，我觉得我的儿子的身体是最重要的，我觉得不要给他更多的压力。游完泳回来已经很累了，我在学习上没有给他压力，没有让他一定要拿第一，一定要参加奥数比赛。我只是说进步一点点就好，怎么样，你努力了吗？他说我努力了，我今天进步一点点了，我说太好了，只要进步一点点就好。所以在学习上，在有些方面，我顺其自然，顺着他成长，让他选择属于他自己的方向。我觉得他有他的人生，只要他心理健康、身体健康，慢慢长大了，他自己要什么，自己会努力的。

2022 年底，孙悦参加了一档音乐综艺节目，由此正式复出。将近十年时间，瞬息万变的娱乐圈从来不曾为谁停留，也从来不缺层出不穷的新人新作。身边是一个个朝气蓬勃的后生晚辈，台下是一张张青春无敌的年轻面孔，要想重新站上这个舞台，对孙悦来说并非易事。

孙： 重新回到这个舞台有一个适应的过程。找回之前舞台的孙悦，这种自信是要慢慢来的。我找声乐老师，我要开始恢复我的声带功能，因为声带没有肌肉了，我要恢复我的声带功能。开始背词，因为不单是唱我自己的歌。站在灯光下，又跟乐队合作，又唱别人的歌，要想唱出不同的感觉，必须要把歌词背下来。我们那个年代的艺人、歌手是很认真的，没有提词器的。你看提词器和背下来，你呈现出的状态真的不一样。所以我就较劲，身边的孩子都说，姐姐，那儿有提词器，你别较劲了。我说不是，这是我的习惯。但是慢慢找回来了，我觉得这一点我很开心，出来以后大家都觉得，我状态依然很好。

曹： 甚至我觉得比你年轻的时候那个状态更好，你从《祝你平安》出名，我们就开始认识。那个时候，当然很年轻，但是你给我的感觉就有一种疲惫感，因为那时候连轴转。

孙： 您说得太对了。

曹： 我觉得现在你的状态就很放松。

孙： 我没有什么太高的目标，我出来是用玩的心态。我很幸福。这八年，很多人都爱我，我身边，家庭的爱，友情，身边每一个人都爱我。我在尽量地去帮助身边的人，所以人的状态出来以后，有爱的人、被爱的人，是不一样的。以前是紧张、较劲，年轻，没有安全感。我觉得年轻的时候是那种没有安全感的状态。

曹： 你八年之后重新回到你过去熟悉的这个舞台，那个灯光，那些鲜花，一开始会不会有那种生疏感？

孙： 我好兴奋。

孙悦

曹：天生当演员的料。

孙：基因吧。出来第一首，《快乐指南》，唱完了以后我好开心，太好了，跟乐队合作太好了。马上就找回感觉了，很幸福，在舞台上的感觉，灯光打上，出来再唱一首歌，跟大家聊天，又是熟悉的感觉。

曹：你是评剧院大院长大的，梨园行那句话就是祖师爷赏饭吃。

孙：就是幸运。你说唱歌，我就学过一个多月的美声，唱歌的感觉自然就有，我一张口就来，模仿能力也挺强的。所以我觉得感谢基因吧，感谢我爸爸我妈妈的基因。

1972年，孙悦出生在哈尔滨一个文艺之家，父母都是戏曲演员。15岁时，孙悦当上了文艺兵，退伍后又加入了文工团，只身一人来到北京发展。22岁那年，她遇到了改变命运的那首歌——《祝你平安》。

曹：小的时候人家管你叫"孙大胆"，是吧？

孙：我小时候就不像女孩子，像男孩子，什么都不怕，天不怕地不怕，在我们院子里面，我就是那个男孩子，干什么，我来，跟我来，走，什么事干不成，找我，真的"孙大胆"。

曹：你记忆当中，小时候做的最大胆的事是什么？

孙：我最大胆的事就是帮我哥，我哥被打了，把我气得，还能打我哥？我拿着砖头上人家窗户底下，掐着腰说你们出来，你们教育教育你们孩子，你们家孩子没教育好，为什么打我哥？大人在窗户底下就笑，你想想，大人看孩子在底下那样肯定是笑。这下没面子了，我气得拿着石头把人家玻璃砸了。砸完了，我自己出气走了，我妈回来把我拽着，给人家赔礼道歉，说你错了。然后我妈还得赔，好贵啊，一块玻璃，拿一块玻璃给人家镶上了。我在院里就出了名了，"黑丫"，给我起外号叫"黑丫"。

文艺兵

曹：我几乎没有听说过，一般都是妹妹被人欺负，哥哥给人出头，你这妹妹给哥哥出头。

孙：对，我那时候给我哥出头，说谁也不许欺负我哥，我哥憨厚老实。

曹： 说到你的大胆，就想说《祝你平安》这首歌，其实当时这首歌首唱也不是你，也不是专门为你量身定做的，是你自个儿把它争取过来的。

孙： 其实我觉得是机缘巧合，还有我觉得这个机会付出的代价好大。我当时在铁路文工团，作曲家刘青老师也是在铁路文工团，我在听这首歌的前一天，我擦地，上面有个镜子，掉下来就把眼睛这块儿给砸了，砸坏了，当时缝了三针，瞬间血就迸出来，满脸都是血。我就上医院，我哭着说我还没出名呢，就破相了。

曹： 还想着出名呢。

孙： 对，因为刚到北京，北漂，刚到文工团，还没出名就破相了，缝针。医生说，孩子，没事，喜鹊登眉、喜上眉梢，你会有好事了。我就打着绷带，白色的纱布，满脑袋缠着纱布。第二天刘青老师就跟我说，孙悦，要不要上我们家来听听歌？我说好啊。听了好多作品，当听到《祝你平安》这首歌……因为《祝你平安》这首歌是为《都市平安夜》写的一首电视剧主题歌，好久了，都是在那个时间的前两年发的。你想想，我脸上绷着绷带，到了北京，一个月才开两百元钱工资，还有胃病，饿的。当听到《祝你平安》，我觉得字字都在为我唱，就哭出来了，哭得啊，那个难受。我就想，我说老师，我能唱这首歌吗？因为那个时候没有专辑，没有唱片公司，只有一个途径，叫音乐电视大赛，中央电视台音乐电视大赛，对不对？刘青说可以啊，这歌没有人有演唱权，就是一个电视剧主题歌，版权在我这里。我说那我能拍音乐电视吗？他说可以。他说你再听听别的歌。我说不，我就想唱这首歌。那个时候的我，需要这首歌。

曹： 你感觉很准。

孙： 我觉得是运气，我哪有那么大的智慧，觉得《祝你平安》这首歌之后真的能够停留那么多年，三十年，它是一个经典。我不知道，我只知道当时我经历过那些，我听到这个，哭了，哭得一塌糊涂，我就想唱这首歌，就是一个直觉。然后就借钱，兜里没钱，一个月两百元钱工资，我就胆子那么大。

曹： 拍一个音乐电视价格不菲。

孙： 那个时候拍胶片要七万元钱，在那个时间，1994年，拍磁带其实就两万元钱，还要买演唱权，演唱权五万，胶片音乐电视七万，一共加起来十二万。我兜里两百元钱工资，我上哪儿凑去，但是我也不知道哪儿来的勇气，就要拍音乐电视，就要拍胶片的。妈妈来北京看我，看到我最难的时候，说这样吧，家里有三万元钱，哥哥结婚的钱，给你拿过来，我问问你哥行不行。我说行啊，就这样，我拿到了磁带。刘青老师知道我不容易，说算了，你太不容易了，两万元钱不要了，最后就三万元钱，我拿到了这个磁带，我就开始找音乐电视导演。当时是张一白老师和刘真老师。

曹： 这是张一白和刘真给你拍的？

孙： 对，是他俩的作品，他俩听到这首歌，说太好了，一定给你好好拍，说要拍什么，我说要拍胶片。他们也知道我没钱，说知道你没钱，我拍磁带也能给你拍得很好。我说不。我那时候，我就要拍胶片的。

曹： 较劲。

孙： 我就要拍胶片的，就要拍最好的，于是就到处借钱。拍摄的前一天晚上，我都没凑齐，到处借，我说我一定会还你们，我要拍音乐电视，我给他们听歌。那个钱，第二天给他们的时候都是五元、两元、十元，先第一天拍摄的成本，然后第二天给多少钱。那段时间就是这样的一个过程。我很幸运，整个制作团队都在帮我，我没有演出服，买最便宜的布料，买蓝色的布料给我做了裙子。没有首饰，怎么办？剩下的布料给我扎到脖子上做项链了。生活中的衣服就是一件衬衣，穿着牛仔裤，就这样拍下来了。其实人生的命运很奇妙，现在再想一想，《祝你平安》很多人都唱过，三四个人唱过，在我唱之前。现在我觉得不是我选择了《祝你平安》，我觉得这么好的一个作品，是《祝你平安》选择了我，我要珍惜这个机会。真的，一个歌手能有这样的作品，我要对得住"祝你平安"这四个字，要自律、要自爱、要自尊、要努力。因为说到孙悦，就是《祝你平安》的孙悦。它不单纯是一首歌，它是一份祝福。

曹： 你印象当中，这首歌的音乐电视推出之后，最红的时候，你收到的是一个什么样的反馈？

早年孙悦

孙： 我不知道我会一夜成名。1994年，那时候音乐电视大赛金奖，好开心。但是别人一见到我，都说，你是江珊，你唱《祝你平安》唱得真好。我们俩确实挺像的，那个侧脸、那个微笑。说你是江珊，我好郁闷，我唱歌，人家都不知道我是孙悦。

曹： 当年江珊确实名儿很大。

孙： 很火。

曹： 而且她也唱歌，《梦里水乡》也很火。

孙： 对。但是一年以后，我们俩在一个休息室见面，那一瞬间我就觉得我太幸福了，因为她一见着我说，人家都说，你是唱歌里面

282

演戏最好的，管我叫孙悦。不是想象中的，我一下子，《祝你平安》出来了，孙悦，找你签名，没有。

曹： 我特别想知道，当时你借了这么多钱拍这个音乐电视，你能确定这首歌未来会红，你能够还得出钱吗？万一这歌不火，那咋办？

孙： 我没想到。我只是，真的怪了，就是那一根筋，我就要拍音乐电视，我就要拿金奖。1995年，过了一个春节，一夜之间，处处都有《祝你平安》的声音，在出租车上。因为那个时候流行什么，点歌台。

曹： 对。

孙： 那个时候就是谁给谁送祝福，祝爸爸身体健康，各种点歌台，电视上也是谁谁谁送给谁生日礼物，《祝你平安》。早上打开收音机，"你的心情"，下午打了个出租车，"祝你平安"，晚上睡觉的时候再听电视，"你永远都幸福是我最大的心愿"，无处不在的《祝你平安》。我是赶上了1994新生代的最后一首歌，是尾巴的一首歌。我就觉得我出名了，但是虽然出名了，你还背着十几万元的债，我就天天做梦，梦见我在床上，窗户在这边，有人从窗户跳进来，还钱还钱。噩梦，都是还钱的梦，真的。我就想，那我就一场一场出去赚，唱呗，那我就唱呗，都成功了。所以我很感谢、很感恩东方电视台，因为当时刘真导演知道我不容易，他就给所有他认识的导演打电话，说你们用用这个孩子，这个孩子是借钱拍的音乐电视，她特别不容易，欠了好多债，你们多用她。用我，我就有稿费，那时候稿费是一千元、五百元。

曹： 那时候你来东方电视台频率还蛮高的。

孙： 对，所以好多人都以为我是上海人、南方人。

曹： 前两天我找到一张照片，我们俩在长城上，那是第一次长城有照明的设备。

孙： 我穿一身白色的裙子。

曹： 对，滕俊杰给你在那儿拍一个音乐电视。

孙： 我说滕台是我的恩人，我一直管他叫滕台，我说滕台是我的恩人，因为他那时候所有节目都在用我。全是美好的回忆。

曹： 后来花了多长时间把这钱给还上了？

孙： 将近一年多，因为那时候我的稿费也就五百元、一千元，商演也就一两千元钱，你说十几万。我是靠，现在想一想，一千、两千、五千、一万……

曹： 积少成多。

孙： 一点点靠自己的努力，你的知名度涨上来的。

曹： 所以你看，你的成功就说明一个道理，人第一要有自信，第二你要有眼力见儿，

孙悦

看到自己的未来。

孙：对我来说，我觉得我的未来就是要努力，因为我没有任何依靠，我要靠自己的作品，靠自己努力，不断去尝试，不断打破自己原有的模式，去离开舒适圈，我要去尝试不同的新的风格。真的是一场一场出去演，我不能躺平，所以那个时候一直连轴转，一直努力地往前拼，我要尝试不同的风格，因为我的起点太高了。

曹：你看你有《祝你平安》这样的慢歌，也有像《欢乐中国年》《心情不错》这种快歌，在那个年代是很超前的。

孙：就是胆子大，我敢去尝试。其实一场晚会唱《祝你平安》，人家说你有第二个作品吗？我没有，我只能唱别人的歌，那我怎么办？我就必须要突破。如果我再唱跟平安有关系的歌，我就无法突破《祝你平安》，我就必须要跳出这个风格，我要尝试舞曲风格。那你会跳舞吗？我不会跳，学呗。我就真的特轴地在那儿学跳舞，第一首歌《快乐指南》，还是翻唱韩国酷龙的一首歌，我就真的学、真的跳，管它动作好不好看，反正我努力了。

曹：那个年代像这种边唱边跳的风格还真的……

孙：没有。

曹：不多见。

孙：我是第一人，我是第一个，最勇敢的那个人。

曹：厉害的。

孙：不敢说厉害。还是一个契机吧，我当了韩国旅游形象大使，去了韩国。到了韩国，一看外面的世界是这样的，他们做音乐，他们的电子乐，他们的舞曲，是我没有听过的。我就想我也要唱，我要唱这样的作品，当时就找到最火的酷龙的歌，就变成《快乐指南》。不断地去尝试，当时咱们内地舞曲没有，很少，我们就翻唱，找了《大家一起来》，"我们大家一起来"，就把国外的歌拿过来，买版权，我们这边翻唱。《幸福快车》，"跟我走 Sha La La La La"，都是那个时间段，我们在不断地尝试。有些人可能不太（接受），喜欢《祝你平安》的人会觉得，怎么突然孙悦会变成《快乐指南》那个样子？有些人不习惯、不舒服。但是我从来不在乎，别人说我不喜欢你这个。但我不能去看别人的眼光，谁喜欢不喜欢，我自己一定要知道我要做什么。现在想想，年轻的时候，没有那么多的想法和规划，我只是觉得人生来这一趟，必须要去不断地尝试，我有很多故事，很多痕迹留在那里。我尝试了，成功还是失败不重要，我尝试过了。成功了，赚了，我年轻的时候老说，我成功了，我赚了，失败了，无所谓。

曹： 重新开始。

孙： 失败了，我再尝试，有那么多可能性，就是胆子大，"孙大胆"。

如果在《祝你平安》一夜成名之时选择躺平，就不会有后来诸如《幸福快车》《快乐指南》那些引领风气之先的电子舞曲，不会有那个被誉为"内地乐坛初代唱跳歌后"的孙悦；如果在回归家庭多年以后选择躺平，也不会有今天这个以更好的状态重登舞台，尽情歌唱的孙悦。不躺平的那股劲头儿支撑着孙悦一路走来，在每一个年龄段活出自己想要的精彩。

曹： 你现在复出，可能跟你同台的那些歌手，都跟你差着很大的年龄，所以你跟他们这些年轻歌手交流，会有什么样的想法？

孙： 我是有压力的，因为他们在一起聊天的语言，我都不知道，中间毕竟停了十年，网络语什么我都不知道，他们之间聊的音乐、聊的歌、唱的歌，我都没听过，我都不知道，我也不会唱。他们经常说姐姐，悦姐，看着我很紧张，说孙悦老师，我妈妈是听着您的歌长大的，我说好吧。很多人都很害怕，年轻的孩子，我说害怕什么、紧张什么，我跟你们一样。因为我从来没觉得我老，我一直觉得我跟他们一样，我仍然是那个孩子，还是那个……

曹： 心里还住着一个孩子。

孙： 对，我到现在都觉得自己还是那个边跳边唱的孙悦，蹦蹦跶跶的。

曹： 听说你当年的演出服都还保留着，还能穿吗？

孙悦在运动

285

孙：前段时间特别瘦的时候穿上了。觉得特别激动，我终于瘦回我年轻时的样子了，说实话，曾经在低落的时候，因为人生一定是有高潮有失落的时候，我回到北京，看到那些衣服，满是灰尘，都放了十年，有些摸摸都会有那些灰尘，那种质感特别不舒服。看着演出服，有人劝我说太浪费了，一屋子，太浪费了，你卖了吧，当二手，但是我觉得都是我的回忆，我就把它打包放在箱子里，放了将近三十多个箱子。我经常上那个服装间去试试，扒一扒，那时候我穿过这个衣服。因为它有很多回忆，我人生二十多年的回忆全部是在工作上、在舞台上，用什么来勾起我的回忆？全是我的每一次搭配，每一次演出服，每一次舞台的呈现，都在慢慢地回来。我在咱们这次元宵晚会，东方卫视的元宵晚会，穿的那件紫裙子，中间系的那个金色的腰带，就是十几年前，将近十八年前买的，十八年前的腰带，我挎在这儿。

曹：还能用。

孙：十八年前的腰带，我现在还能穿。然后我的鞋，都是将近有三十年的时间了。

曹：而且你知道时尚这个东西，有时候会循环的。

孙：它是会循环的，我想说，真的，没有任何一个流行歌手能够做到我这样，一打开服装间，三十年所流行的趋势全部在这里面。

曹：你是个有心人，还是个有心人，愿意保留记忆。

孙：我愿意保留记忆，我愿意留一些美好的东西。

曹：你刚才说到，希望跟年轻人交流，你开了《悦来越好》的直播，当时是什么样的想法？

孙：重新出来工作，确实觉得不一样了，平台那么多，大家都通过自己的直播号在直播带货，在分享自己的生活。我想了很久，我和我的合伙人很幸运地找到了一个契机，我们愿意做，想在这个年龄做一些有意义的事，这个意义就很难。很多人说有意义，说你上价值了，不是的，你说我现在需要像年轻时那样，一场一场努力去拼，我再通过物质上的东西，证明自己，让自己增加幸福感。错了，我都五十多了，人生下半场了，我重新再出发，我是不是应该做一些自己觉得喜欢且有意义的事？现在的新媒体，我们的手机每天更新的速度那么快，大家都努力地在往前冲，很焦虑。但是我再反过来想一想，有没有人去看一看那些长时间坚持做一件事、慢慢收获……慢慢努力、慢慢收获的这样一群人？我们也能看下来，别人快是他的事，我们应该按照我们的人生轨迹。

曹：所以你是个长期主义者？

孙：踏踏实实地走好，我就是长期主义，您也是长期主义，您的采访已经做了二十多

年了。我反过来想问您，二十多年，您
是怎么坚持的？

曹： 就一天天扛呗。

孙： 对了。其实有时候在想，我们在遇
到困难的时候，有时候过不去了，有时
候很焦虑，但是怎么办呢？我们扛，看
谁能扛得过谁，我们就是熬过去。我们
就熬，看谁能熬得过谁。我也在想，就
是熬。但是对我的人生来说，我觉得最
难熬的，现在来说，我觉得人生上半场
最难熬的事就在三四年前，我的更年期，
那时候是最难受的，是你身体的一个
变化。

孙悦全家

曹： 那是一种生理上的变化，还是由生理导致心理上的变化？

孙： 都有。我很不幸地遗传了我妈严重的更年期，妈妈、姥姥都是这样，很严重，所
有症状都会有。那个时候我不愿意出门，不愿意跟别人说话，因为我不停地在出汗，
每天凌晨两点钟就醒，浑身无力，心里很烦躁，所有症状，焦虑，所有症状都有，好
难受。你知道，我面对一场……我打这场仗，我是跟别人，有对手的，胜败，我搏过
了，我败了，我甘心，但这次是你自己和自己的一场仗，你怎么战胜它？我也看医生
了，怎么能熬过去？有些人……我妈妈十几年，有些人可能一年，有些人幸运，没有
感觉，这就是我们的一个坎儿。我觉得女人做母亲，真的很难，比男人难的就是有很
多坎儿，这个坎儿过去了，一片光明。所以我在那个时候找了很多方法。我很幸运的
是，身边儿子支持我、理解我，先生爱着我、守着我。

曹： 两个男人宠着你。

孙： 两个男人宠着我，家人都陪伴在我身边，都疼爱我。

曹： 所以你经过多少时间，克服了这样一个自我的困境？

孙： 有四年吧，最难过的、最难受的是那一年。有一天，我跟我先生说，我说老公，
今天晚上你先别睡，我有可能今天就过去了。难受到这个程度。我浑身无力，心跳，
心脏会难受，症状很难受。不是外界说的，今天我生意没接成，钱没了，不是那样，
是身体都乱了。第二天早上，很喜剧的一个画面出来，我先生给我拿一视频，他说你
说完这句话以后，你躺那儿打着呼噜，我们家先生一宿没睡。早上起来我一看，我说

孙悦与曹可凡

老公，你怎么有黑眼圈，他说我看你看了一宿，一宿没睡。

曹：怕你过去了。

孙：我特别感谢在那段最难受的时间，我有一个方法，我跟大家分享。就找你真正的知己，你要跟他说，倾诉，他胜过心理医生。然后运动，我运动是从那几年开始的，每天不停地，我必须逼着自己，因为我躺在床上无力，我出汗、难受、没劲儿，我走道像老太太一样。我想，我孙悦怎么可能会变成这样？我告诉自己，我必须起来，穿上运动服出去走，慢慢走，好不好？我今天走10分钟，明天走20分钟，我就会看到自己的变化。我告诉自己，我的家人、我的家庭都这么好，不能因为一个更年期把我打败了，我必须要战胜它。

曹：所以你是个很要强的人。

孙：好吧，来吧，不就是一场战争吗？自己和自己的一场战争，我一定战胜它。所以我就边走边打电话，跟我的知己，跟我的好朋友，他们劝我，就像一个垃圾桶一样接收，我说什么都接收。

曹：那个时候最亲近的人的陪伴是非常重要的。

孙：很重要。人生要度过很多艰难，一个山爬过一个山，就是修行。但是我觉得，经历得越多，收获也越多，人家说财富，不是说你拥有多少钱，而是经历了什么。我翻过了一座山，又重新面对新的起点。一次一次，我的人生好精彩，但是人生精彩，经历了这么多，我还是幸运的，因为我身边一直有那么多人爱我。

曹：而且你自己内心的坚毅，帮助你渡过很多难关。

孙：对，我现在在想，人生下半场怎么过，我不依赖老公，我要散养孩子，富养我自己，让我自己开心。所有一切事情，都是应该有的，自己想一想，下半场，我每天都要珍惜，因为它是倒计时。说实话，你才50岁，你还早着呢，不是那样，我觉得现实一些，大概我能健康地去挑战我的极限，我身体要健健康康的，我还能有多少年？所以我为什么那么想去冲浪，那么想跟年轻人去说我也可以？因为我觉得，我人生下半场要比上半场还要精彩。

为你而唱——胡彦斌专访

阔别 13 年，胡彦斌终于在上海用一场久违的视听盛宴，宣告了自己在舞台上的重磅重启。这场被命名为"是一场烟火"的演唱会，是胡彦斌 2024 年巡回演唱会的首站，一经官宣就引发了万千歌迷的期待。这名归来的少年，用众多承载大众回忆的歌曲，让听者心潮澎湃，令青春限时返场。

胡彦斌做客《可凡倾听》

曹： 我发现你最近瘦了很多，很精神。

胡： 减肥，有一个目标，就是为了自己的演唱会。

曹： 减了多久？然后有多少成果？

胡： 两个月的时间减 20 多斤，因为我战线不能拉太长，拉得太长之后，动力就没了，很难坚持。所以上来对自己比较狠一点，但是瘦下来，整个感觉还是不错的。

曹： 能不能告诉我们一下，你的独特的方法是什么？

胡： 一般外面不分享的，练了一个非常棒的功夫。

曹： 是吗？

胡： 这个叫中国功夫，就是"中国空腹"。

曹： 实际上就是死扛？

胡： 就是死扛。一开始妈妈跟我讲，她说你要瘦下来，所以你吃东西营养要够，接下去你要锻炼，把你所有吃进去的卡路里，要运动，把它消耗掉。我坚持了一段时间，发现一点都瘦不下来。后来发现要少吃，俗话说，管住嘴、迈开腿。

曹： 你能不能把一天三顿的食谱跟大家分享一下？

胡： 早饭，我几乎都不吃了，可能上来就喝咖啡，咖啡加一点点面包，这样我就够了。你会发现一直到晚上……

曹： 当中不吃了？

胡： 不吃了，真的，中间就不吃了。然后一直到晚上，晚餐的时候，我就吃一点白灼虾，然后一点生菜，就好了。

曹： 人会发虚吗？

胡： 快速减下来是会有这个问题，人会有点没有体力。但是最近就好了，最近我觉得饮食也比较健康，牛肉、鸡肉，再加上健身。因为演唱会真枪实弹，你上台以后，完全靠饿着瘦下来，你上台别说两个多小时，一个小时可能都撑不住。现在等于是饮食和训练结合在一起。

曹： 你一周的体育锻炼，无氧和有氧怎么分配？

胡： 其实我一周基本上四天，有的时候五天，基本上器械的部分和我心肺的部分，其实是结合在一起的。我就给自己提出了一个指标，我就戴测心率的手表，你要在心跳140跳的时候，不喘。所以一开始是帮你增强你的心肺功能，其实有很多方法，开合跳、跑步，基本上有三个方式，还有划船机，每一个一分钟，你就训练三组，中间休息30秒，再来一组，立马你的心肺功能就被拉得很高。然后要在心跳非常快速的时候，就唱歌，让自己不喘。这时候你就觉得好像上台就稳了。

曹： 演唱会对一个歌手来说，既是一个总结也是一个考验，其实距离上一次你办个人演唱会，已经十多年过去了。

胡： 是的。

曹： 一晃13年了？

胡： 对，13年没有办演唱会了。

曹： 为什么间隔会这么长？

胡： 真的，这十几年也没有闲下来，该发专辑发专辑，该上综艺上综艺，但是你真的觉得好像时间过得很快，时间不够用，一眨眼回去说想开演唱会，就发现十几年没有开了。所以我自己这一次也是挺期待的。我觉得演唱会对于一个歌手来讲，不仅是自己的舞台、自己的总结，更是这么多年支持你的歌迷和你的一次互动，共襄盛举。我觉得我们曾经因为音乐相识，我们有很多回忆藏在那些音乐里，我相信音乐，今天是我唱或者是别人唱，一定会有。这个人如果不是我胡彦斌，也会有别人，所以我觉得，可能让我觉得最有价值的，是音乐的魅力，让大家的记忆和青春都藏到了里面。我觉得很荣幸的是，十几年没有开演唱会，在上海开场，上海是我这次演唱会的整个开场秀。我觉得这一次我的演唱会对我来说很好的一点，回头看看，自己出道25年了，曹老师。

曹：你出道早。

胡：吓人吗？我出道的时候，你看在眼里的，对吧？

曹：所以一晃 25 年。

胡：我第一次在上海参加亚洲新人赛，你主持的。

曹：我主持的。

胡：对，就从那个时候开始，到今天，25 年了。回溯自己的过往，这么多年做的事情、唱的歌，我觉得很有趣。所以这次的演唱会，名字叫"是一场烟火"。

曹：有什么含义吗？

胡：我觉得烟火是短暂的，但它是绚烂的。我觉得它跟人生一样，我们不管怎么样，要把"是一场烟火"变成永恒的烟火，怎么样能够被记在别人的心里，我们一首歌可以留下来。所以我觉得，其实回溯自己过往这些年，做的那些歌、音乐的作品，现在再去听，真的有不一样的感受。我觉得最大的差异是，以前，最早出道的自己，是为自己而唱，现在可能更多的是为别人而唱。我觉得这是心态上最大的改变。所以去整理那些过往作品的时候，现在重新像讲故事一样。你怎么样能够把你的音乐串成一个故事，能够讲给大家听。我希望来看我这场演唱会的，都像来看一场烟火一样，它是绚烂的，能够让大家带着一点思考、带着一点感动回去。

曹：一个演唱会歌手，演唱不同时期的作品，实际上就在讲自己的人生。所以你这次在曲目的安排上，怎么做一个非常有意思的安排，能够让大家了解你过往的音乐创作，同时也把自己人生对自己的触动表达出来？

胡：其实我觉得"是一场烟火"，本来讲的就是一个人生的概况。我以前很喜欢一个电影歌曲，《Remember Me》，是一个动画电影，《寻梦环游记》的主题曲，很有意思，讲的是一个人的人生，身死以后，会穿越那座桥，到了那座桥之后就是另外一个世界。那个世界里，你一个人生命的周期其实是看上辈子有多少人记得你。我看到那个动画片的时候，自己内心很感动，如果你的音乐可以被别人记住，其实并不是你的音乐被记住，而是你的音乐承载了别人很多人生中的绚烂或者是故事，我觉得这样才有价值和意义。所以为什么这次的演唱会和我的专辑同名，叫"是一场烟火"，我们都知道会有落幕的一刻，但我们始终在保持绚烂的姿态，我们怎么样能把自己的人生活得精彩。我觉得回顾过往，它好像永远都有遗憾，然后我们去看未来，可能有很多的未知。但是我觉得，所有人对于未知这件事情，有两种态度，要不就好奇，要不就

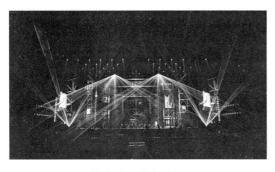
胡彦斌演唱会现场

恐惧。但是恐惧对我们来说，对未来没有任何意义，可能我们就保有着好奇心，最好的就是抓住当下。

曹：你的音乐风格还是呈一个比较多样化的态势，有R&B节奏布鲁斯，有摇滚，也有一些非常动情的慢歌，是不是也是表达了你的性格各个不同的方面？

胡：对。我一直觉得音乐的类型其实是和你的个性有关的，和你的表达很有关系。比如说，有的人讲一件悲伤的事情，喜欢用很不屑的方式来讲，没事的、过去了。有的人可能就会觉得说这件事情，我会陷入其中，然后去感受那个伤痛，等等。我觉得其实最有趣的音乐创作人，他对于很多想要表达的内容的态度，其实都在里面。比如说我觉得我这次专辑当中有一首歌叫《不去管》，就是很当下的，我觉得有时候必须一个人走，有时候往下走，不是因为孤独，而是选择了挥挥手。那是一个姿态。

曹：大家都很关心你的一首代表作，《月光》，你过往在现场都很少唱这首歌，听说是把伴奏带给丢了？

胡：对，很多人揣测说胡彦斌的那首《月光》，为什么他总是不唱，是不是他现在唱不了了。我觉得可以在曹老师的节目当中给大家一个回应，不是不能唱，而是真的伴奏带丢了。

曹：怎么会丢了的？

胡：就是管理不得当，内容文档的管理没有头绪，丢掉了。但是这一次的演唱会上，可以听到这首歌，会现场唱给大家听。

曹：经过时间的淘洗、生活阅历的积累，是不是现在唱同样一首歌，跟过去那种感受是会不一样，听众也能够感受得出来？

胡：会不一样。但是有的时候也在追求，怎么能够放下当下的一些思考，就唱当时的感受。有的时候很有趣，好像那个时候的声音很青涩，那时候的声音没有任何杂质，也没有太多复杂的思考。有的时候你会发现，你想要回去很难，但当年的感受好像也唱不出现在的韵味。所以人生就是这样，走过一天算一天，没有办法回去，其实我也不知道什么是最好的。但是我觉得可能对于我来说，就是当下能够表达给大家的，我现在对于音乐的理解能够给大家的，就是最好的。

　　作为一名天赋异禀的歌手，胡彦斌从小就对音乐发自内心地迷恋。在其他孩子埋头求学的当口，他却敢拍着胸脯、坚定地选择音乐作为唯一的道路，多少有些离经叛道。然而翘首回望，这个当年普普通通的少年，能一路摸爬滚打到成为华语乐坛翘楚，所凭借的，正是这样一股怒马鲜衣的赤子心气。

曹：我想，音乐对于每一个年轻人可能都是有巨大的诱惑力的，尤其是男孩，可能在他的少年时光，对音乐、吉他、键盘会有兴趣。你现在回想，当时是一个什么样的机缘，让你对音乐有一种比较独特的感觉？

胡：我觉得应该是得到了表扬，在青少年时期，我一直想跟大家讲，你一定要珍惜人生中会给你鼓励的人，其实这些鼓励会让你走得更远。

曹：你记忆当中，当时所受到的最大的鼓励来自什么地方？

胡：我觉得是身边人的眼神，当你在唱歌、玩音乐的时候，旁边的人的眼神、注目，会给你很多的肯定，你好像觉得这件事情是会被人看见的。后来参加一些比赛，又拿到一些名次，这时候又会有人表扬你，说做得不错，然后你慢慢就找到了很多的方式。我觉得我们每个人可能都在寻找一种跟这个世界交流的方式，我们用什么样的行为，能够去表达我们的思考，能够为当下做一些什么。我觉得那个时候，可能现在回去看，我觉得音乐给了我这样的能量，让我后来坚持下去。

曹：当时爸爸妈妈是一个什么样的态度？因为通常来讲，家长总是担心小孩因为学习以外的事情，影响他未来的升学。

胡：他们跟很多的父母一样，都爱你，很爱。很爱的时候，其实小孩未来的决定权，在自己手上还是在父母手上？他们内心也纠结，希望能够给你鼓励，但又害怕你未来没有出息。所以这个时候，他们的手的力气往哪里使，说白了，他们也不知道。

曹：很难拿捏。

胡：很难拿捏，他们也在左右摇晃。那个时候，其实我觉得是自己的坚定，我也不知道哪里来的勇气，我就觉得我就要做这件事。

曹：你当时就觉得将来可以吃这碗饭？

胡：我可以。我觉得我可以。

曹：那时候你多大？

胡：14岁。

早年胡彦斌

曹： 一个 14 岁的少年，就能够判定音乐也许是自己未来的一条人生路？

胡： 好像我那时候都没有"也许"这两个字。

曹： 很肯定？

胡： 我就跟我家里人讲，我 18 岁要发一张自己的个人专辑，就是定得很清楚，18 岁、个人专辑。

曹： 这个目标是非常清晰的。

胡： 非常清晰的。

曹： 你凭什么对自己做这样一个判断？

胡： 我也不知道，是真的不知道。那个时候就觉得为什么我不可以？所以我觉得有的时候，还是胆子比较大，定的目标会跳脱你的认知框架。

曹： 那时候你有些什么样的自己的偶像，比如说我将来希望达到某一个歌手这样？

胡： 张学友。

曹： 你定了一个最高标准。

胡： 他来上海，我也去看他的演唱会。

曹： 什么感觉？

胡： 他让我很感动的是，人生就是一辈子就做这一件事了。然后这件事情对他来说，有无数的挑战，体能上的、超强的训练、自制力。而且那天上海的那一场，他说不是他最好的状态，我看到一个人懂得示弱，自己无所不能的偶像在你面前有一些示弱，但是他知道说，不怕，我就是要继续唱下去，他点燃了很多人的希望，他让大家觉得，60 岁的我、70 岁的我依然可以。所以我觉得这种精神，其实有的时候并不是我们在听他的歌了，他的歌依然是好听，但是我觉得，有的时候，他可能又到了另外一个境界，他其实传达一种能量，为什么我们不行？为什么一定要受制于地心引力？为什么我就不能跳得很高？我觉得这些精神可以让我在学友哥身上继续找到很多的能量。

曹： 你私下有没有跟偶像有过接触？

胡： 以前有。我记得上海《东方风云榜》有一年把最佳成就奖给了学友哥，到现场，我上台给他送花。我就冲上台，那时候其实大家也都认识我，我在他旁边站了很久。

294

因为他唱歌太投入了，他眼睛没有睁开。

曹：是这个原因，不知道有你的存在？

胡：他不知道旁边有个人，有我的存在，很投入。我站在旁边，我跟你讲，尴尬之极，我要么下去？后来等到他眼睛睁开，我把花送给他，再下来。其实我是表达过的，对他的喜爱。包括其实那个时候在香港，他的演唱会，我经纪人跟他的经纪人也认识。他就跟我讲，他说我唱了20多年，快30年歌的时候，突然之间我发现，我不会唱歌，他说我好像过往唱的那些都不对。他要全部把自己颠覆，然后再来找那个感觉。他跟我讲那个话的时候，我是有一些诧异的。但是我后来去慢慢品，我会发现一个人，只有一个极度要求自己的人，他才会不断地去……

曹：勇于归零？

胡：勇于归零，然后不破不立。在某种阶段去审视自己专业的时候，能够给自己提出更高的要求。

曹：当你自己决定要走音乐的那条路的时候，我想家长的肯定是非常重要的。如果父母对你的想法予以否认的话，你很难再走下去。所以特别是家里，你们家谁做主？爸爸做主？妈妈做主？

胡：我们家，好像我的事情，爸爸做主得多一点。

曹：所以爸爸当时是一个什么样的反馈？

胡：其实一开始我爸的阻力是最大的，但后来我参加了一些比赛，拿到成绩，他后来就非常支持我。

曹：我印象当中，你爸爸唱过京剧。

胡：对，他是一个半专业的，也演出过京剧，但是是个人爱好。

曹：是专业还是票友？

胡：票友。

曹：但肯定是热爱艺术，所以知道自己儿子喜欢音乐，从他内心来说，也是一种期许。

胡：他也没有想到，因为你看我现在讲话跟小时候是一样的，我都是哑哑的。他们以前觉得你这种声音怎么可能唱歌唱得好，不可能的，唱歌唱得好的应该就是孙楠、刘欢那

胡彦斌

295

样，对不对？声音很亮，可以。我觉得流行音乐可能拯救了我，让音乐更丰富，文化更包容，能够让我们这种哑哑的声音也有得表达。

2000 年，当时还略显青稚的胡彦斌，就为动画大片《我为歌狂》配唱了大部分歌曲。该片原声带的 50 万超人气销售量，主题曲《有梦好甜蜜》朗朗上口的旋律，让年仅 17 岁的他一炮而红。之后，胡彦斌更创下 700 万唱片销量的佳绩，一时风光无限。

曹： 现在讲起来你就是少年成名，当时自己是一个什么样的感觉，是不是觉得增添了很多信心？

胡： 我看到那个动画片的时候，感觉好像跟我们以前看的不同，虽然都是上海美术电影制片厂的，但好像跟以前的画风又不一样，它很洋气，讲的都是校园的故事，好像跟我的年纪也很符合。有甄选，最后选到我去唱的时候，我就很珍惜那个机会，但是珍惜归珍惜，紧张也是真紧张，从来没有进过录音棚，要去录歌。真的，我记得那个时候，制作人很严格，每一次进去录的时候，就涨得满脸通红出来，不好意思。后来被很多人听到，唱片效果也很好，动画片效果也很好，很多人知道我的时候，其实那个对我还是鼓励非常大的。

曹： 其实在当今的歌坛，可能有两类歌手，一类歌手主要注重唱，另一类可能就像你这样，属于创作型的歌手。创作型的歌手，未来的路可以走得比较长。特别是你过往的一些歌，因为都是自己创作的，融入自己对生活的一些感受。是不是这么多歌，获得荣誉最多的还是《文武双全》？

胡： 获得荣誉最多，应该是《MuSiC 混合体》，应该是第三张专辑，那张是真的，荣誉还挺多的。我记得那个时候是 2004 年，我因为这张专辑，人生第一次拿到最佳男歌手奖，拿到最佳专辑奖、最佳单曲奖。包括《红颜》也是那张专辑里的，后来也是因为这首歌，很多人认识我。

曹： 2000 年之后，进入一个新的时代，在这个世纪初的时候，你现在回想起来，自己的成长是不是也是跟当时整个流行歌坛的发展还是比较繁荣的有关系？

胡： 我觉得永远是一个时代给予人机会。

曹： 个人跟时代实际上是相辅相成。

胡： 相辅相成的。在那个过程中间，其实华语乐坛的新生势力也有一波兴起。我记得那个时候跟我一起参加颁奖典礼的，港台的就是周杰伦、陶喆、王力宏，内地的其实就是胡彦斌、沙宝亮、杨坤。

曹：我听说你后来也去国外学习
一些……

胡：进修了一下。

曹：进修，学习导演技术，你是
一个什么样的想法，是希望未来
在影像艺术的创作上也给自己多
开一条路？

胡彦斌演唱会现场

胡：本来我就是去学音乐的，去
进修音乐。后来了解完之后，我就突然萌发了一个想法，就想要跨界学习。我觉得有
的时候在专业当中聊，很容易形成斗争。但是在跨界的学习当中，很容易形成印证。
我觉得我想要看看，如果从另外一个视角去看一些事情的话，能否得到一些别的反
馈。不要钻在一件事情上，换一个角度来看。因为我觉得人生的成长，到最后其实考
验的是一个人的换位思考的能力，你有没有办法为别人思考，有没有办法站到别人的
背后去。我觉得这是一个人生的学习方式，所以后来就学了导演。学了导演之后，我
觉得我很幸运，选到了一个很好的专业。当你有全局思考的能力，你知道你有这个视
角的时候，其实你可能考虑问题的时候更宽容，你更加笃定，你也比较愿意去接受新
鲜的事物，也比较懂得理解别人。我自己觉得，后来去学导演的这样一个课程，对我
来说，后面的路还是非常有帮助的。

曹：你觉得真正可以什么时候落地，做一些跟影像、音乐有关的新的作品？

胡：其实一直很想做，但是总有一个声音在旁边提醒我，告诉我说，40 岁的人要知
道一些事情，什么事情是不能做的。我觉得时间有限，我觉得我应该去做更多的、能
够实现自我的现在当下价值的事情。我觉得如果是影像，有王家卫导演，有更多优秀
的导演，别人能干的事情，说不定我干得也还可以。但是别人可以干得很好，为什么
我还要去干？我觉得可能在这一刻，如果我能够把我现在的音乐，当下那么多爱听我
音乐的人，能够唱歌，继续唱给他们听，那应该是我最最幸福的事情。

曹：你参加的综艺节目，当然大多数是音综，我觉得你真的是一个很适合做综艺
的人。

胡：我觉得可能跟我出道早有关系，我小时候是一个非常不爱学习的人，天天就钻在
自己的音乐里，两耳不闻窗外事，天天就只做自己的音乐。其实在年轻的时候，就走
了很多路，到处宣传，真的走了很多路。你会发现，其实在那个过程中，摔了很多跟

胡彦斌在录制现场

头，得罪人、做错事、走弯路，各式各样的。

曹： 你觉得跌得最大的跟头是什么？

胡： 把我们公司的宣传总监给得罪了，得罪了以后，他就冷了我两个月，不带我出去宣传了。

曹： 是因为什么事得罪了人家，是言语上？

胡： 言语上，就是祸从口出，讲话没有分寸，让人家觉得听出来另外一个意思了，那个时候得罪人了。后来就开始自我反思，怎么样，到了后来慢慢地，吃过的亏多了以后发现，觉得好像要去学习一些古人、前人的智慧。

曹： 怎么学？

胡： 看书。我后来会觉得说你看了很多书之后，再去做，有了框架和依据。这个时候好像你所有的行为就会变得不太一样。而且《道德经》我是一直看的，我觉得这本书是在你不同的阶段，你反复地去读，它其实是给你完全不一样的启迪，你的思考是不一样的。所以我后来觉得，小时候的书上写的话也不一定准，叫作"读万卷书，不如行万里路"，其实应该是读万卷书也要行万里路。

1983 年，胡彦斌在上海出生。身为家中的独子，备受宠爱的他被父母寄予厚望。然而展现出过人音乐才华的胡彦斌，却只愿把所有精力扑在写歌和吉他上。几经波折，父亲在确认儿子的志向之后，将他送进艺校学习音乐，更带着他遍访名师、参加比赛。正是父母如此深沉的爱，助推着胡彦斌在音乐之路上扬帆起航，行稳致远。

曹： 当你迈出第一步的时候，也许家长并不知道自己的孩子未来会长成什么样，会走出一条什么样的道路。可是当你获得了成功，拿到了这么多的奖项，看到自己孩子的歌被那么多人喜欢，父母，特别是父亲，会跟你做一些什么样的交流？

胡： 其实在 2003 年的时候，父亲就离开了。我印象特别深刻，我 18 岁的时候，他跟我有一次男人间的对话。

曹： 真的？

胡： 他跟我讲，他说以后我就再也不打你了，因为我小时候，他的理念就是棍子底下出孝子。确实我也太调皮，他会教训我，教训我的时候，真的隔壁邻居都害怕，都说这是不是你亲生的？后来 18 岁的时候，他跟我讲，男人间的对话，他说以后我再也不打你了，你要知道，你拿身份证了，你成人了，你所有的事情要为自己做担当了，你应该怎么样去处理很多事情，我对你也会有一些尊重，因为我再也管不了你了。他跟我讲了很多，后来真的像兄弟一样、像朋友一样，我跟他真的无话不谈，就是那种关系。所以也很怀念，很短暂，但是非常非常怀念。

曹：你后来在微博上写过很长的一段文字，以表达对父亲的怀念，所以现在想起来，父亲有哪几句话对你来说是一直留在自己的脑海当中的？

胡：我有一年，也是参加一个颁奖典礼，结束以后，因为有很多颁奖典礼结束以后，公司会给你办庆功宴。

曹：庆祝酒会。

胡：庆祝酒会。那一次我爸爸就把我带回家，他跟我讲，他说好，你做音乐是为了什么？你接下去要想，这只是你阶段性的成果，你在未来到底想干吗？你的下一张专辑，你要怎么做？下一步，你觉得你应该要去做什么样的事情才更有价值？所以他有时候也会用一些这样的事情，不断地去考验我，你是不是真的喜欢这件事情？你喜欢的是别人的掌声，还是你喜欢的是音乐的本质？他会用这样的方式。

曹：可能因为父亲走得比较早，作为家庭当中的男孩，你就会自然而然地感受到自己成为这个家的顶梁柱。你又是一个大孝子，你对妈妈特别孝顺，是吗？

胡：对。我妈妈真的是非常了不起的，我曾经在我的歌里也写过，我觉得我爸爸像一颗流星，在生命中出现的时间很短暂，但他特别亮。妈妈就是那个一直陪伴我的人。我记得小时候，我爸爸是海员，他不在，我妈就带着我，走到哪儿都要带着我。走夜路的时候，她也害怕，拿着我壮胆，我也害怕，所以是这种情感。到现在为止，就是互相陪伴。现在就变成我工作又很忙，到处飞，她又很无奈。我妈是属于那种，你在外面飞，忙你的事业的时候，她都不会打扰你的，不会打电话给你，因为她知道打电话给你，可能给你带来负担。这几年，她开始希望我在她身边多陪陪她。因为

胡彦斌与父母

299

她前一阵子也生病，她就说你能不能回来，多陪陪我，从北京搬回上海，不要离得太远。我觉得我也能体谅，也在不断地调整，怎么样去做得更好。

曹： 我看你在一个什么节目，还给你妈妈打广告，希望她开展一段新的生活。

胡： 前几年我还有这个动力和念想，帮她去打打广告，现在感觉不行了，劝不动。

曹： 没用是吗？

胡： 没用，她内心很坚定，她知道自己要干吗，也很清晰自己的人生应该要怎么样，所以很难劝得动。但是我觉得作为我的话，应该要多花点时间陪她。

曹： 其实你想，你虽然进这个圈20多年，但实际上你年龄是很小的，真的是出道特别特别早，但是你现在也特别注重提携新人，比如创办"牛班音乐学校"，是不是也是想到刚刚开始自己的音乐生涯的时候，也是得到很多人的提携和帮助？

胡： 是这样，我觉得现在回想起来，包括我这段时间不断地去印证对于自己做牛班音乐学校的初心，其实就一件事情，我觉得学音乐是一件可以让你增加自信的事情。因为我就是这样，学了音乐，获得了很多的鼓励。我就觉得这是一种语言，可以帮助你去用另外一种方式来表达。我觉得它跟学英文一样，这是我的初心。有很多人其实想学音乐，但没有这个渠道。你会发现很多很多的地方有这种培训班，包括我觉得，我可能在这件事情上有信心，我觉得我可能比他们可以做得更好。所以我们就做了这个"牛班学校"，希望大家可以来这里学音乐的时候，是能找得到共鸣，可以用音乐，学的不是音乐，我们学的是一种语言，怎么样能够用这种很浪漫的语言，表达出来你内心的想法，同时可以交到更多的朋友，让你的人生不是那么寂寞。这就是我的初心，没有别的。

曹： 你是1983年出生的，刚刚过了所谓的"不惑之年"。其实40岁这个年龄，对于音乐创作人来说，是不是应该称为一个黄金时期？

胡： 我很害怕自己不惑，所以我现在依然有很多困惑。

曹： 以此来抵抗年龄。

胡： 因为我觉得人生中没有困惑，可能就少了很多可进步的机会。

曹： 你觉得这个年龄最大的困惑是什么？

胡： 我现在最大的困惑是一个单身和有家庭之间的鸿沟。

曹： 你是不敢跨过这个鸿沟，还是说你不屑跨过这个鸿沟？

胡： 不是不屑，是我觉得人生中，当你有一个家庭以后，应该会给你带来很多新的人生的目标，那个目标应该会影响你很多。一直跟我做音乐的一个拍档，跟我十几年，这次也是我的演唱会的音乐总监。他有一天就问了我一个问题，他说你现在怎么去做未来的计划。我就跟他讲了一番，他说我给你一个建议好不好？我说怎么？他说你做未来计划的时候，能不能想着你现在已经成家，有个家庭，有小孩，他说如果你带着这样的思考去做未来计划的话，好像会少走很多弯路。

曹：你从内心渴望吗？还是说有点恐惧？

胡：我也不恐惧，也没有渴望，因为我觉得那些东西都很难让你有抓住当下的能力，我觉得我是抱有一个开放的状态，因为这个东西真的也很难。说实话，一个人很久了之后，你也习惯了一个人，因为你的行为习惯，旁边多一个人，有时候你也会觉得很烦。

胡彦斌与曹可凡

曹：这些年除了自己的音乐生活之外，我发现你也特别关注一些公益事业，对于拐卖儿童这样的一些事情，你都非常关心，还专门给他们写了歌。是不是觉得，作为一个音乐人、一个公众人物，希望在除了音乐之外，也能够为这个社会做出一些贡献？

胡：这是一直一直在思考的，因为音乐人有的时候很无力，没有办法很直接地去帮助谁，因为你的能力在那里。比如说有的时候，你会发现消防员、警察、军人，这些支撑国家所有骨干的行业，立马做一个行为动作就可以帮到别人，但音乐人有的时候很远。我就会反复地思考，那我怎么样用音乐能够给大家鼓励和能量？其实后来我看到，让我坚定这些信念的，其实都是我的粉丝，他们给了我很多正向的反馈。我看他们给我写的信，很多是医护人员，也有军人，他们就说，我在最艰难的时刻，其实都是因为胡老师你的音乐，让我做得更好，让我坚持下来。我就发现音乐有我想象不到的能量，所以我就很坚定，我就说好，我要写很多更好的歌。像公益事业这些事情，我会站到那个角度去想，我的这首歌鼓励谁，写给谁听，在什么样的情境和场景下，能够让它有能量。我就觉得，如果是这样的话，我很愿意把一首一首作品留下来。

曹：你刚才说到对未来的计划，你现在很明确的，比如说未来几年的目标是什么？

胡：很明确的，我想，13 年没有开演唱会了，就从这一场开始，开十年。

"野生"的老萧——萧敬腾专访

他年纪不大，却被粉丝们习惯性地称作"老萧"；因为少言寡语，媒体调侃他为"省话一哥"；由于所到之处常常下雨，他更是得了个人尽皆知的"雨神"封号。他就是歌手萧敬腾。2008年出道至今，萧敬腾发行了八张原创专辑、三张翻唱专辑，举办过四次全球巡回演唱会，万人演出超过百场。其独特的"萧式唱腔"令人过耳难忘，凭借扎实的唱功和出色的乐感，深情式慢板、爆发式摇滚和风情爵士等各种风格的歌曲他都能驾驭得传神入味。最近，萧敬腾又多了一个新的身份：音乐剧演员。

萧敬腾做客《可凡倾听》

曹： 为了音乐剧《胭脂扣》，你已经在上海驻扎了差不多有一个月的时间了。

萧： 是的。当然我在来上海进组以前，在台北就已经开始了《胭脂扣》的工作，自己一个人做了，所以也可以说几个月吧。

曹： 据说你作了一个很详尽的准备，把自己的台词和其他演员的台词全部录下来？

萧： 把其他演员的台词全部录下来，把自己的空下来。因为我自己做音乐，我自己会做录音的东西，所以我就把所有演员的所有台词都录了，整个剧都录完了。然后我就跟录音一起演了好多次。一到上海，我就直接进入排练状态。我一开始很紧张，情绪、台词、说话音量、咬字，等都有许多不确定性。我感觉大家对我没有信心。

曹： 为什么呢？

萧： 对他们来说，我可能就是一个歌手，经常上综艺的歌手。

曹： 所以你是不是在现场会感觉到别人的眼神是有点忐忑的？

萧： 我觉得当这个消息一发出来之后，就是萧敬腾要主演《胭脂扣》"十二少"，我相信所有听到的人都是觉得，什么？都不放心。我认为都有点替我担心吧，或者说替这个戏担心。

曹： 其实当这个消息公布之后，我第一个反应是，老萧大概可以演出一个不一样的"十二少"。

萧： 真的吗？我非常感谢。

曹： 所以你现在的心情是紧张多一点，还是兴奋多一点？

萧： 我现在兴奋多一点，确实兴奋多一点。我爸妈想来上海看我，我心里在想，要把这个戏演好，再让他们来。但是我肯定要把它做好，无论如何我都要把它做好，这是我的任务。

即将上演的音乐剧《胭脂扣》，改编自李碧华的同名小说。1987年，导演关锦鹏曾将其拍成电影，经由张国荣、梅艳芳的精彩演绎，至今被奉为华语电影的经典之作。如今要在音乐剧舞台上重新演绎"十二少"这样一个早已深入人心的角色，对于音乐剧新人萧敬腾来说，自然是压力不小。

曹： 说起《胭脂扣》，大家都非常熟悉。这部电影其实诞生于1987年，非常巧，那年正好是你出生。所以在你决定要做这个戏之前，有没有再去把这个电影看一遍？

萧： 看了一遍。

曹： 什么感觉？

萧： 很紧张，只要看到关于《胭脂扣》的信息，我都非常紧张。因为我不知道自己做不做得到，当然，《胭脂扣》这个剧本非常好，非常经典。所以我希望我能够在《胭脂扣》的故事里面，留下一个很好的回忆。

曹： 我们知道，李碧华女士在作家群当中属于神隐的"大神"，几乎很少有人见过她。

萧： 是。

曹： 我不知道在你决定要做这个戏之后，有没有跟她联络过，或者她对你有一些什么样的期许？

萧： 没有。但是我一直很好奇，因为主创团队经常提到李碧华老师，甚至我也不知道是真的假的，说是李碧华老师希望由我来担任这个角色。

曹： 也就是李碧华钦点？

萧： 不知道，我也不敢去证实这件事情，反正听到我是开心的，至少在我还没有觉得我是的时候，有人觉得我是。主创团队都给我很大的信心，这对我来说是非常好的开始。

曹： 那部电影深入人心，而且张国荣演的"十二少"也是珠玉在前，所以你决定要接受这样一个挑战的时候，是怎么想的？

萧： 确实，我们也做了很多跟《胭脂扣》有关的功课。然后我们带着很多我们认为所谓《胭脂扣》的影子，或者是说我们所知道的一切，进了剧组。第一天导演就问我们，你认为你心中的"十二少"是怎么样的？我们就开始讲述，他说那为什么你这么想呢？因为我看了小说，看了电影。导演就说这是我们的《胭脂扣》，请你把电影和小说先放一旁，我那时候也蛮诧异的，因为我相信所有人都会希望看到一些该看到的东西，当然这肯定不能少。但是毕竟过了这么多年，我相信还是要在一个经典的东西上面，要有所谓的新意吧。

曹： 你理解的"十二少"是一个什么样的人？

萧： 很多人说他是纨绔子弟，但是他的纨绔子弟身份纯粹在于他的环境比别人家好，其实他是非常有礼貌，非常善良的。而且他只是有一点调皮，在还没遇到如花以前，他是一个对爱可能并不是非常明白的年轻人。因为在他家族的压力之下，包括他自己的婚姻、他的生活，都是由家里去帮他安排的。他能够享受的，可能也就只是穿得比别人好，住得比人家好，可能多一点生活费。但事实上，他在任何方面，都没有任何主控权利。但"十二少"本身有他的人格魅力，我觉得这就是来自每个演员不一样的表述。

曹： 舞台表演需要演员付出极大的精力，同时你也必须要推掉很多商演。

萧： 没错。

曹： 从财务上来说其实是个巨大的损失。所以我觉得你是有一种抱负，希望呈现一个不一样的萧敬腾。

萧： 当初接到邀约的时候，我是紧张的，原因就是我并不觉得我有任何一点时间能够做这件事。如果没有把自己的行程或工作去排开，你没有办法专注。除了要花大量时间以外，更要专注，如果我一下在这儿，我一下去商演，一下去接综艺，人格没办法凝聚。最纠结的是从入行到现在，我都没有休假，也没有停止，也不安排所谓的度假，我不喜欢，我的日程永远是满满的。

曹： 所以你觉得，工作着的那个状态是最舒服的，没有特定安排一年有几个时间段是要休假？

萧： 没有，除了过年我希望陪家人以外，基本上我觉得我都还蛮忙碌的。所以说要做音乐剧，而且又是原创音乐剧，还是这么经典的故事，我整个就开始紧张。因为我不知道自己能不能够做得到。当然在这个过程中，一年多的时间，也反复看剧本。每次剧本都不一样，因为一直在修改，有很多版本。但是在这个过程中，你爱上了这个戏、这个剧。在这样的一个情况之下，自然而然地时常把自己投射进去，爱上了这个剧，所以最终决定做，只有一个条件，就是麻烦把我的工作全部排开。

曹：我觉得这是要有点勇气的。

萧：对。

曹：你过往看过的音乐剧，有哪几部你是印象特别深刻的？

萧：《剧院魅影》肯定看，然后《猫》，还有一些大的秀。

曹：《悲惨世界》?

萧：对。其实我是一个爱看剧的人，我喜欢剧院的那种感觉。所以我知道，当我在看的时候，其实我作为一个演艺人员，我会知道这有多么辛苦、这有多么不容易，每一个演员，无论角色大小，都付出了很多，你看得出来付出了很多。进组之后，就会更佩服他们，因为他们同时在演三部戏、四部戏，你就觉得这真的是不可思议。

曹：一旦进入排练的过程，是不是你所遇到的那些困难和挑战，事实上比你想象的还要多？

萧：我觉得在这个过程中，其实它是慢慢把你的压力一点一点减轻，就是你的担心本来很多，每走一次，每走一天、两天、三天，很多压力慢慢消除掉。但是在工作的过程中，最困难的其实是整个组，将近一百个人，要同时认为你做的是对的，你这句话的说法是对的，你的情绪是对的。我觉得这是最困难的，从第一天的摸索，然后到大家都认可，是，你是"十二少"。我觉得这个过程是很不容易的，当大家都觉得对的时候，那不是只有我一个人开心，是全部人都开心。那是很难的。我们的目标就是，所有观众都认为你是对的，那就是很圆满。

曹：我听说你为了追求演唱的效果，曾经还一度动过要动一下舌头的念头，是吗？

萧：你怎么知道？

曹：好疯狂。

萧：因为我舌头短。

曹：舌头不会短，是舌头底下有一根牵住的，那个叫"舌系带"，各人的长短是不一的。

萧：对，反正我就有点困难，可能因为台湾口音的关系，所以也不习惯去卷舌。从去年开始我就到上海戏剧学院去上课，跟很多小朋友一起。

萧敬腾《野生》专辑封面

曹：是吗？

萧：对，跟同学们，从那时候就开始习惯自己说话的方式，发音、发声、表演、状态，等等。

曹：你在上戏学了之后，觉得收获大吗？

萧：收获非常大。我们每天热身，一进去，老师放一段音乐，大家就开始在教室里面慢慢走、一步一步走，经过每一个人就跟他对演，但他是什么角色，你自己想。有人就看你，看一看就哭了，反正大家就在那个状况之下。

曹：这个经历挺有意思的。

萧：不投入你也得投入，因为大家都太投入了。大家都活在一样的世界，你本来很害怕，但是不怕，就是让你在这边把自己放开，我们的热身就这么艰难。

1987 年，萧敬腾出生于台北的一个贫寒家庭，童年时代的他天性顽皮，时常闯祸，而家长的教育方式又比较简单粗暴，更为雪上加霜的是，他还患有"阅读障碍症"，如此种种，导致他渐渐成为一个"问题少年"，甚至因此而接受过青少年辅导。

曹：你去年出了一张唱片，《野生》，这张唱片挺有意思的，我觉得它好像是对你过往人生经历的一段概括，就是一路走来，野蛮生长。所以你现在回想起来，自己的童年是一个什么样的状态？

萧：我的童年，我就觉得除了很调皮、经常惹事以外，其实我觉得蛮开心的，大部分都在做自己想做的事情。

曹：爸爸妈妈管得严吗？

萧：从管得严到不管。

曹：是放弃了吗？

萧：到后来不管了。

曹：你爸爸脾气比较暴躁？所以你看见爸爸会有点害怕吗？

萧：小时候当然还是会怕爸爸。

曹："爸爸"修理"你最严重的是什么？

萧：很严重，真的严重。但是我不怪我父亲，因为我真的太坏了。我做过的事情，都是比较令人气愤的。

曹：比如？

萧：比较暴力的事情。

曹：跟同学打架吗？

萧：打架就很频繁，经常打。但是我觉得不管做什么，最主要是我让我父亲丢脸，因为他经常就是作为"背锅"的那个人。他为什么这么气愤？是因为总是要他去做那个很丢脸的事情。

曹：听说你小的时候一度有点"阅读障碍"，是吗？

萧：到现在都有。

曹：是吗？

萧：对。其实我小时候不知道什么是"阅读障碍"，我是入行的时候，刚好那时候我刚入行一两年的时候，国外开始在讲"阅读障碍"这个词，然后传到亚洲，才开始重视，然后才知道大概是什么状态。我小时候，我的兄弟姐妹都爱做一件事情，但我做不了。我试图看漫画，因为每次看他们看着书在大笑，我都觉得好羡慕。再就是看外文电影，因为我语言不好，所以他们只要看外文电影，他们能看，他们能够看字幕。

我是看两个字，它就没了，就换页了，我永远看不了外文电影。我都觉得很奇怪，我要看他演戏，还要看字幕，你怎么做到的，我一直没办法理解。

曹：你甚至连漫画都看不了？

萧：我漫画没办法，一格一格，我没办法看。其实你说看也是能看，但是我看得非常慢，我可以把一个字念出来，但念出来之后，我只是念出来，我要重新在大脑里再顺一次，我才明白它的意思。所以我理解文字的速度很慢，但是我理解图像很快。我以前洗澡，不是有洗发露和沐浴露吗？我每次进厕所，我就会把门打开，说哪一个是什么，

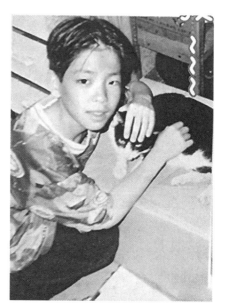

少年萧敬腾

307

每次、每天都被我哥、我爸骂，说你不会自己看？他们也不知道你为什么不看，我不是不看，我盯半天，我可能盯了五分钟，我都找不到答案，太多字。

曹： 应该说挺严重的"阅读障碍"。

萧： 其实挺严重的，长大还好一点，因为长大，现在你得看的字太多。

曹： 那时候你读书怎么办？

萧： 我们班一定会有两三个同学是那种智力比较差的，我的功课是比他们还差。

曹： 真的啊？

萧： 对，我不开玩笑，我也不夸张。其实我成长过程中，父母亲很不理解，所以我只能捣蛋、只能调皮、只能坏。因为那时候，确实，从这个症状来讲，没有人能够去理解。

曹： 听说你调皮到还接受青少年辅导，是吗？

萧： 对。我初中三年级的时候，接受了两年的青少年辅导。这是我人生的真正的一个转折。接受辅导的过程，其实认识了很多不一样的人，我从未见过的人。因为以往你可能犯错，或者你做不对的事情，你调皮的时候，永远听到的都是一顿骂、一顿打。我在辅导的过程中，可能听起来很可怜，但其实辅导过程，我全部接收到的都是关心、关怀。我小时候抽烟，现在已经戒了十六年，小时候抽烟的时候，督导不会像爸爸，直接闻到一点烟味就一巴掌过来，或者直接把你拉出去毒打一顿。我在接受辅导过程中，那些督导或者是志愿者，都超好，我没有遇到过这样的人。他们就问你为

萧敬腾和母亲

什么要抽烟，甚至跟你拿一根烟，放在他嘴巴上，他想感受一下。但我知道他不是想抽烟，他纯粹是在陪你，在理解你，我觉得我在青少年辅导组接受辅导的时候，那是我去过最美的地方。它就是一个办公室，它就是一个日光灯白白的办公室，办公桌其实也蛮乱的，可是那边让我没有感受到任何威胁、任何压迫。

曹： 所以你反而感受到一种爱和温暖？

萧： 没错。

曹： 这之后，你觉得自己为人或者性格发生最大的变化是什么？

萧： 我在初一的时候，我妈妈挣了一点钱，

因为我妈很辛苦，她是做代工的，折一些刮刮卡，一张五毛的那种，以数量计算，你做多少赚多少，很辛苦。她知道我对音乐有一点兴趣，我自己对母亲提出的唯一的要求就是想学音乐，我妈妈肯定觉得我是不会持久的，三分钟热度。但既然我提出来了，她也用了她所有的积蓄，让我学了两个月，我只学了两个月，我妈就再也付不起了。就因为这两个月，我接触了音乐。

曹：那两个月学什么？

萧：爵士鼓、架子鼓。在辅导的过程中他就会关心你、了解你，他知道我会一点乐器，我说我会爵士鼓。没想到他们就去，不知道是募资还是跟上面去请了款，买了一套鼓，放在办公室，让我去教其他青少年打鼓。越来越多人来学，包括志愿者、大学生，还有老人，附近的老人。所以我在那边开始教学打鼓。你知道吗？我是长大之后才回想，他们为什么这么做，他们试图让我觉得我在这个世界上是有用的，他们想尽办法让我觉得我的存在是有意义的。

曹：让你感受到自己生存的价值？

萧：对。反正我就在那边义务教学，虽然是义务，但是他们还给我车马费，可能一周会有几百元。最神奇的是什么？我因为做了这件事情，他们提报我为善心人士，这对我一个学业这么差、没有拿过任何奖状的人，发善心人士奖，连续两年，我都哭爆了。我真的是从我被辅导的这两年，我整个人反转，这个反转，我最感谢的是人，而不是音乐，我最感谢的是人，我感谢的是社会。所以为什么我之后也很愿意去关怀很多青少年，去做很多公益，因为我觉得社会给我很大的帮助。

曹：你没有接受过正规的音乐教育和训练，完全靠自己摸索，学会了音乐的很多部分，所以你是不是认为自己属于这种天赋型的人？

萧：但我必须说，其实我非常努力，这个努力来自我对音乐的热爱，我愿意付出大部分时间去做我想做的事情。我觉得天不天赋，要看旁人怎么说。我一路走过来，我对我自己的认知，当我决定我要做到什么程度，我就一定能做到。

曹：你会几种乐器？架子鼓是没问题的。

萧：架子鼓、钢琴、吉他、贝斯、萨克斯风，民族乐器也接触过。

曹：民族乐器就更难了。

萧：更难，也接触过。我不是专业的，但是接触过，理解。

曹：所以其实还是有天赋在里边，不是每个人都能在如此短的时间内把乐器学会的。

萧：我觉得是融会贯通，而且因为音乐还是蛮有生命力的，所以你只要用看待生命的方式去看待它，其实它不是所谓的规则。当你用规则，格式化地去看待一件事情的时候，那就难了。但是你用生命去感受它，我觉得其实应该也没有那么难。

在音乐的世界里，萧敬腾渐渐摆脱了青少年时代的阴影，找到了自身的价值。2007年，他参加了台湾的《超级星光大道》踢馆赛，以黑马之姿一战成名。2008年发行首张个人专辑《萧敬腾》，入围金曲奖。2009年成为在台北小巨蛋举办个唱的最年轻的歌手。一路走来，萧敬腾的事业发展可谓是顺风顺水，蒸蒸日上。

曹：其实你真正被大家知道，还是2007年参加《超级星光大道》踢馆赛的挑战，当时是怎么获得这样的一个机会？

萧：我那时候在餐厅唱歌，其实我很专注在唱歌，没有在看电视。我有一个同事，他说最近有一个电视节目，他说我的年龄和我的外形，还有我的能力，他觉得我很适合，他一直希望我去参加。他是我蛮好的一个前辈。我搞不清楚，反正他就帮我报名了，时间到，我就去，那时候是去王伟忠老师的办公室报到，一个小房间，一台机器录你，自我介绍。那时候超傻，自我介绍，我是萧敬腾，讲话不清不楚，清唱一首歌，等等。那一天就过了，反正过了之后我就回家，回家一周吧，一周之后他就来电，他说我们在第一季有一个PK环节，你愿不愿意来参加？我心里是蛮抗拒的，因为我是想要参加就参加整季，我为什么要去PK？后来我想一想，我就问他一个问

青年萧敬腾

题……我说好，我去PK，那我能不能够参加第二季？他说可以，我就想一想，好，那我就去，反正时间安排好就去了。录了第一天、第二天，我记得是录了第三首歌的时候，第一首歌播出，第一首歌播出之后，整个就"爆炸"了。"爆炸"之后，我就去不了第二季了，我的职业生涯就展开了。

曹：很少有人能够体会到一夜成名的感觉，你是真正能够感受到那样的一种荣誉。给自己的生活带来最大的改变是什么？

萧：节目一播之后，有反应之后，我还在餐厅唱歌，唱了两个月，很艰辛地走进餐厅，因为人太多，餐厅外面全是人。

曹：那个老板赚死了。

萧：对，其实应该是这样。因为餐厅位子也就那些，本来我们上班是唱六十分钟整，这六十分钟你可能要唱十五首歌以上。那两个月，我一场最多唱两首歌，因为走进去就要花四十分钟，重点是，我不是只有这家餐厅要唱，我是好几家。

曹：你要跑几家餐厅？

萧：好几家。所以中间很多餐厅我真的没办法去，我只能挑着唱。后来很多餐厅都觉得我，怎么，说我红了就这样子。

曹：耍大牌。

萧：对，但我是真的没办法。

曹：赚了钱之后，听说你做了两件事，第一件事，把自己家里装修了一下？

萧：对，老家。

曹：这个理解，还有一件事说是你让全家人的牙齿重新"装修"一下？

萧：没错。我家里人牙齿都不好，尤其是我父亲，因为我父亲以前是槟榔加抽烟，他在我初中的时候，两个一起戒掉。戒掉之后，有一个反应是他的牙床可能不习惯没有烟和槟榔，一年之内所有牙齿自然掉光。我很心酸的一件事情是，有一段时间，我父亲是戴着我祖母的假牙，有十年以上，是戴着我祖母走了留下来的假牙在生活。这个事情让我很难受。我们家确实牙齿天生不好，所以当时就"装潢"了牙齿和房子。

曹：这有点意思。

萧：我老爸是全口植牙。

曹：所以老爸是不是为自己儿子感到很骄傲？据说你爸爸以前名片上，没有名字的，就是萧爸爸？

萧：萧爸爸，对，他的名片上，很可爱。他很不理性，他永远觉得我干什么事都是最强，全世界最强。

曹：我儿子最牛。

萧：全世界，对。他认为我就是最强的，全世界最厉害，那是因为有他的基因。

曹：所以你现在回想起来，是不是如果没有音乐，其实你的生活轨迹是完全不同的，音乐好比是你生活当中的一道光？

萧：肯定，音乐在我生命中是很重要的存在，它是让我，怎么讲，我的喜怒哀乐可能都来自音乐的情感吧。我听音乐会哭，但我日常可能不容易哭，所以音乐可能是一种沟通的渠道，我能够听到音乐里面生成的情感。音乐也是我这一生最爱的一件事。

2023 年，萧敬腾完成了立业、成家这两件人生大事，正式官宣与林有慧的恋情并且携手步入婚姻殿堂。出道以来，林有慧就一直担任萧敬腾的经纪人，两人共同走过了十六年的风风雨雨。在喧嚣多变的娱乐圈里，这份经历过同甘共苦、经受住时间考验的爱情，格外令人感动。

曹：你说过一句特别浪漫的话，说二十岁的时候，其实就"嫁"给了林有慧，十六年以后你又娶了她，这是我听到过的最美妙的情话。

萧：真的吗？但我说的是真的。当然那时候的举动并不会觉得所谓的"嫁"还是"娶"这件事，但是这个举动是存在的。为什么这么说呢？因为当时我入行之后，我那时候是十九岁，我十九岁参加了节目，然后就"爆炸"，"爆炸"之后我父亲就很积极地在帮我谈合约，他就带我去见谁见谁。当然也有很多人来找我父亲，全演艺圈该来的、该见的，其实都见了。但是我在这方面，我就很不想听我爸的，但我十九岁，我没有权利，我签任何约都必须要我父亲当，这个叫什么？

曹：监护人。

萧：监护人，对。然后我就一直很困扰，直到我见到林有慧，当然我父亲也见过林有慧，但因为林有慧那时候是在刚创业的一家经纪公司，对我父亲来说，他可能会觉得有更多知名的大人物，好像更能看得到未来。但是那时候我还是更多的是……我

喜欢真诚的交流，我喜欢真正那种听得懂我在说什么的，并不是纯粹的商业行为，反正我当时还是挺靠感觉的，于是我就离开家，我爸找不到我。我什么约也不签，直到我二十岁当天，一刻也不等，就坚决跟林有慧签约。这是我当时做的，我那时候活到这么大，十九岁、二十岁的时候，我作的最大的决定。

曹：当时你凭什么认定林有慧是你最可以信任的经纪人？

萧：直觉，就是直觉，感觉。我觉得她也像是那个辅导员，她愿意听我说话，她也不会逼我，她完全是一个帮助我、

萧敬腾与妻子林有慧

协助我的角色。那时候我在餐厅唱歌，她也是每天来帮我，但她不会给你压力，基本上都是我需要她，她无条件地来帮助我。反正我觉得跟她在一起的时候，我没有任何压力，没有音乐以外的事情。我可以很专注，而且她那时候也帮助我的生活、照顾我的生活，所以她是一个很会照顾人的人。反正主要是，我觉得我们的交流是非常舒服的，很安心、很放心。

曹：签约多少时间之后，你觉得你们俩的感情从一般的经纪人和艺人的关系，变成有爱情这朵花的滋生？

萧：其实我见到她第一眼，我就觉得她很美、很漂亮，她很有气质。但是那时候什么事情都没想，纯粹是欣赏一个人，而且她大我蛮多岁的，所以你更不会去想象两个人之间会有什么。我们就很像，可能很久没见的朋友。或者说，也许我们可能在上辈子，或者什么时候，我们曾经相遇过。

曹：也是一个缘分？

萧：缘分。很神奇。我们现在很普遍的是，我们经常同时说出同一句话，甚至我们会在，比如说她出门了，我在家里，我们会在同一个时间，同时传同一句话给彼此。我们在一起，异口同声说一句话，那是太经常发生了。类似这样，我会觉得我们其实是性格上非常互补。可是我们对于所谓的观念，是非常一致的。

曹：公开了你们的爱情之后，你觉得生活跟原来最大的差别是什么？

萧：最大的差别就是分寸吧，就是我们相处的分寸。比如说在工作的时候，我们就保持在专业的状态。不公开的场合，我们就可以牵手在路上走，这都没有问题的。刚开始自己会有一些疑问，我现在公开了，我该不该牵她的手？比如说在歌迷面前，我该用什么态度对待我的妻子，我怎么对待我的歌迷？这些东西，其实我都在拿捏。

曹：你是不是会觉得，结婚之后，更有一种责任？

萧：那是肯定的。其实我一直希望这个责任早一点可以背在我身上，因为我太爱她了，真的太爱她。我也很相信，为什么老一辈经常说先成家后立业，因为你成了家，你就不会去想其他所谓的纷纷扰扰，专注在自己事业里，专注在自己的家庭里，你才可以把事情做好。所以我一直以来都很想公开我和林有慧之间的关系，因为我想好好地生活。

曹：其实你是很希望跟大家一起来分享你的快乐？

萧：我很想，我会觉得这样的日子很踏实。

曹：当你跟爸爸妈妈说了这个事情之后，他们给你送出什么样的祝福？

萧：我记得我父亲，因为我的信息是，爸妈，我有一件事情要跟你们说。

曹：他们没有问过你？

萧敬腾与曹可凡

萧：不会问，他们不会问我。你要知道，我父亲开始其实是不喜欢林有慧的，因为林有慧把我带走。但是在我入行的这几年来，林有慧也一直会进入我的生活、我的家庭，比如说帮我爸妈做什么，都会有。我爸妈现在很信任林有慧。

曹：其实就像一家人一样。

萧：不喜欢那只是刚开始的事情。因为不知道林有慧能把我带成什么样，作为父母亲，他肯定有他的担心、他的顾虑。有了成果、有了成绩之后，也赚到钱了，也给父母亲很好的安顿，他们当然就越来越好了。

曹：你的成功，林有慧居功至伟。

萧：那肯定是，没有她就没有现在的我。所以我父亲其实之后也对林有慧……我父母亲都对林有慧很好。但是我们一直没有聊这件事情。直到去年的时候，我就发了一个信息，我说我可能在今年，会跟林有慧登记，我就直接讲登记，我都没有说什么其实我们在一起。我爸就直接回，说很好啊，很开心，看你们两个这样。我当下看着信息，我就流泪，我就受不了，真的受不了。很多时候，你要听到这种最真诚的祝福，那很不容易，而且又憋了这么久，又是我期望中想做的事情，这么久。为什么我当下会哭，是因为我爱他们，我也爱她。因为我不知道他们希不希望我们是在一起的，从来没聊过。

曹：其实父母的祝愿对于两个人的婚姻来说是……

萧：非常重要。

曹：非常高兴，今天跟你聊了这么多，最后请你用一两句话来跟大家推介一下即将要跟观众见面的音乐剧《胭脂扣》。

萧：今年在上海首场的《胭脂扣》音乐剧，是由我主演"十二少"，我非常荣幸能够担任这个角色，我希望大家能够来到剧院里面看我们的戏，这个戏是绝对不会让大家失望的。

曹：谢谢萧敬腾，我们也希望早日在剧场看到这部作品。

老克勒的松弛感——杨小勇专访

提起杨小勇，许多热爱歌剧艺术的中国乐迷，一定对他在威尔第歌剧《奥赛罗》中塑造的大反派"亚戈"记忆犹新，作为一位在歌剧舞台上大器晚成的男中音歌唱家，早已过了退休年龄的杨小勇嗓音状态依然出色，在各类演出中担当重要角色。更加难能可贵的是，我们并未在他的脸上看到太多岁月蹉跎的

杨小勇做客《可凡倾听》

痕迹，这位艺术生涯十分坎坷的重庆汉子，如今俨然一副上海老克勒的模样，举手投足之间松弛感满满。

曹： 你是非常成熟的歌唱家。但真正让我感到惊为天人的，还是看《奥赛罗》里边的"亚戈"这样的一个角色。如果回溯一下自己从事艺术的经历，是不是可以把"亚戈"这个角色，看成人生一个非常重要的转折点？既是自己的一次升华，其实也是对于过去艺术的一个积累的总的爆发？

杨： 是这样的，其实刚到上海歌剧院的时候，大家对我的表演并不认可，因为确实不会表演。当时老实说，唱得还行，就是不会表演。其实从内心来说，我是一个有激情的人，但是不知道性格的原因还是什么……

曹： 不知道这个激情放在哪儿。

杨： 就是在台上那一瞬间出不来。已经到歌剧院十几年了。磨磨磨，通过一些小角色、音乐会磨磨磨，磨到那个点了。那个时候我演《蝙蝠》，锻炼很大，喜剧，又是我一个人，面对其他两组人，天天陪着排，我练习的机会就多了。慢慢慢慢，人就感觉松开了。

曹： "亚戈"这个角色，通常大家认为是威尔第笔下最难演的一个角色，所以当时接

到这样一个任务，心里边是一个什么样的想法？是一个很难逾越的高峰，但是一旦攀上这个高峰，可能对于个人的歌唱事业就是另外一片天地。

杨： 很期待但是又很害怕，因为这种角色从来没尝试过。在这之前，曾经有专家也说我不太适合演唱威尔第那种戏剧性的东西，因为我还是偏抒情。我其实心里没什么数，但是我尽量去把音乐琢磨透。它那音乐很有特色，再说，我特别喜欢这种有性格的人物。温可铮当时说，这个是坏人中的坏人，你得把这个坏人的感觉抓住。

曹： 这个戏温先生来看了吗？

杨： 看了。他说简直太好了！威尔第后期的作品是精彩得不得了，主要是要琢磨这个人物。舞台上，其实我们的表情，很远的地方是看不见的，形体很重要。你每一个形体动作都要体现出那个人物的邪恶的东西。比如说，我在跟"奥赛罗"煽风点火的时候，我靠近他，然后围着他转。我跟他重叠的时候，把头伸出来，这样跟他说话，还面带着那种邪邪的那种笑，前面感觉反馈是很厉害的。比如说，我要退场了，我跟他说那个手绢，你要注意。我已经人都下去了，结果还有一句没唱，又伸出半个身子来，不要忘了那个手绢啊。下面那个画面感特别好。之前我喜欢看电影，电影里边有各种各样的坏人，我要去琢磨他们怎么演的。给我印象很深刻的是《变脸》。

曹： 吴宇森的《变脸》。

杨： 尼古拉斯·凯奇演的那个反派，有几个精彩的表演，棒极了。

曹： 所以你从中吸取很多营养。

杨： 对，我就抓住一个形体。导演很奇特的就是，在唱前面一段饮酒歌的时候，用一对演员，舞蹈演员，跟着我走我的步子。舞蹈演员说，你随便走，我们跟着你。

曹： 那个很有戏剧效果的。

杨： 对。最后演完了，廖昌永下来问我，你学过跳舞吗？我说没有。

歌剧《奥赛罗》剧照

曹： 他以为是你跟他们已经排过这个舞蹈，实际上是舞蹈演员跟着你走的。很多了解你的人都知道你是重庆人，但是你现在长得越来越像上海老克勒。大概上海待时间长了，接受上海文化元素的滋润之后，越来越像上海人。

杨： 可能吧。

曹： 其实巴蜀地区，才是音乐人

才辈出的。你觉得这个地理环境，尤其是在水边长大的孩子，是不是对音乐会比较敏感？

杨：长江水是很养育人的，我当时正好在重庆上游的一个小县城，现在是重庆的一个区，叫江津。我是在码头上长大的，码头那个环境其实是很丰富的，我现在回想起来。

曹：那是个什么样的场景？

杨：拉船的，就是纤夫。搬东西、扛大包的，轮船的汽笛，拉板车的，还有抬杠的。以前有一个川江号子，李双江唱的，其实就是在这里边找的元素。还有一个，它那个节奏感特别强，我觉得码头就像一个交响曲，各种人声。你看抬重物的时候，比如说一方石头，或者一个很重的大木头，两个人抬不动，四个人抬。四个人抬的话，他喊了一种号子。只有在节奏里边，你的劲才使得上，要不然你人是松的，是不行的。包括拉板车也是，得一步一步地在坡上，要蹬着那个地。所以他们使劲的时候要出声的。

曹：是不是到现在，那种印象都是很深刻？

杨：很深刻。我们家后边又是山坡，特别是夏天，小时候听收音机，唱京剧，然后唱歌曲，后期听了很多歌曲，比如说部队的歌曲，《长征组歌》。然后有一个小伙伴，拉手风琴的，他搬了一个板凳，我们就站在后边那个山坡上，半个县城都可以听到。因为不大嘛，那时候很空旷，往城里反射。

曹：那说明你那个时候声音的传播力度很广。

杨：对，没有学，就是凭自己的感觉喊，嗓门很大。

曹：小时候自己因为唱歌，算是一个特长，有没有得到周围的反馈？比如说老师、邻居，或者周围的朋友。

杨：最佳的表扬就是，怎么像收音机里的？后来我碰到一个算是启蒙的老师，他点醒我。是我的高中同学的姐姐的男朋友，四川音乐学院的工农兵学员，是个男低音。放假的时候回来，偶然听到我在一个小朋友家里唱歌，他拉手风琴。就过来说，好嗓子好嗓子，你这个喉气这么稳，可以唱歌。以前没听过专业的老师给我讲过任何东西，但是我看过林俊卿写的书，林先生写了关于咽音的，那时候有那个书卖，但是我没听过专业老师给我讲任何东西。

曹：那时候你几岁？

杨：高中毕业前后吧，我们那个院子后边是一个平房，住的都是学校的老师，还有一些公务员、职员。我们住的是老房子，后院经常全是一些同学，都在我们江津中学，都在那边上学，都很熟，就窜来窜去的。从理论上知道了很多，因为他给我讲了很多知识，我没见过的。从那时候就开始慢慢慢慢建立起了一个方向。

青年时代的杨小勇

曹：建立一个成为艺术家的信念。

杨：当时因为还没有公开招生，没有机会。有一次，就是四川音乐学院的一个老师，他代表学校来招生，是工农兵学员。我当时高中毕业没下乡，又不是工，又不是农，又不是兵，所以轮不上。他说，你要沾了一个都行，一定可以的。

曹：所以你那个时候中学毕业，是不是有一度还真的去码头上工作过？

杨：挑煤。

曹：真挑煤？

杨：真挑煤。

曹：挑一担多少钱？

杨：几分钱一毛钱吧。我都没有认真地干。我每天早上，比如说天不亮我去挑，可能一担80到85千克，重的时候可能90到100千克，因为上斜坡，很重。但是我们那个时候，我刚才说过，一个是有节奏，一个是中间可以休息。有的路很长，有的路短，然后我大概挑一个小时、两个小时，可能挣个一元多，不挑了。

曹：为什么呢？学唱歌去？

杨：够吃了。然后也不知道为什么，我的脑子里边永远有一个声音说，我不是干这个的，我不是干这个的。然后回去干什么呢？早上天不亮去挑煤，脏了吧唧的。回去看托尔斯泰的《安娜·卡列尼娜》，那时候看得多的就是俄罗斯文学。天天沉醉在那种梦想当中，好像在做梦。因为你看的那些书，都是一些不着边际的，那些贵族生活，那些东西，反差很奇怪的一个东西。所以我老是向往另外一种东西，跟现实没关系。

曹：所以你心里边对挑煤这件事是抗拒的。

杨：对，我是无奈去做的。

曹：因为要吃饭。听说高考恢复以后，你曾经想要去考中央音乐学院？

杨：当时中央音乐学院和四川音乐学院联合招生，我真是胆大包天，第一志愿填的是中央音乐学院，第二志愿填的四川音乐学院。问题是，我第一轮一唱，那个老师就通知我，你哪天哪天来复试。然后复试唱了，文化课通知都发给我了，试唱练耳都考了。试唱练耳我觉得我考得很好，为什么考得很好？老师这个手在弹琴，这个手做记录，我就坐在那儿，他一弹，我不是听出来的，我是看键盘看出来的，我认识键盘。

曹： 但那时候你练过琴吗？

杨： 我没练过。

曹： 那你怎么知道这个和弦呢？

杨： 我不是有小伙伴拉手风琴吗？我就认识。

曹： 那还是有天赋的。

杨： 太好玩了，我想我的试唱练耳肯定考得好，因为我读出来的。后来他们招生组的告诉我，他说因为全国平衡，很多点嘛，平衡下来我还是不行。那个年代积压了很多年没有招过生，优秀的人太多了。我就回头去找四川音乐学院。

曹： 人家不要。

杨： 不要，他说你没有报第一志愿。回家以后就进了当地的江津地区文工团，那个文工团挺好的。

曹： 进了文工团，也算是一个专业文艺工作者。就可以靠唱歌生活，不用靠挑煤了。

杨： 对，那是一个好事，我又喜欢这个。不过我曾经还是很向往的，还想学。在文工团，干什么活的都有，其实我很多时间是在话剧队。话剧队有几个人出来开一台音乐会，手风琴伴奏唱几首歌，多数时间他们演话剧，我给他们搬布景。

曹： 那你上台演话剧吗？

杨： 演过一个仆人，《雷雨》。周朴园出来说，几点了？老爷，两点了。

曹： 就演过这么一个角色？

杨： 对。但是所有的台词我都会背，因为天天听。

曹： 对。但你是不是觉得在这个文工团尽管是一个专业文艺工作者，可是离心目中的缪斯女神还是有点距离。

杨： 还是有点距离。我 1978 年 1 月参加工作，1979 年偷偷考了一次四川音乐学院，考上了，但单位不放，也是很无奈。从那以后我就不停地往四川音乐学院跑，找老师上课。因为当时四川音乐学院有一个老先生，程希逸，他原来是从中央乐团下去的。老先生文化修养很高，讲很多东西，我就在他那儿学。我不停地在那儿学习，我的业务能力学着学着就提高了。差不多到重庆地市合并，我在重庆参加一个比赛，得了重庆市第一名。一个地区文工团过去，在重庆拿到第一名。1985 年的时候，我是代表重庆参加了哈尔滨的聂耳星海声乐比赛。

曹：那时候已经可以代表重庆了。

杨：对，虽然我代表了，但是我还是进不了重庆歌剧院。重庆歌剧院面试，还跟我聊了，但是最后还是说不要。过了好多年，我回重庆演出，重庆歌剧院的化妆师告诉我，杨老师，你知道当时为什么不要你吗？我说我不知道。他说，那时候说你形象不好。我说那估计也对，因为我那时候一副倒霉相，又瘦，留了一头很长的头发，看起来可能是不符合那种"高大上"的形象。

曹：跟当时的审美标准有点区别。

杨：对。我当时走投无路，但仍向往唱歌。因为地市合并了以后，我们那个团基本上就散了，编制还在。你可以不走，在那儿拿一份工资。

曹：但已经没有实质性的活动了。

杨：实际上你就没法唱歌了，去不了那个更高的团体，你可能唱歌的机会就少了。关键在重庆市比赛，我是第一，所以老有个声音在耳边响，你还是要唱歌的。我到处跑，我到攀枝花，以前叫渡口文工团，他们要我。当他们想调我的时候，我又后悔了，这个地方有点偏。然后我又跑到宜昌，宜昌文工团，当时我听说要成立一个三峡省，要变成一个大团，也是要我，档案都过去了，中间我不知道听到谁说，上海音乐学院在招干部专修班，就反悔了，那个宜昌不去了。然后在家里准备了一阵就跑到上海，因为我的亲叔叔在上海，有一个落脚点。对我来说也是第一次来上海，住在他家，一个月，提前找张仁清老师上课。上了一个月，考试。我记得是专业第一，文化课是全国统考，文化课也是第一。

曹：双第一。

杨：对，就在那个班上吧。因为干部专修班大概全国招四个人。

曹：那个学制是？

杨：三年。但是要交学费，每年两千。

青年杨小勇演出照

曹：那时候可能对你来说也是个负担吧？

杨：那时候我们的工资四五十元吧。我想，就去找文化局，因为一般这种都是公派的。我们归重庆市文化局管了，但是重庆市文化局从来没有把小团，我们合并过来的团放在眼里。就说我们还要花钱让你去学习？好像没这个道理，你这个团都没了。我曾经还问可不可以到银行贷款，那个时候真没有。我就这样天天跑文化局去找他们有关的艺术处。我很奇怪的是，考试之前，我在上海住了一个月，考完了以后，坐了40多个小时的硬座回我的团。你知道我们那个团长说我什么？他说，你在上海整容了吗？我面相变了。

曹：一个月有这么大变化？

杨：你知道上海这些人，他们不知道我的背景，他们觉得我唱得好，然后就使劲夸我。

曹：你就很高兴。

杨：觉得我很了不起。我在考试之前，在系里合伴奏，就有人在外边听，然后就干脆推门进来了。系主任卞敬祖就带着一帮人，说你是干吗的？我说我是考干部专修班的。他说，以为你是来参加国际选拔赛的。那时正好有一个国际选拔赛在那儿。

曹：所以这个无形当中给你很大的信心。

杨：给我很大的鼓励，我非来不可。

曹：所以这个钱最后还是重庆市文化局出的？

杨：文化局出了，因为我当时一直没放弃。当时我在犹豫的时候，我一个朋友，比我见的世面多一点。他说，你走出去是不一样的。所以我坚定，我一定要走出去。

曹：如果真的官方不给你这笔钱，有没有想过跟别人去借这个钱，去完成这个学业？

杨：前面我借钱买过钢琴。

曹：已经借过钱了。

杨：但是三年以后毕业了，我又不想回去了，我觉得很惭愧。因为我在这学的是美声唱法、西洋的东西，学了很多歌剧、表演，但在重庆只是歌曲。回去我能干什么呢？所以我又在考虑要离开重庆。但它给了我钱，按理说我应该回去的，所有的关系都在那边。

曹：哪来哪去，不回去要赔钱的。

杨：按理说是这样的。重庆后来"支援"上海了。

曹：把你"支援"给上海了。

回头看来，虽然天赋过人，但杨小勇的艺术之路却走得格外艰辛。1987年进入上海音乐学院之后，他十分珍惜这来之不易的学习机会和展示平台，可谓梦想成真。但距离他真正在歌剧舞台上站住脚，还有近十个年头的磨炼。

周小燕与杨小勇

曹：你在音乐学院学习的这几年，主要是跟周先生学，是吧？

杨：前两年是跟张仁清老师。后来因为张仁清老师有一段时间要去美国的女儿那儿，大概有半年时间，她建议我先换出来，换出来就换到周先生那儿去了。

曹：你第一次见到周先生，她跟你聊点什么？

杨：我在周先生那儿还是诚惶诚恐的，虽然在学校经常见面，但是毕竟还是周先生。

曹：高山仰止。

杨：周先生跟张老师那儿不一样，她那儿很热闹，很多来听课的。我又不是那种特别喜欢热闹的，我每次上完课就跑了。跑回去自己琢磨，不能老在这儿坐着。但是上着上着，我学到很多东西，我人也变了。因为周先生外表上看起来很宽松，很亲切。但是实际上在她那儿待着是不容易的，高手太多了，都唱得好，所以你压力很大。

曹：周先生平时在教学的时候，是一个什么样的方法？

杨：我总结下来，我觉得是用心歌唱，从表达上是用心表达，但是用心，从技术上也是用心的，就是往心里去。就是用身体、用心歌唱，从技术上来说要搁下去，搁到心里去，那么你的歌唱是有根的，周先生的教学是因人制宜的。

曹：你记忆当中，第一次比较完整地演歌剧，是在音乐学院，还是在其他地方？

杨：我在美国演歌剧是在学校的时候，我刚到上海一年，还在张老师班上。学校来了一个女高音，阿美玲，唱艺术歌曲很厉害的那个。她的伴奏在学校讲课，我们一大堆人就去听。然后有一个美国人，就跑到琴房去转，转到张老师的琴房听课，就问，你这有没有男中音？张老师说，赶快去派人找。把我找过去，唱。唱了以后，问有没有兴趣去美国演歌剧？我也听不懂，他讲英语。张老师说，好啊。然后跟他合了一个影，走了。刚一走，张老师说，你别当真啊，大兴的。结果一个月，人家发了个邀请函。上海音乐学院把那个当成一个项目，报到文化部了。但我的护照要到重庆去办。

曹：都是蛮拧的。

杨：对。然后也是很辗转的。

曹：演什么歌剧呢？

杨：是一个洪佩尔丁克的《汉斯和格蕾特》，格林童话。德语的，但是在美国的一个小剧院，它是用英语唱的，他们都把它翻译成英语。那是第一次我接触外国的艺术指导，好神奇。我觉得专门有人负责给你做这个事情，我觉得太好了，因为在国内还没有。有时候有外国专家给你讲一讲这些东西，他从音乐到语言抠得就很仔细。排练的时候，因为我英语还是硬背的，我只会一点

杨小勇在美国

点。然后拿个英汉词典、汉英词典在手上，就这样对付。而且每次排练，下面都有一个人写条子，就排练哪些不对。他们写了条子交给我，一大张这样。这么难，然后慢慢排排排，排到最后那个条子越来越小，越来越小，排到最后，没了，那你就过关了。

曹： 所以那个对你来说，是一次非常重要的锻炼。

杨： 非常重要的锻炼，后来我回来就特别注重语言这方面的东西。

曹： 像你这种有比较丰富的社会历练之后，再回到舞台上唱歌，是不是跟一般的从学校里按部就班升学上来的学生相比，其实你对人物、音乐的那种感受更深刻一些？

杨： 对音乐的感受我是有的，比如说那时候我在唱很多东西的时候，可能别人听起来，我考试成绩都挺好的。但是一上舞台，还是很僵。比如我上了上海歌剧院的舞台，刚开始感觉走路都挺困难的，怎么走上去、表演，我感觉还是一个陌生的东西。所以前几年别人说我表演不好，也确实是。

曹： 你一开始进入歌剧院，都演一些什么样的角色？

杨： 唱点重唱，开始施鸿鄂叫我进去的时候，那一年就有两场柴可夫斯基音乐会，那年是纪念他的。然后他说了一句话，这个俄语就看我们两个宝贝了。

曹： 觉得那两场音乐会自己表现得怎么样？

杨： 那个唱没问题。

曹： 所以你到了歌剧院之后，自己觉得到什么时候出现了一个转折？

杨： 1996年，《蝙蝠》，跟德国萨尔布吕肯歌剧院合作，他们的导演、指挥过来，我们出演员。他们来了一个男女主角，我在剧院那时候还不是特别被看好，当时实在忍不住了，我发现他们要另外请外地的演员来排"爱森斯坦"。我就斗胆去跟领导说，能不能让我来试？我说不定会给你们一个惊喜。结果他们听进去了，就让我来试。结果两三个月，排了两三个月，我突然开窍了。因为那个戏是又演又唱，蹦蹦跳跳，可以得到很多锻炼。再说又是我一组，那个外国导演在那儿天天守着排。

歌剧《蝙蝠》剧照

曹：所以其实给你一个表现自我的空间。

杨：对。到演出的时候我完全放开了，他们完全看到另外一个杨小勇。怎么是这样？那时候我的嗓子又特别特别好，因为《蝙蝠》"爱森斯坦"那个角色，有时候男高音也可以唱的，那个声部不是很严格，轻歌剧。所以我见到高音就往上翻，在台上。我甚至觉得，我是不是可以改男高音了？就是很容易很容易，然后又跳，上下跳，我觉得很累。有一次在第三幕监狱的时候，从这么高的桌子上，每一场跳下去，我都会晕一下。但是一下就过去了。而且我都习惯了，又来一下。

曹：就每一次演出都会有眩晕的感觉。

杨：对，稳住，下去。

曹：就是从《蝙蝠》开始，突然开窍了。所以你真的属于大器晚成。

杨：是，我出道晚，我出道就晚。

曹：其实到 40 岁才开窍，真的属于很晚的。

杨：很晚。所以我说老天眷顾我，让我的艺术生命往后延迟了几年。有很多人到我这个年龄已经不唱了，我还在唱。

曹：你刚才说了，实际上"亚戈"那个角色是前面一系列角色，从《蝙蝠》开始，一系列角色的这种浓缩、沉淀，最后集中到"亚戈"这个角色当中去。

杨：是的。在"亚戈"的前一年排了《茶花女》，其实我已经很好了。我唱父亲"乔治·亚芒"，那次很成功，那个导演特别高兴。那天就是因为他提前放了我，他联排了一遍，特别好，那个美国女高音来唱。然后就把我们放了，我就急匆匆的，晚上有点事，骑个助动车，就在辅道上，被一个出租车撞了。出了个车祸，踝骨骨折，站都站不起来了。

曹：后来就没演？

杨：还有一个星期演出了，我出这么一个事。还好有 B 组张峰，他演的。

曹：到了"亚戈"是没有 B 组，据说也是 B 组演员脚踝坏了，是吧？

杨：请了 B 组的，外国人，感觉就是一个魔咒。

曹：你把踝骨骨折给传染过去了。

杨：所以他来不了。后来张国勇院长说，小勇，这次我们不请 B 组了，就你一个人演。我一听，我也不知道说什么。

曹：那次其实你跟魏松还有马梅的组合，当时你们三个中国演员完成这样的一次演出，其实是一个创举。因为《奥赛罗》在中国之前没有演过。

杨：没有演过。当时我们前期工作也很紧张，因为我前一年出过事，出过车祸，我可紧张了。你看没有 B 组，就是我要是出事，没人顶，我出门走路都很小心。他们后来又开始给我编段子了，说杨小勇在家里贴了一个条，叫作禁止一切娱乐活动。魏松住我楼上，我每天蹭他的车。他有车，我没车。到后期，我们俩时间不一样了，歌剧院同意我打车，不要走路，不要自己骑车、坐公车什么的。

曹：免得发生意外。

杨：对，我是怕发生意外，真怕。我要是有意外，上哪儿去找人？

曹：你跟"奥赛罗"的戏是最多的。你们有没有进行过人物的讨论？音乐的讨论？

杨：讨论是有，但是主要还是在背音乐，因为时间很短。那个意大利导演，每天花很多时间，他最生气的是我们每天拿着谱排练。确实没背下来，时间太紧了。但是最后呈现的效果很好，当时在全国引起轰动，这个戏。跟魏松沟通的还是音乐方面，我跟他的重唱很多，比如说他一按着我，我就得跪下去。然后他一放，我才能起来，这些默契是有的。然后围着他做那些动作，挺过瘾的，我觉得，非常过瘾。上海电视台全部录像，标准得像做舞台剧一样的，几个机位录下来，我看了一下，我还是有一些眼神，看看那边有没有看，这种东西跨来跨去的东西，我发现我做到了，下边看得见。一个是形体你要随着那个动作，你不能说不动，这样不行，还得有。

曹：得有一定幅度的肢体语言。

杨：对，要不然下边感受不到。所以配合这种东西，我也很享受。我自己也没想到，因为开始我自己也没数，就一点点磨。那个导演到后期的时候，他已经跟我说了，有很多不顺心，但我只要看到你，我心里就舒服了。他后来送了一块手绢给我，我现在放在那儿，就是手绢惹的祸。

作为国内一流的男中音，杨小勇在不断精进西方经典歌剧演绎能力的同时，也始终在探索中国原创歌剧和中国艺术歌曲的演唱。如今，他除了打磨自己个人在舞台上的表现之外，更多了一份传承的责任感。杨小勇坚持认为，作为本土歌唱家，不仅要做到"美好地歌唱"，唱好母语更是责无旁贷。

歌剧《沂蒙山》剧照

曹：除了西洋歌剧之外，其实这些年我们对我们的民族歌剧还是很重视的。你做过一些什么样的尝试？

杨：1998年的时候，总政邀请我去演了一部《屈原》，施光南的，那时候是杨洪基和我演的这个角色。

曹：男中音能够演主角的机会不多。

杨：对，原创歌剧。后来陆陆续续，比如说我们院里排《楚霸王》，我只演了一个"范增"，他不是主角。我在国家大剧院演过《冰山上的来客》，关键是我退休以后，《冰山上的来客》还在演。那年来了一个邀请，是作曲家栾凯。问我有没有兴趣演《沂蒙山》，我说你把谱给我看一看。我看了一下，整个戏就这么一段唱。我在想，要不要去？

因为他们那个圈子演民族歌剧，都有一些固定的人。他为什么想到了我呢？后来我听黄导说，黄定山导演说他怎么想到我呢，因为他看过我演《奥赛罗》，在国家大剧院，他就一直记得我。后来我去了以后，给了他们一个惊喜。我想，没参加过，我得去试一下。结果没想到，这个角色不重要，被我演得很重要。

曹：就一段唱。

杨：对，前面有三场戏，但是比较零碎，就死之前有一段完整的唱段。结果这段唱段现在成了艺术院校考生，或者是男中音的必唱曲目了。因为它不长，旋律好听，也可以把它当成一个歌剧咏叹调来唱，所以现在这段曲目很流行了。他们开始写的时候，连这个唱段都没有，写这个人物的时候。后来想，还是加一段唱吧，他们在火车上临时加出来一段唱。我去了，戏特别感人。我就跟导演聊，我说我前面演《阿蒂拉》，意大利的男低音大概1米90多，我说我站他面前我不怕。我说你这次还是照那个老规矩，就像我演"亚戈"的时候一样，后面跳舞的可以跟在我后边。不管他们有多么高大，我都不怕。然后这次，我说你可以把这个乡亲、游击队员跟在我后边，他们高大，都无所谓，结果一出场就是这个场面。这个《沂蒙山》后来演了很多场，因为它好听，很流行，大家都很感动。山东人对我的评价是我就是山东人，他们说，中国男人、山东汉子，没想到我是个上海的这么一个很斯文的重庆人。

曹：我发现这些年你也做了一些艺术歌曲的音乐会？其实无论是西方还是东方，大家对古典声乐演员的要求，艺术歌曲是一个非常重要的评判标准。

杨小勇与曹可凡

杨：我觉得艺术歌曲要求挺高的。

曹：是不是某种程度上来说，比歌剧还更难一些？

杨：对。它像诗歌一样，诗歌你看几个字很少，但是它的含义很深，所以看起来简单，其实根本就不简单，而且你要跟钢琴合作得特别特别好。作为一个本土的歌唱家责无旁贷，你必须要唱好我们母语，我对这方面也蛮有兴趣的。所以我在退休之前，那年上海之春我唱了一台中国艺术歌曲，标题是"教我如何不想他"。关键是那个伴奏，是我们正好请来的一个外国艺术指导。他弹着黄自，他说这不就是舒曼吗？特别高兴。

曹：黄自就是这一路过来的。

杨：我特别有一个愿望，因为我们在唱国外的艺术歌曲，哪怕是在国外演出，演歌剧，都有一个职业叫艺术指导。但是我们唱中国作品的时候没人管这个，所以我很想在这上面做一些工作。我上次在浙音作了一个讲座，标题是叫《咬文嚼字》，讲一下中文吐字的窍门，无非就是传承和借鉴。传承我们的咬字，我们就直接可以从京剧里边拿过来。借鉴就是借鉴西方的一些，因为他们有一套规范的东西。然后我们的京剧是有传承的，有历史的，几百年。

曹：你退休差不多已经五年了，自己有没有安排一个计划？

杨：我说随着年龄大了，我们更要讲究一些技术上的东西，来弥补我们生理上的衰老，所以我比较注意这个。

曹：你觉得从自己的感觉上来说，现在的声音跟十年前的声音有差别吗？

杨：我觉得有很多地方，我有进步。

曹：反而有进步？

杨：对。那时候我思考得可能少一些，现在我思考得多一些。天天我没事在家研究意大利黄金时代的那些歌唱家，听他们的唱片，看他们到底是怎么弄的，在琢磨。确实，然后我又在教学，教学相长，我也从中有很多体会、有很多收获，我觉得挺开心的。

曹：特别棒，做什么事都认认真真，但是心里又比较放松。

杨：不是非要干什么、强求一个东西，再说真的是与世无争的。

两代人　一座城——陈钢专访

65年前，小提琴协奏曲《梁山伯与祝英台》横空出世，令初出茅庐的曲作者何占豪与陈钢声名大噪。如今这首早已家喻户晓的作品仍在被一代又一代的音乐家演奏，成为新中国音乐经典之作。《梁祝》不仅是小提琴这一西洋乐器民族化的成功实验，同样也彰显着上海这座海纳百川的城市独有的文化包容性。而《梁祝》的作曲之一陈钢，正是这种海派文化的创作者、继承者，他的父亲陈歌辛曾有"歌仙"的美誉，其创作的时代歌曲《玫瑰玫瑰我爱你》《苏州河边》，以及《夜上海》《花样的年华》，等等，都已载入现代流行音乐史册，至今仍在传唱。而今，陈钢先生虽已九旬高龄，仍激情澎湃地谱写着关于这座城市的繁华盛景。本期《可凡倾听》聆听两代音乐人与一座城市的艺术传奇。

陈钢做客《可凡倾听》

曹：今年您已经跨入"90后"的行列，但是依然保持很好的状态，精神矍铄。能不能跟我们分享一下，保持这种年轻态有什么秘诀？

陈：我想有两个原因，第一，我的音乐还没老，年轻人一代一代，还在听我的音乐，音乐不老，我也不老。第二，我的太太很年轻，太太不老，我也不敢老。

曹：我想很多人说起您的名字，很自然地想起那部小提琴协奏曲，《梁山伯与祝英台》。尤其到了九十这样的岁数，回望自己二十多岁时候的作品，正所谓是少年成名。

陈：在写《梁祝》的时候我24岁，何占豪是26岁。在写的时候，我并没有觉得我年轻，但是过了 60 年以后，我也没觉得我老。梁山伯和祝英台三年同窗，他都不知道她是女性。我觉得我们写《梁祝》就是这样，很纯很纯，只有一个心思，怎么把中国的交响音乐树起来。我们知道，我们在表现一个国家的形象、一个民族的形象，最高的形式是交响乐。你说我们全世界，任何重大的庆典，都要演奏一首曲子，贝多芬第九交响曲《欢乐颂》。因为它表现了最高的命题，人类共同的命题。斯美塔那写《我的祖国》，通过一条河流沃尔塔瓦，就把捷克的命运写出来，西贝柳斯写《芬兰颂》，这三个作品都是用交响乐来表现他们国家的形象的。1949 年，我们只有一些很零星的管弦乐小品，但是没有什么大的影响，不能表现我们这个民族。所以当时我们两个年轻人，想为中国做点事儿。

曹： 其实《梁祝》这部作品的诞生有它的特殊性、必然性和偶然性，这是一部当年为建国十周年而创作的献礼作品，当时你们俩还是上海音乐学院的学生。据说当时何占豪和俞丽拿、丁芷诺，他们几个人成立了上海音乐学院的小提琴民族化的这么一个实验小组，听说当时他们递交了三个不同的选题，有《全民皆兵》《大炼钢铁》《梁祝》。但是孟波最后拍板要做《梁祝》，我觉得就当时来说，孟波是一个非常了不起的领导，能够拍板做这样的事情，而且是有一定风险的。

陈： 孟波，我们给他一个称号，就是"三点书记"。第一，点题；第二，点睛，画龙点睛；第三，点将。很了不起，当年，能够点"才子佳人"作为献礼作品。第二是点睛，开始写的时候，没有化蝶。我们当时写好了，就在半圆厅试奏，孟波，我的老师丁善德，还有管弦乐老师，试听。何占豪拉小提琴，我弹钢琴。最后梁祝两个人殉情了以后就没有了，没有"化蝶"。孟波说为什么不"化蝶"？何占豪马上回答，不，我们年轻人不迷信，所以没有"化蝶"。孟波说不，要"化蝶"，"化蝶"是最浪漫的反抗，你们不让我在地上成双对，我就飞上天去。这个审美的选择是很高的。第三，点将，他们提出这个方案以后，管弦系支部书记也很有眼光，他叫刘品，他说你们业余的写不出来，大的协奏曲一定要和作曲系合作。何占豪就跟我提出，希望跟我合作，做这件事情。我当时断然拒绝，因为我马上写毕业作品了，四年级，马上要五年级毕业，我没时间写。另外，心里也有点小小的骄傲，觉得你们业余的，我跟你们混在一起干什么，当然这话没讲出来，意思就是婉言谢绝。但是过了不久，我的老师丁善德跟我谈话，他说你要写，这是献礼作品，很重要。我说我要写毕业作品，他说你就不要写了。

曹： 就把《梁祝》当作毕业作品？

陈： 后来我另外还是写了。这关通过了，我记得 2 月，我们两个人开始合作，5 月就演出了。

曹： 时间很紧。我听说你们当时有个原则，把整个《梁祝》的故事排一下，有一些要讲故事的就把它拿掉，因为没有办法用音乐这样抽象的语言进行表达。

陈： 开始，他们的构思的确是这样，从故事出发，因为《梁祝》本身的故事，中国人太熟了，但是后来，我是觉得我们不能从故事出发，要从整体的构思出发，这就是交响乐的原则。所以要写精神，不是写故事，怎么写精神？《梁祝》

《梁祝》纪念唱片

其实就是两个，一个爱情、一个反抗，要把这两条线写出来。这样构思，最后就是三块东西，第一是爱情，草桥结拜，第二是抗婚，第三是第一部分的再现，还是爱情，"化蝶"，升华了，所以很奇妙。我们曾经举行上海第一届以斯特恩题名的国际小提琴比赛，规定选手在中期的时候必须拉《梁祝》。

曹： 就是一个必拉的曲目。

陈： 进入决赛之前要拉《梁祝》。来了全世界28个国家的选手，不同的出身，都不知道《梁祝》的故事，但是都拉得很好。很多外国人为什么能够接受这个曲子？因为他接受这个精神，而且接受的是美学的原则。交响乐就是很集中地表现一个东西，把戏剧冲突安排得很好，这是很重要的一点。

虽然当时陈钢与何占豪都是上海音乐学院的学生，但两人有着截然不同的成长背景与文化储备，而正是这两条看似永远也无法交汇的平行线，却为了一个共同的理想，寻找到了一种特别的合作方式。

曹： 你说过当时你们是采取流水线作业的方式。

何占豪： 对。因为他当时对越剧不熟悉，不知道，他也不知道我们要写怎么样的风格，所以开始我就写旋律，我们譬如说这里ABA，那么第一个A，这一段要写了，写什么内容，那我先去写。写完之后，我写好了之后，我到他家里去，然后拉一遍给他听。那么他说，可以了，可以就可以了，他说这里是不是还可以补充些什么东西？那么根据他讲的呢，我说好，如果我认为他对的，那么当时再补充些什么东西。

但是我觉得他意见比较大的话，我说回去再去改，下次再拉给你听。大家两个人都满意之后，我就把旋律交给他了，他去配伴奏。配了之后，就我们两个都认为满意了，旋律也满意了，伴奏也满意了，我们再到丁善德老师那里去上课，流水线大概就是这么流水的。

曹： 大家知道，其实《梁祝》的主体的音乐素材，大都是来自民间音调，特别是越剧的音乐，我们也特别想知道，其中每一个主题，它来自什么地方。比如我们刚才说的第一主题，就是爱情主题，就是乐曲一开始的，这是来自什么地方？

何占豪： 很多人问我，这个主题为什么那么好听，百听不厌，我说，百听不厌的主题来自百听不厌的素材，我就想到，我们的尹桂芳老师，她这尹派，她去吟腔，就是《红楼梦》里，贾宝玉叫一声"林妹妹"，一叫之后，观众们使劲鼓掌，有的观众专门来听这个林妹妹，怎么会这么喜欢呢？我就去这里面找，就是她的"妹妹呀"，这一场下来观众就鼓掌，你看这个"妹妹呀"，我想太美了，如果把它节奏化，效果肯定好，所以就把我们尹老师的"妹妹呀"这种深情的东西带进去了。

陈： 我觉得我和何占豪合作这个曲子，可以说是天作之合。两个出身、文化背景完全不一样的人，从两个方向走到一起，走到一个目标。所以这并不是有的人想象的那样，是不是何占豪写旋律，你来配器，并不是这样。我觉得我们合作开始的时候，我就有通盘的想法。我是学西洋音乐出身的，特别注意结构，注意怎么构思的原则。戏曲的素材有很多很多，但在我这个学西洋音乐的人的耳朵听来，我听起来都差不多。交响乐的主题像种子一样，像贝多芬的命运主题，后来就变成大树，本身有可变性，元素是可以变的。有的时候歌唱性很强，像"楼台会"那段，四句起承转合动不了的，那就不要动它。所以你看，《梁祝》里面的斗争，就是从副题，这是很轻巧的，共读三载在一起，而且是他们少年时候。但是到抗婚的时候，比如本来用点像琵琶之类的弹拨乐器，到这里变成切分音，同样的东西可以变化。交响乐就要很精炼，用可变、可塑的元素交响化。

1959年，丁善德、何占豪、陈钢、孟波一起讨论《梁祝》的创作

曹： 我听说你们在创作的过程当中，虽然时间很紧，但是丁善德老师还是把你们召集起来，给你们分析一些古典音乐史上一些类似的作品，让你们对西洋乐能够有一个更深入的理解。

陈： 我在跟他学，他几乎没改过我一个音。他就是宏观地把控，比如说这个结构，我们要用单乐章，为什么？因为可以很集中地表现。西洋音乐常常有三个乐章，它是从音乐本身的对比，三个乐章来考虑的。我觉得我们在一个乐章可以更集中地把这个主题表现出来，这个他同意了。

曹：我听说当中还有一个插曲，您把整个配器都全部完成之后，不慎把总谱给丢了？

陈：定好5月27日演出了。5月4日是五四青年节，我们先试奏，我和何占豪两个人，在大礼堂，当时是比较蹩脚的试奏，他拉小提琴，我弹钢琴，都不怎么样，但是要试奏一下，听取意见。试奏好，马上在半圆厅开会，就是孟波讲要"化蝶"，那时候第一次还没"化蝶"，这时候已经很紧了。

曹：5月的时候，还有四个礼拜，你们这儿"化蝶"还没？

陈："化蝶"没写。"五四"讲完话，回去马上就配器，要全面去写了。写完以后，回家骑着自行车，夹在夹子里面，一看掉了。离27号还有几天，我等于重写一遍。这时候来不及，中间一段本来我写了钢琴谱，这段请丁芷诺帮我们配一下，因为实在来不及。

曹：那天首演的时候，我印象当中，何占豪是在乐队里头，您在观众席，还是在侧幕条？

陈：侧幕后面躲着，不知道命运怎么样，很忐忑。

曹：指挥樊承武当年是学生还是老师？

陈：樊承武是我同班同学。

曹：你们这个乐队等于都是学生？

陈：清一色的学生。俞丽拿拉完以后，我在那里听反应怎么样，没有反应，全场鸦雀无声。其实大概没有几秒钟，等不及了，掌声起来。

曹：所以可能就是一两秒的停顿？

陈：但你觉得像一两年一样。突然掌声起来，是经久不息。你鞠躬了他还是鼓掌，俞丽拿鞠了，樊承武鞠躬，乐队起来，照样拍起来，不快不慢、不轻不响。俞丽拿慌了，没东西拉了，没想到会这么热烈，就看看指挥。

曹：所以没有准备"安可"的曲目？

陈：新作品，怎么会有"安可"。樊承武空军来的，长得很高，眉头一皱，再来一遍。大家都记不清，是重新拉一遍呢，还是再拉一遍最后的爱情主题再现？但是再拉是肯定的，我和何占豪都证明这一点，这不会忘记。

曹：当时您爸爸应该还在世，他有没有听过录音或者看过你的谱子？

陈：这段经历是不会忘记的，但也是不太愿意重提的记忆。我记得我写《梁祝》的

小提琴协奏曲《梁祝》首演

时候，爸爸已经到农场去了，《梁祝》是 1959 年写的，他是在农场的高音喇叭广播里听到的，听到的时候非常高兴，听到了儿子的作品、儿子的声音。那时候他在那里，我们是不能够联系的，我妈妈每年去看他一次。

曹： 每年只能一次？您不能跟妈妈一块儿去？

陈： 我们必须划清界线。我妈妈那一年去看他的时候，他就告诉我妈妈这件事情，他说他有个愿望，希望我妈妈下次去的时候，带一份总谱，《梁祝》的总谱，签我的名，带给他。他说他还有点意见要告诉我。等妈妈再去的时候，他已经走了，所以我永远没听到他最后的意见。

曹： 所以人生就是这样，有很多的缺憾，但至少不幸当中的万幸，就是爸爸还是听到了儿子的作品。

陈： 而且我觉得，我所有的作品都有爸爸的痕迹。

曹： 您小时候学音乐，是不是也是爸爸的愿望？

陈： 当时我们家里兄弟姐妹都要学钢琴，这时候等于美育教育，但是我的弟弟妹妹弹到贝多芬的《致爱丽丝》，就好了，不弹下去。我们共同的老师是匈牙利人，我们叫瓦拉先生。而且开始我对音乐还有点反感，因为瓦拉教的时候很严格，老的法子，手不能抬起来，要平的，他就把火柴盒子放在上面，我一翘起来，盒子就掉下来。我小时候的印象，就是一个长得又粗又大的手打在我的小手上，很反感。我特别喜欢文学，近视眼就是躲在被子里看书看出来的。一直到 1949 年参军去了，走到另外一个梦里去，从文学梦走到革命梦去。所以很多事情，好像是命运安排好的。

曹： 您爸爸当年学音乐，好像是跟一个犹太人学的，是吗？

陈： 不止一个犹太人，他几个老师都是犹太人。他完全是自学的，会拉二胡、吹笛子、弹钢琴。但是我知道他在格致公学读中学，初中就跳级，他英文很好，也会写诗、写文章。后来作曲的时候，他不到学校，自己请了几个当时在上海很有名的犹太音乐家，弗兰克尔作曲的，都是现代派的作曲家。而且我们都知道我爸爸写了《玫瑰玫瑰我爱你》，很多流行歌曲，但其实他的古典音乐修养是很高的。

曹： 而且您爸爸好像是有外国血统，是吗？

陈：印度血统，我祖父的爸爸，就是曾祖父是正宗的印度人。要么是传教士，要么是洋行里面做生意的，我没见过。但是我见过我祖父。

曹：祖父长得像外国人吗？

陈：跟印度总理尼赫鲁差不多。

曹：到您这儿，中国元素就比较强，您看着不像印度人。

陈：我已经"民族化"了。

曹：您已经"梁祝"了。

陈歌辛

陈：所以我的血统里面是有……基因里面有关系。因为印度是一个能歌善舞的民族。《玫瑰玫瑰我爱你》为什么会全世界流行，这不是偶然的，因为里面的动感，爵士乐的内涵，是中国海派文化城市文明的表现，非常强烈。很多我们都不知道的版本，一直到英国、美国、新西兰到越南，各种不同的版本，用不同的语言唱。表现的音乐语言就是这样，脉络就是和时代同步的，所以会被时代所接受。

曹：您刚才说到《玫瑰玫瑰我爱你》，那首歌当年就是"银嗓子"姚莉演唱的，这首歌其实也是比较早传到西方的。这首歌是你爸爸最有代表性的作品，它的背后有什么故事吗？

陈：《玫瑰玫瑰我爱你》，我爸爸写的时候26岁，我才5岁，什么都不知道。后来我就问姚莉阿姨，她在百代公司，作曲家都有自己的工作室，她说他们写了歌，挑了几个人来唱，挑中了她。她说你知道这歌多难唱，你想想，那么宽的音域，那么高的

姚莉唱片封面

音，姚莉那时才十六七岁。而且最难的是，那时候伴奏是大乐队，也不能修的。

曹：当年他们都是一次合成的吧？因为那个年代应该没有所谓分轨录音。

陈：对，所以乐队，你再要来，再付一次钱。那时候叫"洋琴鬼"，都是犹太音乐家，很贵，所以不允许录几次。那么短的时间唱那么难的歌，她说她很骄傲，她一下子录成。1951年的时候，那时候美国版《玫瑰玫瑰我爱你》唱片出来以后，就得了全美流行

音乐排行榜第三名，这个歌马上就传到全世界。弗兰基·莱恩唱了，他也不知道谁写的，两个美国人把它变成新的故事，跟原来完全不一样。

曹： 是不是您弟弟后来去美国见了弗兰基·莱恩？

陈： 一直到弗兰基·莱恩要退休了，演唱会在俄亥俄，我小弟弟陈东去参加，我妈妈也在那里，出席那个音乐会。音乐会开完了，我弟弟跟弗兰基·莱恩说，你知道吗？这首歌是我爸爸写的。弗兰基·莱恩才知道。从这之后，弗兰基·莱恩每年过年都要寄一张贺卡给我，一直到他去世。后来唱这首歌的多了，我记得荷兰的罗拉·费琪……

曹： 前两天她还来上海。

陈： 她的唱片专辑，她的成名曲里面，最后就是用中文唱《玫瑰玫瑰我爱你》。而且她为这个事情，还到学校来看我，来的时候，门一开，学校琴房很小，很窄，面前那么大一束玫瑰花，她说我是献给你爸爸的。我说你能不能唱给我听听，我为你伴奏。我的钢琴伴奏一起来，和她两个人不协调，入不了调，因为她唱得特别慢。我说你是全世界唱得最慢的玫瑰。她说我就要这样，像唱情歌那样，一个字一个字地传到你耳朵里。

曹： 您刚才说到姚莉阿姨，我就想起 2010 年去香港跟她做采访，她专门提到了您的父亲。好像李香兰也说过，那时候很崇敬您的父亲。是不是那时候，她们那代歌星对你父亲还是有一种特别的期待？第一有才，第二又很帅。

陈： 是，风流才子，都是佳话。他们的感情是非常真诚的，很含蓄的。她跟你讲的是一个版本，其实我觉得《苏州河边》的内涵要大于这个版本。《苏州河边》是 1946 年写的。抗战结束了，很妙的是什么？同样是 1946 年，在法国巴黎，有一个法国诗人写了首诗，《在公园里面》，怎么写的？一千年、一万年都难以诉说我瞬间的永恒。很妙的，你吻了我，我吻了你，在那冬天朦胧的清晨。《苏州河边》里面，我望着你，你望着我，千言万语化作沉默。

曹： 异曲同工之妙。

陈： 说明当时的法兰西情调，很早就是海派文化非常重要的一个部分。就是浪漫的、优雅的。

曹： 您说到这种浪漫、优雅，我就想起还有一首您爸爸写的歌，《恨不相逢未嫁时》，我跟您求证一下这个故事，我听说其实当时您爸爸和姚敏，就是姚莉阿姨的弟弟，其实他们俩对李香兰都有一种浪漫的情愫，最后，两个同时喜欢李香兰的人决定写一首歌送给李香兰，是不是有这回事？

陈：应该是有的。因为我和李香兰见过好几面，每次见她都有一种感觉，她对上海挥之不去的感情，对我爸爸的怀念。有一次她带日本的议员到东北，东北交响乐团给她演奏《梁祝》，她听《梁祝》掉眼泪，因为她想了很多很多。到上海来见我，见黎锦光，因为他写了《夜来香》，我和黎锦光先生一起去看她。她谈了很多她的历史，很多故事，后来我都写了。

曹：我虽然没有见过她，但是我在东京跟她通过一个电话，也谈到您爸爸，谈到您，谈到黎锦光。

陈：对，她一提到我爸爸就眼泪汪汪。一口北京话、一手毛笔字，她对中国的感情，这种感情，不接触她不能体会。

曹：您爸爸写《夜上海》是什么时候？那是专门给周璇写的吗？

陈：1947年，是在香港。因为那时候他是两地跑，香港的一部电影叫《长相思》，电影里面两首插曲，一个是《夜上海》，一个是《花样的年华》。所以那时候周璇唱了这两首歌。

曹：当年其实上海滩顶流的女歌星几乎都唱过您爸爸的歌。

陈：对。所以我到现在，小红楼，从前百代所在的场地，二楼有一片都有她们的照片，我去的时候能感觉到这些阿姨们都在对我微笑。

曹：是不是你小时候家里的、爸爸妈妈的朋友都是这个圈子里的？

陈：我家就像沙龙一样，我妈妈也特别好客，特别喜欢请人吃饭。

曹：所以他们说20世纪30年代、40年代有两个人的家是艺术沙龙，一个是您家，另外就是丁聪他们家，他爸爸丁悚也喜欢请客吃饭，家里有很多人去。

陈：那时候请客也没有条件，没有煤气，都是煤炉，家里生两个煤炉，家里老保姆有点怨，老请客，太忙了。

曹：还有一首歌其实很有意思，我们经常过年的时候唱，就是《恭喜恭喜》。但是未必每个人都知道，其实这首歌是庆祝抗战胜利的。

陈：抗战胜利，白天宣布了以后，门口一辆一辆的卡车，装着垂头丧气的日本兵，投降了，过去了。当天晚上，他就写了《迎战士》，"号角吹动，歌声隆隆，伟大的胜利多光荣"。当场写完，家里刻了蜡版，印了以

陈歌辛夫妇

后，我们小孩，你想那个时候才几岁，1946年，11岁左右，发传单。就像二战结束以后，跑到街上看到谁都拥抱，互相祝贺。所以《恭喜恭喜》这么五段东西，就像喷出来一样。先是《迎战士》，后来写了《恭喜恭喜》。好像话还是没讲完，大街小巷有多少话就讲多少话，苦难，冬天已经过去，好像还可以写五十段这样的。而且开头，是姚莉、姚敏唱的。不是热闹的，是一把吉他，很淡然的，后来不知道怎么样变成庆典的歌，每年过年都要唱的歌。可以回顾一下当时那种心情，没法复述出来。

曹： 其实您父亲写了这么多的歌，但最值得聊的一首歌就是写给您妈妈的那首歌，《永远的微笑》。我记得几年前我和黄龄演唱，您给我们现场伴奏，这是一个非常难忘的时刻。您妈妈其实跟爸爸的结合，不是我们想象中的那么简单，因为您妈妈是富家千金，爸爸虽然长得很帅，可是家里的经济条件可能不如妈妈家，所以当时他们是一个什么样的结合？

陈： 他们也是叛逆的一对夫妻，因为当时我妈妈和爸爸是师生恋，我爸爸在很多地方教书，在中学教书，我妈妈在那个学校念书。然而没有想到，他们马上要碰到很大的阻力，因为我妈妈是吴宫饭店总经理的闺女，千金大小姐。我爸爸是穷书生。但是他们俩都抛弃一切，两个人最后还是结合了。这也是一场很叛逆的，但是很值得敬仰的婚姻。

曹： 您妈妈晚年的时候，我请您妈妈来我当时的节目，《共度好时光》。虽然我跟您母亲就是这么见了一次，她羸弱的身体里面，我感觉到她有一颗非常坚强的心。

陈： 对。我也是从小一直到后来，经过了那么多事情以后，越来越体会到母亲的伟大。我记得我父亲走的时候，突然去世的时候，对她而言等于崩溃。我很少见我妈妈掉眼泪，那天突然电报告诉她父亲去世了，她等于所有的希望都没了，她唯一的希望就是希望他早点回来，她绝望了。所以我从学校回去，听到她在地上打滚，在哭。但是她自己一个人，有个朋友陪着她去，到农场把我父亲的骨灰接回来，埋葬好了以后，很快就自己挺起胸，照样每天打扮得清清爽爽上班去，人家从她的脸上看不到一点痕迹。然后一个人，带着几个孩子，把他们培养成大学生，每个月只有几十元工资。

曹： 那时候你妈妈就是一个抄谱员，她的这点微薄的薪水怎么养活你们？

陈歌辛一家（后排中为陈钢）

陈：40 元也不知道 50 元，就是变卖从前的家当。她给我的感觉，她永远是很有尊严的，从她身上看不到任何伤痕，她永远很有尊严、很美丽地在你面前出现。有一年上海地震，不知道你记得吗？

曹：我记得是 20 世纪 80 年代，我好像读大学一年级。

陈钢与曹可凡

陈：我住在永嘉路，那时候是五楼，真的地震，我们都躲在学校里，不能再住高楼。后来我妈妈跟我讲了一句话，突然地震，钟都在摇，她说你知道吗？假如再地震，我会怎么样，我说怎么样？她说我第一就是把你抱住，要震只震我。短短的几句话，母爱的伟大。所以说我妈妈留给我们最重要的，就是永远笑对人生。

曹：我记得好几年前，好像跟您提过一个建议，我说是不是可以把您爸爸写过的那些作品，跟自己的作品，能够糅成一部有关上海这座城市的作品，听说您最近完成了，是吧？

陈：对，就是前几天。我非常感谢你，因为你的提议，激起了我的热情，我的东西并不是我个人的东西，我是献给母亲城市上海。我觉得我越来越爱这个城市，因为真正的爱一定是有经历的人，不是看了上海的高楼大厦就爱上的，而是知道百年上海经历了什么、容纳了什么，结果结出的是什么。这个东西，我觉得我很自豪，我经历了这一切，经历了好几个时代，我可以证明这些。我用什么证明？用我的作品来证明，用我爸爸的作品来证明，用我们两代人的作品来证明，上海是个伟大的城市。其实我心里一直在想，我怎么来书写上海？可以这样写，可以把它写得很伟大，也可以很亲切，怎么把两代人的东西结合在一起，我思考了两年。今年《繁花》一出来，突然给我点通了，上海就是"繁花"，上海的过去、上海的现在、上海的将来，就是繁花。我马上把正在写的这部献给上海的作品，题名为《繁花》，而且就在前两天写出来。我的好朋友，著名的海派画家陈逸鸣提议，为我举办一场庆生音乐会，因为今年步入九十。

曹：恭喜恭喜！我们期待听到您的作品，同时也祝贺您九十大寿，身体健康，不断写出更多的作品，谢谢陈钢老师，谢谢！

做自己的光——王羽佳专访

2024年6月26日，上海大剧院座无虚席。作为中国上海国际艺术节特别项目，在首席指挥兼艺术总监基里尔·别特连科的率领下，柏林爱乐乐团全团近120位顶尖乐手联袂钢琴家王羽佳，带来首场"柏林爱乐在上海"交响音乐会，拉开了"柏林爱乐在上海"系列演出的帷幕。吸引众多乐迷来到现场的，除了柏林爱乐乐团这一世界顶级交响天团的魅力之外，无疑还有如今古典乐坛炙手可热的明星王羽佳的个人光环。这位兼具话题与实力的顶流钢琴家，曾与许多世界一流指挥大师、音乐家及乐团合作演出，她以精湛的演奏技艺，自然流露的生动音乐表达征服了世界古典音乐的舞台。在刚刚结束其此番在沪的第二场演出后，时隔十二年，王羽佳再度来到《可凡倾听》，讲述独属于她的音乐故事。

王羽佳做客《可凡倾听》

曹： 谢谢羽佳，刚刚结束了演奏，就来到我们这儿接受访问。今天弹奏了贝多芬《第四钢琴协奏曲》，今天演奏的感觉怎么样？

王： 您觉得怎么样？

曹： 我听了第一乐章，觉得挺好，因为《第四钢琴协奏曲》也是我特别喜欢的一部作品。当然大家比较熟悉的是"皇帝"，但实际上从"第三""第四"开始，贝多芬形成自己的风格。他"第一""第二"还是有点海顿和莫扎特的风格。

王： 对，这个"第四"也是我最喜欢的。

曹： 为什么特别喜欢这首？

王：我记得我第一次学的时候，是"阿斯本音乐节"，那时候我刚去美国，科罗拉多那边可以爬山，风景特别特别好，所以我觉得这曲子就好像对大自然的一种憧憬，让你的心情很向上。这次是我第一次跟柏林爱乐弹贝多芬钢琴协奏曲，一般巡演是好几场，有点遗憾，这儿就演了一次，就是只有一次机会。

曹：好像你2005年代替鲁普的那场音乐会就是贝多芬《第四钢琴协奏曲》。

王：对，"阿斯本音乐节"是我比过的最后一个钢琴比赛，完了之后15岁去苏黎世弹过这曲子，所以也是一个老曲子了。

曹：我们上一次采访，距离今年已经12年过去了，很快吧？

王：一轮了。

曹：虽然这个12年当中，虽然没有见到你，但是一直在各种视频里边看到你在全世界各地的演出，最近五六年突然变得特别受大众的欢迎。

王：可能是因为那个拉赫玛尼诺夫音乐会，我也非常喜欢。因为其实对我的体力或者整个音乐而言，五首协奏曲跟一场独奏音乐会差不多。我以前在费城上学，第一次弹拉赫玛尼诺夫这些协奏曲也是跟费城交响乐团，所以我就弹得很愉快。

曹：当时是怎么想到要做这么一场音乐会，弹五首作品？

王：我住的地方离卡内基音乐厅就两条街。他们就觉得这很疯狂，但是就同意了。然后说是什么马拉松，我觉得这有点误会，因为我是想表现不同的时期拉赫玛尼诺夫都非常不同的这种风格，并不是说表现体力什么这方面的，不是运动员的这种感觉。这可能比较受大众欢迎，因为我只演了一场，之后洛杉矶很多那种户外音乐会都想让我去演，但是我说好事就办一遍。

曹：对。其实你弹了五首拉赫玛尼诺夫的作品之后，国内也有一些音乐节开始复刻，但不是一个人完成的，得找几个人共同来完成，这是一个比较好的创意。我听说你们当时做这场音乐会的时候，还做了一个有趣的实验，好像戴了一个测心跳的手环。拉赫玛尼诺夫《第三钢琴协奏曲》的第三乐章是非常艰涩的，也是很多钢琴家会比较畏惧的这么一个段落。但是这个部分的心率，跟你后来慢板的这个心率几乎是一样的。你怎么看这个结果？这有意思。

王：我其实很反对这种测验。因为就像我说，就是情绪和那个体能这些就不是一回事。但是毕竟，老曲子和新曲子不同，我觉得跳得最快的好像是"第一"还是"第四"，是两个新曲子。为什么想一起弹？因为"拉二"我弹了很久，"拉三"也很久，《帕格尼尼主题狂想曲》，我跟克劳迪奥·阿巴多都录过。但是我觉得这个"第一"是他小时候写的，特别特别好听。"第四"也特别神秘，特别好莱坞，就是也有特别新颖的一方面。但是我觉得，就跟见新人似的，这些新曲子还是让人心跳比较快。

曹： 对你来说，很多艰涩的曲子，可能你可以进入一个随意的境界，据说"拉三"你睡着了都能弹。

王： 因为我弹过很多很多很多遍了，以前都是"拉三"、普罗科菲耶夫"第二"，大家都想巡演，年轻人都弹过。而且我"拉三"第一次听的是霍洛维茨弹的，12 岁的时候。那个曲子就已经在我的血液里了，所以 15 岁能弹"拉三"，就觉得自己特骄傲。但是刚开始就弹了第一页，然后慢慢慢慢学。我第一次弹的时候好像也是在上海，跟一个意大利的乐队，第一次弹还是紧张。但是我弹什么曲子都是这样，我觉得曲子好多都是在场上才能练习的。

曹： 一首曲子对于演奏家来说很奇妙，就是说有的时候你并不是说练得太多，上场就好。它需要在场上那种即兴的那种魔幻般的反应，是吧？

王： 是的，一般都是反向的。

曹： 但是有一些曲子，你如果一两年不碰，会有另外的一种陌生感。所以你怎么去掌握这个尺度？

王： 我觉得老曲子，像我 20 岁前学的曲子，我都是一弹就觉得特别舒服，就是鱼跑鱼缸里的那种感觉。我后来学的曲子，有时候比如我半年前弹的曲子，我现在再拿起谱子就说，我弹过这个，是吗？还是跟年龄有关吧。

曹： 你现在如果练一个新的协奏曲大概要多少时间可以上台？

王： 我练下来不会花很长时间，需要时间的是那种潜移默化的，就是真的让它沉淀下来的那种。我那天给画家大卫·霍克尼弹，他说要请我去喝下午茶。结果不是我喝茶，是我给他弹了很长时间琴。他就想说，你有没有柴可夫斯基，你会弹这个瓦格纳的歌剧吗？因为他很喜欢歌剧，莫扎特、拉威尔、普契尼，他都弄过歌剧的舞台设计。然后我就把我所有的音乐源头都找出来，结果就弹我第一个学的肖邦的《幻想即兴曲》。我上次可能是 8 岁的时候弹的吧，我都还记得。

曹： 所以小时候练的那个东西是深入骨髓的。

王： 像这个"贝四"，我好久没有弹了。我就觉得，我一定要准备，

王羽佳在"柏林爱乐在上海"音乐会

因为那是我 15 岁的时候弹的。然后拿起来，就跟昨天弹的一样。用他们跳舞的人的说法，像我妈妈是跳舞的，就老说童子功。

曹： 对，这个是化到你的这个血液当中去了。

王： 对，而且脑子还是不一样的。

曹： 我看你弹拉威尔的那个《左手协奏曲》，那个我觉得好难。

王： 我是左撇子，所以比较简单。难的是我两个一块儿弹的拉威尔，双手和左手，一般都是左手先弹，然后我右手就是半天热身。

曹： 你现在通常协奏曲的话，积累的曲目大概有多少？

王： 比较多了吧，我现在有个问题就是，好像没有一个我没有弹过的，就是比较流行的我都弹过。像这次，不是我选的，是指挥选的，普罗科菲耶夫"第一"。

曹： 你们柏林森林音乐会是不是也弹这个曲子？

王： 对，他选的。我本来想弹普罗科菲耶夫"第二"，但他觉得森林音乐会弹这个太黑暗了，就弹了这个比较"白痴"的一个曲子，开玩笑。普罗科菲耶夫是十几岁毕业的时候，当作曲和钢琴一块儿把这个曲子写下来的。而且这个指挥跟我是一个喜好。

曹： 你们俩同一天生日，是吧？

王： 没错。我就觉得我们俩都喜欢那种比较偏的曲子，就是我想在台上演没听过的曲子。

曹： 对你更有一些挑战。

王： 对。也是对自己的好奇心的一种满足吧。但是完了之后再弹一个，比如像再回到今天弹的"贝四"这种经典，就觉得它经典还是有原因的，还是弹起来比较爽的。

纵观王羽佳的履历，一路走来顺风顺水的她无疑是天赋异禀的存在，她不仅获得了各路名家大师的认可，更难得的是，她在天才云集的音乐世界里走出了一条独属于自己的路。为庆祝拉赫玛尼诺夫诞辰 150 周年，王羽佳与指挥家雅尼克·尼泽-塞冈、费城交响乐团在卡内基音乐厅上演的"拉赫玛尼诺夫马拉松"，被媒体誉为成功登顶古典音乐界的珠穆朗玛峰。这一前无古人的历史性演绎不仅充分展现出她高超的演奏水平和艺术造诣，更使古典音乐成功"破圈"，在社交媒体上获得高度关注。

曹： 我们再回到那天那个拉赫玛尼诺夫的五部作品，这对一个演奏家的心理、体力都是一个极大的考验。但是大家关注的点可能不太一样，比如说关注你弹五部作品服装都不一样。是不是都是为这场音乐会，为这个五部作品专门去定制的衣服？

王羽佳在"拉赫玛尼诺夫马拉松"音乐会上

王：我是有好多裙子，我想了一想，比如像最后一个"拉三"是银色的，比较辉煌。然后很多事，他们本来说，这个真的是一个协奏曲音乐会，但是策划好像有点像独奏音乐会，因为他们本来要从一弹到五。我说如果"拉三"弹完再弹"四""五"就没劲儿了。所以我把"二"搁在前面，大家比较熟悉。我忘了中间怎么着，反正有"帕格尼尼"还有"第一"。最中间的是"第四"，最不熟的，然后"第三"是放到最后。每个协奏曲结构上我就看一下，就是拉赫玛尼诺夫不同时期的。比如像"第四"比较爵士的，我就穿了一双靴子，粉色的，比较像1920年爵士那种感觉吧。好像"拉二"我穿的是红的，就比较热情的，就这样。但是整个感觉一下就过去了，我在台上弹的时候就觉得，就这样就完了。每个协奏曲只有10分钟的休息，我定的。因为本来说两个搁一块儿，再休息30分钟这样。我说没有两个可以搁一块儿的，每个都是很有个性的。所以我每隔10分钟，然后就赶快换衣服。

曹：10分钟的这个间隔其实是很短的，尤其女孩子换衣服，是否觉得匆忙？

王：我会很快，就是挺高兴的。格拉夫曼就住在卡内基音乐厅对面，然后他说早上三点有人排队在等票。

曹：很壮观的。

王：不，我觉得还是音乐壮观。我后来想，如果再弹五个普罗科菲耶夫，或者有人说下一个弹什么？五个普罗科菲耶夫，或者三个巴托克，它就不是那个拉赫玛尼诺夫那种令人震撼的东西。

曹：就俄罗斯音乐那种澎湃，那种广阔、悠远。

王：只有拉赫玛尼诺夫，或者柴可夫斯基，普罗科菲耶夫都有点太讽刺了。后来我也弄过两个，就是两个肖斯塔科维奇，就从这之后，唯一一个问题就是我现在不能只弹一个协奏曲了。

曹：那天音乐会还有一个大家津津乐道的，就是指挥最后的惊世一跪。有没有被吓到？

王：没有，对，雅尼克·尼泽-塞冈是挺好玩的，以前迈克·提尔森·托马斯也跪过。

曹：我看到一些视频，你在家里做一些练习，你就赤着脚在家里弹琴。比如说你赤着脚跟在音乐厅里边弹琴，踩这个踏板，那感觉不一样吗？

王：我有高跟鞋的时候腿长点。

曹：身体的延伸，是吧？大家尤其对你这个俯冲式的谢幕印象深刻。这是自然而然形成的？

王：谢谢我高跟鞋。开玩笑，我刚开始找到重心，我下去得比较深，我给返回来。

王羽佳在卡内基音乐厅

曹：不是，你返得也忒快了。

王：对，我也不知道什么时候开始这样鞠躬的，但是我发现我鞠躬的时候比我弹完的掌声更多。昨天我照了一个杂志，他们都说能不能鞠躬？我说这是第一次问我鞠躬的姿势。

曹：是不是有很多乐迷会跟你提出来那个鞠躬。

王：他们不用提，我一上台，一鞠躬，他们掌声就起了。

曹：就乐了，是吧？这个现在是你的一个招牌式的谢幕。

王：对。

曹：其实去年你也到中国做了一个巡演，然后是一个独奏会。你选择的这些曲目，都跟你过去的那些协奏曲不太一样。那些曲目有一些都比较冷僻，斯克里亚宾、梅西安、德彪西，还有肖邦的叙事曲，贝多芬一些晚期的作品。这些作品是不是你自己想要给大家演奏的？

王：对。

曹：因为这些作品其实对一般的乐迷来说，可能有一定欣赏难度，那个门槛比较高。

王：那他们应该挑战一下自己吧，为什么老要听以前听过的呢？上次独奏音乐会，好像就是 12 年之前吧。协奏曲经常会来，独奏音乐会很少，我也不太清楚现在国内听众需要什么。但是我觉得我很信任这些曲子，都是很好的曲子，然后需要大家不是开放眼界，是开放耳界吧。我这次感觉到，上半场大家就好像有点坐立不安，因为他们在视频网站上看的都是什么《土耳其进行曲》，什么《野蜂飞舞》，我觉得他们就好像没有，不知道我在弹什么，就没听懂。我觉得这个节目单出来的话，应该回家学习一下。看一下，了解一下，不是学习，就是了解一下这音乐。梅西安是谁？他的其他曲子写了什么？他是什么背景，他为什么写这样的曲子？古典音乐最让人欣赏的地方，就是它的多变，太丰富了。当时觉得很不自信，我也觉得好长时间没有在中国弹，行不行？而且主要是现场有好多小孩，应该弹点李斯特或者肖邦，不是贝多芬最后一个奏鸣曲这种。但是我觉得，这也是我作为一个艺术家的责任，就不会老说我裙子，不会老说我"当一个女孩"，就不会老说那些很肤浅的话题。结果我这次这个曲目在卡内基音乐厅刚演完。那个我很崇拜的乐评人亚历克斯·罗斯，他写了很多书。以前他老说我炫技，就不是很好的评论。这次他终于就是说"盖章"了，他说我用我的流行给大家介绍现代的曲子。结果我一看，好像我最近是弹了很多现代的曲子。我也对现代的曲子比较感兴趣，而且是活着的作曲家。贝多芬当然好，肖邦当然好，但是永远往前看，当然往后看也很好。

曹：所以你在舞台上演奏这些相对比较现代的作品，你通过自己的观察，觉得听众的反馈怎么样？

王：我真忘了。而且我觉得我对听众的反馈并不是那么重视，我觉得最重要的是我，

王羽佳上海独奏会海报

因为我弹琴的时候还是需要集中精神的，不管我看起来什么样。我觉得我的精神还是集中在我今天想要表达什么，我今天想分享给你们什么。如果你不接受，那是之后的事，不是我的事，但是我必须先让我自己满意。如果我不满意，别人不接受，那我就有点慌了。

曹：所以我发现很多听你独奏会的听众，都比较热衷于听你的返场曲，返场曲比较流行一些，是吧？

王：没错，我觉得他们整个独奏会就想让我弹返场曲。

曹：所以这也是听众，或者说演出商希望你在艺术跟商业之间，能够找到一个平衡。

王：这些返场曲我都弹了很久，也有新的，一个是返场大家就已经很放松了，所以我可以练新的曲子。还有就是，我在台上弹舒服以后，毕竟每年我都需要有新的曲子，所以有时候把那个老曲子给拿出来，也是练一下今年这个曲子是什么感觉，有点像一个游戏。

曹：比如说你这次跟柏林爱乐，你这套曲目实际上在森林音乐会也演奏过。同样一个曲子，同样一个团，在不同的氛围当中演出，是不是不同？比如在森林音乐会和这次在上海大剧院？

王：当然不一样，森林音乐会我那个琴是狂扩音的那种，然后是两万人，是柏林夏天最欢盛的一个音乐会。起码他们离得比较远，所以干什么我都听不见。而且琴是那种有扩音的，所以它老反射，这样的。还有各种蚊子和虫子。

曹：那么多的反射你弹起来会难受吗？

王：当然难受，那也得弹，最后也录像了。那天各种鸟叫，但是你可以在户外看日落，那种感觉就很不一样。反正，哪种环境都有哪种的优势和劣势。这次又是我第一次在这个厅里演，之前每次都是在东方艺术中心，反正每次都是适应厅的音响效果。

曹：通常你会不会事先来看一看演奏的这个剧场，它的音响效果的那种感觉不一样。因为有的可能反射好一些，有的可能声音干一些。

王：对，是的。我反正下午都会来试琴，试一下场子。但是后来发现有了观众和没有观众非常不一样，所以真的前几秒钟一下手，就像今天第一句贝多芬，就属于下去之后和排练、练习完全不一样，必须反应很快地调整。

曹：这些年我也有机会采访一些，国外的一些艺术家、音乐家，他们都会谈到你，对你的音乐天赋、你的音乐表现力都是大加赞赏。我觉得西蒙·拉特他评论你很有意思，因为很巧，我两次采访西蒙·拉特，第一次是他刚就任柏林爱乐的总监，第二次是他快要卸任了，所以一头一尾。

王：16年，比我们还长。

曹：对。他会谈到你，他说郎朗有点像法国钢琴家，说羽佳有点像俄罗斯钢琴家。你同意他这个看法吗？

王：他像一个英国的指挥。我们合作过很多次，上次柏林爱乐是我跟他弹的巴托克，这次刚去捷克，弹了拉赫玛尼诺夫"第三"。

曹：我记得12年前的时候，我问你一年多少场演出，当时你说大概是100场。你说希望将来把这个演出的数量，能够稍微降低一点，降到50、60。是不是现在反而不降，而是更多？

童年王羽佳

王：那倒没有，但是项目比较多，其实演出规划得好就比较好，就像在中国一个月演独奏音乐会，然后3月是在南美和美国演，5月是在欧洲演，这样就不会有时差。我很喜欢巡演，就是你可以一直更新，然后对这曲子越来越熟。但这次是我们在一个地儿，我从来没在一个地儿这么长时间。然后就弹一次，所以这样就觉得，就一次机会，又紧张又兴奋，就很复杂。我还有其他的项目，比如像跟刚才我说的那个画画的大卫·霍克尼，就算是艺术上的跨界，就不光是弹音乐会这种。

曹：就做一些有趣的、跨界的表演。

王：对，就是音乐和别的艺术怎么互动，或者在社会上能有什么贡献。

曹：给孩子们上一些大师课。

王：对，谢谢提醒。我去年在旧金山上过，我今年在柯蒂斯音乐学院。

曹：自己的母校。

王：对，很好玩，以前是自己给克劳德·弗兰克、加里·格拉夫曼、里昂·弗莱舍弹，同一个屋子里，现在他们给我弹，我觉得我有那么老吗？每次回母校都特别感慨，因为15岁到21岁有很多记忆，很多音乐上的回忆。就更想念我自己的青少年时代，因为我觉得这个年代人跟我们那时候不一样。

曹：最大不一样是什么呢？

王：我觉得他们对我太礼貌了，我想跟他们谈音乐，就像同龄人这样，但是我觉得他们好像很恭维的这种，就不太敢说，或者就是太有礼貌。

曹：跟你太客气了。

王：对。我觉得音乐没有年龄，没有这种说法的。

曹：我听过一场很有意思的音乐会，就是小泽征尔来上海音乐学院，他指挥学生的乐队。然后跟他们讲莫扎特，跟他们讲贝多芬。也是在这个剧场，跟罗斯托罗波维奇一起合作了一首德沃夏克的大提琴协奏曲。因为都是孩子，前面就是两个大师，最后罗斯托罗波维奇返场巴赫的几首无伴奏。然后小泽征尔就坐在指挥的那个台上，孩子们都坐在下面。其实这个画面是挺美好的，所以你喜欢跟这些孩子们在一起吗？

王：我觉得这画面非常好，我喜欢，但是我觉得，我老觉得他们比我弹得好多了，所

350

以我就觉得为什么我要教你？你教教我好不好？

曹：刚才我们说过，你比如说西蒙·拉特的这个合作，其实当时你也跟几位资深的指挥大师，比如阿巴多，比如说迪图瓦一起合作的。

王：好多去世的指挥。

曹：那会儿你还是个小女孩，现在回忆起来，这些大师们怎么一步一步提携你们。先说说阿巴多。

王：对。他最喜欢的钢琴家是波利尼，我小时候也是最喜欢波利尼，还有叶甫格尼·基辛。他第一次请我弹，他就说，怎么请了一个中国小女孩，以前都是布伦德尔或者是波利尼这种。那时候比我认识你的时候还早，所以弹的普罗科菲耶夫"第三"、拉赫玛尼诺夫"第二"和"帕格尼尼"，这些都跟他录过。在一个特别特别干的一个意大利厅里录的。我们都管他叫无语，无语指挥家。他排练就属于翻个篇儿，翻个篇儿，然后就说你在音乐会上干吗呢。他的音乐会上会发生奇迹。为什么？因为他所有的乐手都是他自己挑的，都是非常非常会听、非常好的音乐家。就像意大利饭似的，他们说他们的意面都比美国好，因为它的西红柿好、它的调料好，它的本身的材料比较好。还有比如迪图瓦也是，刚开始他说，我一定要跟你弹普罗科菲耶夫"第二"，因为如果是布朗夫曼弹的，大家觉得他已经很有力气，你这么小小的一个女孩，弹这普罗科菲耶夫这么大力，我觉得这反差会让人觉得更戏剧化。当时是这么说的，好多话我听完就说，从来没这么想过。迈克·提尔森·托马斯也教了我很多，最让我受启发的是读过伯恩斯坦以前那个《年轻人的音乐会》，他以前就是解说怎么听古典音乐的。

曹：他好像还有一套视频的。

王：对的。后来有个特别深奥的，是在哈佛大学的"诺顿"讲座，我就属于完全听不懂。他就说得非常易懂，就让你觉得能把古典音乐说得特别生动有趣。所以迈克·提尔森·托马斯也有这种功能，我可能就因为他，我会对现代曲子比较感兴趣。因为他，我当时就连斯特拉文斯基都觉得很现代，就是刚出去的时候。好多

克劳迪奥·阿巴多与王羽佳

曲子他说你就弹，我不管你怎么着，你就弹，弹下来再说。还有就是，他老是比别人走得靠前。

曹： 如果我没有记错的话，你很小的时候接受过一个访问，说将来不仅要做钢琴家，还要做指挥家。现在这个梦想是否依然存在？

王： 是的，我 2018 年的时候跟马勒室内乐团，就是我第一次跟阿巴多录拉赫玛尼诺夫的那个乐团。那个乐团我第一次跟他们合了贝多芬"第一"和"第二"，还有肖邦。我们就合过几次，去年正好是他们让我当那个艺术合伙人，所以我每年都有三到四个巡演，跟他们在南美、欧洲，可能还会来中国。但是他们以前有内田光子、利夫·奥韦·安兹涅斯，弹的都是贝多芬、莫扎特这些。我说好，我可以当你们的艺术合伙人，但是我想弹一些巨离奇的东西。所以我上次弹了一个雅纳切克的"奇想曲"。就是一堆那种管乐，七个人这样围着我，我钢琴冲着他们弹，背对观众，这样，如果是指挥的话，都是背对后的。弹了雅纳切克，弹了斯特拉文斯基那个只有木管的钢琴协奏曲，那个我跟好几个指挥说我特喜欢这曲子，就是新经典，但是他们说不行，太难了。结果这个没用指挥的它倒简单，因为乐队就非常……所以弹了这个。他们说好，但如果你弹两个这么离奇的，你必须要弹一个《蓝色狂想曲》，我说好的。弹完以后他们就说，我们乐队从来没弹过这种东西。再下边，我可能会弹拉威尔，没准儿会有肖邦，再回来。因为我以前说我弹协奏曲就是像室内乐这样，所以我觉得没有那个指挥家的隔离有时候会更好，你别跟西蒙·拉特说。

曹： 我看巴伦博伊姆自己弹协奏曲就自己指挥。

王： 他是 11 岁的时候学过指挥的，他跟阿巴多和穆蒂都是一个班的。我没有学过指挥，我只是靠感觉瞎来的。

曹： 想不想也像巴伦博伊姆这样，协奏曲也自己弹自己指挥？

王： 我觉得很爽。

曹： 刚刚我们说到巴伦博伊姆还有阿格里奇，其实你过去常常会顶替他们去开音乐会。

王： 那是很久以前，对。

曹： 你跟他们这些大师接触，你现在想起来，给自己留下一个什么样特别深刻的印象？我们先说阿格里奇。

王： 我那天就在巴黎突然见到她，她一见到我还是特别亲切，就觉得好像我又回到小时候似的。没想到她都 83 岁了。

曹： 对，而且她手的机能都没有退化，手速还很快。

王：是的，比那些男的都快，就说巴伦博伊姆。我很欣赏她对生活的态度，你想，当时那个时期也就她这么一个女钢琴家，然后有很多女儿，就是很潇洒地那样过着。巴伦博伊姆我以前跟他也弹过"贝五"，就是"皇帝"。好像是第一次也是最后一次弹，然后他给我上了很多课。说他家里的琴，这是鲁宾斯坦弹的琴。包括我老师加里·格拉夫曼，有时候说斯特拉文斯基告诉我……

曹：斯特拉文斯基跟我说。

王：对。或者我见过拉赫玛尼诺夫，我们住在一条街。我说"哇!"他1928年生的。

曹：传奇。

王：对，就真的是一个古董一样，就把那个火炬给传过来的那种感觉。所以就觉得，现代音乐其实没有那么远。然后再想，再想他就说，他就说谁？他老师霍洛维茨，然后霍洛维茨的老师是谁，我忘了，那个人的老师是李斯特，然后李斯特的老师是车尔尼，车尔尼的老师是贝多芬。

曹：贝多芬，对。

王：就是没几年。

曹：所以他们说，中国第一代的钢琴家，其实你追根溯源的话，其实就是齐尔品那根线，最后就是回到贝多芬。第一代的，比如说周广仁老师，傅聪，因为他们都是跟梅百器学。梅百器往上走就是齐尔品，齐尔品再往上李斯特，再就是贝多芬。

王：对，然后我在外国接受采访老说，西方音乐我们中国人怎么能理解？就是因为这个。然后在柯蒂斯，因为莱昂·弗莱舍他是跟着施纳贝尔学，格拉夫曼跟霍洛维茨。我可能演出的俄罗斯曲目比较多，但是我还是非常喜欢舒伯特还有勃拉姆斯，等等，这些还是德国曲子，就还是让我很触心的这种感觉，而且我跟莱昂·弗莱舍上过很多课。

曹：很多老一代的中国的音乐家，尤其是钢琴家，像傅聪这样的，他对西方音乐的理解，有时候会用中国的文化去解释。傅聪先生老说肖邦的音乐有点像李后主的词，是吧？

王：是的。

曹：觉得莫扎特有一些段落有点像孙悟空。

王：对的，但是他的文化基础太深厚了。我记得我12岁的时候给他弹的肖邦谐谑曲第四个。

曹：他怎么说？

王：我就记得有一段，他就说像中国舞的丝绸，那个水袖这样下来的。他一说，就明白了，真的特别灵的这种。

曹：对，他其实对你们这个年轻一代的钢琴家，都赞赏有加，而且很羡慕。因为他学琴太晚了，他说，如果我有羽佳、郎朗这样的手的机能，我能弹多少曲目。

王：但是如果现在机能好的人就说，弹琴很机械。

曹：就是一个从极端走到另外一个极端。

王：怎么着都不行。

曹：对。你现在其实在西方音乐界已经是有自己的一个位置了，所以作为一个音乐家来说，你对自己有一些什么样的规划吗？未来，比如三年五年，自己希望能够做成一个什么样的一些项目？

王：我这个拉赫玛尼诺夫音乐会很快，因为疫情刚完，然后好像半年前我说我想做这样，然后就真的做成了。

曹：那个准备了多久？

王：整个这个项目都没有准备多久，我觉得疫情之后大家都学得很活，就属于这个项目很好，我们马上就做。不像以前，以前我记得好像就要等两年，等三年。不过我现在还是，比如2026年、2027年想不想弹这个，就觉得很荒谬，我怎么知道2026年、2027年我想干什么？但是有几件事，我和马勒室内乐团有演出计划，我2025年要在纽约爱乐当驻团音乐家，所以我跟纽约爱乐也有演出计划。还有就是跟大卫·霍克尼的合作。

曹：你们这是一个什么样的合作呢？

王：他是其实有一个展览，在Lightroom空间，是一个小时的这么一个沉浸式艺术，就是你进去，地上、墙上全是画，全是他的画，他已经有这么一个秀了。那个秀里面可能有一堆他的画，但是我选了七八个，比如有一个森林，我就觉得很像那种萨蒂的音乐，有游泳池就很像德彪西，有一个大峡谷，我就想起柴可夫斯基交响曲。就看他这个画我能想起什么，我这边有一些曲目单，还有肖斯塔科维奇，还有皮埃尔·布列兹，然后都组起来，我觉得这样特好玩，就是我在创造这种。那天给他弹完，他说他想给

生活中的王羽佳

我画肖像。但是他说，我要十个小时。我说我早走了。

曹：你得坐着呀，大师给你画一个肖像。

王：他还真的就去我的音乐会什么的，但是他耳朵不好，说最好的画家莫奈是眼睛不好，最好的作曲家贝多芬是耳朵不好。

曹：所以艺术是一个很奇妙的东西，不是说你眼睛好，你画出来的东西一定好，耳朵好你写出来的音乐也未必好。

王：就像不是我心情好弹得就好。

曹：对。

王：我永远是反面，有时候弹，觉得自己很舒服地在弹，觉得发挥很好，然后下去，评论说一般。有时候觉得，就觉得什么都没发挥出来，结果大家说这是一场惊人的演出。所以永远是反差很大这样。

曹：如果你那天心情不好，对你晚上演出会有影响吗？

王：情绪是很有影响的。尤其是好多事，很多细的事，比如飞机什么，旅馆如果没安排好，都会影响到弹钢琴，台下台上分不开的。

曹：我听说霍洛维茨晚年开音乐会，筹备了很长时间，是希望他去的那个城市所住的那个酒店的装潢要跟他家里基本保持一致，保持自己的心情比较愉悦，要不然他会很紧张的。你知道这个故事吗？

王：你瞎编的吧。

曹：很有意思。最后还有一个问题，因为这次你跟柏林爱乐来上海演出，而且一待就是这么长时间，这是过去乐团很少有的。

王：一直在下雨。

曹：对，正好这是黄梅天，属于心情不太好的时间段。

王：没有，我很喜欢下雨。

曹：是吗？实际上这是上海国际艺术节的一个重要的项目，你也来过上海很多次，你怎么看上海这个城市？

王：非常骄傲，我是北京人，但是我特别特别喜欢上海。我第一次去的时候是在浦东那边，我就觉得这么繁华，就是很时髦的这种感觉。然后就是酒吧、逛街，还有在外滩走路，我就觉得非常舒服、非常惬意。这次我们就是在浦西这边，还有比如像上海音乐学院那边，有一种历史感。我最喜欢的电影是王家卫的《花样年华》，那个电影巨好看！那是我印象中的上海，就是特别时尚，又很内秀，反正我很喜欢上海。

曹：谢谢，希望你能够经常支持上海国际艺术节。

王羽佳与曹可凡

王：非常支持。

曹：让这个艺术节更体现出它的时代感、它的国际性，尤其你又作为中国的艺术家在欧洲、美国这样的一些西方世界获得这么大的成功，你也是中国人的骄傲，为你自豪！

王：谢谢，非常感谢！

艺无止境——张艺专访

提起指挥家张艺，许多乐迷脑海中都会浮现出"中国最懂芭蕾的指挥""乐迷型指挥"等充满个性的标签。这位 19 岁就迎来人生首次执棒演出、24 岁就指挥多个国内著名院团的"70 后"指挥，如今已是三个交响乐团的音乐掌门人。身兼中央芭蕾舞团音乐总监，上海爱乐乐团艺术总监和浙江交响乐团艺术总监，在三个城市同时执棒三个风格

张艺做客《可凡倾听》

不同的交响乐团，意味着海量的曲目储备，以及充沛的精力和足够的热爱。对张艺而言，这一切既是挑战，也是幸福。

曹：很多喜欢您的乐迷都习惯把您称为乐迷型的指挥，作为一个专业的音乐工作者，您怎么看待乐迷给您起的这么一个雅号？

张：我觉得非常荣幸吧。第一，我喜欢听唱片，有的时候跟乐迷们交流大量唱片。我演出的曲目，经典的、不经典的，都很多，凡是优秀的作品，我都会涉猎、去演出。第二，我也非常喜欢进音乐厅听音乐会、歌剧，看芭蕾舞，等等。所以乐迷朋友给了我一个乐迷型指挥的这么一个标签吧。其实我在中央音乐学院附中的时候，我是学小提琴专业的。我们原来的中国少年交响乐团，就是红领巾乐队，我们第一次出国，当时徐新老师和汤沐海老师带着我们到欧洲去巡演，那个时候我 16 岁，在苏黎世机场，一下来，大巴车里面放着贝多芬的《田园交响曲》，我至今印象都非常深，就像昨天发生的一样。平常在学校上学的时候我也经常到图书馆，那时候是听磁带，听很多交响曲。包括像肖斯塔科维奇的交响曲、斯特拉文斯基的交响曲、雷斯皮基的一些管弦乐作品，那个时候就开始接触。那个时候还不像今天，传媒这么发达、互联网这么发达，你想听什么东西，网上一搜就有了，那时候是非常困难的，只有音乐学院里

面的图书馆才可能有这些资源。正是因为我在中学听了很多很多的交响曲，我才决定上大学的时候读指挥专业。

曹：您当时从小提琴专业改成指挥专业，是不是觉得光是演奏小提琴还不能满足您对音乐的热爱？

张：可以这么说，因为交响乐在一起，有和声、乐器的配器，而且交响乐的文献要远远大于任何一门单独乐器的文献。我觉得这也是世界文明给我们人类留下的一个很宝贵的艺术遗产。各式各样的人演出，各式各样的版本，各式各样的作曲家作品，慢慢你会形成自己的对音乐的一种认识。因为我从事指挥，我从大概第一次上台，正儿八经的音乐会，19岁开始，到今天也30多年了，慢慢随着你指挥登台的场次越来越多，随着你指挥的生涯、经历的时间越来越长，指挥的作品越来越多，再加上你自己对各方面的学习，人生的履历、阅历的增加，我觉得这些都让我对音乐的一种理解或者阐释，发生了变化。

曹：我们知道，作为一个乐器的演奏者，您可以独自一个人在家里练习，可是作为一个指挥，您是怎么来训练自我？因为不可能有一个乐队随时配合您一块儿演出，或者配合你一块儿训练。

张：这个我可以做一点专业上的解密，指挥家最后在音乐会上完成音乐会，观众听到的，之前是有几个步骤的。第一个步骤就是研读总谱，我们知道靠谱不靠谱，在跟乐手或者乐团第一次排练之前，你已经把你所要演出的总谱，已经牢记在心了，已经熟读了。甚至于你没有听见他们的声音，你就知道自己想要什么声音。如果没有这个条件，无法谈后面的事情。第二个步骤就是进入排练阶段，我如果自己拉小提琴或者自己弹钢琴、吹小号，我自己在家就知道是什么样，我知道这个地方不行，我就把它练出来，然后我再上台。交响乐团对于指挥来说是个大乐器，而且最重要的是，它由

童年张艺

每一个个人去演奏乐器所组成的。每个人都有个性，比如20把小提琴，他们学习的经历，每个人都会不一样，必须有一个总协调人，不然的话我听你的还是你听我的，这个时候指挥的作用就出现了。你要用你自己的能力说服他们，能让他们按照你的要求去做，因为你如果提出不合理的要求，他们会觉得你为什么要提出这样的要求，这不可能演奏的，

对不对？所以你还要具备很多乐器方面的知识，按照你对音乐的一种理解，把它排出来。一般来说，这个过程现在来说都是三到四个整天，就是六到八个排练，这是第二个阶段。第三个阶段就是上舞台，因为最后交响乐毕竟是一个舞台艺术，最终还是要给观众欣赏。所以有的时候说听唱片虽然很过瘾，但永远代替不了现场。

曹：也有一些古典音乐家，他们有的时候痛恨跟观众互动太多，比如说古尔德采访的时候就说，我痛恨观众，我不希望跟观众交流。

张：这是个例外，而且因为他是个钢琴家。我们今天为什么还能对古尔德会有这样的、那样的争议，喜欢他的人喜欢得不得了，不喜欢的人也有。但是他最终还是以唱片的形式呈现给大家，而且他也不是从来不跟观众见面，他也有一些，比如跟伯恩斯坦演奏的勃拉姆斯《第一钢琴协奏曲》，等等。伯恩斯坦说他演的不代表我，我演的不代表他，在乐坛上都成为一个经典趣事。但也是说明，每一个音乐家的个性，独奏家也好，指挥家也好，非常有自己的个性。而交响乐团，每一个人不能有个性，乐团可以有乐团自身的个性。

曹：但每一个个体的个性不能那么强烈？

张：对，因为它必须要合在一起，这是一个集体项目。就跟体育项目，有集体项目，有个人项目，集体项目必须要配合，你再是球星，没有得到别人配合的时候，你还是赢不了。

曹：您在读书的时候，从内心来讲，最激赏的国际上知名的指挥大师有哪几个？

张：我跟您说实话，是会变的。我们那个年代，小的时候那是极端崇拜伯恩斯坦，觉得他在舞台上怎么可以帅得……现在有一个电影，《音乐大师》。那时候觉得，我就模仿，音乐一开始实际上就是模仿，这个不用否认。

曹：你也经历过一段模仿伯恩斯坦的时期？

张：当然，我上大学的时候，起拍也不动。但我觉得这个过程蛮可爱的，那时候疯狂地喜欢伯恩斯坦，什么都喜欢。其中当然比如说卡尔·伯姆的莫扎特，德奥的音乐，有特点的我们也喜欢。富特文格勒的一些，他演的贝多芬，等等，也是给我们很深的印象。但是好像全面地模仿，就是伯恩斯坦一个人。但是我到了德国以后，可能就慢慢被那个传统所吸引。我在德国的音乐学院读书的时候，他们的音乐史只有德国作曲家。我一看音乐史，我说怎么连德沃夏克、柏辽兹、柴可夫斯基都没有，他说这都是德国分出去的。他说德国这套音乐史就是世界的音乐史，他们可以文化自信到这个地步，音乐自信，音乐文化上的自信，所以这也是给我很大的震撼。我在学习的过程当中，我不是说我就不喜欢伯恩斯坦了，但我不像原来那样纯粹地单纯模仿。

曹：因为眼界开阔了。

张：对。我虽然现在指挥风格越来越跟他不像，但是他的一个理念我认可，就是音乐的无穷多样性，有无限的可能性，这样的艺术才能几十年、几百年一直生机勃勃。它必须有无限的可能性。其实我们今天演的贝多芬也好，演的莫扎特也好，跟两三百年前是一样的吗？不一定一样。因为我们真正看谱子上标记的速度，贝多芬时代比我们快得多，而且那时候的乐器跟现在也不一样，肯定现在的乐器要先进多了，但是音符还是保留下来了，强度等还是保留了。所以对于这样的一种艺术来说，我们既有传承又有发展。卡拉扬、伯恩斯坦，我们没有看到过。但是像阿巴多、马泽尔、海廷克，我们都看到过。这些指挥家最近几年相继去世，但我们确实看到过。我们再听听他们的录音，给我们同样有很大的冲击。我觉得这就是时代给人的变化，还是一个时代产生一个时代伟大的这些艺术和艺术家，但是真正好又超越了时代。像当年贝多芬创作《英雄交响曲》，时代让他自然地写出这个东西，拿破仑没有称帝的时候他献给拿破仑，拿破仑称帝，他觉得跟他的理念不合，撕掉，说献给英雄。我们两百年以后再听这个作品，依然为他的这种精神和他这种音乐上，不管是纯粹性也好，内在的这种精神也好，我觉得都是超越时代的，对我们今天同样有这种激励和震撼。

从五岁开始跟随父亲学习小提琴，11岁考入中央音乐学院附小，再到大学成功转入指挥系学习，张艺的音乐人生仿佛一路开挂，这离不开老师的鼓励和他的天赋与勤奋。毕业之后，他也迅速得到许多展现才华的机会，而每一次他都牢牢地把握住了。

曹：您其实很年轻的时候就有机缘跟北京、上海的一流乐团合作，1996年，您跟中央芭蕾舞团合作《天鹅湖》，那时候刚从中央音乐学院毕业？

张：刚毕业一年，1995年毕业。我觉得也是赶上了一个幸运的时代。那个时候，我们由原来只跟东欧和苏联交流，等到改革开放以后是全线跟全世界……尤其是西欧和欧美，又一扇窗户打开了。所以那个时候，很多人都出国。我们那时候20多岁、30多岁、40多岁的指挥基本不在国内，上来就是50多岁、60多岁的指挥了，当中出现了一个断层。还有，那时候又开始有一些乐团的改革和改制。所以我很幸运，那时候正好很大量缺指挥，那时候也觉得年轻指挥……今天的年轻指挥好像出头没那么简单了。而且那时候每届指挥系也就招一到两个人，不像现在，要招很多。我们读书的时候，我觉得除了交响乐以外，指挥一个芭蕾舞《天鹅湖》和指挥一部歌剧《卡

门》，那对我们指挥系学生来说是一
个梦想。交响乐你指挥的机会可能
会多一些，歌剧和芭蕾舞就非常难，
尤其芭蕾舞还不是一个行业。我们
上学的时候就两类，一个是交响乐
指挥，一个叫合唱指挥，这俩是分
开的。但是交响乐指挥有两年是必
须要修歌剧课，当年我的老师是徐
新老师，但教我歌剧的是郑小瑛老

张艺大学时期徐新老师授课

师。你必须要学习，像我当时也学过《茶花女》《弄臣》《卡门》，等等，都要学的。但
是芭蕾舞没有，芭蕾舞是舞蹈学院的。但是《天鹅湖》大家都知道，所以当我得知中
央芭蕾舞团邀请我去，1996年的时候，邀请我去指挥《天鹅湖》的时候，我觉得开
心得不得了。当时我也做了很多功课，《天鹅湖》的音乐应该说从小就熟，但怎么跟
舞蹈配，这是一个专门的学问，音乐学院没有学过。所以那时候我进教室，真正看到
舞蹈的这些演员们是怎么工作的，他们是怎么完成的，他们跟音乐是怎么配的，打开
了我另外一扇门，甚至于影响了我这一生的职业规划。

曹：您正式入驻中芭，其中有一个重要的节点，是不是就是因为当年您和张艺谋、陈
其钢合作《大红灯笼高高挂》这部舞剧？

张：是这样的。我跟芭蕾舞团，当时1996年、1997年、1998年有良好的合作以后，
我就出国了。2001年的时候，时任中芭团长的赵汝蘅通过曾力，就是搞舞美的，曾
力和张艺谋比较熟。说你干脆让张艺谋来给你们导一个芭蕾舞，说可以，巴不得。然
后又找了旅法的作曲家陈其钢，一拍即合，这当时在中国的艺术舞台是一个文化大事
件。那个时候的芭蕾舞团，因为改革完了以后，原来一些优秀的乐手都到新成立的中
国交响乐团去了。那时候舞团水平很高，乐团水平还没有那么高。但是陈其钢又是一
个当代作曲家中的佼佼者，他写的东西很难，所以种种原因，赵汝蘅当时就问陈其钢
说我们找谁指挥，陈其钢就说张艺。我和陈其钢从1996年就有过合作。赵汝蘅说张
艺，我知道是很好，但是他在德国。后来是我请假，这样就促成了，这是一个重大事
件。当时在北京首演五场，到上海大剧院演了三场，我记得很清楚，一共八场。其实
我刚开始只请了北京的假，工作时间长达……大概有差不多一个月，因为是一个新
戏。当时我不知道上海还让我演。结果在北京演出的时候非常轰动，除了各个艺术界
的，还有外国使节都来看，因为这是一个文化大事件，其中也包括德国的大使和文化

参赞。后来我说德国的假怎么请，德国人那么严谨。他们说你已经请过一次假，再请，我说我都张不开这个口。后来赵汝蘅团长说要不跟大使馆试试，他不刚看完我们的演出吗？我记得赵团开着车带我到大使馆去，进去以后，他们说你们昨天演出非常成功，祝贺。赵团说现在找您有个事，他们说你说，他说我们这个指挥开学了，但我们上海演出还没演完，能麻烦您跟音乐学院……那时候只能传真，没有电子邮件。

曹： 就是让德国使馆来代你请个假？

张： 对，从来没有过的。我在萨尔布吕肯音乐学院，音乐学院忽然收到德国驻中国大使馆文化处的一个传真，说要用我们这儿一个研究生指挥，要在那儿进行一个很重要的演出，他们觉得建校以来没有过这样的，这叫外交请假条，没有见过，马上校长就批了。他说你可以到上海演出，非常重要，但是演完以后马上回来，继续上课。我觉得这其实也是很神奇的，一辈子我也就这一次。那之后，我又从德国被叫回来，包括一些巡演，还有一些新的剧目的演出。在2002年12月的时候，他们说你能不能回来做总监。我当时因为刚出国才两年多，我当时想，跟我原来的计划又不一样了，本来觉得在那儿毕业以后，在欧洲看看能不能找找有没有什么机会。因为我也就是一个初出茅庐的、年轻的、稍有才气的这么一个指挥，就这样把一个国家级的院团交到你手上去发展，对我来说也是一个挑战。所以这时候在两相权衡的时候，我决定回来。

曹： 其实您刚刚入驻中芭的时候，整个乐队的状况并不是特别理想，怎么让乐团能够慢慢地成长起来？

张： 我立了一个"双向军令状"，什么叫"双向军令状"呢？因为乐团基本上都是音乐学院毕业的，都说张艺你来了太好了，工资能不能涨一点？这是最现实的。还有一个，我们别老一天到晚演芭蕾舞，能不能演点交响乐？毕竟在音乐学院学过的，还是愿意在舞台上呈现。我说不要一上来就谈工资，因为我们没有任何变化，我有什么理由去跟领导说先把工资给我涨上来？如果说我们通过这一年的努力，大家确实有了非常大的进步，工资不涨，我就辞职。然后我到团领导那儿也是这样讲，我说这样的工资，确实对乐手来说太少。我这一年，不管通过训练也好，或是别的什么，你看演出质量，你认为改变了，面貌一新

芭蕾舞剧《大红灯笼高高挂》首演谢幕

了，希望你能给待遇有提高。如果不好，我也辞职。这叫"双向军令状"。结果大家说话算话，按我这个做了，大家有明显变化。而且那两年正好，除了原来固有的一些剧目以外，大量引进像罗兰·佩蒂、约翰·克兰科等大量外国的戏。而且那个时候还经常搞 GALA 演出，把世界上很多著名的芭蕾舞蹈家，齐聚到北京，演很多很多精彩片段、晚会。乐队挑起来了，确实有很大变化，他们也感觉到了，团领导也是说话算话。第一年我记得很清楚，工资就涨了 25%，这幅度蛮大的。第二年又涨 25%，不停的。原来演员和乐队还是双轨制，演员发年薪，乐队发固定薪资，最后在我的努力下，觉得大家还是同等，不要分三六九等，最后都变成年薪制。

曹：在体制内实行年薪制，当年还是非常少见的。

张：比较少见。在这个基础上，我开始强健自身，你不要一上来就开音乐会，开不好。而且那个时候北京已经有好几个团了，国交、中国爱乐，还有北京交响乐团，等等，好几个乐团，人家专门就演交响乐。你以什么样的吸引力来吸引本就不多的观众来听中芭的音乐会？所以我说先别急，我们别贸然演音乐会，如果演不好，人家再也不来听了。我那时候大概保持一年就演一到两场音乐会，但是前提是非常精，第二曲目要跟一般人不一样，大概这样的情况坚持了五年以后，另外一个大事件发生了，就是国家大剧院成立了。国家大剧院是在 2007 年年底成立的，2008 年就开始搞"中国交响乐之春"了。国家大剧院一成立，有个什么大的变化呢？改变了原有交响乐的听众，因为以前可能不听音乐会的人，也都说我先到大剧院来转一圈。

曹：我哪怕看个建筑也好。

张：看看建筑，这个吸引力是完全不一样的。而且北京是一个有两千万人的城市，跟上海一样，大学又集中，又有很多外资企业，需求量很大。原来剧场都一般，不知道在哪儿去听音乐会。固定一下，很多人都来听了，跟以前不一样了。我当时是非常珍惜这个机会，一个很大的突如其来的机会，没有预料到的一个机会。每一场质量必须特别好，而且要打出芭蕾舞团交响乐团的一个特色，我有个什么标志？现在大家一听这个音色，说芭交最大的标志就是音色，一听芭交，经过这十几年，你要有标签出来。还有一个就是我们乐团因为演芭蕾舞，所以舞曲方面肯定还是有它的特色的。

曹：这是你们的优势。

张：优势。所以勃拉姆斯的匈牙利舞曲 21 首，德沃夏克 16 首斯拉夫舞曲，等等，还有一些什么哈恰图良《斯巴达克斯》舞剧的音乐，不一定以舞剧来演，它是交响乐的曲目，但又是舞曲性质，像《达芙妮与克罗埃》，等等，这样的剧目大量在舞台上出现，打出自己专门的一个品牌，在那儿取得非常好的一个效果。当然我在这个过程中也演贝多芬、柴可夫斯基，因为你要做这方面的一些普及。我非常感谢大剧院当时的陈平院长，他很包容，不是说你演芭蕾舞的团只能演芭蕾舞，不是这样。

曹： 平等包容。

张： 对。商业说了算，观众喜欢买谁的票就算谁的，这当中实际上是筛掉一些团的，但是我们在那儿保持住了。所以从 2008 年至今，基本上我们每年在大剧院固定要开差不多 10 到 12 场音乐会。对于一个常年演芭蕾舞的乐团来说，这是很了不起的变化。

曹： 是不容易的一个突破。

张： 而且我们也建立了芭交的一个品牌，跨年"迎钟声新年音乐会"，到今年已经持续 12 年了。

　　中央芭蕾舞团交响乐团在张艺的带领下，已经走过 20 多个年头，现在的乐团不仅是中芭的最佳伴奏，也是乐迷心中独一无二的"芭交"。2015 年，张艺又与浙江交响乐团携手，立足本土，打造浙江自己的音乐文化之音，着重对原创作品的艺术把关。2018 年，张艺又成为继胡咏言、陈佐湟、汤沐海之后，上海爱乐乐团的又一任艺术总监，他为立足于国际化大都市的上海爱乐乐团，特别制定了一条"曲目路线"，力求在竞争激烈的上海交响乐演出市场占据一席之地。

曹： 您刚才说了，每个乐团都要有特别的一些文化特征，比如声音、曲目。您现在也是上海爱乐的音乐总监，上海其实是一个中国古典音乐的重镇，而且是一个出发点。

张： 很巧合，1996 年确实是我人生中一个很奇特的年份。1996 年的时候，我的职业生涯第一棒就是指挥上海交响乐团，24 岁。

曹： 你厉害！

张： 那时候去芭蕾舞团也是 24 岁，1996 年。

曹： 那年是你的开挂之年。

张： 那时候正好跟作曲家叶小纲，我们一直有很良好的合作，叶小纲就把我介绍给陈燮阳，说这个年轻指挥很棒，你请他来指挥吧。

张艺与作曲家叶小纲

他说好，就请了我，当年就请了，8 月我就来指挥音乐季，我记得很清楚。我就跟上海交响乐团有密切联系，每年都去指挥。那时候，上海广播交响乐团，当时的团长叫熊照。我在指挥上海交响乐团的时候来找我，他说你到广播来指挥吧。我说好。我记得很清楚，1998 年 2 月 16 日，第一次跟上海爱乐的前身，上海广播结缘了。那个时候大家合作得很好，1998 年那一年我就来指挥了四次。前任团长孙红，2017 年的时候说你来吧，因为他在上海歌剧院的时候，也把我叫到歌剧院去指挥。所以在 2018 年的时候，1 月 1 日我就跟上海爱乐签约了，等了 20 年的相约终于成了。上海是国际化大都市，实际上是一个国际舞台，我们作为上海爱乐乐团，到底应该有什么标识，这还是我的一个理念。首先决定是两条腿走路，先把古典基础打好，这是强身健体，打好基本功，然后抓好原创。原创是什么？原创是未来，这两条要并重。甚至于我把交响乐的水平演好，强身健体，让交响乐团的水平提高，最大的目的是更好地把中国的原创作品演好。因为很多时候，中国作品之所以大家觉得没有那么好，或者是没有那么受重视，我认为很多时候是因为没有演好，你不知道怎么演，或者重视程度，人家说可能没有这个好听，可是任何作品都是从新作品出来的。柴可夫斯基的《天鹅湖》当时也是失败的，今天我们觉得它是最美的芭蕾舞音乐，当时是失败。

曹： 斯特拉文斯基的《春之祭》首演也骂声一片。

张： 是这样，今天变成 20 世纪的标志性作品。所以我觉得首先要做好这个。第二个就是怎么打好上海爱乐自己的品牌，就是特征、曲目。所以除了常规曲目以外，我演出了大量著名作曲家的非著名作品。

曹： 这是一个很有意思的理念。

张： 还有非著名作曲家的著名作品。比如说柴可夫斯基，你看我们演他的《第三管弦乐组曲》，那很少演，因为都是四五六交响曲。

曹： 还真没听过。

张： 还有哈恰图良，我们演他的《第二交响曲》。哈恰图良一般都是《假面舞会》《斯巴达克斯》那些很有名的，《马刀舞曲》。这都是著名作曲家的，包括像理查·施特劳斯的《家庭交响曲》，演《唐璜》《蒂尔的恶作剧》比较多，《查拉图斯特拉如是说》《英雄的生涯》，《家庭交响曲》没怎么演，《贵人迷》更少有人演了，我要去演，让很多人听见。还有一些非著名作曲家的著名作品。比如说李雅普诺夫，很多人不知道这个人是谁，但是实际上从俄罗斯到苏联跨时代的时候，他是非常重要的一个作曲家。比如他的《第二交响曲》，就是他非常著名的一部作品，他是从 1917 年的年头写到 1917 年的年尾，代表什么？他写这个曲子第一乐章的时候还是沙皇时期，等写完了以后已经苏联了，所以很有意思，这个作品非常有意思，但是他本人并不是很有名。而且我还首演了很多西方的一些经典作品，比如梅西安的作品、施尼特凯的作品，我今天还跟叶小纲说我演了这么多20世纪著名的当代作品，还是很感谢当时他从美国回来的时候，我们共同搞了一个室内乐团，他让我接触了大量的当代作品。因为当代作品在我们指挥学习的时候，也是没有这个科目的。20世纪90年代的时候，你连见都见不到这些东西，叶小纲是从美国把这些东西带回来了。你看刚才我说的两条，在音乐学院学不到的，一个是芭蕾舞学不到，一个是当代作品学不到，对我们来说反而变成机会了。而且在这六七年的音乐季当中，我没有重复过作品，这还是蛮吓人的，没有重复过。

曹：您对自己有个要求，不同的团都不重复？

张：对。因为我还同时担任浙江交响乐团的音乐总监。

曹：那您一年的曲目得多少？

张：很多，几十套。而且每年我都自己还在学习新东西，还在学，不是说今年演了这个，明年换个地方演，不是，我还在学习新东西，每年都在不断挑战。

曹：所以您经过了这么六七年的训练，从一个指挥、音乐总监的角度看，您觉得乐队在哪个方面的改善或者提高是特别明显的？

张：我觉得是乐队的基本素质和规矩的提高，比如说我特别强调音准，对于现场演出的质量来说，我认为甚至排在第一位。音准和节奏，齐、准，尤其是我现在都是以录音为标准，现场的时候也许一带而过，没有那么明显，但录音一听，不行不行，太不准了，你都不想听。我经常形容音准不准，就跟你脸上花没花一样，本来应该是干干净净、漂漂亮亮的，如果音不准，就是这儿或者化了妆，这边没弄干净，这边睡眼惺忪，这边头发也没理。要是节奏不稳，相当于心跳不规律，人是不健康的，曲子演出来也是不健康的。我经常会拿这种非常简单的形容词跟大家讲，所以必须要达到，现在我的演出，我非常自豪，你们听吧，因为现在都在网上，都在互联网上，现场演出放出来，你们听，让大家去审。每一场都有第一次听我们乐团的观众，或者第一次听交响乐的观众。如果他感觉不好的话，他如果第一次听，觉得交响乐是这样的话，也许一辈子就不听交响乐了。我一直是这样来告诫自己。

曹：而且乐迷的音乐素质也越来越高，他们对网上的很多录音都有自己非常尖锐的评价，稍有差池就逃不过他们的耳朵。

张：因为以前你说听个东西，你听不到，现在互联网随便一点就听到了。还有相关这方面的介绍，或者跟它的逻辑关系，也是一查就查到了。所以我们现在，有时候我经常搞讲座，压力蛮大的，不能讲百度上有的东西，你讲了，人家说你不用讲了，我都看过，你必须要讲出自己的体会。音乐本身也是这样，你跟别人演得一模一样，我干吗听你的？现在我还是很自豪，对于上海爱乐取得的成绩。

张艺与曹可凡在上海爱乐

曹：上海爱乐因为这几年整个音乐的呈现水平越来越高，所以能够承担起一些比较复杂的作品演奏，比如说布鲁克纳。虽然不是同一个指挥，但是把整个布鲁克纳的交响曲作品全部演奏完了，这也是一个创举。

张：对，是这样的，布鲁克纳在之前，大概也就十年前吧，还叫票房毒药，因为觉得这个东西太深不可测，好像跟我们没什么关系，离我们的文化确实蛮远的。现在觉得，哪个乐团要是不演布鲁克纳，这个乐团一个是档次不够，第二好像没达标，竟然布鲁克纳都没演过。差不多五个乐季，大概是我、张亮、吕嘉，两个外国指挥，一个约格·伊维尔，还有一个彼得·弗洛，我们五个人，一个不落地把他的交响曲演完，上海爱乐是做了第一家。

曹：布鲁克纳还是音乐史上非常重要的人物，他受瓦格纳的影响，又是马勒的老师，其实这三个人之间有那么一种传承的关系，但是风格又完全不同。过去的音乐会可能选这三位作曲家的作品不会那么多，但是现在您看，各个乐团，这几位作曲家的作品都成为他们的主打。

张：我觉得这就是多样化，20世纪90年代最流行的是约翰·施特劳斯，自从有了维也纳新年音乐会以后，大家觉得约翰·施特劳斯我们听得懂，他们可能以为古典音乐就是约翰·施特劳斯。或者那个时候最普及的是贝多芬的《第五交响曲》、柴可夫斯基的《第六交响曲》、里姆斯基-柯萨科夫的《舍赫拉查达》，那个时候这才叫交响乐。但随着我们改革开放，我们跟世界全面融入，进世贸，我们外来的乐团演出越来越多，我们也走出去、引进来，剧院也盖得越来越多，我们的本土乐团纷纷雨后春笋一样都起来。观众对现场或者对古典音乐的要求有提升，要求越来越高了，我不满足于仅仅听柴可夫斯基，仅仅听贝多芬，我也想听瓦格纳、布鲁克纳、马勒、理查·施特劳斯，甚至于听梅西安、施尼特凯、肖斯塔科维奇。我的要求越来越高，因为这些信息上我都能查到了。以前我们可能找本这样的书都很难找到，我们都不知道有这样的作曲家，现在是随便一查就能查到。这就是时代给我们带来的，什么时代就有什么样的体现形态。但是我还是这句话，不管在什么时代，优秀的作品或者遗产超越了时代。

曹：我发现有个现象很有意思，现在到欧美的这些国家去听音乐会，会发现听众的年龄慢慢趋大，中国完全是一个新兴市场，演出越来越多，很多著名的演奏家售票经常就会秒空，像去年的王羽佳、齐默尔曼。

张：今年穆特。

曹：穆特的票一分钟就没了。

张：加演又没了。

曹：所以这种现象是非常有意思的，您怎么看？

张：我是这样认为的，不仅仅是交响乐，歌剧、芭蕾舞其实都是这样，在他们那儿已经发展了两三百年了，我们很新。我经常讲一句这个话，从交响乐的角度来说，19世纪是作曲家的世纪，你看我们说19世纪，贝多芬、柴可夫斯基、瓦格纳、布鲁克纳、勃拉姆斯。20世纪是指挥家的世纪，原来没有专职指挥，专职指挥或者原来还干作曲，后来这个行业如果兼职，完成不了了。所以职业专门的指挥家，在19世纪后半叶到20世纪初就开始蓬勃发展了，20世纪整个就是指挥家的时代。富特文格勒、托斯卡尼尼、卡拉扬、伯恩斯坦，等等，包括后来的黄金一代的小泽征尔、马泽尔，等等，都是20世纪的。到21世纪了，全面是交响乐团的时代，因为当时20世纪在演马勒、布鲁克纳，他们还演不太好，那时候指挥家的水平很高，一干干40年，当总监，卡拉扬那是柏林爱乐乐团，世界最棒，排马勒的《第五交响曲》就要排三个月，今天讲不可思议，那时候的乐队水平没有达到这么高。今天你说哪个乐团，两天就可以把这些东西排了，就是西方这些最棒的，乐团水平提高。但是作曲家、指挥家，跟前两个世纪又比不了了。好，中国在干什么呢？中国改革开放40多年，干了人家两三百年的事情，既培养作曲家，又培养指挥家，又培养乐团，等于我们这时候同时干人家分了三个阶段干的事情，我们是一个阶段干三个事情。这有一个好处，不掉队，现在你们在干什么，我们就在干什么，弊端是什么呢？都不太扎实，人家每一个项目都有百年支撑。但中国这些年轻人，尤其互联网的辅助效应，还有一些明星效应，等等。我们既融在世界的洪流发展当中，又在巩固他们两三百年所积累下来的这些财富，对我们来说既是挑战又是机遇。

曹：您刚才说了您所带的乐团，除了演奏经典作品，更推崇中国的原创。所以这些年比如说叶小纲、陈其钢的作品，包括您也发掘了像于京君这样的，可能今天很多人都不知道的这么一个优秀的作曲家，怎么慢慢让我们中国当代的原创能够走上舞台，并且能够走向未来、走向国际？

张艺与作曲家于京君

张： 其实我内心永远作曲家是上位，因为作曲家是0，是白纸，我们都是看了1234以后再去发展。交响乐是西方舶来品，但是成为一个世界艺术舞台的标配。我们知道德奥，德国人为什么自豪，他们有贝多芬、巴赫，等等。那么俄国一开始也演这个，但是他觉得我怎么跟你演，我必须要有自己的，所以格林卡、柴可夫斯基。尤其柴可夫斯基一诞生，然后再加上民族乐派这些人，里姆斯基-科萨柯夫、鲍罗丁、穆索尔斯基，到后面拉赫玛尼诺夫、斯克里亚宾，再到后面普罗科菲耶夫、斯特拉文斯基，变成一个俄罗斯体系了，变成俄罗斯学派了。虽然核心源都是从德国来的，但是它的学派出来了。法国同样，他们也是从贝多芬、巴赫开始学起，然后柏辽兹、弗兰克、福雷、德彪西、拉威尔，发展到后面，普朗克，20世纪的这些，梅西安。包括美国，德沃夏克过去以后当校长，你们美国作曲家拿点美国作品来吧，一拿给他们一看，德沃夏克就笑了，说这不是美国作品，这还是欧洲作品。后来从科普兰开始，伯恩斯坦、格什温，形成美国的一套体系，艾夫斯，等等，巴伯。但是同样的课题摆在我们这儿，我们中国不能不把自己的原创搞好，永远在学习人家。你到任何一个地方去演出，你演贝多芬，能演得过德国人吗？技术也许不比他们差，但是人家觉得贝多芬就得听德国人的。你到俄罗斯演柴可夫斯基，人家说我就要听俄国人的柴可夫斯基。

曹： 就比如说《梁祝》，听外国人拉《梁祝》，总是有点怪怪的。

张： 所以中国作品的重要性就在这儿体现出来了，我觉得假以时日，让中国的原创作品真正为世界所知道还不够，还要为世界所演，这样才真正能够成型一个中国的学派。实际上我的一个朋友讲得非常好，一个时代作曲家的成就是衡量同时代的指挥家和音乐家的标杆。历史上有很多很伟大的友谊，指挥家和作曲家的友谊。作曲水平不行，会影响到你指挥的水平，或者是演奏的水平。所以回到我刚才的问题，很多作品也并不一定是写得不好，是演得不好。我觉得后来我演出了大量的，刚才

张艺与曹可凡

你说陈其钢、叶小纲、郭文景、谭盾、于京君、黄安伦，等等，尤其我现在还发掘很多年轻人。以前就是人家让你演什么就演什么，现在我有能力的时候，我去委约一些作品。从我的角度来说，能代表中国的，用交响乐讲好中国故事的这样一些作品。我觉得这是我很重要的一个使命，甚至大过于去演出经典。

把美与爱还给人间——丁绍光专访

丁绍光，蜚声中外的现代工笔重彩画大师，开创出闻名中国现代画坛的云南画派。他先后在世界各地举办超过1000次个人画展，并且是唯一一个连续四年被联合国聘请为"代表画家"的华人艺术家。1998年，丁绍光为上海大剧院创作了其一生中最重要的作品之一——《艺术女神》。

丁绍光做客《可凡倾听》

曹： 我相信每一个去过上海大剧院的朋友都会被入口大厅处您的那幅巨型画作所震撼，您现在回忆起来，当时是一个什么样的缘分，能够担任这幅画的创作，艺术构思又从什么地方来的？

丁： 1995年的时候，世界妇女大会在中国举行，邮政局出了六张邮票，另外首日封出了版画，我画了这张《宗教与和平》。这应该就是上海大剧院这张画的雏形，后来到了1998年的时候，上海大剧院那张画由此衍生开来，另外增加了上海的市花。

曹： 白玉兰？

丁： 白玉兰。前面一个人抱着琵琶，头对着玉兰，等于是"外师造化"，艺术的来源一个是生活。另外一个是对着天上的飞天，飞天是代表中国的艺术传统，对传统的一种敬仰。所以来源一个是传统，一个间接生活，一个直接生活，很容易看明白。

曹： 这幅画的面积差不多有40平方米，您当时怎么去完成这么大面积的一幅画？您是挂在墙上画，还是铺在地上画的？

丁： 铺在地上。当时来讲只有26天，上海大剧院就要开幕了，必须完成，我是在家里的客厅，正好那时候还有个大房子，够画。有时候立起来，有时候放平，两个都有。

丁绍光《艺术女神》

曹：等画上墙之后，您作为作者，看到自己的作品挂在大剧院，是一种什么感受？

丁绍光：画画的时候，觉得有压力，时间非常紧迫，也很辛苦，我就没回家，基本都在上面睡觉，就在画上睡，画着画着累了就睡着。我的老师说的，画画创作刚开始天马行空，然后构图。他讲具体的，前面是要在天马行空的状态里进入创作，就是用想象力，充分的想象力。

曹：可能现在的人们对张光宇这个名字比较陌生，我突然想到最近在全球掀起热潮的一款游戏，叫作《黑神话：悟空》，中国文化当中一个经常被用到的IP，实际上是创造了一次现象级的文化输出。其实在六十多年前，"悟空热"就已经席卷大江南北，当时《大闹天宫》这个动画片，大家都非常喜欢，而孙悟空的形象就是出自张光宇先生。您跟我们说一下，为什么张光宇先生对您影响这么大？

丁：张光宇，我觉得应该说是非常前卫的艺术家。他的很多事情，今天我们来看，真的很了不起。特别在30年代，按照当时夏衍他们的看法，那就是中国文化的方向，旗手。上海当时从各个方面，他所画的漫画，他搞的杂志，包括他的一些摄像作品……

曹：包括他的很多不同表情瞬间的照片。

丁：对，那不就是波普艺术吗？

曹：对，这么早其实就已经有波普艺术。

丁：不仅在中国，1965年他就瘫痪了，瘫了以后，他就躺在床上，不能动。那个电影在巴黎的世界动画电影比赛，轰动的是整个世界，轰动了整个动漫界。评委最后是给完了大奖，大家一起开会说不行，还得给特别奖、金奖，很多很多奖。今天如果问到动漫界的几个大佬，你的动漫想法是从哪里来的？怎么会进入这个状态？都讲我的老师张光宇。张光宇是非常非常了不起的。

曹：当时作为学生，您跟他交流或者相处的时候，他给您的总体印象是什么？

丁：不善于言谈，但是满腹经纶，这种感觉。张仃对他的形容，茶壶里煮饺子，肚子里有，倒不出来。他是这样一个人，但是他的修养非常非常高，有很多东西非常前卫。我记得人家形容我在中央工艺美术学院上学的时候，等于是"开小灶"，所谓

"开小灶"都不是正常课堂上，当时课堂上的老师有很多顾虑，有很多东西不敢讲，所以到他家里。

曹：他都给您开些什么小灶？

丁：一般你去了，他问你有什么事，有什么问题，你就提，你提的问题要是很没水平，他不理你，不说话了。如果你问的问题有点意思，他就说你说，你就说，说完了以后，他就给你评价。这么教的，但是我觉得他说的话非常有水准，有很多事情都是后来我到了美国学画，特别是到晚年，才能体会到的艺术规律性的东西，他当时就提到了。现在回头想，越想越佩服他。另外，你想想，他塑造的人物形象，《大闹天宫》里面说的是各路神仙，但是每一个人物的性格、人生，在我们的生活当中，都能找到根据，你可以想象到整个人生，各种类型的人物。他是有很深厚的生活基础的，他把它提了。另外我觉得还有一条，张光宇是第一个把中国艺术带入世界的人物，他的语言不仅仅是方言，绝不是。

曹：是"世界语"？

丁：是"世界语"，所以他很快能够和世界沟通，这条我觉得对我是非常重要的启发。

云南是丁绍光在艺术上的精神家园，也是他的第二故乡，西双版纳更是他魂牵梦绕的地方。还在大学就读的时候，丁绍光第一次来到这片世外桃源，感受到其与中原迥然不同的情调，以及原始而质朴的美。自此，西双版纳成了其艺术生涯的重要转折点和起始点。

曹：您毕生的创作都是跟云南，特别是西双版纳的人文风情有关，其实我们看现当代的绘画史，很多前辈画家都是从云南的人文风景当中获得灵感的，甚至可能对他们画的风格产生深刻的影响。比如说黄永玉先生的《阿诗玛》，大家都非常熟悉，程十发先生的《小河淌水》，也是美术史上非常重要的作品，而且他个人的风格也是去了西双版纳以后发生了很大的变化。

听说您当年南行记，去西双版纳其实也是得到了很多前辈的关怀和支持，所以有人开玩笑说您的南行记，策划是黄永玉，监制是张仃，出资人是张光宇。

丁：我1961年开始搞毕业创作，当时我的第一个想法是搞黄河大壁画，结果后来因为正好是国家困难时期，我去黄河沿途看了以后，实在是画不下去，咱不谈细节了。所以我就回到北京，到张光宇家里，正好见到黄永玉，黄永玉刚刚从西双版纳回来。

大学时期的丁绍光

老先生讲起画来非常有魔力，把西双版纳讲得头头是道，我就很想去，这是一个方面。另外，我在创作上有一个很大的转变，这和张仃的夫人有很大的关系，张仃的夫人是非常非常了不起的一个人。

曹： 他夫人好像跟鲁迅有过交往，是吗？

丁绍光： 没有直接交往，但是当时她14岁离家出走，反抗她父亲给她包办婚姻。离家出走以后，从14岁开始，就写文章，靠这个维持生活，当时称她为"小鲁迅"。她给我建议，她说艺术还有另外一条路，讲得很简单。她说，我觉得艺术，一个是直接反映生活，所谓的主题性绘画，还有一个是精神上的，你可以走一种更高深一步的路。她实际上提到，今天简单来讲就是"天人合一"的路。我到了西双版纳以后，整个的感觉，奠定了我这一生艺术的风格。但是当然，我后来的画不一定只画西双版纳，但是西双版纳对我的启发是不能忘记的，这个启发最大的是大自然。

曹： 是张光宇先生出钱给您去云南的吗？

丁： 是。

曹： 他出了多少钱？

丁： 三百元。

曹： 那个年代三百元很吓人。

丁： 对，等于三个一级教授的工资。

曹： 他为什么那么慷慨，对于您的云南之行？

丁： 我觉得我和他之间的感情，他和我的交往……他当面不会表扬你，当面会骂你，话也不多，但是会骂你。我记得那一段时间，我画得像毕加索，顺手就是毕加索，不是临摹。就是他骂我的，张仃说好，张光宇说你要再画得像毕加索，你就把它毁掉。我后来就听张光宇的，他的意思就是你还是得有你自己，你不能跟着别人跑，再好的画家，跟跑等于是"自杀"。

曹： 您一到西双版纳，当地的人文风情给您最大的震动是什么？

376

丁：第一，语言不通，但是真正到那儿生活也不能不懂。那时候年轻，我很快，大概三个月以后会讲当地语言了，就完全适应他们的生活。因为我感觉太舒服了，那个时候没有商业，他们还是以物易物，都是互相在集市上交换。另外一个，这个民族对他们自己的民族服装也好，对他们的舞蹈、音乐也好，他们是充满了热爱、充满了自信。非常爱美，这个对画家太重要了，你看到他们很爱美，如果不是这样的话，为什么那么多的画家那么迷那个地方，是不是？女孩子走路，头发，每一个细节都非常讲究、非常考究，他们追求美。

曹：而且人也很热情、淳朴。

丁：对，非常单纯。再进一步到了森林里，要画森林的时候，开始的时候画不下去，为什么？我当时满脑子都是现代艺术，都是色彩，到树林里基本都是绿颜色，没有颜色，刚开始不知道怎么画。但是真正静下心来看了以后，特别是陈布文说，她给我写的信，她说你观察生活，应该就像一部长篇小说，你应该看到所有的细节、高潮和起伏。我就用这样的观念去观察大自然，真的不一样。你就看树林里，感觉整个人类史，就是人类的历史，真的，就是这种感觉。你可以把每一棵树象征化，你可以想象这是一个美女，这是一个将军，这是一个老人。然后你再去观察它，的确是这样，有的树上斑斑驳驳，像皱纹一样的，真像老人。另外还有好多是寄生的，寄生的植物上，小的，特别在高空，很高的树上会看到花园，那些寄生的植物开了花以后，很美，有的纠缠在一起，那简直是人生和历史。看完以后，我觉得我想明白了，艺术有一种永恒性。今天看来，就是"天人合一"的这样一种思想。

曹：第一次去西双版纳，大概在那里待了多久？

丁：待了半年。学校给我两个月，我待了半年，不肯回去。我本来就想留下不回去了，当时肯定很简单，没考虑那么多，怎么生活、工作都不考虑。

曹：那里的生活，您能够习惯吗？您从北京去的。

丁：习惯。1961年我在北京，说句良心话，饿肚子，到西双版纳，任何一家，随时你直接上楼，没有一家锁门的。

曹：是吗？

丁：是。没有偷盗，没听说过。

曹：您那会儿是住在招待所，还是住在当地老百姓家里？

丁：住老百姓家里，而且换着住的。

曹：换着住？

丁：寨子人很热情，你不能老住他们家，每一家得住几天，他们非常热情。

丁绍光白描作品

曹：您还有印象，半年当中一共住了多少户人家？

丁：也没有太多，当然不能老换，十多家有了。

曹：您后来回到北京，有没有给几位老师看您在西双版纳画的那些作品，尤其是您的很多白描的作品？

丁：当然。我后来完全用线做一个结构，用线结构来塑造每一个植物，把每一个植物都象征化，我把它想象成一个人物，甚至想象到一个故事，一个很复杂的故事，这样来画，所以画得很投入。

曹：您的出资人张光宇先生看了您在西双版纳画的作品，他怎么说？

丁：他非常肯定，老头话不多，他就说你把那个镜框拿下来，我把镜框拿下来，他的画，最后他说把它打开，然后把我的画挂上。

曹：真的？

丁：他就这样做，鼓励你。

曹：说到您的创作，就离不开西双版纳，说到西双版纳其实离不开当地的自然风景，离不开当地的人文情怀，更离不开……您其实在其他访谈当中也提到的，当时一位傣家姑娘，叫玉娟，给您带来的艺术灵感。您还记得第一次见到她，一个北京的小伙子是一个什么样的感觉？

丁：在西双版纳有这样一个细节，你知道男女怎么谈恋爱吗？

曹：不知道。

丁：到了晚上，大家就在缅寺前面，有些贝叶树，都很漂亮的树底下。比方说三四个女孩子，好朋友就坐在一排、坐在一起。眼睛蒙着，拿毛巾被这么一遮，但小伙都知道谁是谁。小伙子来，如果喜欢哪个女孩子，他就来了，买她的鸡腿、买她的花生，都是用这种方法。小姑娘喜欢这个小伙子，就把小板凳拿给他坐，两个人就开始谈。我当时还是刚到那儿大约一个月，我觉得很好玩，我就在旁边观察。如果说女孩子不喜欢这个男孩子，那天可以要很贵，鸡腿比方说一毛钱，她可以要一元钱，诸如此类的。为了面子，小伙子都得给。我就看着"四大美女"，把很多人都拒绝了，很多小伙子摸摸脑袋走了，她们也收了不少钱，挺好玩的。我走过去，有一个女孩子把小板凳给我坐，我哪里走得了，就坐下了。

曹：所以她把板凳给您，实际上表达了她的这种想法？

丁：对。

曹：您不知道？

丁：我不懂。因为前面也没有例子，我也没有看到。

曹：鸡腿，您买了吗？

丁：她给我吃，也不收我钱。

曹：所以这样您就和玉娟认识了？

丁：就认识了，对。

曹：我好像看过一个资料，其实您和她只见过四次？

丁：没见多少次，这倒是真的很少。然后我就过我的日子，我画我的画，没当回事。一直到我要离开西双版纳的时候，我要离开橄榄坝，要到景洪，从景洪要回北京的时候，她突然出现了，她说我送你。我说我坐船，她说不坐，咱们走路。

曹：从橄榄坝走到景洪，得走多久？

丁：走一天。还有很多情节，非常有意思。

曹：在走路的过程当中，你们俩聊点什么？

丁：她的汉语不错，她是上了中学的。而且她篮球也打得很好，篮球队的队长。

曹：她对您是直接表白吗？

丁：那当然，傣族可不像咱们，她就说咱们啰嗦，就这个意思。

曹：说你们太啰嗦了，我们就谈情说爱？

丁：是。

曹：那当时您怎么想的？

丁：咱们跟人家差远了，那不是现在，那时谁敢。

曹：所以那次您离开以后，隔了多少时间最后一次见她？

丁：十年左右。我见到她以后，我那时候没多少钱，她有小孩了，我就倾囊而出买一些玩具给小孩，她就叫我去她家。到她家以后，竹楼楼梯那儿，她说你坐这儿等我一会儿，我就坐在那儿等她，她就进屋了。我等了两三个小时不见她，我就很奇怪。后来下来以后就走，从我旁边走，我就发现脚、手都很粗糙。以前非常漂亮的女孩。

20世纪八九十年代，丁绍光和数以千计的中国画家一样，怀着对艺术与生活的梦想，踏上旅美之路。仅仅几年，他用中国绘画独具的色彩与线条，以及具有浓郁东方情调的艺术底蕴，打通文化壁垒，让西方人开始逐渐了解、接受和喜爱中国画。

初到美国的丁绍光

曹：现在说到您，也会说到另外一个概念，叫"云南画派"，这个说法是以前就有的，还是因为您后来被大家所接受，尤其是您的绘画在美国，甚至全世界受到欢迎以后，才出现了这么一个学术上的称谓？

丁：这是美国人提出来的，他们当时来讲，我觉得他们更多的恐怕是一种商业上的需要，我的想法……当然他们有一个画派，也牵扯到美国的理论家，像科恩夫人。科恩夫人对咱们中国非常了解，她曾经来中国住了很多年，对中国的美术界非常清楚，她提出来的。当时问我的意见，我没有同意，实际上客观上我反对这种提法，我觉得用一个地方命名没有哲学意义。

曹：您出去的那个年代不像现在，可能当时您在国内看到的画册，或者相关的资料比较少，更不要说原作。您到了美国之后，有机会去各大博物馆看很多西方现代主义的作品，给自己的艺术创作带来了一个什么样的灵感？

丁：第一，我觉得我到美国以后，最后能够让美国所接受，让西方世界接受，一个很重要的，我打了一个现代艺术的基础，这要感谢我刚才说的这些老师，使我能够不仅仅站在一个地区或者一个民族的角度，而是能够站在世界的角度，用一种"世界语"来讲中国人的事情。这个我觉得和我在美国后来能取得一点成绩，有很大的关系。但看了博物馆以后，我觉得我在美国，实际上在进画坛之前，我做了一件事，看着西方的博物馆，研究中国。那段时间，实际上更多的精力还是在看中国美术史，我在中国的时候，是拼命看西方现代，到了美国的环境下，看中国美术史。

曹：您到了美国看中国美术史，觉得哪一段对您来说影响比较大？

丁：从文人画，几个大家手里，从那条线索过来的。我想我更多的应该是从民族民间出发，说起来这跟我的老师庞薰琹的教育有很大的关系。

曹：其实庞薰琹的作品，现在看都很现代。

丁：中国现代派"决澜社"的创始人，30年代搞"决澜社"，就是宣扬现代派。他这样一个思想到了美国以后，我觉得我的感受越来越深，因为到世界各国看完以后，真正震动了西方的中国艺术是什么？真的，很明显，现在看得很清楚，三星堆、马王堆、敦煌、云冈石窟、麦积山石窟、秦始皇的兵马俑，真正震动是这个。看的是庞然大物，整个民族的气概，东方文化的这种神秘感，东方文化的"天人合一"，这是真正震动了世界。

1998 年 8 月 10 日，丁绍光在美国比弗利山庄 4000 平方米私宅中创作上海大剧院巨幅《艺术女神》

曹：听说您到了美国以后，除了回望中国的美术史，特别是民间美术史以外，您对像克里姆特这样的奥地利分离派，也有很大的认知？

丁：有很多启发。

曹：从奥地利分离派当中，您吸取的最重要的是什么？

丁：我觉得首先是我知道外面人是怎么批判他的，从这点我心里就不平，特别是克里姆特一直到 30 年代给翻案，但是从历史的整个过程当中，大家都认为他是搞舞台美术的，还认为那不是纯艺术。这都是非常荒谬的观念。

曹：还认为装饰性比较强。

丁：装饰在他们眼里，在所谓的纯艺术眼里，是贬你，就好像画画的贬工艺美术一样，是不是？就好像画家就比设计师，比搞图案的人要高一等，这都是很愚蠢的观念。这个东西应该现在不仅仅是夸。

曹：所以你看现在拍卖场上，卖得最贵是两个人的作品，一个是蒙德里安，一个就是克里姆特。

丁：而且第一个是克里姆特先出来。克里姆特用装饰是他艺术风格追求的手段，按照纯艺术对艺术、对绘画的要求，他全部都做到了，哪一条比他们差，是不是？而且他把大自然重新组合，你看那些风景画，我觉得和印象派的任何画家比都绝不含糊，甚至很多人都比不了他。他把天地的关系，天地的比例都破坏了，重新组合。我觉得他更高明，装饰只是一种技法、一种风格，美学的追求，不影响他的艺术表现，反而是加强了。

曹：您觉得您到了美国之后，自己的艺术出现了哪些嬗变，或者说出现了哪些基因突变？还是说跟你过去在国内，其实艺术的源流是一脉相承的？

丁：从哲学意义上讲，我觉得艺术的最高境界应该是全人类，我们每一个民族，不管哪一个民族，从民族出发，跟其他的民族交流，也就是说走向世界。然后又往哪里走？我觉得最高境界是走到人类，老子讲"天下为公"，孙中山先生也讲"大道之行，天下为公"，还有爱因斯坦，像这些，很多的哲学家也好、科学家也好，他们认为最高境界就是这个东西。

曹： 其实在上世纪80年代去美国的画家汗牛充栋，大多数人都不能靠卖画为生，有的可能在古董店修画，有的可能就是在马路上给人家画像，等等，也有的可能干脆不干这个了。所以我觉得您还是很幸运的，能够通过卖画来维持自己的生活。那段时间，您想得最多的是什么？

丁： 在美国这样的环境里，在了解西方艺术的同时，我在研究东方艺术。研究的结果，是我想找到中华民族文化真正的根在哪里，中华民族最重要的是什么。这样的话，我觉得我站在这个基础上，再回头学西方，最后我觉得我终于找到一种，应该简单讲就是一种我认为的，从我的艺术风格上所找到的一种世界语言。

曹： 您觉得您的绘画在美国能够被接受，能够被全世界的藏家所认可，自己的核心竞争力在什么地方？

丁： 在最近这几个世纪，在艺术上所创作的，基本都是一种冲突和矛盾，都是互斗、冲突、对比。我的画正好反过来，和谐，靠这个，说白了也是靠这个。后来我觉得法国一个评论家看得清清楚楚，他是了解我的一些遭遇的，他就讲把痛苦留给自己，把美与爱还给人间。这是他定的这样一个位置，后来的云南画派的宣传也经常用他这段话，我想他讲得还是很准确。

1981年，以画作《田园风光》引发美国艺术界瞩目的丁绍光，在美国海鸥画廊发行了他第一张丝网版画，这是当时只有像毕加索那样享誉世界的艺术家，才有资格发行的作品。无与伦比的个人艺术风格，借助画廊的商业运作，立刻一炮而红。接踵而至的掌声与荣耀，却让丁绍光开始思考，自己究竟要成为一个怎样的艺术家。

曹： 当年您的名字跟另外一个词联系在一起，丝网版画。当年您的丝网版画在全球的销售量极大，尤其在日本，您在日本有很多追随者，当时是一个什么样的盛况？

丁： 丝网版画，主要开始是在美国流行的，没有在欧洲，主要是美国。一些原画供不应求的情况下，就做这个版画。版画完全是手工制作，都是画家分版，而且等于每一个就是单做，有的套色会套到七八十种，最高到九十五种，我的画的最高纪录是九十五种颜色重叠，像印T恤一样，红的黑的，都是丝版，重叠重叠这样。所以它本身来讲，有收藏价值，因为等于是艺术的再创造。然后编号，有限量。

曹： 一般一张原作，有多少丝网版画？

丁：开始要规定，你自己定。

曹：我看有的一百二十分之几、二百分之几、五十分之几，是不是有的人印 50 张、120 张、200 张？

丁：对的。编好，如果是二百五十张，二百五十分之一二三四。

曹：所以丝网版画对于扩大艺术家的影响，其实效果挺好的，因为不是每个人都买得起您的原作。

丁：是，当时很流行，在美国很流行，美国、日本。

曹：您那时候一年原作可以创作多少？

丁：10 幅到 20 幅。

曹：产量很低。

丁：但有的年头，在我刚刚开始的时候，可能有三四十幅。

丁绍光《田园风光》

曹：丝网版画一年可以卖出多少张？

丁：简单讲，那是创纪录了，创世界纪录，不夸张地讲，大约卖掉了四五万张。

曹：您的一幅《母性》，被联合国选中，当年出版了邮票，还出版了首日封。那个算不算是您艺术的高光时刻？因为那个对于一个中国艺术家来说，是个非常难得的机会。

丁：可以这样说吧，算一种荣誉，给你一种肯定。另外，《联合国宪章》的精神，他们认为我的创作和他们的思想是统一的，主张全世界的和平。所以从这一点上，也认为我是《联合国宪章》艺术上的代表人物。这点上，跟他们的合作，使你在意识形态的角度，我觉得更清楚了，艺术的追求、艺术的情结，和艺术哲学的追求统一。

曹：我 1995 年去美国的时候，听到很多华人，文化方面的人士都会提到您，都会提到您在比弗利山庄的大豪宅。据说您是一个特别慷慨好客的艺术家，那时候，是不是您家里就是一个特别热闹的文化界人士的聚会场所？

丁：开始我觉得挺好，但是发展到后来，那就真让人受不了了。后来不光是文化界，旅游客也来，你根本不认得，而且也不联系就来敲门，受不了。开头倒是我在那里认识了很多中国文化界很重要的人物，对我来讲，是很高兴的事，大家有很多共同语言。

曹：我听说过一个笑话，说您因为很慷慨好客，所以您结交的朋友不一定都是达官贵人，非富即贵，可能有些很普通的人也是您的朋友，也会常常去您的家里，所以他

丁绍光《母性》

们说有的时候你们家聚会，邻居会抱怨，说有的客人来的时候，车开得不太好，会漏油。

丁：我记得很清楚，一帮画家，一个比一个穷，车都漏油，街上都漏得黑不溜秋的，警察要来打扫，心生不满。

曹：我 1995 年一到洛杉矶，有人就跟我说这个笑话。

丁：这是真事，你就看着一排烂车进比弗利山庄，到处滴油，真有这事。

曹：其实当年您想，中国艺术家在欧美的主流社会，赢得自己的声誉，赢得自己的地位，是一件不太容易的事情。但是您后来依然断绝了这样一种商业的运作，还是远离尘嚣，回归到自己的艺术上来。您的这种想法，是从一开始就有的，还是因为经历了那段喧嚣的商业运作之后，您觉得这不符合您的艺术理念？

丁：是这样，越来越烦。开始我觉得卖画卖不掉，连专业画家都不是，起码能够通过卖画为生，这属于专业画家，这无可非议。过分以后，你受不了，是不是？刚才我讲，所有的原画出来也都卖光，丝网版画也卖光，所有这些东西都需要你参与，不是说拿给人家就完事。比方说到巴黎，我到那儿以后，从飞机上下来去酒店，从酒店去画展，从画展回酒店，从酒店去机场，我想看看博物馆也没有时间。

曹：当您远离了这样一种喧嚣的生活，会觉得孤独吗？

丁：不会，我觉得很舒服。那些事经历多了，你就知道，很不舒服。以前卖不掉画，刚到美国急死，老婆孩子都在国内，还得寄钱，自己吃泡面就算了，混日子可以，还有负担。

曹：您觉得您到美国过过苦日子吗？

丁：当然，看怎么说，那当然了，毫无疑问。

曹：但是您至少到了那儿就能够靠自己的画来维生？

丁：对，我算其中最幸运的。

曹：其实像上一代的艺术家，像林风眠、吴大羽、庞薰琹、张光宇，其实都可以算是现当代美术史的遗漏者。当然现在林风眠，大家对他认可比较多，但在很长的一段时间，这些名字都是中国美术史的一座座孤岛。所以今天来看这些老师们，您觉得他们应该占据一个什么样的位置？

丁：你刚才讲的几位都是非常重要的，绝对是划时代的大师级的人物，没有他们，中国美术史应该很难写。如果没有写，是我们不对，后人不对。我觉得有一天，一定会补上，我相信历史的公道。如果没有权力、没有金钱在背后支撑，只有作品，一百年以后就这个状态了，谁知道你当时是当的什么官，后边有个什么财团，都不知道，看作品，那时候会有公道。刚才你提到的这几位，绝对都在中国美术史上响当当的，毫无疑问。但有些人可能一生都过得很苦。

20 世纪 80 年代，丁绍光在比弗利山庄家中

曹：您怎么看自己的艺术在美术史上的位置，您想过这个问题吗？

丁：想过，当然想过，每个人都会想。但是每个人很难得到准确的答案。有些人是过于谦虚，有些人是过于狂妄，各有各的答案，我觉得留给历史吧，很难回答。

曹：您现在已经到了耄耋之年，是不是还有创作的冲动？

丁：那当然有了，只是有的时候力不从心。

曹：会不会觉得还有一些画，我想画，但是现在画不了了？

丁：当然，这恐怕是很多艺术家最多的苦恼。

曹：您现在还动笔画吗？

丁：最近都没画了，一个喘，一个站不住。

曹：不画，手会痒吗？

丁：不会，心里画。

曹：心里怎么画？

丁：心里感受。有很多画，没画，你先有感受，画才能出来。

曹：现在 AI 技术发展很快，电脑技术都发展很快，其实对绘画来说，可能带来一些冲击，但是可能也带来一些新的生机，您怎么看？

丁：我认为所有，世界上所有的危机都是一个契机。

曹：说得太好了。

丁：肯定是这样的过程。举个例子，像摄影出来的时候，所有的画家都很恐慌，我们

385

丁绍光与曹可凡

能够记录同代人生活的手段，被摄影代替了。有几位画家就很聪明，我就跟着摄影走。这是一种，就当摄影家了。当摄影家，不是说拿着摄影机，你就是摄影家，有很多的修养，修养从哪儿来，很多以前的积累，对视觉、艺术、文化，各方面的积累，才可能真正成为摄影家。那是活动的，音容笑貌全记录，从黑白到彩色，从无声到有声。整个从那以后，很多的艺术家变成了导演。

曹：所以按照您的理念，AI 技术可能会给绘画带来一种深刻的变革？

丁：对。我的想法就是三条路，简单讲，一个我去当摄影家了，另外一个在摄影的同时，我跟着研究摄影的发展，一直发展到电影，我就转行，我就变成导演，进入电影行业。

曹：您刚才说了两条路，还有一条什么路？

丁：我要创作摄影做不到的事，现代美术运动。现在我觉得人工智能又是这样，人工智能将代替大量的重复性的画，毫无疑问。现在大数据已经出来了，把全世界所有著名的画面，重要的一些视觉经验，全部都变成大数据了。

曹：只要对模型进行训练。

丁：不仅仅是简单的重复，复杂的重复，对它也是没问题的，数据越来越大，就没问题。有些画家就开始用它画画了，已经有了，英国、美国比较多，但可能有一定的成本，AI 的再生技，用这个东西绘画，这是一种。还有一些人就开始研究，进入 AI 行列，包括 AI 整个绘画的系统学习和进展、创造，一步一步。到某一天，一定会出现新的、类似电影的，比电影更轰动的事情，有可能打破三维，打破时间和维度，打破这种虚幻世界和真实世界的距离，肯定的。那么就成为一个新的艺术形式，新的一代大师。第三类，让 AI 永远都跟不上我的创作，没法代替，有没有？我觉得可能，我自己想象。我觉得 AI 从目前来讲，再发展下去，倒是谁也不敢说了，从目前来讲，AI 没有独立意识，还不能做到从 0 到 1，也做不到从无到有。画家应该做什么？搞原创，就是这种历史上从来没见过的原创，颠覆性的，从来没有过的，这是很难的。我觉得很多画家都在想。

梦想照进现实——马岩松专访

近日，中国建筑师马岩松出版了自己最新的半自传读本《二十城记》。通过曾经深度游历或参与项目设计建设的二十座城市，马岩松回忆自己的成长，追踪建筑思想的形成，分享他所感受到的城市气质，从城市出发，落脚人文思考。无论是国内还是海外，这位成名已久的建筑名家都留下了许多独树一帜的设计，同时还有许多未完成的梦想正在慢慢照进现实。

曹：谢谢您刚从纽约飞回上海，就来参加我们这个节目的录制。我知道您现在在国外有几个项目正在进行当中，一个就是我看到您在朋友圈晒过的，丹佛的一个建筑。还有在荷兰鹿特丹的一个移民美术馆。您能不能介绍一下这两个项目现在进行得怎么样？这两个项目都有一些什么样的特点？

马：移民美术馆是在荷兰，算是我们在欧洲的第一个文化项目。我是大概四五年前开始设计的，明年这个馆就要开馆。中国建筑师很难去欧洲设计一个项目，尤其在荷兰鹿特丹。所有世界著名的建筑师都是从那个地方去到世界其他地方的。

曹：感觉那个是"老欧洲"。

马：对。所以我就挺期待这个项目的完成。在美国，我们除了在丹佛的一个住宅项目，还有几个文化项目也在进行，其中一个就是在洛杉矶的"卢卡斯叙事艺术博物馆"。

曹：您的建筑事务所 **MAD** 其实已经跨入第 20 年，作为一个中国的建筑师，能够在欧美这些发达国家竞标成功，拿到一些特别好的项目。回顾自己 20 年走过的道路，您现在怎么想？

马：其实我一切开始得都挺早的，我毕业以后没太给别人工作，我在老师扎哈那儿短短工作一年就开始各种竞标，然后表达自己，就是从做这种概念设

马岩松

计开始的。第一个中标项目就是在海外，当时是非常全球化的一个时代。

曹：就是"加拿大梦露大厦?"

马：对，那个是 2004 年的一个竞赛，基本上就是我们刚刚成立，20 年前嘛。但当时也不知道，做好了一直中不了标的准备，结果运气挺好，就开始了这么一个国际化的路。

曹：在建筑界有种说法，一个建筑设计师很难在 30 岁前获得成功，除非你是马岩松。是不是像您这样那么年轻就能够成功竞标那么大的作品，是一个比较少见的例子?

马：比较少见。

曹：因为我看贝聿铭先生当年竞标肯尼迪图书馆的时候，他已经差不多 47 岁、48 岁了。

马：毕业已经快 30 岁了吧，建筑师本身又是一个积累的职业，所以很多建筑师真正有成就其实是中老年。我那时候开始早，再加上全球化时代各种机会。中国本身也是在非常开放、城市化特别迅速的那么一个阶段，机会比较多。

曹：其实建筑师在我们眼里，是一个特别奇妙的职业，从个性上来说，应该是兼具理性和感性，头脑里有一个非常伟大的梦想。可是要让梦想照进现实，它需要很多具体的、客观的条件，怎么能够在整个竞标的过程当中，平衡各种不同的需求，最后能够获得成功，把您的梦想落到现实?

马：我觉得我其实是偏感性的，我不是传统建筑师的那种风格。大部分建筑师应该是偏理性一点的，他得有情商，要说服人，包括你刚才说的很多实际的限制挑战。我 30 岁中标的时候，唯一一想的就是，这个设计能不能感动别人。感动人以后我中了标，当时是我不知道怎么建第一个楼，我记得当时有加拿大的特别厉害的结构师，他们来找我，说你可能不知道怎么建这个，咱们组一个团队，我们帮你一起弄。后来我发现，其实建筑是一个团队工作，建筑师在这个团队里边可能偏点感性没关系，你要把画面和感觉、方向给它描绘出来，大家一起去弄。我觉得我是偏感性的，而且认同我的人，就是这些甲方，负责建设的这些人也有点偏感性，所以我们就可能在这方面有点共同语言。

曹：现在回想起来，当时是靠什么赢得成功的? 能够说服人家接受您的方案?

马：我做的这个加拿大的所谓"梦露大厦"，其实这名也不是我起的，是因为他们看到一个曲线的高层建筑，跟以往那个直上直下的不一样。这个概念其实是我在美国上学的时候，就有过，我当时就觉得北美的城市这些楼都是钢筋混凝土的森林，就是这种纪念碑似的建筑。我当时就想，未来的高层建筑能不能是自然的、飘动的，不要去搞那么硬。这个其实是建立在一段时间以内，我对北美城市的一个观察和批判上。我觉得我不想建一个更高、更强、更厉害的那么一个超高层。这种批判有没有一点东方的对力量的不屑呢？我喜欢这种生命感的、

梦露大厦

生长的，或者它蕴含着一种继续生长的那种动态的感觉。

曹： 您刚从美国回中国的时候，其实那时候全国各地正处在一个快速发展、快速建设的阶段，所以大量的海外建筑师会到中国来竞标。您看中国很多大城市的一些标志性建筑，都有外国建筑师的身影，觉得好像中国成了一个外国建筑师的试验场。您从一个专业的角度来说，当时您是一个什么样的看法？

马： 我觉得很好，其实在历史上，任何地方的辉煌时期都是全世界有才华的人的试验场，就是一个试验新东西的地方。我觉得那是一个试验性很强的时代，可能有一些不尽如人意或失败的东西，但是它最前沿的东西也出现在这儿。所以我觉得那个时候对中国建筑师和文化界是有刺激的，尤其建筑师群体，他们有点不爽，就觉得最重要的建筑都让外国人做了。但其实它打破了以前那种保守的、那种小的圈子状态，开阔了大家的眼界。在那之后，其实中国建筑师的眼界和能力都提升了很多。

曹： 您是北京人，北京的整个城市给人的感觉是比较规规整整、横平竖直的。作为一个当代的建筑师，如果让您做一个项目，您怎么去让这个城市体现出它的一种现代感？

马： 建筑史里边，我们特别崇拜那些有革命性的、宣言式的想法。我觉得北京它的历史已经在那儿了，600年其实不长。但是它对这个城市影响很大。所谓的现代化和对古风貌的依恋，造成了很多特别奇怪的建筑。大屋顶，楼上弄一个亭子这些，就特别奇怪。又不现代，又不传统，所以一下就转到了特别拥抱现代和新东西的那个时代。我觉得可能对北京的未来，它是得在从骨子里理解传统的基础上，往未来去畅想，得有这么一种拉开的一个时空，心怀着传统和哲学的东西，有一种想象力。所以我那个"北京2050"，好像有意想拉开这么一个时间段。每一个画面都有传统，有四合院，有天安门广场这些。我在那个里边认可了所有历史中已经存在的东西，但是又提出了

胡同泡泡

一个新的、完全未来的一层，这一层跟传统就形成一个张力。

曹： 包括您做的"胡同泡泡"，我觉得就很有意思，它是在一个传统的基础上加入了一个现代感的东西，就跟历史有一个很好的对话。

马： 我觉得有点天真，就是一个小泡泡，里边是一个卫生间。从功能上讲，它是需要卫生间的，因为北京胡同全是去公共厕所，我就是想让它完全是一个抽象的，用了一个镜像的，把周围传统的环境和天地自然给它反射进去，让它的形体消失在环境里。但是当时其实是有些人不理解的，包括我们的邻居，就是我当时做了第一个院子，邻居是一个法国人，一个老太太。她特别喜欢北京传统的建筑，她就来反对，她就骂，她说你们中国人不理解自己的传统建筑什么的。但是建好了以后她还挺喜欢的，她就过来看。我说巴黎不是还有卢浮宫金字塔呢吗？就是传统跟现代如何共存，我觉得也是北京的一个要解决的问题。我还是觉得，首先是每个时代应该有自己的建筑，甚至有少数充满想象力的建筑，你会觉得它不属于任何时代。这样的东西它也需要有，因为整个城市除了统一以外，它需要有一个多样性。我觉得城市的魅力就在这，如果它过于统一，这个城市会很无聊。但是多样性的前提，它确实得有一个规划。你要说巴黎，比如说凯旋门，它在这个区位，像北京的钟鼓楼，你说边上全是四合院，它突然起来一个这样的，但是这个不起来就不行，它就必须形成这种关系。这个关系是起承转合的，整个这个城市如果是个交响乐的话，它是有节奏的，所以有的建筑它有这样的使命。

曹： 像刚才您说的，您在设计的时候是不喜欢那种直的东西的，希望有一些流动感。您设计梦露大厦也是，您设计哈尔滨大剧院，包括在哈尔滨的中国木雕博物馆，其实都是有一种流动感在里边。您觉得自己的曲线跟别人的曲线有些什么不同？

马： 我希望这个建筑要不然就是从地上长出来的，要不然就是跟周边的建筑长在一起，就是我希望它不是脱离于环境的，所以很多时候，这个曲线起到这么一个作用。也因此我喜欢这个曲线的生命感和那种写意的感觉。

曹： 有时候中国画里面有一句话，叫作"意到笔不到"，是不是就这意思？

马： 对，有时候就不能太满。

曹： 要留白。

马： 我有时候甚至追求一点不完美，很多时候人觉得我是参数化，好像用很厉害的电脑语言给做出来这个复杂的曲线，其实不是。我很多的工作方法就是一个草图，手画的草图，我觉得这里边有很多不完美，我就想保持这种不完美。我把我的草图弄到电脑里边去，然后把它变成一个建筑的施工图。有的人就觉得美，有的人就觉得好像不是那种想象中完美的形象，但我挺喜欢那种感受的。

曹： 您刚才说到您的老师扎哈，扎哈的建筑特点也是比较张扬的，充满着动感。在您的心目当中，扎哈是一个什么样的建筑师？

马： 她是一个艺术家，她对世界所有的事都有一种反叛，本能的这种，反正存在的东西她都要反叛。所以其实在这方面，我应该跟她是一个同盟。流线、曲线，其实都是对那种秩序，方盒子似的这种城市的一种批判。但是我跟她也有不同，我觉得我把有机的形态，就像我刚才提过的，当成一种自然和生命。她是当成一种完美的几何，因为她以前是学数学的，所以她对那种数学的美其实是很有感觉的。她做出来的那个建筑是很完美的一种形式。如果我对她有一点批判的话，就是那个时候虽然是方的，她的变成了曲的，但是还是以建筑自身的主体存在。所以你会说它很张扬、存在感很强。这点其实跟传统的现代建筑区别不大，而且她不用自然，她不用树，她不用这些，就是建筑材料和自己。我发现我好多的作品还是想把建筑给隐下去，我最近在衢州做了一个体育场，最后这个房子盖完，你就看不见这房子，完全是一个像很多的绿色火山一样，变成一个大地艺术公园。你进到那里边，可以当成一个环境去理解，建筑消失在这里边。

曹： 您也提出过山水建筑这样一个比较东方化的概念。我听说您最早提出山水建筑的概念，是因为偶然看到钱学森先生的一篇文章。

马： 是，我是因为一直喜欢自然，我觉得自然和建筑不是一个对立的概念。恰巧有一次看到一篇文章，"山水城市"，是钱学森写的。他就说，中国以前传统城市那种美，像园林似

衢州体育公园

的，建筑和自然结合的这种美消失了，取而代之的就是这些方块，灰突突的现代城市。我是认可他这个批判的，所以我就想说，我的建筑好像就是要把现代建筑跟自然有个结合。我就去拜访了顾孟潮，还有王明贤两位学者，他们当时是跟钱老有书信来往的。后来我就给他们看了，他们看我作品的第一句就是，如果钱老看到会很高兴。所以我就认为，我在提这件事的时候，是让大家重新关注他这个提法。

曹： 您提出了这样的概念，而且在具体的设计上也付诸实践。这个是不是某种程度跟您过去学习过传统绘画是有点关系的？比如您在北京朝阳公园那个广场，我是近视眼，所以我把眼镜摘了之后看那个图片，有点黑乎乎的，有点像宋画。

马： 我觉得传统文化对我的影响，一个可能是我小时候学过绘画这些。山水，水墨，工笔，小鱼小虾，那些我都学过。反正就是中国传统文化。但我觉得可能更重要的，就是你在北京长大，这个环境有一些潜移默化的影响。因为那时候老城都住在四合院，四合院一出来就是景山、北海、什刹海，这个环境既自然、日常，但是又那么不同。我觉得，这种你中有我，我中有你的感觉就在我的生活里。所以我后来学了建筑，到了西方看那些城市，我觉得北京什么都挺特别的，中国杭州、南京，所有的这些城市。再看看那些园林，就发现自然真是我们东方人生活的一个很重要的部分。反正在我的工作里要做的，首先要把传统的符号给抛掉，因为我觉得这个事已经在过去的 100 年证明了不太可行。符号这个东西大家很容易就能发现，就像你拍个熊猫，拍一个大屋顶，拍一个旗袍，这些肯定是中国的，但是它是传统的一种形式。每一个形式后面有很多的因素，比如说老房那个坡屋顶的建筑，还有木的构架，它跟那材料有关系，它跟那时候的技术有关系。西方的建筑也是从石头的传统建筑变成钢铁、玻璃，新的现代材料，在未来可能又要改，又要变成这种可回收的、生物的、生态的这种材料，我觉得这个是一个技术上的进步。我们不能说技术进步了，还要保持一个原来的样貌，这样貌肯定会变，但是不变的是东方对自然的一种理解，对世界的理解，东方人认为这个自然是人的精神的延续、比拟，他在这个环境里找到自己生命的价值，至于用什么语言表达出来，我觉得这真是一个大课题。

曹： 中国经济高速发展 40 年，现在进入到保护性更新的这么一个阶段，所以这其实也给当代的建筑师一些新的题目。您也做了很好的尝试，比如您在嘉兴做的森林火车站，还有在上海张江水泥厂要做上面一个类似像方舟、飞碟的这么一个东西。这是不是也是一些新的课题？

马： 对，因为建筑不是自己存在的，它跟历史是有关系的，跟生活在一个地方的人是有关系的。我希望它跟历史能接上，能跟未来接上。所以我建筑里总是有一种有点熟悉的东西，又有一点你完全不熟悉的那些东西。

曹：熟悉的陌生感。

马：对。我觉得可能在这里边，人就有在时间中畅游的这种自由度。

曹：在您这么多的经历当中，是不是也会有那么一两次，您的想法不能很好地落实，会有一些挫败感？

马：如果概念完全不行，这个我是有挫败感的。但是如果他们认可了我的概念，具体上改改什么的我其实无所谓。大概念是非常重要的，就是这个方向性，这点上是无法妥协，也无法商量、无法说服的。只有说在大概念上一拍即合，大家对未来、对这件事的想法一致，其实很多的妥协都是正常的。我觉得其实是一种优化，我不会觉得那些是什么不顺心的事。我其实特别看重作品本身的力量，它有了力量就有可能找到共鸣者。建筑它永远不可能谁更强大谁就说了算，因为它其实是非常多的人的一种共同梦想，只有这样它才能变成现实。它有大量的社会资源，钱还有各种的事，包括大家的反应，它才能形成一个好的项目。

曹：您曾经做过一个很有意思的实验，就是根据鱼的轨迹来设计一个鱼缸。但是您也说，您并不确定这个鱼在里边究竟是开心还是不开心。

马：那个其实是我差不多20年前的作品，第一个作品。那时候因为没有建筑做，所以鱼缸是给鱼的一个家。我当时是说，传统的那种方的鱼缸不是给鱼设计的，它是一个工业产品。我们住的这些建筑也不是给人设计的，它也是一个工业产品，因为设计的时候并不了解这些鱼或者人的心理和行为，以及他的文化诉求。所以我后来很多的设计，其中很重要的一部分是去做这种调研。我们在北京做了一个公租房，在做之前也去调研很多的公租房，了解到很多问题，我们在这个公租房里就试图解决一些。住进人以后，拍了一个纪录片，请了一个团队到这个公租房的社区里边住了好几个月，他们公租房主要是社会保障。当时我们设计的时候，业主说，这个门一定要结实，要设计得耐脏，因为所有人都用脚开门，没有人爱护那个社区。但我们说，你把它设计美了、明亮了，行为会改变。

曹：他自然不踢了。

马：对，因为我发现很多传统的公租房，好像是提供了住房，但它都是封闭的。我们那个是没有围墙的，然后

鱼缸

把城市道路引进来，把城市的功能给完全复合起来，让人觉得是融到城市生活里边的，我觉得这个心理上的感觉很重要。因为我们在里边设计了一个立体花园，所以很多人就在那里遛狗、逛、什么的。有一对老人，后来他的老伴去世。他就说，这些花草给他心灵上很大的慰藉。他觉得看到生命生长这种感觉。我回想起当时能设计出这个，就是因为我们还是坚持了这么一个立体花园的概念。一层是走车，有商业、街区这些。二楼是用桥连接起来的一个大公园，社区里边可以用。这个在传统法规里不承认它是绿化，所以其实做了很多的争取，后来也是等法规上做了一些突破才实施的。

在马岩松的众多作品中，如今最重要的海外文化项目一定是位于美国洛杉矶的卢卡斯叙事艺术博物馆。这座以好莱坞著名导演"星球大战之父"乔治·卢卡斯之名创立的、首家专注视觉叙事的博物馆，有望于2025年开放。前期设计的一拍即合与建造过程中的一波三折，也足以让年少成名、经验丰富的马岩松终生难忘。

曹：您刚才提到您在国外的最重要的一个项目，就是卢卡斯叙事艺术博物馆。我听说当年是卢卡斯偶然看到您做的"鄂尔多斯博物馆"的一个图片，才对您产生兴趣的，是吗？

马：对。他当时是要建这个博物馆，他可能脑子里有一个想法，就是非常有未来感。他们一个团队就去调研了当时全世界所有新盖的美术馆，其中就看到了我之前设计的那个"鄂尔多斯博物馆"。我们是作为五家被邀请的团队参加这个竞标的，其他四家都是欧洲的，只有我们一家是亚洲的，最后我们中标了。

曹：卢卡斯后来有没有跟您说过，为什么最终选择了您？

马：他说，你这个设计是最让人想不起《星球大战》的，我其实不是"星战"迷，我

为了去做这项目恶补了一下。一直没看完，我也挺忙的。但是我看的时候就发现，其中有一个画面我非常熟悉。甚至我之前设计"鄂尔多斯博物馆"的时候，跟那个画面就有一点关系，它给我了一点灵感。

在建中的洛杉矶卢卡斯叙事艺术博物馆

曹：所以你们冥冥之中有这个缘分。这个项目其实迁延多年，最

早是在芝加哥，好像在当地引起一些争议，然后你们再挪到洛杉矶。整个这个过程一波三折，其中最大的困难和波折是什么？

马：第一波很重要，就是他能把那封邀请信发到我这儿。我在中国，他这个信发到我这儿的时候已经晚了。我接到这信还觉得是个骗子，卢卡斯怎么会给我写信，请我设计博物馆，有这么好的事吗？然后打电话确认。说过两天就要在芝加哥看地，我赶紧就去了，真是有这么个事，然后就觉得很幸运。当时就抱着一个必败的决心，因为知道别人都是很厉害的建筑师，都是大师。必败的决心的意思就是，我只想做出一个我觉得即使我输了，也是拿得出手的作品。结果中标了，卢卡斯当时非常喜欢。我们那时候已经工作了两年去深化这个设计，马上要开工了，这个时候来了一个民间组织，去告了市政府。因为市政府把这块地交给了卢卡斯基金会去做这么一个私人投资的美术馆，整个建设的钱，还有将来运营的钱，包括里边的展品，都是卢卡斯他们出的。但是这个在芝加哥湖边的这些地都是公共建筑。大家在争议这是一个公共建筑还是一个私人建筑，然后因为这个争议就上了法庭。在我之前，其实卢卡斯在旧金山也试过要建这个馆，当时也是那个地出问题，所以对他来说已经拖了很长时间。这个时候就加州的两个城市，一个洛杉矶，一个旧金山，又抛出橄榄枝，就说芝加哥不建，我们欢迎，他们又给很好的地。我当时已经是万念俱灰，我觉得这么好的机会，已经工作这么长时间突然没了，我其实当时挺失望的。后来又接到他的电话，说又有希望了，然后去加州看这两块地。所以当时也是很大压力，他就说这两块地我们也不知道哪个能成，但是现在得做两个方案，因为地不一样。无论哪个方案将来成为现实，都得是一个世界级的美术馆。所以当时就又做了两个方案，又经过了一轮，最后落在洛杉矶，洛杉矶的文化我觉得还是非常适合这个馆的。方案出来以后非常顺利，从概念、展示到开工，就跟"中国速度"差不多，非常快就被接受。到现在馆已经建得差不多了，明年会开馆。

曹：在整个的过程当中，您跟卢卡斯这样一位大导演平时的交流，老头给您留下什么样的印象？

马：他就很感性，你不用多说话，如果对不上的多说也没用。我第一次讲我的方案，我没讲完他几乎就要定了。而且别人也还没讲完，我后边还有别人。他喜欢什么他就表

马岩松与乔治·卢卡斯于芝加哥，2014 年 3 月

达，非常感性。当时他的团队跟他说，这个可能比较贵。他说没问题，我就喜欢这个。在建造过程、设计过程中，他也非常尊重设计，我觉得这个也很可贵。因为他的团队也是很早就给我打预防针，说他本身是艺术家，也是设计师，《星球大战》那些画面都是他设计出来的。他可能要给你提意见，改你的方案什么的，给我打这种预防针。但实际上他从来没有过，我每次去讲什么，他就全面接受，一个细节都不改。比如说有施工团队说，这个可能复杂，这个要多花钱，要多花时间。他就说，那我就再去多找点钱，我再多工作工作，再挣点钱。反正就是可能有一种艺术家之间的那种互相理解。

曹：所以你们两代人有点惺惺相惜的感觉。一幢建筑建造完成之后，可能不是每个人都会使用这个建筑，但是每个人都会看到这个建筑，会跟他们的生活产生一些联系。而且随着自媒体的发展，人们可以进行各种各样的评判。您也会听到各种各样不同的，可能没有门槛的这种评价。作为建筑师来说，心里会有压力吗？

马：我是觉得，建筑并不是一个个体表达，它其实是一个对话。因为我觉得历史中所有的建筑，都不一定是最好的，也不是什么完美的，就是那个时代有人要这么表达，然后产生了一些对话，它就是一个文明的证据。我觉得我希望的城市是很多人能表达出很多的不同、多样的个性。所以争议是正常的，讨论也是正常的，我们有时候说千城一面，但是千城一面并没有批评某一个个体。它也是存在在这儿，然后慢慢影响我们的审美，我觉得这也挺可怕的。所以我也尽量把个人的自由和表达，和对历史、时间和环境的尊重，不把它当成一种矛盾，就是它怎么能又有深思熟虑，但是又有与众不同呢？我是想尽量达到这个。

曹：您的作品其实也覆盖了很多的面，比如有城市综合体，有博物馆，有音乐厅，也有私人住宅。但您也做过像日本"四叶草幼儿园"这种小体量的东西。当您接到这么一个小体量的东西，您会不会觉得是另外的一种情感？

马：对，很不一样。就像刚刚咱们讨论公共建筑的时候，你要怎么对历史、人文和大家的状态有理解？因为你在为大家设计，这个理解过程是挺抽象的。你跟每一个人谈可能都不一样，最后还是自己如何去理解、表达。但是如果设计一个小的建筑，给一个具体的人，一个家庭，它非常具体。日本的这个案例，就不太像我的设计。就是因为这家人当时下了很大一个决心，说要把自己住了好几十年的家拆了，为社区盖一个新的建筑，要当幼儿园。这个幼儿园也是像家一样的幼儿园，这是他们的一个想法。这时候我出了一个新的方案，这家的儿子特别喜欢，他爸也不是不喜欢，他爸说，我在这儿住了这么长时间，完全改成这样我接受不了。我刚想去反驳他爸，他爸就得了重病，我们就不敢说了，就想先放在这儿。后来我在这个过程里，我就感受到其实他之前下那个决心，包括以后的小孩来到这个幼儿园，能够知道这里以前是一个人家，就是这个土地它自己的生命和记忆，这其实是很重要的。我就完全重新做了一个方案，保留了他原来那个家的木构架，一

日本四叶草之家

部分新结构和一部分老结构共同组成了一个更大一点的房子。这里边也省了一些材料，也省了一些钱。但更重要就是，虽然看它整体是新的，但是它有一个记忆在里边。这种东西不是什么建筑学的手法，它就是得从对话和情感中产生。

曹：虽然没有实地去看过，但是光看那张照片就已经给人一种非常温暖的感觉。

马：有点像一个帐篷。而且那个房子是我第一次不怕别人说长得跟周边房子不一样，我平时觉得也许这种不一样是因为你想标新立异，就是想追求自己的存在。但是在那个里边，我是觉得，它内部就是原来的土地上长的这个房子，还有它里边生活、记忆，都在里边。所以我觉得看起来虽然是不一样的，但是它不是一个跟土地脱离的建筑。

曹：我还很好奇，你在罗马跟巴黎做的住宅，其实还是很现代的，周围的房子还是古典的这种。当地的民众会有想法吗？因为这个毕竟风格还是不太一样。

马：没有，卢浮宫的金字塔完全解决了这个问题，这个城市已经能理解新老的和谐关系，所以在巴黎那个建筑，我一直在想的是有什么新东西能带给巴黎，就它没有的。所以那里边其实有很多自由曲线，平台、飘浮的花园，我觉得好像这是一种挺随意的、写意的感觉，是巴黎没有的。在罗马会稍微难一些，因为罗马是在一个老城里。老城里基本上没有新建筑，它就基本上是保护的。我们那个地里边还有一段古罗马城墙。在我们那块地边上有一个教堂，300年历史，不算文物。它那里都是上千年的东西，所以非常难。我们过了十年拿到了批文，可以开工。这十年间一直在各种听证，还有历史保护专家来看，提意见。包括你的色彩，你的材质这些。所以虽然它是一个新建筑，但它其实跟老的城市肌理还是有一种关系的。

曹：好像您最近在浙江天台山要做一个项目，那是不是也可以既跟周围的山水能够有一个很好的融合，同时也变成一个主角？

马：天台山本来我就觉得有一种仙境的感觉，人文和自然都是非常好的。然后有这么一个项目叫"石梁山居"，如何在山里边结合自然环境去做一个设计。现在除了我以外，还有几位国际建筑大师，安藤忠雄、隈研吾两位日本的，也算是东方文化语境里的，还有一位欧洲的大师西扎。我其实特别期待，一个是东西方文化，还有一个跨时代，因为有老建筑师，有像我这样的建筑师，对自然这个话题的理解是什么。甚至说你想让自然除了它的物理属性以外，还有精神属性，或者叫诗意。

曹：海德格尔讲的。

马：对，就诗意的这个环境如何能达成。而这个诗和意，西方人和东方人在文化中的认识和表达是什么，我都挺好奇的，因为你可能看到安藤做过一个在日本的这种诗意的，西扎在欧洲做过一个。但是大家在一起是不是挺有意思的？

曹：像西扎我就不熟了，就我现在脑子里蹦出来的，安藤的风格跟您的风格其实是风马牛不相及，你们俩怎么能够融合在一起，能够有一个延续？这很有意思。

马：当我们如果都把自然作为一个主角的时候，我们就容易融在一起了，因为所有的建筑都是人工的，你要把它刻意地全变成自然也没什么意义。也许可以在尊重自然的同时，又跟它有一种奇妙的对话，就像诗的这种感觉。而且天台山，我其实十年前就去过这个地方，我一直非常喜欢，我多次去过。它除了自然以外，人文氛围非常强，历史中很多诗歌、音乐都是关于天台山的。

曹：您在上海还有什么项目吗？除了我刚才说的张江那个水泥厂。

马：我在浦东也有一个新做的安置房，希望它是有特色的。然后在北外滩，我们现在在设计一个江边的观景台，一个装置，就介于艺术跟公共空间之间的这么一个设计。

电波情缘——张芝专访

这是 2024 年 4 月在上海举办的一场诵读分享会，主角是一位世纪老人，她的名字叫张芝。张芝这个名字，对于今天的大多数人来说也许是陌生的。作为新中国第一代播音员，她的声音曾经随着无线电波走进千家万户。新中国成立前，张芝在上海的私营电台任职，人称"玻璃盒子里的张小姐"。新中国成立后，她加入上海人民广播电台，开

张芝做客《可凡倾听》

始用自己的声音为人民服务。可以说，张芝见证了中国广播事业的发展历史。如今 95 岁高龄的她依旧美丽优雅，那些尘封已久的往事，那段弥足珍贵的记忆，经她之口娓娓道来，甘醇如酒，回味无穷。

曹： 您今年 95 岁高龄了。

张： 那是虚岁。

曹： 您总结一下自个儿长寿的秘诀是什么？

张： 没秘诀，我就这样，生活不要求什么高水平，反正一般的生活。但是有一点，我消化能力好，能吸收。

曹： 电台很多老同志都说您是美食家，而且您自个儿会做，是吧？

张： 自己做也是学着吧。

曹： 您拿手菜是什么？

张： 早期我们经常做的是烤肉，烤那个，上海人叫坐臀肉，切一块，要点肥，不能没油的。底下用土豆，切成条，洋葱特别要紧，洋葱的香味，把洋葱爆香了，然后土豆炸一炸，垫底。

曹： 这是您年轻时候的拿手菜？

张：就是。

曹：以前我们小时候，爸爸妈妈都给我们做色拉、罗宋汤，您擅长吗？

张：这是拿手。

曹：炸猪排。

张：是的，罗宋汤、炸猪排，还有一个，土豆色拉。

曹：对，这是上海人特有的。

张：有红肠，我们还搁熏的鸡腿肉，带点熏味，特别好吃。

曹：所以您自己也爱吃？

张：自己吃得特别多。

曹：您现在九十多岁了，还是这么好胃口吗？

张：是。现在家里有什么节日，或者是有人过生日，那就非做土豆色拉不可，自个儿家里吃，给邻居的阿姨也一起吃。这是拿手的，家里也可以算是平常菜，罗宋汤也是的。

曹：您现在回想起来小的时候，家里是一个什么样的生活环境？

张：我当时的家庭状况，一言以蔽之，四个字，重男轻女。我有两个哥哥，我七八岁就跟着两个哥哥玩，玩什么呢？平顶的屋子爬到房顶上，放风筝，他们放，我就跟在屁股后头看着。

童年张芝

曹：您小时候就爬房顶？

张：是啊。

曹：难怪您长寿。

张：七八岁。还有在树上拴根绳子，因为看电影，看《人猿泰山》，泰山一下子就从这棵树甩到那棵树，哥哥就拿绳子拴在那棵树上。我们家不是四合院，我们家挺大的一个院子。

曹：您小时候是生在北京，然后迁到上海的，是吧？

张：是，大概是10岁的时候。

曹：那您上海话也说得很好。

张：说得很好。

曹：您在家里是排行第几？

张：我们家是三男三女，我排行第五。我父亲一直不在身边，大概很早以前就在上海。我妈妈，孩子生出来交给奶妈，长大了交给老妈子，老妈子就是我们现在的住家阿姨。

曹：后来你们读书，爹妈也不管你们功课吗？

张：不管。还管功课呢，又不是现在，自个儿背着书包上学去了。自个儿去、自个儿回，自个儿做功课，爹妈不管的。

1929年，张芝出生于北京，10岁那年举家迁居上海。在她上高二那年父亲过世，导致家庭经济条件一落千丈。为了生计，17岁的张芝就此辍学，成为私营电台的一名女播音员。

曹：那时候为什么会作出这个决定？

张：家里怎么说呢，甚至于吃饭也要成问题了。我无意当中听无线电台，有一个"金都电台"说是要找一个"报告小姐"，要说国语，而且要会点英语。我听了以后……因为以前我就爱听无线电台，就是听唱歌，有一个报告小姐，就是施燕声，觉得这个报告小姐声音怎么这么好听，就爱听歌，爱听那个报告小姐的声音。

曹：那会儿到"金都电台"应聘，要经过什么考试吗？

张：拿两张片子，外国流行歌曲的唱片，叫我念。那么我就念了，照那个片名给念了。念完了，就留下来做了，六元钱的工资。

曹：一个月六元钱？

张：六元钱。

曹：在当时算是一个什么水平？

张：那是很低很低的水平。

曹：每天要工作多久？

张：早上八点到下午四点，有另外一个小姐来接班。可是家里的情况不太好，我想吃顿晚饭再走，所以就是一直干下去，干到五六点钟，吃了晚饭再回去。我们那时候走着上班，我家住在开纳路，就是现在的武定西路。

曹：武定西路，电台在哪儿呢？

张：电台在延安东路石门路。

曹：那且走呢。

张：你走半个小时都走不到，我就是靠两只脚走着上班。后来"金都电台"有一辆很旧的自行车，我就跟老板说，这车借我上班用。后来我就骑着那辆很旧的自行车上班。

曹：那时候您主要播报什么呢？

张：八个小时。

曹：有什么您播什么。

张：有什么就说什么，插广告，他们主要的盈利就是广告。

曹：当时的广告都是直播，就这么播出去？

张：那是。叫"无敌牌"牙粉。

曹："无敌牌"牙粉。

张：还有"蝴蝶牌"雪花膏，我们广告的内容，你就照着那个说，牙粉怎么好，牙齿怎么白，雪花膏皮肤怎么细，你就跟着那个稿子说。

曹：您那会儿的工作就跟现在网络直播卖货差不多。您跟我们说说，那会儿电台是一个什么样的规模？

张：那个规模，"金都电台"小得很。一个大播音间。大概总共十几平方米。

曹：十几平方米已经算是大播音间了？

张：大播音间，就一间。楼下二楼是老板的办公室，楼底下有一个玻璃窗，所谓的门市部。

曹：您现在这个播音名"张芝"，是打那个时候就开始用的，还是后来进了上海人民广播电台给取的？

张：我在那个时候就改了，我自个儿改的，在学校里叫张蓉。

曹：为什么改成张芝呢？

张：好像担任了播音小姐，觉得没面子，同学听见了不好听，就自个儿改了个"张芝"，一个也是草字头，写起来又方便，我就自个儿改的。

曹：所以那会儿同学其实都不知道您辍学之后去做了"报告小姐"？

张：没人知道，谁也不知道，我一个学生去当了"报告小姐"。我自认为是不大好意思。

曹：听说您当时为了主持一个点歌节目，得罪了老板，被炒鱿鱼了，是怎么回事？

张：那件事也挺有意思的，那天晚上，我们这个节目是美国流行歌曲，青年学生喜欢得不得了，我们电话点播，来不及接电话，特别是点一个《生日快乐歌》，那一天是谁点给谁听。他们年轻学生点来点去的，听见报名字了，好开心。所以当时这个节目很火，大家都爱听的，年轻人。可是有一天晚上，老板来了个电话，说今天这个节目到此为止，最后一天。我这火就上来了，我说，什么？我们这么好的节目，听众这么多，你说没有就没有了。我拉开话筒就说了，我说各位听众，今天这节目最后一天了，要点唱……

曹：赶紧的？

张：赶紧来电话，不然明天就是给老板赚更多钱的节目要换上来了，我就这么说。

曹：您就是这么怼老板？

张：我瞎说，我就不懂事，得罪了老板，后果是什么，什么也不知道，很单纯的。

曹：然后呢？

张：这下就等于闯祸了，等了一会儿，老板那办公室在二楼，他的狐朋狗友经常在底下喝酒、唱戏，等了没多会儿，走楼梯就上来了。老板那些所谓的狐朋狗友，别着枪的，什么警备司令部的，都有。说张小姐，你明天不要来了。

青年张芝

我马上就说，不来就不来。我气得要命，我这口气还没下去。

曹：您第二天就真的没有工作了？

张：第二天就不来了，他们说你明天不要来了，我说不来就不来。第二天到楼下写字台上，那个账房结了账。

曹：账还是结的？

张：账结的，钱得给我，不能给你白做。

　　负气离开"金都电台"之后，没想到张芝却因祸得福，很快跳槽到了另一家"亚美麟记广播电台"，相比之下，这家电台规模要大得多，也正规得多，张芝的待遇也大有提升。

张：在家待着，大概不到两个星期，我们那时候公用电话，没有私人电话，公用电话来叫了，叫我接电话。是另外一个"亚洲电台"的一个播音员，因为都是播西乐的，所以跟她还有点联系，跟他们一块儿出去玩过一次，她知道我有公用电话。她就打电话，说是你"金都电台"不干了，"亚美麟记"电台需要人。南京西路成都路口，是在四楼，二楼是沧州书场，上海人说那里很热闹的。我姐姐就陪着我去了，那个四楼大玻璃，下半部分是隔音板，上半部分是玻璃的。一看，这么大。

曹：比过去"金都电台"那个规模大多了？

张芝小姐在播音

张：大多了，那边小儿科了。老板就在那里说，我们这里需要播音员，正好有个播音员要结婚，所以我们需要你到我们这儿来做，你愿意吗？我当然愿意。

曹：那儿给的工资比在"金都电台"多吗？

张：多了去了。

曹：那儿六元，这儿呢？

张：反正百十来元。

曹：差这么多？

张：差真多。"亚美麟记"是个老电台，是比较正宗的。

曹：您到了"亚美麟记"电台，主要是播报什么节目？也是西乐、外国流行音乐？

张：是的。什么节目都有，但是"亚美麟记"电台的节目是比较高尚的。

曹：层次比较高？

张：层次高了，教古文的，一大清早教古文，一个姓杨的老先生说的方言，我听不懂，教古文。完了是魏超田教英语。再后来，比方说播唱片、播戏曲。

曹：我听说当时您在"亚美麟记"电台其实做得还是风生水起的，大家都称您是"玻璃盒子里的张小姐"，是吧？

张：也不是一开始就这么样的，没有。也做了一阵子，想出点办法来，让西乐节目做得火一点。

曹：你们想了一些什么招呢？

张：我们想的招就是，一个是电话点播，电话就在我小播音间的门口，我开着门，在门口就接电话，赶紧在一个什么废纸上写下名字，谁点播啥。这个歌开头一两个字，比方说《你是我的阳光》，写"你是"，我就知道了，我就回到小屋里，把唱片搁到唱盘上，立刻就可以播出去。

曹：那时候您的业务能力要非常强，您得瞬间找到这个唱片。

张：对啊。日子久了，这一格唱片，有哪十张唱片……

曹：您都明白？

张：第二格唱片有哪十张唱片，我一抽抽出来，搁到盘子上。

曹：有没有这种听众，听了播音员的声音很好听，我想到电台来一睹芳容的，有没有

404

这种情况？

张：怎么说呢，你说"阿猫阿狗"要来参观，那也是随便的，也没有人管着不许上来、不许来看。那是时常有的，因为是玻璃的。

曹：外头看得见？

张：一半是玻璃，下面是隔音板，人家站在玻璃外头，我在里头小屋。

曹：您刚才说电台下面是沧州书场，您跟这些说书先生会有一些交往吗？他们会来电台说书吗？

张：那肯定的，说书先生都是住在沧州书场的楼下，他们有个宿舍，所以很多说书先生都认识我，那个时候是小妹妹嘛，这些老先生……严雪亭是比较有名的，《杨乃武与小白菜》这部书，官要审杨乃武，审小白菜，要说官话。他那个字音咬不出来，因为认识嘛，他就来问我。

曹：您教他们普通话？

张：矫正字音。还有一个叫张鸿声，张鸿声说大书，说《英烈传》，《英烈传》里常常要打官话，他就主动来问我。后来很多有知名度的，刘天韵、薛筱卿、杨斌奎、杨振雄、杨振言。

曹：父子。

张：有的熟了就认识了。

曹：滑稽演员有吗？

张：有啊。

曹：姚慕双、周柏春那时候都唱电台。

张：姚慕双、周柏春都认识。

曹：那时候来你们电台？

张：来电台也播音。还有杨华生。

当年也正是在"亚美麟记"广播电台工作期间，张芝邂逅了一段美满姻缘，与丈夫朱曾汶相识、相恋，相伴一生。

张：我们电台的老板，一个苏祖国，一个陈子祯，都是很正派的。陈子祯的儿子叫陈治文，我们叫他小陈先生，小陈先生跟我说他接了一个广告，是华纳兄弟影片公司的一个广告，说我给你介绍部门经理。就见见面，谈工作。

曹：您见到朱先生，他留给您的第一印象是什么？

1948年，张芝在"亚美麟记"电台大播音间门口

张：来了一位西装革履、笔挺的、相貌很好的先生。一看相貌那么好，没有别的印象，谈工作，就谈。谈完了，正好十二点，饭点了，这位朱先生也很活络，他就借个机会，说三个人吃顿便饭吧。

曹：到哪里吃饭？

张：附近的一个西餐馆，吃一顿便饭。老实说，假如一位先生是正派的，他请你吃顿饭，就看得出来你这位小姐正不正。

曹：怎么讲？

张：在当时的那个社会，我是不轻易跟人家出去的，既然有小陈先生在，而且他说好是介绍朋友谈工作，小陈先生一起去的。我根本没有想到我要交男朋友。看到这个相貌蛮好，而且又是部门经理……

曹：至少您不反感？

张：不反感，印象蛮好。

曹：他是一个什么背景？

张：大同大学的，英文系毕业的。

曹：我听说那时候有很多好莱坞电影的中国片名都是朱先生给起的？

张：是的，那是必须的。

曹：什么《出水芙蓉》《卡萨布兰卡》。

张：是的。他说一部电影销路好不好，给人的印象，第一是片名。他的业务就是看片子、写说明书。

曹：当时他找您，找"亚美麟记"电台是什么业务？就是让你们帮着来宣传华纳电影公司的电影？

张：电影，哪一部片子将要在哪个电影院上映，不到上映的日子就先预告。

曹：听说你们这个节目当时还设立了一个抽奖的环节？

张：那是后来。

曹：抽奖能够抽电影票？

张：是的。

曹：现在的电影宣发也用这个方式，你们在七十多年前就用了。

张：我们当时也是碰巧吧。

曹：您和朱先生大概交往了多久，开始成为正式的男女朋友？

张：我们交朋友交了三年，石门路南京西路就有个沙利文公司的门市部，二楼是个咖啡厅。这位朱先生经常在咖啡厅写东西，他常常一个人会在那里写什么。第一次约我，就是去喝下午茶，喝杯咖啡，这样子逐渐熟悉。

曹：那时候您和朱先生，你们俩约会，除了在沙利文那个地方，还去哪些地方？

1950 年，张芝和朱曾汶在南京路国际照相馆拍的婚纱照

张：看电影，规规矩矩地坐在那里看电影。还有就是仙乐斯舞厅，就在成都路南京西路，去跳一个下午的舞。接近比较多一点了，就是因为"幸运数字"抽奖。

曹：那个电影票他提供。

张：说是我们用什么做奖品呢？用两张"花楼"电影票。什么叫"花楼"？就是二层楼的第三、第四排，最好的位子，观赏，看电影是最舒服的位子，叫"花楼"。电影票对朱先生来说是不在话下了，票台上签个名就够了。所以两张电影票作为奖励，这下节目又火起来了。

曹：所以那时候是不是听众因为有那两张电影票就"趋之若鹜"？

张：是的。邮局用麻袋装了信到公司里，这下咱们朱先生的机会又来了。

曹：向您献殷勤的机会？

张：叫我们去拆信，他们没有那么多的人来拆信，影片公司一共才十几个人，他就想出法儿来，叫我们播音员来公司拆信。

曹：你们俩谈恋爱谈了多久，然后带给自己的家人看？

张：三年。

曹：您母亲见到朱先生什么评价？

张：我母亲做了特别好吃的菜，这么大的拆出来的蟹肉放在壳子里，然后上面铺一层肉，再红烧，上面是肉，下面是蟹粉。就是类似这样子考究的小菜，女婿上门第

407

一次。

曹： 说明您妈妈很喜欢这个女婿？

张： 当然是不错。

在 2024 年 4 月的诵读分享会上，张芝特意请来了她的老同事、老朋友陈醇，两位年过九旬的播音艺术家再次搭档，奉献了一段别开生面的现场播报，将现场气氛推向高潮。

再熟悉不过的"上海人民广播电台"呼号，令张芝激动不已。新中国成立后，她从私营电台播音小姐成为上海人民广播电台的一名播音员，曾经令她感到没面子的职业，从此成为她为之自豪的事业。

曹： 您进了国家电台之后，您感觉跟过去在私营电台工作，氛围最大的不同是什么？

张： 头一声"上海人民广播电台"，我那个时候心潮澎湃，我是为人民服务的，那时候的感觉，不是为老板报广告了，这个区别太大了。那一声"上海人民广播电台"，我真是热泪盈眶。

曹： 您在国家电台播新闻，是不是会觉得压力挺大？

张： 我跟你说，别说报台号、播新闻有压力，什么节目都有压力，你都不能出错。

曹： 您有说错过吗？

张： 重大的错误没犯。

曹： 今年 4 月有个线下活动，您跟陈醇老师，你们两位"90 后"一起作了一个现场播报，很令人感动。其实很多观众都不知道，上海电视台的成立是 1958 年 10 月 1 日，那天电视的播音就是您和陈醇两个人共同完成的，播报人民广场的国庆游行。你们当时是电台的播音员，为什么电视台成立的时候也会请你们？

张： 没人，电视播音员没有，就把我们借过去的。

曹： 您当时对电视有概念吗？什么叫作电视？

陈醇和张芝在录制《老年广场》

张：不一定是怎么样深的概念，试播的时候，没有几家人家有电视机。

曹：那您记得当时在电视里看到自己，这种感觉是不是觉得挺奇妙的？

张：我没有在电视里看到过自己。

曹：因为你们都是直播的？

张：都是直播的。

曹：没法回看。

张：不是录播的。

上海电视台开播首日，田志强台长（前排中）与 35 名工作人员合影，前排左四为张芝，右三为陈醇

曹：您还记得 1958 年 10 月 1 日那天，您和陈醇老师在那儿播音，是一个什么样的情景？

张：那仿佛就在眼前，一清早七点钟我们就在人民广场，那天百万工人大游行，向国庆献礼。

曹：现场播报？

张：现场。这一摞本子，这个队伍过来了，陈醇在播，下个队伍我就接着播。不断地翻本子，按照本子上介绍献礼的什么什么，谁谁谁队伍过去了。因为这个队伍过去了，后面队伍来了，我就得接上。一早晨七点钟到那儿，拿着这个本子，我们就准备，可能那个转播是八点还是九点，就直播了。

曹：直播多久？

张：直播到中午快十二点。游行队伍结束了，我们赶快回到电台，吃了饭，再回到永安大楼。在五楼靠墙壁弄一个白被单做背景。

曹：就开始播音了？

张：前面一个茶几，搁个万年青，搁一个盆景，我们就是直播了。

曹：你们稿子是要背出来的，还是前面有人拿着大报纸？

张：自个儿看着，不出图像，图像歪七歪八的。

曹：质量还不太好？

张：对了，而且是黑白的。我有一个老朋友，家里有一台电视机。他的孩子老是指着那个屏幕，摸，张芝阿姨，因为我们在试播。张芝阿姨的脸，一会儿是扁的，一会儿是长的。

曹：那时候电视的质量不行。

张：所以是试播嘛，这个也挺有意思，因为没有几家人有电视机。

改革开放后，一度离开播音岗位的张芝，重新又满怀热情地投入了播音主持工作。她陆续演播了《红楼梦》等诸多文学作品，还参与了少儿节目《百灵鸟》的创办、大型广播连续剧《刑警803》的演播，主持过《老年广场》等一系列节目，直至退休。

曹：那段时间您做得最多的节目是什么？

张：播文学作品。而且有些节目都是著名的演员，像孙道临，那时候的话剧演员高重实，著名的演员来播作家与作品介绍节目。

曹：您还播过《红楼梦》，是吧？

张：《红楼梦》是片段，"黛玉进府"。因为我见的世面多了，什么演员在播音，著名的什么演员在播音，我都认真地在看、在学。哪怕是评弹演员我也在学，都是作为我学习的一部分。

曹：您现在95岁了，还会不会每天早上起来听听广播，有这个习惯吗？

张：我的习惯是看电视，早晨《看东方》，东方卫视《看东方》，第一档，我一定看。

曹：真的啊？

张：到现在，我每天早上《看东方》一定看。接下来体育节目，我一定要看，特别爱好乒乓球。乒乓球，我不要太熟悉。

曹：您最喜欢哪个乒乓球队员？

张：你看现在的孙颖莎和王楚钦。

曹：您时髦的。

张：孙颖莎和王楚钦，最年轻的。

曹：厉害！

张：老的马龙，凡是乒乓球上的干将，陈梦，我都熟悉。

曹：您年轻的时候自个儿打乒乓吗？

张：我不打，我不会打。

曹：但就是喜欢看？

张：我就喜欢看，我和我老先生朱曾汶一直是一块儿看体育节目。我最爱看的是乒乓球，所以这些运动员，我很喜欢的，我都记着。

曹：除了早新闻，除了体育节目，您还看什么？

张：还有《海峡两岸》，我一定看，我没有不看的。

曹：您关心两岸关系？

张：我关心，我心里装着世界，就是全世界太平，不太平。我关心俄乌战争。

曹：您俄乌战争也关心？

张：非常关心。每天的《今日关注》，我一定要看，看完《今日关注》，十点钟有个气象报告，报告完气象，我睡觉。

《可凡倾听》节目为张芝庆祝95岁寿辰

曹：您还睡得挺晚。

张：十点多一点。

曹：我看您精神头还很好，声音也非常好，会不会平时如果在家，还习惯读一些文学作品，录几个录音？

张：读文学作品，是我们女儿朱宁每日一篇。

曹：每天一篇？

张：每天张芝朗读一篇。

曹：给您安排的功课还挺多。

张：我声音没变。

曹：如果念一篇稿件的话，您得准备多少时间？

张：我看两遍。

曹：太厉害了！

张：我只看两遍。

曹：张老师，我最后还有个问题，如果您用一句话来形容您和广播之间的关系，您会怎么说？

张：我差不多一生都是做播音，今天我们的广播电视一百年，我快到一百岁了，我跟广播结下的缘，永远离不开。

曹：您几乎跟广播是同龄人。

张：是的。我现在很健康，我走在健康的路上，我奔向一百岁。

借着这次访谈的契机，《可凡倾听》节目也为张芝老师庆祝了95岁寿辰。

张芝与曹可凡

曹：您看您九十五岁还有这么好的精神头，接下来您的小目标就是奔一百岁，是吧？

张：一百岁，甚至于超过一百岁，我努力。因为我自己觉得我这一生没白活，我跟广播结下的缘一直都存在我的心里。

曹：谢谢张芝老师！谢谢您跟我们分享这么多故事。

张：我谢谢可凡兄弟，你们的同仁、你们的团队，还给我做生日，谢谢你的蛋糕。作为一个回报，我朗诵一首小诗。

曹：好。

张：《乡愁》。小时候，乡愁是一枚小小的邮票，我在这头，母亲在那头。长大后，乡愁是一张窄窄的船票，我在这头，新娘在那头。后来啊，乡愁是一方矮矮的坟墓，我在外头，母亲在里头。而现在，乡愁是一湾浅浅的海峡，我在这头，大陆在那头。

曹：太好了！

张：谢谢！

················· 春潮如诗

悬壶甲子行大道——严世芸专访

严世芸，上海中医药大学终身教授，全国名中医，全国高等学校教学名师。年已耄耋的他，胸怀"国之大者"，始终以"倡为人新，敢为人先"的理念从事中医心脑血管学科建设，致力于中医药教育改革、中医各家学说及学术史、中医药标准化、中医药文化国际传播的创新发展、中医学术流派传承工作，在中医精粹薪火相传的历史长河中留下浓墨重彩的一页。

曹：严教授，您好！虽然您已经是八旬高龄，但依然在第一线科研、教学，临床实践，每周还有五个半天要看门诊。面对这么多的病家，为什么这么大年龄还依然在第一线，能有这么大的热情和这么旺盛的精力？

严：这恐怕是一种追求，人生观的问题。大家都熟知的一句话就是老有所为、老有所乐、老有所养，实际上这个对一个老年人非常重要，要有追求，人生总是要有追求。老有所为也不是老年人再去做更多的事情，而是要有一种追求，力所能及地去做你想做的事情，做你感兴趣的事情，这对他的健康很有好处。这种追求会带来人生的乐趣，这就是老有所乐。这种心情愉悦，对老年人的养生太重要了。所以老年人的情绪愉悦，是长寿首要的一个要素。

曹：听说您一直非常推崇所谓的"龟法"养生经，"龟法"养生经的要义是什么？

严："龟法"养生，并不是人家想的，就是不动，不是这个概念。"龟法"养生有四大特征，第一个跟天地的运转是一致的，春夏秋冬有不同的生活习性，有的冬眠，有的夏天到冬天要生蛋，都跟着天气、季节来运转。人也一样，也有春夏秋冬，这是第一条。第二条是动静结合，你说它静，很静得下来，不动，可以趴在那里好长时间都不动，但要动起来也很快。比如大家都知道海龟，它一年可以游五六千公里，可以游出去，动静结合之间配合得很好。第三，它是荤素搭配。家里养乌龟，你给它肉吃，它马上就吃掉，荤素搭配。第四条，它是神情淡定，与世无争。你碰它，它头缩进去，看看没情况了，头又伸出来，与世无争，心情很淡定。这四条对养生来说，实际上是天人合一。我要补一句，现在社会上经过前一段时间的中医知识普及以后，大家往往把养生和治未病混为一谈，但实际上这两个在概念上有区别的。

曹：您说说。

严：养生是在有中国浓郁的文化底蕴的中医药理论指导下，通过各种途径和方法，对人的生命实现养育和呵护。也就是说从生命开始，一直生长到老死掉，整个过程是养生的过程，这就叫养生的概念。而治未病是四个含义，一个就是未病先防、已病防变，前面实际上还有一个，大家讲得比较少，将病就萌，将要病了，我要在萌芽状态把它解决掉。已病就要防变，愈后防复。治未病是针对病去的，养生是针对生命去的，这两个概念大小不一样、层次不一样。

曹：层次不同。

严世芸出身医学世家，父亲严苍山、祖父严晓江早年均为上海名医，闻名乡里。因此他幼承家训，耳濡目染。尚在年少之际，严老每天就要跟随父亲出诊临证，晚上则聆听父亲传授医理、医道，在学以致用和反复体悟中感受中医的神奇。作为启蒙者与领路人，父亲对严世芸影响颇深，更将家传医学毫不保留地传承给他，而且坚持让他去学校求学，以达到广搜博采、开拓视野的目的。

曹：回想小的时候，您跟着父亲严苍山先生学习，读医以后，跟着您的老师张伯臾先生抄方，当时抄方对自己后来学习中医起到一个什么样的作用？

严：在年轻的时候，刚刚入门或者刚刚念中医还不久的时候，抄方对一个医生来说是特别重要的。为什么呢？师承教育，先要教你读书，读中医的一些著作，然后要跟到临床，把书本的一些理论知识和临床紧密结合了。念基础，比较容易，用很感性的一种角度去进行理解和吸收。而且可以很快地看到老师在临床当中，喜欢用的药的思路，临床的思维方法，处方的原则、药物的搭配，积累的时间长了就会形成一些概念。看似是抄方、带读，实际上还一定伴随着老师在跟随过程中给学生的讲解、介绍，那么这样就更快了。

曹：您小的时候跟您父亲出诊，给您父亲抄方吗？

严：抄方，我就在星期天，那个

严苍山全家福，后排右一为严世芸

时候是六天制，星期天有的时候可以去抄抄方，平时都在学校里念书。如果他有会诊出诊的任务，我有的时候也会跟去。比如说我曾经碰到过一个病人，印象非常深，卢湾区产医院里面有个病人，产后十天发高烧，7月，我记忆特别深刻，整个人神志不太清楚了，舌苔很厚、很腐的，腐败的腐，这种舌苔出现了。中医的观点，这个时候闭汗，汗没有了，闭汗，邪没有出路。用了又有清热解毒的，又有透表的，又有醒脑的，这些药进去，大概三四天时间，整个毛病就转危为安了，先把汗逼出来一下，大便一通，体温40度就降到38度3，这样子下来了。所以中医是给邪以出路。

曹：记得很多年前曾经问您一个问题，你们这一代中医，跟您父亲那代相比，如果有差别，有一些什么样的差别？您跟我说就是文学修养，您父亲这代人的文学修养非常深厚。我知道您父亲以前跟"左联"的五烈士之一柔石，是非常好的朋友。

严：同学。

曹：他们俩是同学？

严：三个同学，宁海三个人，三个同学。

曹：说柔石曾经还在你们家躲避过一阵，是吗？

严：两阵。

曹：怎么"两阵"？

严：一阵都是两三个月，因为追查他，结果他就到我们家里来住，住在亭子间里面，住在那里。头一次是两三个月，后来又来了，隔了两年多一点，又来了，又进来住了。我二哥是他介绍加入地下党的。所以宁海是三个人，一个潘天寿，一个柔石，一个我父亲，三个人宁海都设立纪念馆了。

曹：我看到您父亲和潘天寿先生合作过很多作品，潘先生画画，您父亲写诗，然后题词。

严：现在保留下来的已经不多了。

曹：那会儿潘先生到上海来不住旅馆，住你们家，是吧？

严：对。来了一定是，来了以后到家里，一定坐在那里，一边喝黄酒，一边说说笑笑，然后再画画画，写写诗。

曹：您父亲跟很多画家都很熟，我看到有一张合作的作品，除了潘天寿，还有唐云、王个簃，是吧？

严：对。

曹：所以那时候您看到那些老先生在你们家喝喝酒、吃吃菜、聊聊天、画画画，是不是现在想起来是一个非常愉快的时光？

严世芸父亲，严苍山

严：我年轻的时候喜欢运动，所以对这方面没有钻进去，但是他们画、写，我都喜欢看，在边上看他们怎么弄。

曹：您父亲严苍山先生是当年丁甘仁先生创办的上海中医学院头三期的毕业生。丁甘仁先生实际上是孟河医派非常重要的传承，"费马巢丁"这四家，但是真正在上海生根开花的就是丁甘仁先生，而且他创办了中医学院。您觉得丁先生，特别是孟河医派，对后来我们海派中医的发展起到一个什么样的作用？

严：海派中医实际上在全国影响较大，安徽有一个新安医派，本来是很有名的，绵延了好几百年，但是上海起来以后，特别在鸦片战争以后、开埠以后，几个租界形成以后，新安医派的人就往上海走。这个时候，上海大量的医生都过来了。实际上，丁甘仁真正出名是在上海，而不是在孟河，他跟马培之学外科，他的内科是跟他哥哥学的。刚学完不久就到苏州，到苏州做了一段时间以后，他对吴门医派很熟，也很钻研的。然后就到上海来，先在仁济慈善堂里面开诊，当时也结交了上海的一批医生。在这个基础上，他就考虑要创办学校。当时，中医的学校就是私塾性质的，没有政府注册，但是他比较有脑子，办了第一所中医的注册性学校。

曹：了不起！

严：开创了中医正规的学校教育。所以他整个的教育，把上海的有关资源都动员起来，当时开出了24门课程。同时，整个教育也是各个名家去讲，讲了以后跟师，又动员上海的医疗资源，让学生分头到这些医生家里去抄方，跟门诊。

曹：听说当年丁甘仁先生看病的时候，比如说开方子，他有一个原则叫作"清轻灵廉"，"清"就是清晰的清，就是药方很清晰，"轻"就是用药的量比较小，第三就是"灵"，比较灵活多变，还有"廉"，就是用的药尽量比较便宜一些。是不是当年丁甘仁先生是考虑到普罗大众，希望他们能够负担得起？

严：丁甘仁的医疗风格是有点特点的，他在学术上也很有造诣。他有几点是对上海医学和全国产生影响的，一个，他是伤寒、温病一体论，可以说是，首先倡导的，就是不要把伤寒和温病对立起来。另外一个，他学术上主张和婉归纯，药的配伍很和谐，婉又不是急功近利的，要有纯正的处方，这是他很重要的学术思想。然后他贵在轻灵，一个是用药既轻，一个是灵活辩证用药，就是个体化灵活地处方用药。中医实际上有个共同的特点，从病基出发的整个的辩证思维、临床思维方法，根据症状来分析病基，根据病基列他的方法，根据方法来处方，这么一个过程。是一个很经典的临床思维方法。所以你去想，一个阴虚的人感冒，和平常一个阳虚的人感冒，一个强壮的人感冒，用药都不一样，一个是要养阴透表，一个是扶阳解表，一个是祛邪解表，就是要透。人的体质不一样，方法都不一样。

曹：中医真是复杂，因人而异。

严：就是不太一样。所以中医在这方面，实际上思维大部分都是差不多的，就是在用药的选择经验搭配上有一点差异，习惯上有点差异。名医大概都有这个特点。你要说他临床思维上有什么特别的特点，差异就在临床用方、用药的习惯，各有不同。但真正临床来分析病基方法，列方处方的时候，思维方法大概是差不多的。

岐黄文化，传承接续，生生不息。1972年，严世芸正式拜上海著名中医张伯臾为师，开始跟诊、出诊、教学。严老临床用药，胆大心细，灵活多变，60余年中医之路，在临床、教学、科研中穿梭探索，身体力行，为中医药传承发展的难题不断寻找答案，并逐步形成自身独有的中医学术思想。

曹：您后来拜张伯臾先生为师，张伯臾先生跟您父亲其实是同窗？

严：同窗。

曹：他在辨证施治方面有些什么特点吗？

严：我后来实习的时候，我父亲就跟我说你到曙光医院跟张伯臾。

曹：他为什么这么说？

严：他地道，有经验。当时内科主要是他带我。他带的时候，确实是丁氏的一种做派，就是很轻灵。价钱倒不是主要的，因为当时有医保了，劳保。轻灵、和谐，药方的配合，他很注重，这是他的一个特点。我一共跟了他17年，从1971年跟到1987年，我看他的方子一点点变，开始的时候是用轻灵的，贵在轻灵，就是丁甘仁的做派。后来好像我看见他伤寒方都出来了，伤寒方的药比较重，药味少，针对性强。再后来，一点点来了千金方。唐朝的千金方有个很大的特点，寒热温良都有，一张方子都会出现，不像时方，一定是规规矩矩的，是补要补的，是泻要泻的，它是升降补泻，有的时候一张方子都有。像这种方子，实际上是针对复杂病例的，复杂病例的情况，各种症状都相矛盾，怎么办？就只能够用一种比较复杂的方子去对待。但是他在医院里面两样，对临床的研究工作还是很重视，我跟着他，消化道出血用中药。

曹：这很危险的。

严：要止下来的。急性胰腺炎，我跟着他弄。心肌梗死，这个毛病，临床上也在床位上面进行观察。

曹：心肌梗死也用中药？

严：我举这个例子，当时研究心梗，前后一共观察了10个人，中医一个没死，而且是什么呢，中医也是有心梗并发休克，并发心律失常、并发心衰，都有的，并发症都有。当然，现在心梗两样了，一来心梗，一看，先一根管子塞进去，跟当时的条件是不一样的。曙光医院这个氛围也很好的，我也跟在那里。高热的研究，收到一个82岁高龄的老先生，就是高热不退，进来了，当时有个西医，他看好以后，他跟张老说，这个病人，我可以给你三天时间，你用中药，我来观察。他开始用药，结果用到第三天，寒热不下来，他说我还可以给你三天，结果到第四天，体温下来了。像这一类的临床研究，后来像胰腺炎，这张方子已经很有名了，都是当时张老在临床上弄的。

曹：这张方子很有名的。

严：很有名了。

曹：坊间对于中医和西医会有很多争论，有的人认为西医看急诊是最有效的，一些慢性病可以用中药。而您的观点跟他们有点不一样，您认为西医的特点是控制对抗，中医是进行一个整体的协调，怎么去看待中西医不同的思维方式？

严：这个事情，实际上是各有优势的，也不能绝对说中医就不看急性病，中医是从急性病当中起家的，伤寒论就是疫病，就是传染病。当时一个村里，死掉百分之七十以上的人，在这种情况下，张仲景做了这本书，他是看了这些传染病，中医起家在传染病上，中医怎么会不看急诊呢？中医急诊有好多，休克的病人，中医上去，马上休克纠正，回过来，中医还是看急诊的。当然，现在在急诊的条件下，西医手段比较多一点。但实际上这两者，中医和西医应该说一定是要互补。

曹：听说这次新冠疫情的时候，其实很多用中医的疗法效果都非常好。

严：非常好。以我们上海为例，上海中医管理局和卫健委一起组织了会诊，都是重病人，每天晚上会诊，四个多月，将近五个月，出来的都是老年人，很多是从养老院出来的，还有重病。中医会诊，到后来无一例死亡。实际上这个病很明显地可以看出中西医结合，这种疗效肯定超过西方的疗效，这就是中西医结合。如果把理论体系再往下研究，新医学的体系可能就在这里面。

曹：您这些年一直提倡"脏象学说"，其实"脏象学说"的基础就是脏腑的学说，我们中医讲五脏六腑，五脏是心、肝、脾、肺、肾，六腑是胆、胃、小肠、大肠、膀胱、三焦。

严：还有心包。

曹：对，心包。这之间是一种什么样的关系？把这个理顺了之后，对于我们疾病的诊断和治疗会起什么作用？

严：实际上都是个整体，中医"五脏"是一个整体，从中国先秦时期哲学来说，五行在中国的哲学里面，是作为标志万物的五个元素，金木水火土，当然脏腑也是用金木水火土来表

严世芸

述的，是标志性的东西。但它的关系是深刻，五脏之间的关系是深刻关系。后来的研究又提出，五脏当中有五脏，五行当中有五行，也就是说相互之间的关系是非常密切的，是一个整体。五脏一定有六腑配合，五脏是藏之于内，藏经气、藏气血、藏精气神，这些东西，腑是通，要有藏也要有通，这才成为一个生命体。所以在这种情况下，实际上脏腑之间的关系，中医现在发现有很巧妙的地方。比如说肺和大肠相表里，对不对？这次新冠，很多白肺是通过泄大便往下泄掉的。

曹：看上去好像白肺和大便没什么关系的。

严：没有关系，但肺和大肠是相通的。

曹：相表里。

严：好了，大肠杆菌就上来到肺里去，怎么可能呢？但实际上这次是起到了很好的效果。肺和大肠相表里，也不是中医说的空穴来风，现在研究肺和大肠相表里，肺和大肠胚胎里面的起源是一个起源，你说有关系吗？可以相互来作为表里的关系，互相补充的。另外就是肝开窍于目，肝的维生素 A 的代谢，就是对视觉神经特别重要的，肝为什么不开窍其他地方，一定要开窍到目上？肾开窍于耳，现代研究肾小管和内耳的起源，胚胎里面是一个起源。两千多年前怎么认识这个东西的？

曹：那时候没有现代解剖学。

严：没有这个东西，但现在的研究已经看到这一点，也就是说两千多年前的这种观察方法到底是什么，我们现在没有弄清楚。古代很多起源的问题到现在还是一个谜，包括内经到底怎么起源的？一共有七经，现在只看到一个黄帝内经，到底起源怎么起来的，没有。为什么呢？先秦时期大部分都是靠口传、心记，一点点弄下来，到了汉代，经学起来了以后，再把它整理成东西，形成文字，所以有很多东西中间都丢失。但是到底怎么起源，像《伤寒论》怎么突然冒出来这么一本书，前面什么书也没看到，这么一本《伤寒论》就出来了。像这一类的问题，实际上都还没解决。

曹：您曾经有一度跟裘沛然先生一起组建各家学说研究室，通过梳理过往各家的中医学说，融会贯通。您觉得那段时间的工作对自己后来的医学，特别是中医的临床医学的实践和研究，产生什么样的影响？

严：我体会比较深的，因为我 1964 年毕业，毕业以后到 1965 年就下乡"四清"，后来 1967 年、1968 年的时候，就组织了教育革命医疗队，先在上海设立门诊，后来到川沙去了，赤脚医生。临床一圈下来，我总的感觉就是临床的问题，当时很感兴趣，但是就感觉有点不着边际，抓不到东西。到底怎么去理解、去认识，好像总是缺一口气。正好组织上安排我跟张伯臾，跟了临床以后，后来我又去了急诊，也探索了很多用中医治疗的办法。急诊室，我们从解决发热疼痛开始，一直到解决 30 多种疾病，急诊疾病，包括中医治疗休克的病人，用针剂进去，吊进去，都用了。弄了以后，我就想到底我们怎么来理解中医的临床思维问题、中医的临床理论。刚毕业的时候，叫我留校，我是分在伤寒教研室，我知道伤寒，至少也有一年多的过程。后来到 1978 年以后，教研室都要恢复了，我说我要到各家学说教研室去。他说为什么呢？我说各家学说和临床最接近，伤寒不是临床科吗？我要了解各家学说，必须了解伤寒，逼着我去了解，因为伤寒在后世当中有很多的延续，我抓住了各家学说，不是伤寒也了解了，还了解了它的发展吗？他说各家学说没有什么资料，以前只有几个人，资料都没有留下来。我说我从头开始。谁当主任？因为我和裘沛然熟，老是到他家里去，一谈

严世芸

谈到晚上两点钟，好多人一起去。裘沛然老先生学问非常广博，看书也多，记性也好。征求裘老意见，裘老也同意。我到了各家学说以后，好像自己所需要的东西，都在里面可以看到。所以我一上来以后，先弄了《中国医籍通考》，因为医籍考本来是日本人编的，中国没有自己的一本书。后来搞这个，《解放日报》有个评论，一本书结束了一段历史。后来我就搞各家学说教材，全国教材有了，把整个中医分成七个学派，我说这个不行的，我们自己编。这个以后，再一个一个过去，《中医学术发展史》、"藏象学"辩证，再把《三国两晋南北朝医药总集》这些东西都一个一个编出来。这个过程当中，实

际上对自己有很多的启发，因为中医所有的各家学说都建立在临床基础上，都会给你一个启示，这方面有这个用法，那方面有那个用法。我现在的处方往往是有很多名方的组合，这跟我搞教研室学科有关系。

国医大师，是"承者"，更是"传者"。在为我国中医事业呕心沥血的过程中，严世芸既经历了师从名师的求索，也收获了桃李满天下的喜悦。他尤其重视中医学科建设，提高中医高等教育的质量，不断培养中医英才。以高瞻远瞩的开阔视野，在推动上海中医药传承发展中做出重要贡献，更让承载厚重中华文化的中医药在国际上得到越来越多的认同。

曹：过去传统上来说，中医的这种传承就是师父带徒弟，像过去唱京剧一样，都是师父带徒弟，跟现在所谓现代化的中医教学方法是不太一样的，各有利弊。您当时在做上海中医药大学校长的时候，做过一些课程上的探索，比如小学期这样的一些探索，当时您探索的目的是什么？

严：我从1985年当副校长以后，就分管教学，第一个改革的就是教材，新编一套教材。因为中医本来的教材是学科界限不明确的，大家都想往后排，往前排的课程最难讲，我说如果界限不清楚，往往学生不能够循序渐进地理解整个体系，所以当时出来了十门基础课。弄了以后，倒是引起全国的反应，全国各地，当时由中医师组织到全国各地去探索中医基础教材的改革。到后来，我就发现如果只有单纯教材的改革，而我们的教学模式、教学思想不变，还是老样子，恐怕也不适合现代高等教育的要求，更不适合当代对中医人的要求。所以我当时搞什么呢？两个东西很重要，一个就是要他们早临床、多临床，就搞学分制，当中拿出10周，一年一共52周，假期去掉再拿出10周，两个5周，作为选修课。一个是选修课程，一个是到临床去，早临床、多临床，有感性的东西。改革就从这里来的，也吸取了传承教育的一些特点，到改革里面。另外一个，我们搞学分制，把必修课压缩了，选修课扩大，在必修课的基础上一定要完成多少分的选修课，这样拓宽视野、拓展知识面，形成很好的一种临床思维能力。后来一点点改革，到后来就一直改革到搞通俗教育，把文化的元素再进入到选修课里面去，一步一步这么走过来。学分制弄到后来，我们的改革现在完全学分制，没有限制性选修课，没有了，就是完全学分，全部可以用选修的办法。而且主辅修制，年限也没有了，可以自己提早毕业，也可以延后毕业，一系列的学制教育模式的改变、教育思想的改变。我们知识结构的问题，比如我们的知识结构，实际上是知识、能力、

严世芸与曹可凡

素质，这三大块构成一个知识结构。课程就必须多学科结合，怎么把中医学和现代科技互相结合？我们有一个长学制，长学制七年制，现在是八年制，两年放到综合大学去，实际上一方面接受了综合大学的校园氛围、校园文化，一方面有多学科的选修，拓展知识结构。因为我们以后的中医要发展，要多学科来研究中医。比如说现在想到，叫我来想一个东西要用数学的模式去解决问题，我一筹莫展，也没有这个思路，你说对不对？我没有这个思路，也没有办法去找数学家结合。所以说我们有人到了综合大学，选修了高等数学。

曹：所以他有这个概念。

严：他有这个概念，不一定成专家，但有这个概念，可以用这种办法来解决。

曹：可以找专家来配合。

严：再找专家合作，所以人才培养是一个基础，既然要有多学科结合，就必须要有多学科形成的群体。我老喜欢举这个例子，什么例子呢？加里森敢死队，尽管这五个人都是监狱里出来的，但是五种能力，组合在一起的时候，突破能力特别强。中医也应该这样，学科的组合，群体应该有不同知识结构的人组合在一起。

曹：像您家里，从祖父算起，到您女儿，就已经四代，您是希望中医学在家族完成一个什么样的传承？

严：现在家族传承的事情，好像越来越淡化了，为什么呢？现在的数字化、智能化，再加上国家的政策都在，所以实际上说家族传承跟一般的师承好像有不一样，以前有传子不传女，现在不存在这个问题。从头到尾，大概现在100多个学生，有博士生，还有师承的，你说都跟着抄方，我女儿不是也跟他们一起抄方吗？

曹：您自己的一些行医上的秘密，诀窍是留给女儿的，不留给学生的，有吗？

严：这么敞开的门诊，保护不了的，保护不了秘密。你想想看，我用什么药上去，什么病什么药上去，都看在那里。我总不见得拿着不用，放在那里干吗，对吗？所以现在不行了，不是以前私塾门诊，叫子女在边上。

曹：谢谢严医生今天给我们分享了这么多有关中医知识的话题，我们这个节目20年来第一次采访中医大家，所以谢谢严教授。

一个字面意义上的读书人——骆玉明专访

在复旦大学教了一辈子中国古典文学的骆玉明教授也许不会想到，自己在退休之际成为坐拥30万粉丝的网络红人。他对中国文学史和各类经典作品的独到见解，为喜爱传统文化的读者们提供了一种别样的打开方式，时而犀利幽默、时而温暖治愈。今天就让我们跟随骆玉明的脚步，在文学深处游荡。

骆玉明做客《可凡倾听》

曹： 骆老师您好！但凡大家说起您的时候，都会给您贴上一个标签，说您是有魏晋人士风范。您自认为是不是具有魏晋人士那样的一种生活哲理？

骆： 大概唯一的相同，就是比较懒散，时间不太严格，比较随意，跟魏晋风范其实没有多大关系。主要可能是我在学校里，长期教《世说新语》，写了一本《世说新语》的精读，大家就把各种线索，这样自由结合，觉得骆老师很有魏晋风度。其实魏晋风度是一个贵族文化的特征，不仅跟我们现代人关联很少，宋以后，明清也都喜欢这种魏晋生活风格，魏晋作为一种气质风度，但是都隔得很远，因为它是历史上比较特殊的时代。

曹： 大家说起魏晋人士，善饮是他们一个非常重要的标志，我不知道您平时是不是善饮酒？

骆： 年轻的时候喝得很多，一喝必醉，不醉就觉得好像特别难过。我酒量小，但是不怕酒量大的，你酒量再大，我给你倒一茶缸子的白酒下去，就那么一下子喝下去，反正你酒量再大也是醉，我酒量再小也是醉。

曹： 酒胆比较大？

骆： 对。后来年纪大一点就不太喝了，这里面说起来原因就比较复杂，因为人喝醉酒以后有种种……看起来好像很真的表现，其实都是假的，酒醉是真的。

425

曹：我知道您也喜欢下棋，棋艺水平怎么样？

骆：非常低，如果专门学棋，我下了这么多年应该水平很高了，但是我一直保持着很差的臭棋水准。现在网络发达了，下棋都在网上，比如写东西、看书、想事，紧张了，就找人下盘棋。

曹：您对茶也很有研究？

骆：是，喜欢喝茶，没有什么特别的研究。一百万的普洱，好像也没喝出什么名堂来。在座的其他朋友都很恭维，茶好茶好，我就不说，我就觉得好像跟我平时喝的差不多。

曹：如果我们在网络上打上骆玉明的名字，就会发现，其实您是 B 站上的一个顶流教授，自己从事古典文学的研究或教学大半辈子，现在在网络上授课，是不是觉得这个很奇妙？

骆：我是被动的，这是朋友建议的，他们是国内很大的一个民营的图书行销公司，对网络比较熟悉，他们建议我去做。我这人有个最大的弱点，朋友找我做事，我就推不了，就说行吧行吧，你们说做就做。

曹：面儿薄。

骆：我本来的想法是好玩就做一会儿，不好玩就不做。后来做了以后，发现确实还是有点意思，有很多朋友在下面留言，大多是读过一些书的，而且有时候发表的见解很专业，甚至挑刺，很专业，或者说有他的见解。这个我就觉得好玩了。

曹：您觉得大家可以在同等水平上进行交流了？

骆：对，有一个交流，我说的东西你是懂的。因为我在学校里教书，有一句这样的话，谁反对我，谁能得高分。为什么呢？因为反对我，你肯定要动脑筋，你不能平白无故地说骆老师长得很难看，这没用的。这个形式，跟现在 B 站的网络课堂差不多。

曹：听说您在复旦上课，学生都"趋之若鹜"，很早就来抢座位？甚至王安忆老师也说，她来听您的课，也是很早就去抢位子。您觉得为什么学生喜欢您的课？

骆：大概是三年前的时候，我太太说要来听我的课，说让我助教给她留个座位。我说这个不符合规定，后来她就在阶梯教室的阶梯上坐了一个学期。这确实是比较热闹，同学有同学的喜欢，我也不大去考虑这个问题，我讲课历来的习惯是这样的：第一我不能保证我能传授正确的思想，这个我不能保证，因为我对自己的思想是否正确，没有那么大的把握。第二我不能保证我传授正确的知识，因为知识这个东西，我们对于一个问题的看法，可能有各种不同的立场和各种变化。那么我能保证的一点就是，我所讲的东西，我都想过，并且我是很认真很诚恳地思考过这些问题，然后我把我的想法提出来，跟大家交流。我不能说我上课上得多么好，但是我跟别人的不同就是，第一你选了我的课，你来不来跟我没关系；第二你到了课堂，听不听跟我没关系；第三我上课的所有内容都不在考试里面，考试的东西都在书上，也就是说你上不上课跟考试一点关系都没有。那么接下来一点就是，你之所以来是因为你想听我的课。学生就感觉到一

骆玉明

种什么呢，我听这个课一定是我想去听的，而不是说为了学分、为了纪律，为了什么什么。

曹：不是一个被动状态。

骆：完全没有被动状态，这是第一。第二，所讲的东西，我都自己想过，因此通常会跟教科书，或者你经常看到的那些东西，会不一样或者有很大的不一样。甚至我教导学生说，你跟老师就是一种交战的关系，他表达他的想法，你要尽可能地想办法去找他的漏洞，他的毛病在哪里？他的漏洞在哪里？他会发生错误吗？我不这样想，不行吗？交战是指我们对问题的看法，不是说关系，师生的关系我们是很好的。这样一种对立和交战的状态，不断地对你的思考起一种促进作用。并且我们也必须懂得一点，人类的知识、价值、规则，都是不断地被重新思考、重新审视的。我们在大学，首先要培养这个能力，对你已经获得的知识和价值进行重新思考，我能不能解构它、能不能重建它？用什么方法解构它、用什么方法重建它？这样，同学真正感兴趣的，其实不在于骆老师讲了什么，而在于骆老师讲这些问题的时候，他怎么去想的？他从什么角度去思考的？换在我身上，我如果来讨论这个话题，我会站在什么位置上？

曹：您有没有观察过，在您的课堂上，女生多一点还是男生多一点？

骆：没有考虑过，没有比例上的差异。男生也很多，通常女生会坐得靠前一点。

曹：我看到一个资料，说您在课堂上特别跟女生说，女生不要去上文学的当。

骆：这个很好玩，实际上是在课堂上说的，讲一首五代的词，写得很美，"记得绿罗裙，处处怜芳草"，讲得很美很美，我就突然跳出来这句，为什么跳出这句呢？诗词里面写的这种情感，有时候非常美、非常迷人，但生活并不是这样。这句话如果完整地说，文学当中所表现得很美的东西，能不能成为生活事实，要放在另一个条件下去思考它、对待它，而不是简单地去信任它。你看苏东坡"十年生死两茫茫"，怀念他

诗是最美的文字，禅是最高的哲学

古典文学名师，《中国文学史》主编骆玉明倾力之作
从诗歌中轻松了解禅文化，领悟人生智慧，享受心灵宁静

骆玉明《诗里特别有禅》

的第一个妻子。

曹：王弗。

骆：可是他去世的时候，遗嘱是跟第二个妻子葬在一起。

曹：现实跟文学之间的差距。

骆：你觉得他对王弗的感情这么深，而且特别说到他的妻子是一个人，"千里孤坟，无处话凄凉"，觉得她一个人在那个地方会很孤独，可是他还是没有跟他的太太葬在一起。

曹：我发现现在很多的年轻人，虽然他们有生活的压力，但是往往也有自己精神上的追求，很多年轻人对古典诗文还是表达出一种浓厚的兴趣。您觉得当代人学一些古典诗文，对我们来说可以获得什么？

骆：我在讲古诗词课的时候，一开始我就讲到三点，第一个就是更好地建立我们跟传统文化的血脉关联。任何一个人都是生活在一个文化系统当中的，你必然跟这个文化系统有关系。我举例，假如你出生在美国，比如你从小说的就是英文，那么你对中国文化传统可能是很疏远的，但是你必然跟欧美的文化传统接近一些。因此，不管你自觉还是不自觉，你总是生活在一个传统文化的系统里面。因此你能更好地去理解它，懂得自己站在什么地方。第二个，诗词能够给我们带来一种情趣上的陶冶，因为诗词总是在表达一种人生的美好追求。比如说我经常举这个例子，有人说陶渊明没有那么豁达，找出各种各样的例子，陶渊明也很庸俗，陶渊明有时候还是想要做官，为了做官还是不做官，焦虑、矛盾。

曹：其实他一直是纠结的。

骆：纠结的。然后对小孩子不肯好好读书，就跟你一样，你也是焦虑这些事情，他跟我们没有太大的区别。但是陶渊明有没有跟我们同样庸俗的地方，这个问题并不重要，重要的是他创造了一个不庸俗的世界，他所创造的诗的世界是一个高超的、飘逸的、美好的世界，是人的一种精神向往和精神追求。李白也是这样，以前有位老师专门说这个话题，说李白也是一天到晚急于想做官，有很多虚荣心，这个人也很庸俗，甚至有点小流氓习气，等等。我同样是这句话，李白是不是具有跟我们同样庸俗的地方，这不重要，重要的是他怎样创造了那些美好的东西。诗是一个精神的空间，而他所创造的这样一个精神空间，是非常美好的，表达人的那种对自由的渴望，对个人尊严的那样一种维护，那种自由飞扬的生命状态。珍贵的东西是在这里。每个人都有自己的欲望，人和人的欲望互相冲突。你在这种日常的、世俗的冲突当中，你会活得很琐碎，人会被生活剪得很碎。那么你就需要另一个精神空间，更具有一种主体性的、更具有尊严的、更理想的生存空间。当我们发现其实我们生活在两个生存空间的时候，会发生一种关联，我们可能会对我们的日常生活的质量要求提高一点。我说人在屋檐下哪能不低头，是，我就是一个俗人，但也不要天天低头，有时候不低头就不低头了，有时候老子抬一抬头就过了。我说的还不仅仅是诗词，我讲的是整个艺术，比如说音乐、舞蹈、绘画，这些东西都是人的美好的精神空间。我因为有段时间写过书法，虽然后来不成器，但是我非常知道写字的时候那个线条的游动和韵律，真是非常非常美，非常舒适，你会有人好自在的感觉。

曹： 您现在回想起来，小时候的自己是一个什么样的读书状态？其实那时候要得到一本好的书也不是那么容易的事。

骆： 这个就是要感谢上海这样一个大城市，人在大城市里有优越条件。我小时候生活条件很差的，不算极差，算是很差，普通的工人家庭，家里六个孩子，还有老奶奶，所以要养活的人口非常多。生活当中没有什么可以游戏、可以玩的东西。当我能够完整地读一篇东西的时候，我就找到了一个对我来说最重要的、最愉快的空间，上海的旧书店，我熟悉上海所有的旧书店。我的家在虹镇老街这个地方，大家都知道的，上海最大的贫民区。从那个地方走到淮海西路的旧书店，大概步行两小时，往返四小时，可以走到那里去看书。废寝忘食，这个东西对我来说，真的根本就不是形容，因为在书店里看书根本就忘记吃饭了。有一次，一看就看到下午三点多。

曹： 不觉得饿？

骆： 不觉得饿，所以我小时候的读书量真的是非常大。我有一次到上海中学去，跟上海中学的同学说，你们的条件比起我来相差太多了，第一，你们读的是好学校，第二，你们父母都有文化，第三，你们父母都很有期待，所以条件比我差得太多了。第一，我读的是最普通的学校，第二，我父母没有文化，他们根本不知道我在干什么，第三，学校也好、老师也好、家长也好，对我没有什么期待。就造成第一我只要不闯祸，第二我的考试不低于60分，就没有任何人来过问我。所以我所有的时间都用来看小说。我一直非常怀念，我的课桌有这么宽的一条裂缝。因为学校是一个很简陋的学校，课桌也很简陋，有这么大的一个裂缝。

曹：所以放得下，可以通过这个裂缝看书？

骆：对。我每天一定要第一个赶到学校去，因为小学生的座位是固定的，但是桌椅不固定，一打扫，桌椅就搬走了。我一定要找到有这么宽裂缝的桌子，放到我的位置上，然后我的一天就是在看小说。后来老师也发现了，但是一方面老师也很辛苦，他管不了那么多，第二，他反正知道我不会出事，不打架，考试总有 60 分，还管我干吗呢，你看书就看书吧。

曹：您现在想起来，那时候读过的书，哪些对您童年或者少年时代影响特别特别大？

骆：我可以非常有把握地说，小学毕业的时候，我读过的翻译小说超过大学中文本科的学生，也超过我的语文老师，量非常大。所以你说哪些书对我影响很大，我说片段的东西，比如说巴尔扎克的《高老头》有个片段，一个强盗"伏脱冷"教训一个大学生，我可以非常确定地说，这是我在进中学以前看的，因为我没有看过第二遍，到现在都没有看过第二遍《高老头》，所以一定就是那个时间。那个情节对我震动很大，简单地说，"伏脱冷"教的是一套丛林法则，人和人就是像争夺食物一样的，一种像野兽一样的生存状态。这是人最根本的真实，而一切美好的语言、美好的道德都是掩饰、都是欺骗。我不是说我读了，就相信它了，并不是，我读了我停下来了，因为这对一个小孩来说，我才小学六年级，是一个很严重的打击，或者说狠狠地拍了你一下，到底对还是不对呢？可能我刚刚的复述也不一定是 100% 准确，但它是一个震撼，会告诉你我们所学到的知识，我们所接受的价值，可以站在完全不同的立场上来评判。

曹：那时候您去崇明插队，还有书读吗？

骆：还在读。可以说那个时候什么书也不让读，能读的书的数量非常少，但是另外一个方面，也很容易得到书，为什么很容易得到书呢？很多的图书馆被打烂了，大量的书籍流传出去，但是是在地下流传。所以在那个时代，如果你是一个喜欢读书的人，还能找到书。我总是一个月或者两个月要回上海一次，把那些书带回来，拿到上海来交换。我自己拥有的书不多，但是我是一个交换书籍的网络点。

曹：您是一个枢纽中心。

骆：一个枢纽，所以从我手里流过的书的量很大。

曹：您后来进复旦，其实也算一个奇迹，人家一般都是本科、然后研究生，可是您当时进入复旦读研究生，之前完整的学历就是初中。

骆：而且初中没有读完。当然是有很大的偶然性，但是也有一点必要的准备。当时面对一个什么问题呢，我们的科研研究后继无人，所以就提出要招研究生。既然招了理科，文科也招一点试试，很少数的几个学校招收了所谓工农兵研究生。

骆玉明

曹： 当时复旦中文系可以说是大师云集，进入复旦中文系这么一个文化的生态圈的时候，对您个人来说有一个什么样的影响？

骆： 第一我感觉复旦还是一所很了不起的学校，主要能容人。像我这样的一种情况，几乎没有学历，所有的学历就是到初中一年级结束了。然后进了一个研究生班，而且又是一个特殊时期的特殊产物，这个学历也可以忽略不计的。但是我在复旦读书的过程当中，遇到很多好的老师。我也强调一句，我自己是有一点自己的基础，读过很多杂书。

曹： 朱东润先生对您的评价就是，这个人还是读过点书的，从朱先生口中说出这个话，那是非常了不起的评价。

骆： 我读过很多很多的杂书，这对我来说提供了一个知识基础，尤其是提供一个思考能力，可以跟老师进行一些讨论。后来我留校了，1977年留校了，做过77级的助教，就是陈思和那个班，我有时候跟陈思和开玩笑，我打过你的分数，99分，陈思和的文学史是我打的99分。为什么打99分呢？我说给你打100分，你就骄傲了。

曹： 陈思和也是学霸。

骆： 也是学霸，其实他古代文学的知识很好，他中国文学史的分数全班最高。

曹： 像朱东润先生对您有没有一些具体的指导？因为您后来跟王运熙先生接触比较多。

骆： 最早是王运熙先生，然后是朱东润先生，朱东润先生后来又去做系主任了，我又跟过陈子展先生，跟过刘季高先生，后来章培恒先生回来了，回到复旦中文系来了，我又跟章培恒先生。但是我这个人也有自己特别的地方，一般不大听老师的，老师循循善诱的时候，我就很反感，因为循循善诱就是要把我诱到他认为正确的地方去。老师问一个问题，有预设答案，并且不断地想要诱导你去回答这个正确答案。但是我宁可给你错误的答案，我也绝不回答你预设的那个正确答案。因为正确是你正确，错误是我错误，我的错误比你的正确可爱。

曹： 也许不是每个老师都能够容忍学生这样的方法，是不是会得罪老师？

骆：所以复旦的老师还是很了不起的，我所跟过的老师就没有这种很小气的，当然各个风格有点不一样。比如说像王运熙老师就比较强调循规蹈矩的、扎扎实实的、一步一步的那种训练，章培恒老师更鼓励那种海阔天空的，烂漫无边的，想到哪里说到哪里。我其实跟过的老师，读书的过程，除了跟朱东润先生读书是一板一眼的，《诗经》一篇一篇读过去，其他都没有，大多的时间是在那里闲聊。章培恒先生根本就不教我什么东西，就是闲聊，聊的过程中会遇到各种各样的问题、各种各样的话题。我是1975年进的复旦，社会上还没有书，走到阅览室，一架子一架子的书，我简直觉得我从此以后就是世界上最快活的一个人了，一架子一架子的书，我爱怎么读就怎么读。

曹：现在的年轻人就很难理解你们这代人当时看到一架子书的那种感受。

骆：对，现在的人你给他一个书城，他也不激动。

　　骆玉明一再强调自己只想做一个字面意义上的读书人，上课也好、写书也罢，都是与大家交流的方式。虽然也曾写出了像1996年版《中国文学史》这样里程碑式的学术作品，但他也坦言，自己并不把学术研究放在首位，更觉得长期在一个专门领域内搞研究会破坏读书的乐趣。就是这样一位散漫、随兴的文学旅人，闲庭信步般地写出了《世说新语精读》《美丽古典》《诗里特别有禅》《老庄随谈》等令人激赏的作品，与更多人分享着读书的乐趣。

1996年版《中国文学史》

曹：您当年跟章培恒先生合作的《中国文学史》其实是一本很严肃的学术著作，可是在当时引起特别大的轰动，现在想起来，为什么这本书当时会洛阳纸贵？

骆：因为1996年版的《中国文学史》主要是我操作的，巨量的文字是我的。所以我不能说它有多么高的水平，但是代表着一个转变，这个转变是整个学术文化界所要求和所期待的。代表着我们对中国文学的理解，批评态度的一种变化。而且这本书非常明确地提出，要从人性的立场，从人性发展变化的立场来看待中国文学史的发展变化。它的理论基点是跟以前所有的文学史完全不一样的，可能包含着很多我们不能一次性解决的问题。但是这个转变是一个巨大的转变，我觉得真正的意义就是这个。

曹： 中国文化在整个世界范畴内是数千年没有中断过，其中很重要的原因是文字虽然有演变，但是今天的中国人还能够用文字去阅读几千年前的东西，可以跟古人进行交流。所以像《诗经》这样的作品对今天的人来说，它的重要价值在什么地方？

骆： 我们说中国文化传统是一个生命体，是一个具有生命活力的东西。这个生命体有它内核形成的阶段，这个内核的形成体现在一些最基本的经典上，《诗经》就是这样一部经典。所以说《诗经》里面包含着中国文化的内核，或者说中国文化最重要的文化基因。从这个角度去理解，《诗经》对我们来说，不是一个古老的东西，因为它是一个生命体，现在就活着，活在我们的日常生活里，活在你的思维方式和思维表现、你的思维习惯之中，它就活在那个地方，所以我们需要很好地去理解它。

曹： 除了《诗经》以外，《世说新语》也是您着力研究和教学的一个部分，是不是也传递出中国人的这种精神内核？

骆： 是的，就是中国人的那种精神追求。讲到《世说新语》的时候，一方面我们讲它是一个贵族文化的东西。所谓贵族文化的东西，必然有它的缺陷。所以在《世说新语》里面，能看到很多像行为艺术一样的东西，仪态的美、表达的美，很多像行为艺术一样的。但是最重要的是什么？首先是尊严，然后是思想、智慧，然后是艺术之美。生命之所以是有价值的，是因为有尊严的或者有思想的，是美的。可以说我就是在这个角度上把《世说新语》做了一个系统的叙述，我找到一个我认为重要的角度来说这本书。有一个朋友在网上说，骆玉明是好的，但是他怎么可能有这么好？我想不是我说得好，而是对这个问题激动了。

曹： 前不久有一部动画片，叫作《长安三万里》，引起大家非常热烈的讨论，我知道您年轻的时候是很喜欢李白的，可是现在可能您认为杜甫是您更喜欢的诗人。

骆： 大多数人都会是这样，对唐诗当中两位最伟大的、最有个性的诗人，一般来说年轻的时候会比较喜欢李白。因为李白诗歌的特点，包括他在诗歌当中表达的自我形象的特点，就是自由飞扬，非常轻

骆玉明《〈世说新语〉十三讲》

快，读李白的诗非常轻快。比如"桃花潭水深千尺，不及汪伦送我情"，"孤帆远影碧空尽，唯见长江天际流"，年轻人会喜欢。但是大多数人，一般到了中年的时候会比较喜欢杜甫，就是我们在世界上走得久了，发现人生真的没有那么轻快，人生中更重要的东西是我们要有一种毅力，毅力是要扛过我们经受过的所有，你有时候会觉得杜甫很迂，但是他相信自己有责任去关心这世界上所有的苦难，去同情世界上所有苦难的人。我前不久重新读《自京赴奉先县咏怀》，真的读得眼泪掉下来，以前没有注意到。他经过骊山的时候，腰带断了，"指直不得结"，手冻得很僵硬，腰带打不好。虽然他们家也已经败落了，但是他也是一个士大夫，宦门子弟，他也在做一个小官，连一根好好的衣带都没有。这是他回到家以后才写的，他的小孩子饿死了。一个人到这个时候，连好好的衣带都没有，儿子也饿死了，你还能想什么？他在想世上还有比他更苦难的人，因为他是有特权的，他是可以不服役的，他可以不交租税。那些服役的、那些交租税的人，他们怎么活下去？一个人在这个时候还会想比他更苦难的人，这很特别，很了不起。他始终有爱别人的能力，即使是走投无路的时候。一个人走投无路了，但还爱这个世界，还怜悯那些比他更痛苦的人，实在是太了不起了。杜甫是中国最伟大的诗人，李白可能要稍微次一点。

曹：其实这些年来，您从老庄、魏晋文学，一直到明清文学，都有一些研究的成果，跟大家交流。您能不能跟我们分享一下您的见解？这些都还挺新鲜的。

骆：我们在看，比如说"四大名著"当中的这些人物出现的时候，我们如果用一种文学史的眼光来看，跟普通的评价会不一样。所谓文学史的眼光，就是这个人物形象的出现，给整个中国文化发展和变化带来了什么新的东西。什么叫文学发展，就是人的精神世界的扩大。什么叫人的精神世界的扩大？就意味着我们对人和世界的关系，看法不像原来那么简单，不是那么单纯。因此我们对各种各样的人，各种各样的生存方式和各种各样的生存态度，都表现出来一种理解和宽容。一个意识形态非常严厉的、思想统治非常严厉的时代，文学里面的人性就是会单调的。一个相对来说社会气氛比较活跃、比较自由的时代，在文学当中出现的人物形象是比较丰富和复杂的。例如曹操，曹操是整个《三国演义》里面最有力量的人物，真的不是什么关羽、刘备、诸葛亮能比得了的。你去读《世说新语》的资料，读《三国志》裴松之注里面所引用的一些材料，你就会发现曹操这个形象在历史上就是复杂的。我们经常讲曹操是"奸雄"，这个根本就不是贬义的。所谓"治世之奸贼"，他在稳定的权力秩序当中会成为一种破坏性的力量，所谓"乱世之英雄"，是说在社会发生巨大动荡的时候，他的创造力可以达到最好的实现，他会成为英雄。所谓"奸雄"，本来就不是一个贬义的评价。这样的一个人物，被文学化了以后，身上就表现出人性非常丰富的东西，不是循规蹈矩的，是具有强大的智慧和意志的。我们现在看到的《三国演义》的版本是已经被毛氏父子修改过的，增加了他身上的这种贬义的意味。我们可以在这个人物身上，看到很多很丰富的东西，所以他对《三国演义》来说很重要。再比如说《西游记》，我说当"猪八戒"站在中国文学史的舞台上的时候，他发出了一道光，我们的文学世界又打开来了。为什么呢？"猪八戒"就是一个庸俗的人，他身上一切性格的特点都显示出人的这样一种庸俗、贪吃好色，很多很多的缺陷。

曹：人性的很多弱点集中在他身上。

骆：很多很多的缺点，比如本领也不大，心眼也小，经常在师父面前挑拨、说大师哥的坏话，等等。但是那么多缺陷的一个形象，而且他的外形是一只猪，外形也不好看，但是他那么可爱。为什么？这个时代的文学表现出来一种很大的包容性，人确实是庸俗的。人只是在人们的生活过程和一种社交场景当中，去掩饰自己的庸俗，但是人的庸俗是不可能被清除掉的，人本质上就是庸俗的，所以不要对人的庸俗过于挑剔。

曹：还是要宽容对待。

骆：当文学以一种宽容的态度去对待人性的时候，文学的世界就扩大了。当你知道人是不可能没有缺陷的时候，你就不会去苛求别人，不会用一种很固执的、死板的、僵硬的态度去看待他人，人的世界就因此而变得更好。所以猪八戒的出现，意味着我们的世界有可能变得更好一些。

曹：您的见解很有意思。从古至今的中国文人当中，您特别推崇司马迁和鲁迅，您说说您的想法？

骆：他们有巨大的意志力量，我们从司马迁身上看到的是巨大的意志力量，要知道，他面对的对手是汉武帝。关于秦始皇的历史资料，我们知道得并不是很多，对汉武帝这个人，他的行事方法、思考习惯、趣味爱好，史料还是很多的，他是一个非常强大的人。而司马迁面对的就是一个这样强大的人。我忍受所有的耻辱，我写完了我的《史记》，死亡对我来说是轻而易举的，你不能够用任何东西来威胁我了，因为我已经做过了我所要做的和能做的。那种精神力量，我觉得是英雄气概，真的是英雄气概，忍受人生的一切痛苦和一切耻辱，然后在历史上坚定地建立自己的位置，留下自己的那一个深深的脚印。

曹：您怎么看鲁迅先生？

骆：鲁迅也是这样，实际上他自己也说过，希望是虚妄的，但是绝望也是虚妄的，我们没有希望的理由，但是我们也没有绝望的依据。鲁迅其实在当时的历史条件和历史环境当中，他对将来的中国文化、中国历史的发展，他是不能够抱什么希望的。但是不是说不能够抱什么希望，人就不再行动，人仍然要承担对这个历史的责任，用自己的肩扛起那个闸门，让那些年轻的人能够从这个闸门当中走出去。也就是说，其实他认为这个世界是无望的，他仍然要去做他认为他要做的事情，他是一个意志力非常强大的人。所以我说我最喜欢司马迁和鲁迅，其实就是两个理由、两个原因，一个是他们是意志力非常强大的人，第二个就是他们具有很大的创造力。当然也可以站在另外一个角度评价，我们凭什么要相信司马迁？因为整个中国历史框架的奠定是司马迁做的，他奠定了整个中国历史的框架和中国历史的描述方法，非常有创造性。所以我们需要对那些历史上最具有英雄意志和具有创造力量的人们，表示最高的敬重。

曹：您对自己的界定很有意思，就是不愿意把学术研究放在第一位，认为自己只是一个字面意义上的读书人，我们应该怎么去解读？

骆：我写过非常好的论文，虽然数量不多，但是那些论文在学术界的价值和评价都是存在的。我不是不能做研究，曾经有很多老师对我抱有非常大的期待。

曹：他们期待您成为一个什么样的学问人？

骆：一个非常好的学问人。但是我的生活习惯，就是一个比较自由、比较松散的，而且我的兴趣是不断游动的，我今天对这个东西感兴趣，我今天忽然拿起一本书来，对这个东西感兴趣，然后我就会钻到那里面去，明天对那个东西又感兴趣。

曹：所以您的学术兴趣是处于漂移状态。

骆：对。首先我必须说一点，我能够好好教书，也有足够数量的论文和著作可以提供评职称，并且很快就当了教授，这个我也是循规蹈矩的，一步一步都符合要求的。但是至于生活方式和生活态度来说，我觉得还是对自己好一点。

曹：当您宣布要荣休，在复旦上最后一堂课的时候，来的学生特别多，那天是不是特别感怀？

骆：没有。我对这种仪式性的东西不喜欢，我也不认为有什么最后一次上课，上完课很多学生上来献花，我觉得那个没有什么必要，没有必要把事情弄得很仪式化，教师就是上课，上完了就上完了。每一次上课都是上课，我不大喜欢那种很仪式化的东西。

曹：接下来还会不会继续在网络上通过上课的方式跟学生交流？

骆：会吧。现在网络上放置的那些内容，很多是我以前上课的内容的剪辑。但是我确实看到有很多朋友，他们喜欢这些东西，他们认真地听这些东西，并且他们觉得他们从这里得到了东西。我觉得这也是一个课堂。学校希望我回去再上课，但是我上了一下以后，想算了吧，凡事总有个结束，总不能在复旦一直上下去，总有个结束吧。再说，因为学校的课现在非常严格，比如每个星期二上课，你一定要那个时候去上课，正好我那天在外面旅游，玩得很开心，如果非得坐飞机回来上课，那就没意思了。我也老了，对自己宽容一点吧！

骆玉明与曹可凡

纪念我们的日常生活——陈村专访

作家陈村自称"弯人",圈内人则多称其为"村长"。"村长"是小说家,曾写出《我曾经在这里生活》《给儿子》《鲜花和》等风格迥异但饱含深情的文字。"村长"也是中国网络文学的见证者与参与者,早在上世纪末,便以专业作家身份,深度参与文学网站的建设,对安妮宝贝等一批网络作家的崛起功莫大焉。今天的节目就让我们走近这位风趣幽默、随性自在的文坛大哥。

陈村做客《可凡倾听》

曹: 我印象当中,您已经搁笔很久,但是我今年突然发现在《上海文学》上,您又重新开始写作,写《结网纪事》。为什么时隔差不多十年以后重新拿起了笔?

陈: 我因为现在不学好,写得非常非常少。这次金宇澄和《上海文学》现任主编崔欣,他们想出来的事,就跟我说你能不能写。后来我想对啊,如果不写,大概就永远不写了。其实一直在写,一直在写那些不收钱的东西,在网上有时候会写一段话,或者那时候写一个帖子,问题是我现在已经不习惯,我写完,编辑去看、去审,到最后等了几个月以后才发出来。因为平时你在网上写作,写完一个回车就发出去了。

曹: 应该说您是中国作家当中最早开始玩电脑的,而且当年您也是文学网站榕树下的艺术总监,我们如果回顾中国的网络文学,榕树下其实是一个非常重要的起点。

陈: 我不是网络作家,也不是一个老板,也不建一个平台,但我是一个目击者,我看见它们怎么生长,它们从没有到有,到变成一片森林。

曹: 您自己称自己是"弯人",因为您有强直性脊柱炎,圈里的很多人都称您为村长。我记忆当中,您以前跟我说过,陈村的笔名源于当时插队那个地方的名字,是吗?

陈: 对,我插队的时候经过的一个地方,就是黄山脚下,现在叫太平湖,那时候叫陈村水库,我经过那个地方,我觉得那个名字挺好,因为"陈"是旧的意思,你不要标榜自己很新，"村"又是那种很土气的。

曹： 当时的知青生活，您现在回忆起来有哪些事，其实还觉得经过了时间的淘洗之后，即便当时再艰苦，现在想想其实还是挺有意思的？

陈： 你去亲眼看见吃的东西怎么长出来，我觉得这是很有意思的。

陈村在陈村水库

因为我们在城里，跟大自然离得很远，平常这些过程都很割裂。那时候的农村还有很多动物，还有青蛙、鱼、牛、狗。在城里没有狗，当时的上海是不养狗的，你就会觉得感觉蛮好的。但是也有一些使你认识当时所谓中国的底层，中国一般的老百姓。你跑到那儿去一看，他们那时候确实要吃饱饭就不容易，我们整个村子是没有一间房间有一块砖的，都是用土基那种弄出来的。你就会觉得农民真的非常辛苦，再叫我去做，我肯定不做。

曹： 其实像您这一代的作家，很多都有知青的经历，也是用这种方法来抵抗当时比较艰苦的岁月和孤独的心境。所以您的文学创作的起点是不是也是源于插队的那段时间？

陈： 像你们现在要做节目，你要很多机器，要很多灯光什么的，要一串的东西。但写字非常简单，你再穷，有一支笔、有一张破纸，哪怕是香烟壳子的后面，都可以写，写一首诗。这是一种比较容易获得的表达的方式，一种载体。还有一个，当时可能年轻，年轻的时候有很多感想，总要找人抒发抒发。除了写信，有时候给好朋友写封信，有时候也会想起写篇什么东西。我在插队的时候就写过一些短短的东西，那时候习作，写首诗给朋友看看。后来是到1979年的时候，我在《上海文学》发了第一篇小作，叫《两代人》，那时候就开始……慢慢也有人鼓励，因为已经进入所谓这个圈子，也认识很多朋友，宗福先、赵长天就是那时候认识的，大家有一些伙伴，他们也在写，你也在写，大家会相互激励。

曹： 您进入文坛的时候，老一代的很多作家，比如说王蒙、从维熙、陆文夫，他们还正处在一个创作的旺盛期。那时候您和他们见面，作为一个文坛的新人，您是用一种什么样的眼光看他们？

陈： 我现在也告诫自己要警惕，人家小孩不跟你玩，现在年轻人其实即便是比较尊敬你，叫你一声陈老师，但他其实对你没兴趣。这跟我们当年差不多，当年我们看那

大学期间的陈村

些老作家也觉得是可尊敬的前辈，但是对他们也没什么兴趣。当然你之后也会反省自己的态度。当年，比如说我们的老编辑，那就很好，那些老编辑，你们这些小子们一篇稿子都没发过的人，在那儿跟他吵。我从第一天开始就跟我的责编于炳坤先生，跟于老师就在那儿争论。他要改我稿子，我不让他改。他用红笔删掉，叫我再重新抄一遍。因为删了，看起来乱七八糟，抄一遍我又把它给抄回去了。那时候最厉害的是我们的伙伴曹冠龙，自己跑到印刷厂，把那些改掉的东西给改回来。

曹：这也可以的？

陈：他们印刷厂的人以为他是编辑部派来的，他跑到印刷厂，他觉得这稿子是我的，我的稿子为什么要你改。

曹：这样做的话会有后果吗？

陈：按理说编辑应该一巴掌把你拍死，但他们都是好人，没把你拍死。

曹：您那时候遭遇退稿的情况多吗？

陈：有很多稿子都退过，因为这跟拍电影不一样，电影是像西装一样定做的，你穿不了，别人也穿不了。但是小说稿，你不用，他用。当然他们也不后悔，因为他们的风格，办刊物有刊物的风格，我就说刊物有权退稿，你也有权不改。

曹：上世纪80年代有很多作家的聚会，或者说文学的创作班，有机会让作家可以相聚在一起。我最早认识你们这批作家就是因为《小说界》，《小说界》当年做微型小说的评选，当时郑宗培让我去主持一些活动，所以就跟你们开始有一些交往。

陈：当时有一个前提，当年的刊物卖得很好，一个刊物动辄印几十万本。他们收入比较好，钱比较多，愿意拿出一部分钱来办笔会，这叫笔会，请一些全国各地的作家。想当年，《百花洲》杂志就每年夏天请那些作家到庐山去，到那儿避暑，到那儿去玩玩。甚至有几批，当年我上庐山的时候，正好前一批要下来。这些也有比较严肃的，像1984年的时候，在杭州开过一个会，后来史称"寻根会议"。当时集中了全国当时的一线评论家、批评家，找了几个作家，在那儿讨论那些所谓"根"的问题。后来韩少功写出了《文学的根》，阿城写了一篇叫《文化制约着人类》。反正从文化的、文学的，从我们的那种传统的意义来反省当年的那些写作，对中国的文学有点作用。

曹：我还看到过一部吕乐拍的很有意思的电影，叫作《小说》，里边也有您、王朔、马原，还有阿城，是吗？

陈：阿城，1999年拍的。突然来个电话说他们要做一个事，你去不去，说王朔也去、阿城也去。我说那就去，就去玩去。

曹：在哪儿拍的？

陈：在四川的郫县，咱们就很高兴，每天晚上围着，因为他借了一些别墅，在下面的客厅里围着坐了一圈，中间有桌子，上面有酒、零食、水果，在那儿堆着，大家瞎聊天。这大概是我记忆中很愉快的一个场景，王朔一边说一边表演，那时候王朔正好在说金庸，他读金庸，然后就去骂金庸，很多人就要跟他过不去，要去找他算账，很多记者闻风而来要缠着他。王朔喝酒喝得糊里糊涂也不知道说什么，第二天报纸上就出来，还有一串他的照片，都是歪歪斜斜的。本来这个电影是叫《诗意的年代》，从来没见过剧本，没有剧本、没有排座次，也不化妆，就像我们平时开会一样。坐下来，我们当时还不知道，王彤是服务员，给我们换烟缸、倒倒水。

曹：不知道她是演员？

陈：我们不知道她其实是戏里的人，就在那儿瞎说。

虽然并不高产，但个性爱玩的陈村十分乐意参加各种文学活动，与许多作家朋友都保持着亲密的互动，可谓交游广阔。生活中的他兴趣广泛，尤好摄影，所到之处，均一机在手，信奉"拍下来就是胜利"，他用自己的镜头记录下这些文坛人物最真实的一面，多年来积攒的照片足可以串起半部中国当代文学史。

曹：您其实跟很多文学圈的作家关系都不错，我发现王朔对您的评价还是很高的，所以你们俩有一些什么样的交往？

陈：跟王朔就是认识，在几个笔会上认识，他是挺好的人，平时人家说什么"我是流氓我怕谁"，其实他不是这样的。

曹：其实我和他接触以后，我觉得王朔看上去是剑拔弩张的人，其实内心是蛮脆弱和柔软的。

陈：王安忆说他是个腼腆的人。

曹：我觉得也是。

陈：女性的眼光很厉害，就说他是个腼腆的人。王朔，

陈村

441

我写过他，当年写过一篇《开导王朔》。就说你不能去跟人家抢那种帽子，别人没有评你为著名作家或者什么的，你就不高兴，就要去说人家，我说这是不好的，你应该认了低，因为你写的都是小混混，社会上那些小混混，以低的来战胜高的，这才是你的厉害。他读过，笑笑，也没什么。

曹： 好像您那时候是不是榕树下还请他来做过评委？

陈： 对，我请他，给他打电话，他都挺好的。他后来写了一篇非常好的文章，我去当过一个网刊……网上发行的刊物，《网文新观察》的主编，就用他的这篇文章，变成我们刊物的发刊词。发刊词是一个刊物最重要的标志，因为他当年在 2000 年的时候，他就能够说出网络文学前途无量这样的话。以后想当作家的人就苦了，以后是人人手中有笔了，他讲得非常好。

曹： 王朔一直是给人一种桀骜不驯的感觉，但是他在很多不同的场合，我也亲耳听他说过，他好像对阿城特别钦佩。是不是你们这批作家当中，阿城的学问、口才确实是与众不同？

陈： 是。我们称阿城为阿老，很早就称他为阿老。王朔有一段说阿城很有名的话，说他是五百年里才出的人，如果规定必须要追星的话，他就去追阿城，大概这个意思。但后来人们引他的话的时候，后面还有两句没引，后面两句是什么呢？他说我和陈村是那种浮在水面的人，阿城是有底蕴的人。阿城很了不起，他什么都懂，你去跟他谈天说地。而且据跟他聊过很多天的人说，他每天晚上聊天聊的都是不一样的，他就有这种能耐。

曹： 其实要说您和作家的友谊，史铁生是不得不说的，您也说过，其实史铁生是您作家朋友当中少数几位，您多次登门去拜访的，能不能跟我们聊聊您和铁生老师的友情？

王朔，须兰，阿城，陈村

陈： 我们都当过知青，都进过所谓的里弄生产组。我们后来去写作，我们都是残疾人。

曹： 您状态比他好多了。

陈： 我还能走两步，他不能走。他到我们家来过，来的时候他太太陈希米就说，他其实不大到人家家里去的，也因为人家家里有台阶什么的，平常人看起来好像这几个台阶不算什么，对他们就是致命的，轮椅上不去的话就走不了。曾经我有个照片，在这儿吃饭，桌前围了一桌的好友，他到上海来，我说史铁生的到来是我们本城的骄傲，他出来非常不容易。

曹：而且我觉得史铁生不容易是他写了这么多东西，而对他来说，写作其实是一件蛮奢侈的事情，好像陈希米说过，他一天当中没有多少时间是精神头好的，他必须把有限的精力、充沛的时间用在写作上。

陈：因为他动不了，我去以前要跟他约好，他是要把精力攒下来跟你谈两个小时，他是没有那个精力的。他大概那时候两天还是三天透析一次，就等于一个人两三天小便一次。因为这个缘故，你也不能乱喝水，因为喝得多，在血管里出不去，等于是毒素积聚，脑子昏昏的。透析完了以后，透得太干净了，脑子又不对了。他在这个过程当中，只有不长的时间脑子是正常的，他很珍惜地用来写作。他也抽烟，抽两口就掐掉，喝水喝一小口。反正你觉得从这些遭罪的事来讲，他是非常不容易的。但是从谈话，你跟他坐在一起在那儿谈话的话，你完全不会想到他是个残疾人，心理阴暗，或者觉得人生无常，那些全部没有，他那么阳光磊落。

曹：您和不同的作家打交道，我们中国人经常讲文如其人，其实有的时候读这个人的作品，可能喜欢上他的作品、喜欢上他的人，可是有的时候见到他的人，跟想象当中会有比较大的落差。您觉得中国人的这种说法，所谓文如其人的说法，成立不成立？

陈：我想，一个人的信息其实很早就埋伏在他的作品里，只不过你读的时候可能读到那一段，什么光明灿烂，你没有读到他后面的那些什么东西，或是他的隐忧的一种东西。我想文如其人应该是对的，当然人会掩饰自己，因为每个人在他人面前不会把自己的100%都表达出来、表现出来，但还是能看见。

曹：您现在出去，基本上都随手带着相机，您看这会儿还拿着相机，给这么多文学圈的朋友留影，觉得哪几张照片，您在电脑上看的时候，觉得可能当时不经意的一瞬间，却留下一个比较永恒的印记？

陈：拍都是乱拍，我是有一句话被人传播，我说拍下来就是胜利。如果你不拍，可能什么都没有。我想，当年比如说鲁迅见萧红，没有照片，如果有人拍一张，不管拍得多烂，构图也不好、用光也不好，这都不要紧，拍下来就对了。我觉得我拍的人很多也是随手拍的。比如说我拍过像程乃珊、王安忆她们在那儿，那时候王安忆28岁，她跟我同岁，现在70岁，把那些照片，如果说把这些年中给她拍的照片排列起来，一些老朋友，排列起来蛮有意思，一个腼腆的小姑娘，变成一个大姐大。

陈村拍摄的王安忆

曹： 她的生活轨迹。

陈： 就变成一代宗师，蛮有意思。我拍过一些，像网上流传的阿城拿着烟斗，就是我拍的，因为现在网上传来传去不讲谁拍的，也蛮好，给人看看。因为很多人是不认识那些作家的，听到我的名字不认识，现在就认识了。有时候有一点伤感，我那些照片什么的打开，或者说有时候想起一个事，看到比如上海海关的什么事，我就会想去跟赵长天说，因为他写过赫德，突然一想不对，他人没了。一些朋友也是，我有一个文件叫逝者，就是我认识的那些人，哪年哪月，按照日期排的，已经很长了，我说哪天自己排在最后一个。有时候会想念他们。

曹： 听说您最近一直在整理过往的照片，一些跟朋友之间的通信，有哪些朋友给您的信，今天经过时间的沉淀之后，读起来特别感慨？

陈： 信是一个比较麻烦的事，比较难说的事，一个朋友在他知道自己要不行的时候跟我说过，就说你不要把我的信发出来，这是我跟你的私信，我答应他我不会，他说你别网上一贴，把人家的信都贴出来，我说我不贴，就放着。但是有很多，可能在他很好的时候，或者是他最好的时候，精力最好或者最美、最什么的时候，你跟他有一段交往，他就会写出那样的文字。一个是很生动，在这些信里看到的人跟我们所谓的纪念文章里，跟我们平时在传记里看到的人，其实不一样。从文学史的角度讲，这些都应该被留下来，被记录。像陈子善这样的教授，千方百计找的就是这种东西。但是从私人角度讲，如果人家不愿意，那么就应该不公开。

曹： 像当年杨绛先生就非常反对把钱钟书先生的信件拍卖。

陈： 因为钱钟书已经太有名，她反对不了的，你现在可以不拍卖，这些信只要存在于世上，总会出来。以前程德培说过，他那儿有一箱的书信，因为他在很早的时候，今天我们所谓的大作家还没成名的时候，就跟他们长篇通信，讨论文学的那些信。其实那些信应该留着，应该很有意思，那些人，至少我觉得可以看到他们思想的脉络，开始我们可能都不是很成熟，有很多想法，慢慢走一条什么样的路。研究一个作家，那些都挺好。

曹： 其实说得正式一点，这种所谓的私人信件其实也是文学的一部分。

陈： 我觉得如果五百年以后，这些信放到五百年以后，肯定没问题了，哪怕里面写到一些臧否人物，或者说有些私事，那些都不成问题。我觉得可能罗曼·罗兰的办法是对的，他采访了苏联以后，说他的笔记是要五十年以后公开，五十年以后可能他写到的人也死了，那些都没关系。

曹： 这就像张爱玲当年对陈子善挖掘她早期的文章，虽然有一些恼火，但也无奈，她阻挡不了。作为作者，作为研究文学的人来说，陈子善这个工作又很重要。

陈： 对。因为这是怪你自己，你自己写下来，谁让你写下来的。

曹： 我们再来说说您自己的小说创作，您觉得自己数十年来小说创作的风格是一以贯之的，还是在不同时期有一些变化？我发现早期的，比如说《我曾经在这里生活》就比较悲凉一些，到了《鲜花和》以后就是另外的一种色彩。

陈： 我这小说是个毛病，其实是个烂尾楼，我老在想要找一个东西，找到一半就不干了。我从本世纪开始几乎没写过小说，你可以这么长时间不写小说，肯定是不对的。

曹： 有时候会有手痒的时候吗？

陈： 写小说其实是一个习惯，在写的时候，你每天会想起来。尤其写长篇，我在编造着一个故事，我每天跟小说里的虚构的人物会接触一段时间，在那儿跟他说话，在那儿看他的喜怒哀乐，他们像真的人一样生活在你旁边。但是你如果不写了，你不从虚构的角度去想一些事，你就变成一个俗气的人，想的都是那些平常生活里已经发生的事，而不是那些可能发生的事。我年龄大了以后，自己平时喜欢看的变成了非虚构，一个真的事，以前历史上的我不大知道的一个事，别人把它讲一遍，我觉得讲得蛮好，我可以长知识，也可以明白一些事。

曹： 其实您的小说虽然可能风格不尽相同，但是有个共同点，比如说谈情感，父子情、父女情，都挺有意思。包括您以前写的《给儿子》，那时候还没有孩子吧？

陈： 对，没有。

曹： 为什么会借这种方式来讲一个某某人对未来虚幻的儿子的忠告？是不是也是表达您那时候知青的一种生活状态？

陈： 其实是一个介于小说和散文之间的状态，儿子这个事是虚构的。

曹： 那篇东西影响很大的。

陈： 很多老师都投票同意把这篇《给儿子》的节选变成高考题目。我说你们倒也很有眼光，居然把那么老的东西给挖出来。当时有个想法，其实也是一种纪

陈村在写作

念，纪念自己曾经生活的一段经历，或者说纪念你曾经到过的地方，你见过的那些老乡们，他们的生活。《给儿子》里面就说，小子，你长大以后到那儿去看一看，那些乡亲们怎么样了，大概就是这样。

曹：您刚才说了，自己其实差不多有二十多年没有写小说，基本上就是"网上冲浪"，这之前跟之后的生活状态有些什么不同吗？

陈：网上有很多很吸引人的东西，你会持续地去看它，但是你看它是有成本的。当你在网上看的时候，一会儿昨天母亲节快乐，很多人鼓掌，一会儿一个车祸死了三个人。网上的心情是大起大落，或者说有的什么事很愤慨，都会搅乱你的心情。其实比较好的职业作家态度应该是像王安忆这种。

曹：两耳不闻窗外事。

陈：每天老老实实地在那儿写东西，不要东打听西打听，那些事跟你无关，或者你写完了以后，没事的时候再去打听。但是我因为当过十年的版主，在我的生活中也是很重的一笔，当了十年的版主，版主就是时刻在线。

曹：做版主是什么感觉？

陈：版主就是多管闲事的人，你看着这个版面，首要任务第一不能把这个版给弄砸了，因为你乱来可能会被关掉、封掉，版面没有了，版主也就没有了，你不能被灭了。还有你不能让人家到这儿来无所得，你要把它做得好看，大家来觉得有意思，那么才有意思。你不能去挑唆今天这个斗那个、那个斗这个，去攻打一个什么人，那些不大好。我就说做得好的话，就像在办一个文化杂志，每个人都有好看的，把你的好看捐一点出来，这个世界就好看了。比如你拍了两张照，今天看了什么金字塔，你就把金字塔给拍下来；跑到那儿去看到骆驼，骆驼脸你觉得很亲切，你把骆驼拍下来。这些都可以，都挺好。包括你有什么感想，读了一首诗，读了什么东西，或者说你昨天晚上在看天，天上太阳月亮，你有很多感想，那也很好。所以只要你做好事，你愿意把你好的东西弄出来，其实是蛮好。当然网上不是这样，网上突然就会吵起来，就会突然争论。

曹：其实过去很长一段时间对于网络文学、主流文学，职业作家和网络作家的身份定位，对于网络文学作品的认知，有很多截然相反的一些意见，争论也非常大。我觉得这一切到了金宇澄的《繁花》，似乎就是告了一个段落。其实严格上来说，《繁花》就是一个在网络上诞生的作品。

陈：他在弄堂网发的，前些天我们弄堂网的创始人老皮皮去世了。他在那儿发的时候，我不知道金宇澄在写小说，后来才知道，有人告诉我。它诞生于一个角落，不是一个很热闹的地方，弄堂网很多人不知道，而且那个板块你想，我每天去的人都不知道。

曹： 你都不知道。

陈： 在一小部分人里面存活着，这一小部分人是有意思的，这些人的存在对金宇澄完成这个作品是有用的。而不是像我们往常那样，一个作家在家里把它全部写完以后再给别人看。

曹： 所以金宇澄的《繁花》其实是在那批读者的见证或鼓励下，慢慢把这个故事堆垒起来。

陈： 对，会跟他有对话，就变成了一个很奇怪的特例。这个东西讲起来就比较复杂，我简单说，他的环境现在不存在了，弄堂网也关掉了，我以前管的"小众菜园"也关掉了，现在存在的都是那些巨无霸网站，很多很多人要订阅你、要卖钱，一开始写就是要卖钱的，不卖钱的话写这个干什么呢？

曹： 出发点不一样。

陈： 而且一写可能几百万字，有的要上千万字，才能挣到钱。你写几十万字，根本人家还没看就没有了。而且速度也是不对的，现在那些网络作家每天写五千到一万字，像玩一样地写完了。但对一个职业作家来说，每天哪能写五千到一万字，写不了那么多，每天能够正常输出一两千字，这个人就是高产能作家，一年积累就会非常多，或者几十年的积累就非常多。金宇澄不能说改变了网络文学，他不能改变，但是他证明了网络文学的多种样式，是有能力产生这样的作品，不只是现在那些章回小说一样的那些小说。

曹： 所以您如果以一个职业作家的眼光看，怎么看待《繁花》这部小说？它很特别，好像跟其他小说都不太一样，我说不清楚。

陈： 挺好，我觉得《繁花》挺好。《繁花》是给我们这个城市……这个城市里的很多东西，就像有些上台面，有些不上台面，有些可以登在大刊上，大会上，但是有些东西好像平常的家长里短或者什么的，那些事是不上台面的。在《繁花》里就众生平等，他就写了这个城市某段时间的一种生态，有这样几个人、这样几件事，在那儿说。他就写了那样一种生态，我觉得这个挺好，记录下我们这个城市的某种生态。

曹： 现在网络文学可以说是异军突起，我前两天主持了一个网络文学的颁奖活动，这才知道，实际上现在我们大家所看到的一年生产出来的电影或者电视剧，大概有半数以上都是来自网络文学。所以是不是跟您当时榕树下的时候相比，现在的网络文学其实发展的速度超出我们的想象。

陈：对。它走的路跟以前我们所想象的那些路都不一样，它是一个从故事出发的，会编造很多故事，有的是虚幻的，有很多幻想的那些故事，也有很多是现实的，但是幻想的好像更好一点，包括《三体》什么的，这些作品，好像更被年轻人接受、喜欢。怎么说呢，这些东西被改编，一个是好事，也扩大了网络文学的影响力，讲起来都挺好，他们也有些收入，使得这一行可以做下去。但是也有不好的，文字的功能慢慢被图像替代。以前我们文字可以独立地、完整地表意，可以叙事，现在我们觉得不够了，要一张照片、要一段活动图像来补充进去，我们觉得看起来还更加好。因为我在网上的时候，当时就是，因为当时活动图像还不是很流行的时候，但图片很流行。一张图片的帖子，我如果贴的是图，是我们文字帖子的十倍以上，读者是十倍以上，点击量非常不一样。人们更乐意看那些直观的图像，而不是费脑子地去看你的那些文字，尽管你的文字可能也很好，有人觉得是其中有金句。网络文学就是这样，变成了一个半成品，他们写的东西没有最终完成，本来文学是一个最终完成品，对今天的现实来说，他们可能是没有最终完成的，他们也期盼着被别人来完成。

曹：我记得当初刚刚改革开放，我们还很小的时候，会去南京东路新华书店排队买文学名著，因为那时候觉得文学对我们的精神世界的影响很大。您是专业作家，也在网上冲浪，您觉得今天这个世界，文学对当今人们的精神世界还有多少力量？这个世界还需要文学吗？

陈：你刚才讲的那个，去排队买书，我还写了一篇小说，就叫《书》，发在《上海文学》上，就说一早去那儿排队买书，买到很高兴，就这样。但是你反过来看，经过了这么些年，尽管我们说文学被边缘化了，但是我就说小孩，你去问问你爷爷，当年你们家订不订报纸？你们家有几本书？你的爷爷他们看过多少书？当你去看这些的时候，你小时候有画展吗？你去看书法展吗？这些文化其实在这些年中暗暗地被普及多了，以前我们小时候如果去听个交响音乐会，那是非常了不起的事。其实文化是被普及了，尤其是我们不能鄙视一种东西，现在的网络文学，其实跟以前有一个很大的区别是，现在很多是民工在看。在我上网的时候，1992 年我买了电脑，1997 年上网的时候，那时候大概有 60 万网民，而且多数人用的是公家电脑上网。你想，那是所谓的精英，中国可能一部分从事科研的、科学的工作者，或者大学生，那些老师们在那儿上网，还没有普及，作家也很少。到今天，我们人手一个手机都可以上网，我们可以用它做很多事情，也可以付钱，也可以买东西，也可以去看小说。每天我们世界上出产了很多作品，你可以喜欢金庸，你也可以喜欢古龙，你也可以两个人都不喜欢，我喜欢王朔，或者我喜欢上海的王小鹰，那些我觉得都可以，今天那些选择多了。我觉得是一个好的生态，这倒真是好事，能够让人各取所需，能够找到自己喜欢的人或者事，而不是当年只有这一点点东西，你要吃也是它，不吃也是它。

陈村与曹可凡

重生之喜——叶檀专访

历史学者出身的她，却在财经评论领域获得了最多的关注。走出书斋20多年，叶檀因为始终秉笔直书、敢说敢当，被业内冠以"财经女侠"的雅号。面对瞬息万变的市场，作为专业人士的她时刻不敢懈怠，始终活跃地参与其中，但2022年中，叶檀却突然在公众视野中销声匿迹。直到2023年4月，她才公开了自己罹患乳腺癌的消息。从

叶檀做客《可凡倾听》

此她的微博画风突变，从犀利的叶檀变为了更加温暖的檀姐姐。分享的内容也从股市、楼市、汇率，变为散步、旅行、会友。近日，叶檀与身患渐冻症的原京东集团财务副总裁蔡磊在北京相聚，两人素未谋面，却同是与疾病顽强抗争的斗士，给许多人带来了相信的力量。本期节目带您走近财经作家叶檀，见证她的重生之喜。

曹： 叶老师你好！我想对于一个你这样的公众人物，其实大家还是很关心你的健康的。当时你是出于一个什么样的想法，通过自媒体告知公众自己的健康状况？

叶： 从去年7月开始化疗，进入治疗周期，一直到今年4月底我都没有跟大家见面，大概是九个月的时间。那是一段非常艰难的时期，尤其是去年半年的时间，因为一直在化疗。化疗相当于在鬼门关过了一次，它对人的精力、身体的损耗是非常大的，现在在维持一个靶向治疗，身体好转之后，我就想跟大家说，在想是不是要跟大家打个招呼，做一点事情，也想传递一下温暖。生病之后想法不一样了。

曹： 你觉得想法最大的不一样在什么地方？

叶： 以前觉得重要的，现在觉得都不重要。我是一个精益求精的人，每件事情都要力求最好，以前比如说为了做好事情，每次都要复盘、开会，然后注意下次做的细节，有什么地方是可以改进的。我基本上是一个完美主义者。但是到了现在，我并不认

为每一个细节都很重要，其实要做好的就是一个大的方向，慢慢往前走，其实也挺好的。而且有意义的事情就在于，我希望能够传递一些温暖，因为我得的是乳腺癌，对于女性来说，心理冲击会大于生理冲击。我看到太多女性的那种脆弱和敏感。所以我想跟大家说，我现在能够坚持得不错，其他人应该也可以，大家互相取个暖。

曹：因为你的病与其他早中期的病人相比，还是比较严重的，所以当你被告知可能已经失去手术指征的时候，如何以一个相对坦然的态度去接受这样的一个事实？

叶：我一开始很难说是勇敢的，并且是坦然的。其实当时骨转移，我不太能站立了，胸椎上有抽痛。但真的具体的情况摆到我面前的时候，我当时是有点懵的。从事这个职业应该比较理性。所以从头到尾他们是什么都不瞒我的，我的病情从最开始到现在，自己都很清楚，非常了解。大概每一个片子的细节，大夫都会跟我解释，你现在到底怎么样。一开始是蒙，然后是抽离、麻木，我当时最开始看片子的时候，并不觉得是在看我自己的身体，因为那时候情况是比较严重的。后来当时以最后的一点理性做了一些布置，怎么治疗、怎么配合，家里的事情怎么处理，财产怎么处理，以防万一做了一些处理，这是理性。当时体力也是不支的。到这一步结束之后，随着治疗，我的情况慢慢好转，首先是疼痛感逐渐消失了，化疗和靶向的应答非常好，逐渐越来越好。那个时候在这个过程当中，我是靠内心的调理和信仰的力量，来帮助我支撑。

曹：尽管个性上比较理性，但当大的事情降临的时候，还是有一些猝不及防，所以从焦虑到安心，这个过程大概经历了多久？

叶：有四五个月的时间。因为身体有一个逐渐适应的过程，起码到了医院之后，不管你怎么样，有办法逐渐缓解这个疼痛感。第二个，你的心理在逐渐适应。现在更加坦然，也能够接受很多东西，觉得反而从根本上解决了一个问题，就是人是或迟或早的问题，你应该怎么解决、怎么处理。一开始我找了很多专家咨询，我说我应该怎么治、应该怎么办。给的答案比较明确，就是要接受治疗、要配合治疗。但是当然态度会不一样，有的说你化疗不能太多，做一两次化疗就够，要不然对身体损伤太大。有的说你必须要配合，把化疗全做完。当我自己想通那个逻辑之后……我就是一旦下定决心，就会很坚定地去执行。三个月之后，第一次复查情况好转，我就更加坚信。所以基本上没有太多的障碍，基本上大方向定，我就不改了。

曹：你刚才也说了，其实乳腺癌对于女性来说，现在还是第一杀手，它和宫颈癌一样都是女性常发的病。但是这 20 年来，其实随着医学科学的发展，这两个病可以实现早期的诊断和早期的治疗，特别是早中期的话，其实五年生存率还是很高的。所

叶檀

以自己得这个病以后，是不是也想跟女性朋友来分享有关健康的这么一些话题？

叶：我其实很想跟女性朋友去分享一些感受，通常说早期发现的话，有时候做一个微创手术就可以了，所以我希望将来在这方面做点事情。但是心理冲击会很大，觉得我是癌症，这总是很严重的事情。尤其是乳房切除掉之后，很多人会无法面对自己，会陷入焦虑之中，我怎么能够这样子陷入残缺，有很多女性会自责，得病的第一反应是我为什么会得这个病，为什么是我，我以前做错了什么？这是一个常态。我做错了什么，所以你看老天才会让我得这个病，会陷入一个自我质疑的循环。我想，姐妹们可以走出来，得病就是一个概率问题。还有一个就是，很多人说一日抗癌终身抗癌，当然是这样子。但是也有一点，乳腺癌现在我看到很多姐妹的10年、20年生存率挺高的，有的到30年了还在说是因为乳腺癌而走。其实30年当中，会发生很多事情，过好每一天，不要想着癌症，30年说不定你会过上一个很幸福的生活，不要老想着自己是一个癌症病人，当然这是很难的事情。我自己心态也有变化，我确诊之前，知道我自己有这个不舒服、那个不舒服，就觉得小病小灾就过去了。但是现在不舒服，就会想是不是出问题了，是不是转移了？敏感神经就触发了，这方面我们更加要调整。不要去轻易地相信一些神话，按部就班地去治疗。其次是身边人，有的是出于好心，但我希望对病人少说一些这个话。病人生病了之后，如果是肠胃，人家往往会说你看你以前焦虑，暴饮暴食，如果是女性乳腺的话，你看你婚姻有问题，你以后一定要怎么怎么样。这种话对于病人来说是二次伤害，最好是不要说，不要听到。大家在一个宽松的环境里，其实是最有利于彼此的心理健康和生理健康的。

曹：在肿瘤治疗方面，还有一个很重要的概念，叫作"带瘤生存"。其实还有很大的概率，你可以跟它和平共处相当长的一段时间。我看你最近去了九华山，身处自然山水当中，是不是其实对人的心灵的康复也起到非常好的作用？

叶：很美妙的一种感觉。我现在在自己院子里散步，觉得每棵树或者每朵花都很美。我经常会捡到小流浪猫，我已经给身边的朋友送了三只，给它们喂羊奶，我现在又捡了一只，觉得就很可喜。现在到九华山去，你要说景色有多美，以前我大概未必会觉得，但是现在去了之后，就感觉到很安静。我们是在山脚下的寺庙，边上就有一条比较急的河，晚上听着水流的声音和虫鸣的声音。晚上六点钟就关寺门了，天就黑了，关上寺门就觉得好安静，很舒服。我们去的时候，云雾缭绕，偶尔有毛毛雨。我们会在路上散散步，有时候看到边上也没人住，有空房子，也有怕怕的那种感觉，但挺好的。你会觉得这是对生命的喜悦，是生病之后才有的。以前匆匆忙忙，体会不到这些东西，匆匆忙忙地掩盖掉了很多的焦虑，现在才真的有时间来细细地体会。我现在还面临一个选择，最近三次会诊，医生都在探讨一个话题，要不要做手术？我现在又恢复到可以做手术的程度了。现在就在争议说，你现在做还有没有必要，因为你现在已经恢复了，而且不用全乳切除，是可以部分挖除。我以前是不太关注这个世界的，现在关注。有一些姐妹化疗了几次后就不做，因为没有办法面对自己光头、失去女性性征。在洗澡的时候，如果不做义乳就会有一个刀疤，很长的一个刀疤，很难面对自己。我有时候经常会说，我并不觉得身材是重要的，人家都会说我说假话，但是真的，身材不重要，其实容貌只要给人感觉是亲和的，其他都不重要。这是我发自内心的想法。我认为你的心态……好好地、健康地活着，在这世上做点事情最重要，其他的都不重要。

做不做手术，是如今病中的叶檀不得不面对的选择。纵观人的一生，难免会站在各种人生的十字路口上，面临或大或小、或主动或被动的选择。二十多年前，叶檀作为一位已经在圈内小有名气的历史学者，为何会踏入财经评论领域呢？

曹： 撇开生病这件事，你从一个学历史的学者变成一个财经作家，看上去好像变化并不是很大，其实这两者完全是相隔十万八千里。你现在回想起来，当时是一个什么样的因素，让你做出这样的一个选择？

叶： 我有一段时间看书只看两类书，一个是历史，一个是经济。从历史转到经济，是因为我博士时候的导师研究经济史研究得比较多。我当时就觉得历史如果只研究后宫太无聊了，那确实不是我的兴趣所在。他当时研究江南的出口，从明代以来江南的出口，江南市镇经济。我到现在仍然认为樊树志老师的江南市镇经济研究是非常棒的，我觉得这样的历史和经济的结合才是有意义的，当时

叶檀

种下了一个根。我后来研究的时候发现，我认为我必须要知道财富的流通，我才能看懂这个世界和社会。另外我的性格也是……表面上不管哪儿的朋友都跟我说，你是一个典型南方人的长相，但是我其实是比较张扬的一种个性。正是基于这样的性格，我到了社会上，其实当时考验蛮大的。第一，我基本上整整有两三年的时间，天天看书、整理资料到天亮，看财经的东西。第二，我面对的是一种压力，这个压力就是她凭什么进入财经领域。后来经常有朋友跟我说你好运气，你是女性，所以人家接纳你。其实刚开始的时候，因为你是女性，很多人不接纳你。

曹：在财经界做评论的女性的确凤毛麟角，所以当你成为一个误入丛林的"小白兔"以后，你觉得这种阻力大吗？

叶：一开始很大，一开始我听到过很多声音，但是做着做着，当你有足够强大的内心，和你有一定的能力之后，这些阻力会变成助力，因缘也就到了，你可以得到很多信息。然后你会发现有很多模型可以供你去参考，你以前研究过的东西，在当下也可以使用，那个时候就会越做越顺。各方面来的邀请也越来越多。还是会听到各种声音，但是这种声音其实是阻挡不了自己的，是这样子。

曹：你那时候在学校，这样的象牙塔里，是不是觉得那样的一种环境对你来说，尤其对你的个性来说，是一种束缚，有很多不适应之处？

叶：我觉得只有适合不适合，我很尊重那些老师，现在跟我的老师们保持很好的关系。我现在也看他们写的书，但从我自己的选择来说，我觉得我自己的性格各方面，当时做出那样的选择，还是挺适合的。

曹：你觉得当初从书斋中人变成了社会中人，自己心里做的一个最大的调试是什么？

叶：我当时做的时候，没有什么调试的。第一我不知道我将来会做成什么样，我也不知道我能不能成功，转型能不能成功，我也不知道我将来能不能解决我的事业问题。至于很多人说你是不是当时想着靠这个东西来解决一些财富上的问题，完全没有。因为你想你刚转的时候，你什么也没有，你是一张白纸、一片空白，怎么会想到那些问题？当时要想的，就像您从医生转到主持人，当时想到的就是去做呗，做好当下每一件事情。有可能这条路是比较适合我们的，我就越做越顺，也是回过头去看才会想的，你在当时做的时候不会去想。

曹：你刚才说到我的跨行，很多人都会问我同样一个问题，说你学医学了这么多年，放弃是不是可惜？实际上我现在做了这么多年之后，我回想起来，过去所走的每一步路都不是白走的，我在医科大学所接受的那种学术的训练，譬如观察能力、逻辑思维能力、记忆能力，这些东西实际上对于我做主持人来说，都带来很大的好处。所以你觉得相对那些专业学经济出身的财经评论员，自己学历史的这么一个特色，来做财经评论，是不是也有它的优势？

叶檀

叶：学习能力、分析能力、判断能力，这三个能力其实在你从事职业的时候很重要。我当时读书的时候，我也不觉得我是一个特别优秀的学生，但是这三个能力逐渐逐渐有所掌握，后来对我转型来说，这三个能力起了莫大的作用。视野会不一样，因为历史的纵深度比较强，研究分析很多问题并不着眼于当下。财经很有意思，我们都说有大周期、小周期，大周期有 60 年的周期，小周期有两三年的周期。如果拿股市来说，量化交易是以微秒为单位的，截然不同。在分析的时候，我会倾向于说现在是这样一个周期，可能会从人类的大周期，以及中国历史上的大周期来分析。比如分析中国的工业化，我有可能从清末洋务运动就开始看整个的过程。如果把这个周期衔接起来，你会发现中国的工业化到了哪一步，大概还需要到哪一步。像这种观点，一般纯财经的研究是不太会有的。

曹：我前两天看一篇文章，就说我们千万不能迷信 GDP，鸦片战争的时候，中国的 GDP 是英国的好几倍，但还是被英国等西方列强打败了，所以 GDP 不解决问题。我觉得这就是从历史的观点去看待财经，如果我们光是着眼于财经，我们就盯着 GDP 这个数据，其实把时空拉开以后，从历史的角度看，就知道 GDP 在历史上有一个相对性。

叶：农业时代，中国经济的精耕细作毫无疑问是最好的，所以它的 GDP 一直是保持世界领先，除非是战乱，因为那种封建时代战乱都比较多。一直到 19 世纪初期，中国的 GDP 毫无疑问全球第一，但是它的人均贫困度越来越高。所以如果不脱离、不摆脱那样的一个循环，其实很难有一个集体的富裕，更不要说工业化和现代化的诞生。康雍乾，乾隆那个时代，GDP 好高，一直到道光之前，GDP 这么高，又有什么用呢？到咸丰的时候，我们还是觉得自己很厉害，打仗之前还是觉得自己很厉害。如果说像欧洲没有经历大航海时代，还是处于十字军东征的一个封建时期，我们两个经济体相比，我们绝对不在他们之下，农业时代时不在他们之下。问题是他们已经进入

455

了大航海时代和工业时代，所以虽然 GDP 好像表面上，我们还是在前列，但是整个经济的内核，它的生产率已经发生了天翻地覆的变化。

曹： 现在想想，从历史学的研究转到财经评论，当时自己有没有一个很明确的宗旨，或者说我仅仅就是一个兴趣？

叶： 我跟我导师商量过，我是可以做一个研究。我思维也比较活跃。但是我到社会上去研究这些经济，也是我的兴趣所在。我很喜欢知道、了解当下社会的经济运行和资金的流通，转到这一块还是转对了。另外一个，我当时转的时候真的很幸运，中国经济蒸蒸日上，是一个非常幸运的时期，大家太需要财经方面的分析，太需要市场方面的分析。也就是说各种助缘都非常好，刚好进入这么一个周期。

曹： 我们讲进入一个风口。

叶： 是的。所以我也不觉得说自己有多能干，只不过是进入了风口，再加上又比较用功，所以在这个行业做了一点事情。

曹： 如果说你刚刚从历史学研究转到财经评论是一种兴趣，后来比如说自己做公司，是希望能够对于事业完成一种什么样的升级换代？

叶： 做工作室是很正常的，因为你不管做什么内容，边上都要有助手，首先要想的就是工作室。后来做成公司，是因为逐渐逐渐规模扩大了，也想挑战一下自己。公司要做的事情就特别多了，其实它跟财经研究是完全不同的领域。做公司，你是要负责任

叶檀

的，对公司未来发展负责任，不得不去进行各种交往以维持公司的运作。做财经评论，其实本质上还是一个比较内在的研究性的方式，只不过是表达出来。这两个事情天差地别，很不一样。所以，做公司，对于我来说是一个新的领域，我必须要跨过去。我花的心力非常大，比以前要大得多。

曹： 你公司的规模大概有多少人？你需要去运营这个公司。

叶： 多的时候 100 人多一点。

曹： 那是个不小的规模。

叶： 从这个行业来说应该是不小的规模。这个行业，我当时做的时候是领风气之先的。比如说去做财经评论，当时做的人也不多。

做公司，以此去做一个公司，做的人也不多。做了之后，其实需要很大的精力、体力，以及心力去做这个事情。

"财经女侠"叶檀初入行业之时，曾因自己的女性身份得到额外的关注，随着她的专业能力得到越来越多的认可，这些有关性别的讨论自然而然地淡出了人们的视线。但在患病之后，叶檀似乎又开始不得不面对外界对于独立女性充满审视意味的眼光。经历了生死关口的挣扎，如今的她又会如何看待这些问题？

曹： 因为这么多年来，你给人的印象就是一个独立的女性知识分子，你怎么看女性的独立？因为其实一两百年来，关于女性独立的话题，大家一直会进入一个讨论的场域当中。就像当年伍尔夫说的，独立女性，应该拥有一间自己的书房，而且这间书房是要能够关得起来的书房。

叶： 什么时候我们可以不探讨女性独立这个话题了，男女也就平权了。我们一直在探讨，是因为我们想要着重强调某个东西。我在生病之前，也会被问这样的问题，我当时的回答就是，其实我从事的行业都不是性别特征特别明显的行业，不管是历史还是财经评论，性别特征都不明显。在这个行业，不会有人因为你是女性而原谅你的逻辑错误，也不会因为你是女性而原谅你对于市场的误判，是非常实事求是的行业。在市场上，我们很少听到有人说男股民或者女股民，很少听到，是因为市场对所有的人极其公平，不管你的肤色、性别，你要进入市场，就要遵循同样的游戏规则。我大概在这样严苛的环境里生活的时间太长了，所以我一直很少倾向于去聊这些话题，因为在我的意识里不太有。

曹： 你从心理上抗拒吗？谈论这个话题。

叶： 我也不抗拒，只是说从我长期的发展过程来说，不太有这样的思想框架。而且很有意思，我以前在聊财经的时候，后台是男性的粉丝朋友居多，现在是女性的粉丝朋友居多，已经发生了很大的变化。

曹： 就是生病前后吗？

叶檀

叶：是的，很大的变化。有时候是一个因缘际会的问题，当你躺在病床上，走不动路，不管何种性别都是弱势。对于这样的弱势，我们要保持充分的同情，力所能及地去帮助。刚好我得的这个病是女性占绝大多数，所以我当然接触的女性病友会多。那么刚才说独立的女性知识分子，这个标签是别人给我贴的，就像我是不是需要有一个独立的书房，这个问题恐怕在我眼里都不是问题，因为你只要是人，你就应该精进，应该读书。在条件许可的范围内，都应该有一个书房，而这个书房是风能进、雨能进，旁人不能进的。除了单独的书房之外，我在任何地方都会辟出一个角落，放几本书、放台电脑，然后放一个很舒适的，我坐得最舒服的沙发，我就是拿来读书和工作用的。我的书会放在手边，我房子有多大，我的书就会装多满。

曹：读书人都是这样，永远不嫌多，空间不嫌多。

叶：是。所以在我眼里，我想它取决于你的内心和你的判断。如果说你的家庭放一个书房是很奢侈的，那就不放书房，我们放两本书就可以了。你可以经常读的两本书就行了，它也是一个独立的象征。我认为我们不要高高在上地去衡量很多事情，尤其是我生了病之后，没有高下之分的。她如果说是一个环卫工人，好好地在照顾自己的一两个孩子，脑子是清楚的，那她就很独立。如果说她即使很有钱，脑子是糊涂的，做出的判断不好，那也是不独立的，这种不是对立的。所以我觉得互相尊重，不要互相伤害。孔子说，"己所不欲，勿施于人"，这样的一个比较，并且非要比较出一个高下，就是一种执着。把这个执念去掉就行了。当然我们要感谢现在，我很感谢我所处的时代，因为如果再往上两辈的话，我有可能就没有选择，我必须要过那样的生活。所谓的独立就是有选择权，有几种生活路径摆在你的面前，你既可以这样，又可以那样。我做了一个符合我自己内心的选择，那就很好。

曹：你现在这样的一种生活状态，因为经受疾病之后，人的很多观念会发生变化，人怎么能够做到放下执念？这是很难的，这就是苏东坡最有名的故事，着力即差，其实要做到这种松弛的生活态度是很难的。

叶：对，我也不能说完全做到，只是尽力在做，比以前要好得多。我一直在说，以前有可能，一天里焦虑的时间比较长。我现在会少一点，有时候意识到自己放不下的，比如说当我想到要处理一些事，或者是我的身体的时候，我有时候还难免有些放不下。我以前放不下，会很焦虑了，我现在放不下，就跟自己说，你看你是个凡人，这个事情还是不能彻底放得下，那你就接受它。我在这一方面，恐怕还不能彻底地放下，那我就慢慢地放下，今天放不下，不着急，我们再过一段时间，再尝试一下能不能放下。如果放不下，那就放不下了，又怎么样，对不对？以前会说必须要放下，你不放下是不对的。我现在不以对和不对来衡量。

曹： 顺其自然。我前两天看到一个视频，讲的是国外一个很知名的心理学家，他做的最多的研究就是关于生死的研究，他一直会跟他的患者进行这方面的辅导。可是有一天，突然他也遇到类似的问题，就是他的妻子被查出了患有绝症，这个对他来说就是一个煎熬，即便他过去学了这么多的理论，他有如此庞大的关于生死的理论框架，可是当自己遇到这些事的时候，完全用不上。所以他们能做的事

叶檀在工作

情，就是以一个特别现实的态度来对待。他们所采取的方式是，夫妻两个人每天记日记，然后相互阅读，直到他的另一半离开。其实生死对于人来说，是一个最大的命题。这一年多来，其实你经历了生死的考验，我想你对这个命题会有自己非常深切的感受？

叶： 如果没有经过生死考验，离开医院的重病区半小时，我们的思维就会回归日常。看到医院，一切都是空、一切都是假，很多人都会这么说。但是我们走在路上，看到熙熙攘攘的人群，我们回到办公室，看着电脑，看着 K 线图，我们立马就会回归当下。这一笔交易是怎么样的，这个跟这个人应该怎么谈……现在老天给了我一个选项，一个优势就是我现在经过了第一关的生死考验，但是在未来抗癌的路上任重道远。我时时刻刻都要保持一颗敬畏心，否则会容易复发。那么我就会让自己回到活在当下的状态，生病以来，我最重要的就是活在当下。有一本书叫《当下的力量》，给了我很大的鼓励，一阵焦虑袭过来，当下的力量就会跟你说，你现在听，你回到当下，你听听外面的雨声，现在有鸟叫声，有雨声，然后你回到当下，让你自己的心情平缓下来。这些训练对于我来说，作用很大。

曹： 你现在因为经过第一轮的治疗，效果还挺好的，然后整个的病情处于一个比较稳定的状态，是不是也会尝试恢复一部分的工作，让生活回归到一个相对正常的一种状态？还是说我索性就把工作放下？

叶： 我觉得人的使命是不一样的，我现在想要的是，你可以把它叫作工作，在我眼里

459

叶檀与曹可凡

这已经不是工作。比如说我现在做的视频，大家会发现都是比较温暖的。当然大多数人，我没有办法自己接触到，但是有的人会跟我说，我看了这个东西有多大的帮助，我也很高兴。有人会很紧张、很焦虑，我就安慰他们，我说你这个早中期真的没事，生存率很高，你就当作一般的病来看就可以，只不过是化疗的时候会稍微痛苦一点，大部分也就能够过去，每次这样的时候都挺高兴的。这个是我现在觉得很有意义的事，我会继续做下去，接下来我也会做一些慈善的事情，以前都是零零星星，今天这儿做一点、那儿做一点，也不聚焦，现在我想做一个慈善信托，相对聚焦一点。

曹：我看到你想做个慈善信托，这是个什么概念？

叶：慈善信托就是把我很大一部分财富放到这个信托里，把这部分的收益投到慈善项目里。这个慈善项目，你可以自己去定，有的是定了做流浪动物保护的，有的是做儿童癌症的，这些都有。所以我是想，我要做的就是癌症的治疗和研究，这是跟我当下最相关的，也是我认为人类没有攻克的一个疾病。第二个是动物保护，流浪动物保护，在我心目中，我觉得所有生命都是一体的，无所谓高下。既然性别没有高下之分，生命之间也没有高下之分，我想做这个东西。

曹：你现在做的事情，是不是过去心里一直有这个信念要做，可能因为工作的原因、其他的原因，没有时间做，或者是被有意无意忽略的？

叶：以前因为天天是空中飞人，确实也没有时间来做这个东西。时间被割裂成很多块，每天都有很多很重要的事情。生病之后，我会进行筛选，我会知道当下，或者我认为未来几十年，对于我来说最重要的事情就是这个，那我就做这个了。

曹：谢谢叶檀老师跟我们分享这么多心路历程，希望你能够早日恢复健康。

叶：多谢多谢，谢谢曹老师！谢谢《可凡倾听》。

图书在版编目(CIP)数据

可凡倾听. 锦里春光 /《可凡倾听》栏目组编.
上海 : 上海人民出版社, 2025. -- ISBN 978 - 7 - 208
- 19530 - 1

Ⅰ. K812.6

中国国家版本馆 CIP 数据核字第 2025M46T60 号

责任编辑　马瑞瑞　金　铃
封面设计　陈　楠
封面绘画　刘　双

可凡倾听——锦里春光

《可凡倾听》栏目组　编

出　　版　上海人民出版社
　　　　　（201101　上海市闵行区号景路 159 弄 C 座）
发　　行　上海人民出版社发行中心
印　　刷　上海商务联西印刷有限公司
开　　本　787×1092　1/16
印　　张　29.25
插　　页　2
字　　数　528,000
版　　次　2025 年 7 月第 1 版
印　　次　2025 年 7 月第 1 次印刷
ISBN 978 - 7 - 208 - 19530 - 1/K · 3494
定　　价　98.00 元